E-Commerce-Leitfaden

Erfolgreicher im elektronischen Handel

2., überarbeitete und erweiterte Auflage

Dr. Ernst Stahl
Thomas Krabichler
Markus Breitschaft
Georg Wittmann

E-Commerce-Leitfaden

Erfolgreicher im elektronischen Handel

2., überarbeitete und erweiterte Auflage

Universitätsverlag Regensburg

E-Commerce-Leitfaden
Erfolgreicher im elektronischen Handel
2., überarbeitete und erweiterte Auflage
Dr. Ernst Stahl, Thomas Krabichler, Markus Breitschaft, Georg Wittmann

Weitere Informationen zum Verlagsprogramm erhalten Sie unter: www.univerlag-regensburg.de

ISBN 978-3-86845-020-0

ibi research an der Universität Regensburg GmbH
Regerstraße 4
93053 Regensburg

Tel.: +49-(0)941-943-1901
Fax: +49-(0)941-943-1888
E-Mail: info@ibi.de | team@ecommerce-leitfaden.de
www.ibi.de
www.ecommerce-leitfaden.de

Design und Konzeption: seitenwind.com
Fotos: Shutterstock und ibi research

Bitte beachten Sie auch die rechtlichen Hinweise im Anhang (Ausschlussklausel).

NAVIGATOR

eCommerce Leitfaden

Inhalt

eCommerce
Leitfaden

ibi

www.ecommerce-leitfaden.de

Geleitwort des Bundesverbandes der Dienstleister für Online-Anbieter (BDOA)

Das zweistellige und rasante Wachstum im Internet-Handel ist ungebrochen. Immer mehr Kunden und Händler nutzen das Internet zur Recherche, zum Kauf oder Verkauf von Waren und Dienstleistungen. Damit Kunden und Händler den Online-Handel allerdings effizient, sicher, bequem und gleichzeitig kostengünstig nutzen und abwickeln können, ist eine ganze Reihe von Aspekten zu beachten.

Dieser Leitfaden gibt den bereits im E-Commerce aktiven Händlern und denen, die überlegen, diesen Vertriebskanal auch für sich zu erschließen, einen sehr guten Überblick, wie sie den Kunden ein möglichst gutes und sicheres Internet-Angebot zur Verfügung stellen können und welche Dienstleistungen dazu zur Verfügung stehen.

Neben Themen wie der Auswahl eines Online-Shops und den rechtlichen Pflichten geht dieser Leitfaden auch auf bisher weniger beachtete Themenfelder ein. Sichere elektronische Zahlungsabwicklung, ein effizientes Risikomanagement, ein konsequentes Inkasso- und Forderungsmanagement sowie auch der Verkauf ins Ausland sind nicht mehr nur Sache großer Web-Shops. Wie Befragungen renommierter Marktforscher zeigen, planen auch kleine Unternehmen, Dienstleistungen zuzukaufen, um den Vertriebskanal „Internet" möglichst effizient und effektiv bedienen zu können. Allerdings kann man hier, wenn man zu „blauäugig" an das Ganze herangeht, böse Überraschungen erleben. Die in diesem Leitfaden enthaltenen Informationen, Checklisten und Fallbeispiele tragen dazu bei, sich systematisch den Themenfeldern zu widmen und Probleme zu umschiffen.

Aus Sicht des Bundesverbandes der Dienstleister für Online-Anbieter (BDOA) e. V. bietet der Leitfaden deshalb eine ideale Grundlage und Materialsammlung für alle, die sich zum Thema „Internet-Handel" informieren möchten. Durch die anwenderfreundlich aufbereiteten Inhalte und Fallbeispiele bietet der Leitfaden eine sehr gute Übersicht über das Thema „E-Commerce". Damit können sich sowohl Fachleute als auch Neulinge schnell einen fundierten Überblick verschaffen und am rasanten Marktwachstum teilnehmen.

Köln, im März 2009

Manfred K. Wolff
Vorsitzender des Bundesverbandes der Dienstleister für Online-Anbieter (BDOA) e. V.

Geleitwort des Bundesverbandes des Deutschen Versandhandels (bvh)

Das Internet ist der Wachstumsmotor der Versandhandelsbranche. Der Online-Umsatz mit Waren konnte im vergangenen Jahr erneut zweistellig zulegen. Aber auch Dienstleistungen wie Reisen oder Mietwagen, Tickets, Klingeltöne oder Software werden gerne online gekauft. Insgesamt geben die Deutschen jährlich 19,3 Mrd. Euro für Waren und Dienstleistungen im Internet aus.

Die Versandhandelsbranche ist durch das Internet beflügelt und verändert worden. So wurden die klassischen Katalogversender im vergangenen Jahrzehnt zu Multi-Channel-Anbietern, die heute neben vielfältigen Katalogen auch Online-Shops für ihre Kunden bereithalten und teilweise zusätzlich in den Stationärhandel expandieren. Daneben entstanden reine Internet-Händler. Heute sind zunehmend Apotheken, klassische Einzelhändler und Markenanbieter mit eigenen Online-Shops und starkem Wachstum im Versandhandel aktiv.

Für alle genannten Unternehmen stellt der Internet-Vertrieb eine wichtige Möglichkeit zur Erschließung neuer Zielgruppen und Umsatzpotenziale dar. Dabei hat das Online-Geschäft die klassischen Bestellformen des Versandhandels wie Postkarte oder Telefon längst überholt. Mehr als die Hälfte aller Warenbestellungen geht mittlerweile über das Internet ein, gefolgt von den Bestellungen per Telefon mit rund einem Drittel. Der Anteil der Bestellungen per Fax oder Postkarte / Brief liegt dagegen nur noch im einstelligen Prozentbereich.

Der Bundesverband des Deutschen Versandhandels (bvh) hat der Bedeutung des Online-Handels durch die Gründung des Facharbeitskreises E-Commerce Rechnung getragen. Darüber hinaus unterstützt der bvh die Bestrebungen im Rahmen des Projekts „E-Commerce-Leitfaden", interessierten Händlern objektive, praxistaugliche und ansprechend aufbereitete Informationen für ihre Internet-Aktivitäten an die Hand zu geben.

Wir wünschen sowohl unseren Mitgliedsunternehmen als auch denen, die es zukünftig werden wollen, viel Erfolg im Online-Handel!

Frankfurt am Main, im März 2009

Dr. Thomas Steinmark
Hauptgeschäftsführer des Bundesverbandes des Deutschen Versandhandels (bvh)

Geleitwort der Industrie- und Handelskammer Regensburg

Der Verkauf von Waren und Dienstleistungen über das Internet stellt eine zunehmend wichtiger werdende Einnahmequelle für deutsche Unternehmen dar. Wurden im Jahr 2006 bereits 438 Milliarden Euro im deutschen E-Commerce umgesetzt, so rechnet der Branchenverband BITKOM im Jahr 2010 schon mit 781 Milliarden Euro. Dabei beschränken sich die Unternehmen nicht mehr ausschließlich auf den Verkauf innerhalb Deutschlands, sondern erschließen über das Internet auch ausländische Märkte.

In der Praxis zeigt sich jedoch, dass insbesondere die kleinen Unternehmen sowohl beim Einstieg als auch beim täglichen Geschäftsbetrieb im E-Commerce mit massiven Problemen zu kämpfen haben. Viele Unternehmen lassen sich dadurch von einem Engagement im Internet abschrecken oder stellen ihre Aktivitäten entmutigt wieder ein.

Genau hier setzt dieser Leitfaden an, den wir als IHK Regensburg unterstützen. Die für den Einstieg in den E-Commerce oder die Ausweitung des Geschäfts notwendigen Inhalte werden in dem Leitfaden ansprechend aufbereitet und leicht verständlich formuliert. Der Leitfaden bietet Wissenswertes zu relevanten Themen, wie Shop-Auswahl, Online-Recht, Web-Controlling, Zahlungsabwicklung, Risikovermeidung, Versand oder auch Expansion ins Ausland, und gibt Antworten und Hilfestellungen zu den wichtigsten Fragen.

Mit dem vorliegenden Leitfaden existiert eine umfassende Informationsquelle, die sowohl die Händler als auch die beratenden Stellen im Umgang mit E-Commerce unterstützt. Unternehmen können damit leichter innovative Vertriebswege im Internet realisieren und ihre Position im internationalen Wettbewerb stärken.

Regensburg, im März 2009

Dr. Jürgen Helmes
Hauptgeschäftsführer der IHK Regensburg

Geleitwort von Prof. Dr. Dieter Bartmann

Das Internet ist erwachsen geworden. Nutzten früher nur technikaffine Menschen die Möglichkeiten des Internet, so ist es heute in fast allen Bevölkerungsschichten als Informations- und Kommunikationsmedium im Einsatz. Dabei erfreut sich insbesondere das Einkaufen im Internet zunehmender Beliebtheit. Immer mehr Unternehmen bieten ihre Waren und Dienstleistungen im Internet an. Jedoch ist es oft ein weiter und steiniger Weg, bis der eigene Online-Shop erfolgreich läuft. Die Herausforderungen, denen sich Online-Händler stellen müssen, reichen von der Gestaltung und Bekanntmachung des Shops über die Bestimmung geeigneter Zahlungsverfahren bis hin zum Umgang mit Zahlungsstörungen und Zahlungsausfällen. Zudem unterliegt der E-Commerce einer hohen Dynamik, die täglich neue Herausforderungen zutage fördert. Ein spannendes Feld, sowohl für die Praxis als auch für die anwendungsorientierte Forschung.

Um Antworten auf die wichtigsten Fragen rund um den elektronischen Handel zu geben, hat sich ein Konsortium, bestehend aus namhaften Lösungsanbietern, dem Lehrstuhl für Wirtschaftsinformatik II an der Universität Regensburg und dem Forschungs- und Beratungsinstitut ibi research an der Universität Regensburg (www.ibi.de), zusammengeschlossen. Die Unternehmen und die beiden Universitätseinrichtungen bündeln in diesem Projekt ihr Know-how und ihre Erfahrungen und geben diesem Leitfaden somit seinen besonderen Wert. Eine in dieser Konstellation einzigartige Wissens- und Erfahrungsansammlung.

Bei der Konzeption wurde nicht nur auf die inhaltliche Qualität geachtet, sondern auch auf die Anforderungen der Anwender, der Online-Händler, Rücksicht genommen. Anhand von anschaulich aufbereiteten Inhalten wird über Chancen und Risiken im E-Commerce informiert. Dabei ist der Leitfaden sowohl für die E-Commerce-Anfänger als auch für die „alten Hasen" hilfreich.

Das vorliegende Ergebnis bietet Händlern „Hilfe zur Selbsthilfe" und stellt dazu auch für Beratungsstellen, wie Banken und Sparkassen, Kammern und Verbände, ein Nachschlagewerk dar, das die häufigsten Fragen zu den unterschiedlichsten Aspekten des elektronischen Handels beantwortet und hilft, Fehler zu vermeiden.

Ich wünsche Ihnen bei der Lektüre interessante Erkenntnisse und hoffe, dass dieser Leitfaden für Ihre Projekte und Geschäfte eine wertvolle Hilfe sein kann. Viel Erfolg und alles Gute!

Regensburg, im März 2009

Prof. Dr. Dieter Bartmann
Inhaber des Lehrstuhls für Wirtschaftsinformatik II (Bankinformatik) sowie geschäftsführender Direktor des Instituts ibi research an der Universität Regensburg

Geleitwort des Projektträgers „Arbeitsgestaltung und Dienstleistungen" im DLR e. V., Projektträger für das BMBF

Gut zehn Jahre ist es her, dass sich das Bundesministerium für Bildung und Forschung (BMBF) zur Förderung der Dienstleistungsforschung bekannte und damit in der Forschungspolitik dem wachsenden Stellenwert des Tertiären Sektors Rechnung trug. Einen weiteren Meilenstein stellt das im Jahre 2006 verkündete Förderprogramm „Innovationen mit Dienstleistungen" dar. Seit 2005 fördert das BMBF im Bereich "Exportfähigkeit und Internationalisierung von Dienstleistungen" fast 70 Forschungs- und Entwicklungsvorhaben; deren Laufzeit beträgt bis zu drei Jahren. Für diese Förderung sprechen viele gute Gründe.

Der Export und die Internationalisierung von Dienstleistungen führen in Deutschland ein Schattendasein. Getragen wird der Export überwiegend von Gütern und Sachleistungen; seit Jahren beträgt der Anteil von Dienstleistungen am Gesamtexport etwas mehr als 15 %. Dies ist, gemessen am Anteil der Dienstleistungen an der Wertschöpfung oder an der Beschäftigung, ungemein wenig. Schon heute sind mehr als 70 % der Beschäftigten im Tertiären Sektor tätig, und über 70 % der Wertschöpfung stammt aus der Dienstleistungsproduktion. Es ist richtig, dass Deutschland Weltmeister im Export von Tourismusdienstleistungen ist, gut aufgestellt ist Deutschland auch im Export von Dienstleistungen, die an den Verkauf von Maschinen und Anlagen gekoppelt sind. Doch insgesamt betrachtet ist hier jedoch „mehr Musik drin".

Dabei wären viele Dienstleistungen, die schon heute im Inland mit viel Erfolg abgesetzt werden, auch für den Export geeignet, wenn entsprechende unterstützende Geschäftsmodelle und entsprechende Kompetenzen und Unternehmenskulturen aufgebaut werden würden. Ein weiterer zentraler Aspekt, der über die Beteiligung am Export entscheidet, ist die Frage, wie sicher die Zahlungsabwicklung im Exportgeschäft überhaupt ist. Auf ausländischen Märkten aktiv zu werden, ist eine Sache, die andere ist aber, wie sichergestellt werden kann, dass die Zahlungen so fließen, wie der Exporteur es sich wünscht. Für viele Unternehmen, gerade für die kleinen Betriebe, ist es existenziell, dass sie innerhalb vereinbarter Fristen zu ihrem Geld kommen. Gibt es hierbei Unsicherheiten, keine praktikablen Verfahrensweisen oder nur rudimentäre Informationen darüber, welche Zahlungsweise die angemessene ist, dann werden etliche Betriebe nicht bereit sein, Exportmärkte zu bedienen. Wir sind sicher, dass der hier vorliegende Leitfaden dazu beitragen wird, vorhandene Informationsdefizite und Exporthemmnisse abzubauen.

Für den BMBF-Förderschwerpunkt „Exportfähigkeit und Internationalisierung von Dienstleistungen" ist es eine große inhaltliche Bereicherung, dass sich die Universität Regensburg dieser Fragen angenommen hat. Über eine Laufzeit von drei Jahren wurden alle relevanten Aspekte der elektronischen Zahlungsabwicklung im Export von Dienstleistungen aus Sicht von kleinen Unternehmen bearbeitet. Dabei wurde nicht vergessen, auf neue Entwicklungen innerhalb des europäischen Binnenmarktes einzugehen. So enthält dieser Leitfaden nun auch ausführliche Informationen zur Single Euro Payments Area (SEPA), damit deutsche Unternehmen mithilfe der neuen Möglichkeiten der Zahlungsabwicklung noch sicherer im europäischen Ausland agieren können.

Wir wünschen diesem Leitfaden eine weite Verbreitung und dass er dazu beiträgt, Unternehmen dazu zu animieren, grenzüberschreitend tätig zu werden.

Bonn, im März 2009

Dr. Gerhard Ernst
Leiter Organisationseinheit „Arbeitsgestaltung und Dienstleistungen", Projektträger im Deutschen Zentrum für Luft- und Raumfahrt e. V. (DLR), Projektträger für das BMBF

Klaus Zühlke-Robinet
Koordinator Förderbereich „Innovative Dienstleistungen", Projektträger im Deutschen Zentrum für Luft und Raumfahrt e. V. (DLR), Projektträger für das BMBF

Vorwort der Autoren

Die Attraktivität des Internet als Vertriebskanal für Waren und Dienstleistungen ist ungebrochen. Wie unsere Umfragen im Rahmen des Projekts E-Commerce-Leitfaden zeigen, steigen zunehmend mehr Händler in den elektronischen Handel ein. Jedes siebte Unternehmen verkauft mittlerweile Waren oder Dienstleistungen über das Internet, weiß das Statistische Bundesamt.

Wer jedoch im elektronischen Handel erfolgreich sein will, hat eine Vielzahl von Herausforderungen zu meistern. Die Palette der relevanten Fragen reicht von der Auswahl und Einrichtung des Shop-Systems über die rechtssichere Gestaltung des Internet-Auftritts, die Bekanntmachung des Angebots, die sichere Zahlungsabwicklung und das Forderungsmanagement bis hin zur Versandabwicklung. Die Klärung dieser Fragen kostet häufig viel Zeit und Mühe, da die relevanten Informationen über eine Vielzahl von Anlaufstellen verteilt und häufig nicht problemorientiert aufbereitet sind.

Ausgehend von diesen Erkenntnissen haben der Lehrstuhl für Wirtschaftsinformatik II an der Universität Regensburg und ibi research an der Universität Regensburg bereits im letzten Jahr gemeinsam mit namhaften Lösungsanbietern aus dem E-Commerce-Bereich einen Leitfaden erstellt, der wesentliche Fragestellungen des E-Commerce in einem Dokument aufgreift und Hilfe bei den gängigsten Problemen bietet. Die Resonanz auf diesen Leitfaden war enorm. Mehr als 50.000 Downloads des kostenlosen PDF-Dokuments von der Web-Seite www.ecommerce-leitfaden.de und den Web-Seiten der Partner und Unterstützer (www.ecommerce-leitfaden.de/partner.html) zeugen von dem hohen Interesse an kompakten und anschaulich aufbereiteten Informationen zum E-Commerce.

Vor diesem Hintergrund haben wir uns entschieden, gemeinsam mit den Leitfadenpartnern atriga, ConCardis, creditPass, etracker, EURO-PRO, Hermes Logistik Gruppe, mpass, Saferpay und xt:Commerce eine Neuauflage des Leitfadens herauszugeben. Dabei wurden die bisherigen Schwerpunkte des Leitfadens (Shop-Systeme, rechtliche Fragen, Zahlungsabwicklung, Risiko- und Forderungsmanagement) aktualisiert und teilweise erweitert. So wurden Abschnitte ergänzt, die die wichtigen Themen der Gestaltung der Abfrage- und Entscheidungslogik sowie der Ermittlung unbekannt verzogener Schuldner aufgreifen. Im Kapitel „Geschäfte ohne Grenzen – im Ausland verkaufen" wird jetzt ausführlicher auf die Single Euro Payments Area (SEPA) und die daraus resultierenden Vorteile und Herausforderungen für Online-Händler eingegangen.

Neben diesen Erweiterungen wurden auch zwei vollständig neue Kapitel in den Leitfaden aufgenommen. Das eine befasst sich mit der Frage, wie mithilfe von Web-Controlling die Nutzerfreundlichkeit des Web-Shops und die Effizienz der Marketing-

Ausgaben systematisch verbessert werden können. Das andere zeigt, wie sich durch innovative Möglichkeiten der Versandabwicklung Kosten sparen und Mehrwerte für die Kunden schaffen lassen.

Trotz der jetzt erfolgten Erweiterungen ist ein solcher Leitfaden natürlich niemals vollständig abgeschlossen. Neue Produkte und Lösungen oder auch Änderungen in den gesetzlichen Rahmenbedingungen verlangen beispielsweise von den Kunden, Händlern und Lösungsanbietern eine ständige Anpassung an die neuen Gegebenheiten. So hat sich gezeigt, dass insbesondere zu den Marketing-Möglichkeiten im Online-Handel noch viel Informations- und Aufklärungsbedarf besteht. Mit diesem und weiteren wichtigen Themen werden wir uns daher im nächsten Jahr noch intensiver beschäftigen.

Die Aufarbeitung der einzelnen Themen sowie auch die Erstellung des Leitfadens wären ohne die Mitwirkung verschiedener Firmen, Institutionen und Interview-Partner nicht möglich gewesen. Unser Dank gilt deshalb allen Unterstützern, besonders den Leitfadenpartnern, die uns durch die Bereitstellung ihres fachlichen Know-hows und ihrer praktischen Erfahrungen mit Rat und Tat zur Seite standen. In Bezug auf die im Rahmen des Projekts durchgeführten Umfragen gilt unser Dank zudem allen Umfrageteilnehmern, den Medienvertretern, die zur Bekanntmachung der Umfrage maßgeblich beigetragen haben, der IHK Regensburg, dem Bundesverband der Dienstleister für Online-Anbieter (BDOA), dem Bundesverband des Deutschen Versandhandels (bvh) und dem Bundesministerium für Bildung und Forschung (BMBF), die als weitere Partner der Studie ebenfalls wertvolle Beiträge zum Gelingen dieses Vorhabens geleistet haben. Für das überdurchschnittlich große Engagement bei der grafischen Aufbereitung der Inhalte und der intensiven Endkontrolle möchten wir uns bei der Agentur seitenwind und unserer Kollegin Frau Silke Weisheit sehr herzlich bedanken.

Wir hoffen, mit dem vorliegenden Leitfaden einen möglichst umfassenden und leicht verständlichen Überblick über die derzeit relevanten Themen im E-Commerce bieten zu können. Wir würden uns besonders freuen, wenn (Online-)Händler und auch beratende Stellen in diesem Leitfaden ein nützliches Nachschlagewerk sehen, das zu einer weiterhin positiven Entwicklung des Internet-Handels beitragen kann.

Wir wünschen Ihnen viel Freude und Gewinn beim Lesen.

Regensburg, im März 2009

Thomas Krabichler, Georg Wittmann, Dr. Ernst Stahl, Markus Breitschaft
Lehrstuhl für Wirtschaftsinformatik II sowie ibi research an der Universität Regensburg

www.ecommerce-leitfaden.de

Vertiefende Informationen zu den Inhalten dieser Abschnitte sowie Links zu ausgewählten Lösungsanbietern finden Sie auf der sich ständig weiterentwickelnden Projekt-Web-Seite www.ecommerce-leitfaden.de. Dort finden Sie auch weitere kostenlose Angebote wie z. B. den E-Commerce-Newsletter, Online-Tools oder die vollständigen Ergebnisse verschiedener Studien.

eCommerce Leitfaden

NAVIGATOR

eCommerce Leitfaden

1. ›› ÜBER DEN E-COMMERCE-LEITFADEN

Bevors losgeht – über den E-Commerce-Leitfaden

Zweistellige Wachstumsraten der Umsätze im elektronischen Handel und weiter zunehmende Internet-Nutzerzahlen machen ein attraktives Internet-Angebot mit Online-Bestellmöglichkeit immer wichtiger. Der vorliegende Leitfaden gibt kompakt und aus einem Guss Antworten auf die wichtigsten Fragen rund um den elektronischen Handel.

Wer die Potenziale des elektronischen Handels erfolgreich erschließen will, muss jedoch zahlreiche Herausforderungen meistern. Diese reichen von der Auswahl des Shop-Systems über die rechtssichere Gestaltung des Angebots, die Festlegung der Zahlungskonditionen und die Formen der Kundenansprache bis hin zum Umgang mit offenen Forderungen.

Das Wissen für die erfolgreiche Teilnahme am E-Commerce ist verstreut

Vielen Unternehmen fehlt es hierbei an geeigneter Unterstützung bzw. an geeigneten Lösungen. Insbesondere kleinere Händler haben häufig nicht die erforderlichen Ressourcen, um sich die notwendigen Informationen aus einer Vielzahl unterschiedlicher Quellen zusammenzusuchen. An diesem Problem setzt der vorliegende E-Commerce-Leitfaden an und gibt kompakt und aus einem Guss Antworten auf die wichtigsten Fragen rund um den elektronischen Handel. Um die Erstellung des Leitfadens zu ermöglichen, hat sich ein Konsortium, bestehend aus acht namhaften Lösungsanbietern (atriga, ConCardis, creditPass, etracker, EURO-PRO, Hermes Logistik Gruppe, mpass, Saferpay und xt:Commerce) sowie dem Lehrstuhl für Wirtschaftsinformatik II an der Universität Regensburg und dem Forschungsinstitut ibi research an der Universität Regensburg, zusammengeschlossen (nähere Informationen zu den Partnern finden Sie am Ende des Dokuments in dem Abschnitt „Partner des Leitfadens").

In dem Leitfaden wird das notwendige Wissen anwenderfreundlich aufbereitet

Der Leitfaden soll häufig gestellte Fragen vorwegnehmen und diese umfassend und neutral beantworten, ohne den Leser durch „Fachchinesisch" und langwierige Abhandlungen abzuschrecken. Aus diesem Grund wurde besonders viel Wert darauf gelegt, die Inhalte durch Infoboxen, ein Fallbeispiel und Checklisten anzureichern und unter Einbeziehung der Erfahrungen zahlreicher Experten (z. B. von Händlern, die bereits mehrere Jahre im E-Commerce erfolgreich sind) praxisnah und anwenderfreundlich aufzubereiten.

Abb. 1-1: Der E-Commerce-Leitfaden
und das Partnerkonsortium
Quelle: ibi research (E-Commerce-Leitfaden 2009)

Die Inhalte orientieren sich an den Problemen in der Praxis

Um sicherzustellen, dass die Leitfadeninhalte auch die Fragen der Zielgruppe beantworten, wurden Mitte 2007, im Frühjahr 2008 sowie im Herbst 2008 Online-Umfragen zu verschiedenen Themenschwerpunkten durchgeführt. Ziel dieser Umfragen war es, sowohl herauszufinden, wo die Händler im Internet „der Schuh drückt" und auf welche Themen im Leitfaden besonders eingegangen werden soll, als auch fundierte Daten für Problemstellungen zu liefern, die bisher häufig nur auf Vermutungen basierten und so für Händler eine gewisse Entscheidungsunsicherheit erzeugten. Darüber hinaus, sollten Neueinsteiger auch die Möglichkeit erhalten, sich an den Einschätzungen und Praktiken der etablierten Online-Händler orientieren zu können. Die Ergebnisse der Befragungen können kostenlos über die Web-Seite des E-Commerce-Leitfadens heruntergeladen werden.

In die Erstellung der Leitfadeninhalte flossen das fachliche Know-how der Konsortialpartner und weiterer Lösungsanbieter, die täglichen Erfahrungen der Anwender sowie die wissenschaftliche Methodenkompetenz des Lehrstuhls und des Forschungsinstituts ibi research ein. Die Inhalte wurden sowohl in schriftlich ausgearbeiteter Form als auch in Form von Checklisten, Tabellen, grafischen Übersichten und eines Fallbeispiels, das die Auswirkungen unterschiedlicher Maßnahmen auf den Gewinn eines fiktiven Händlers veranschaulicht, aufbereitet. Der Leitfaden gliedert sich in die folgenden sechs Abschnitte:

- Im Internet verkaufen – aber richtig! (Kapitel 2)
- Lasst Zahlen sprechen – kontinuierliche Verbesserung durch Web-Controlling (Kapitel 3)
- Zahlen bitte – einfach, schnell und sicher! (Kapitel 4)
- Keine Chance ohne Risikomanagement – schützen Sie sich vor Zahlungsstörungen (Kapitel 5)
- Versand – Vom Shop zum Kunden (Kapitel 6)
- Geschäfte ohne Grenzen – im Ausland verkaufen (Kapitel 7)

Abb. 1-2: E-Commerce-Leitfaden und SEPA
Quelle: ibi research (E-Commerce-Leitfaden 2009)

Weitere Informationen finden Sie unter www.ecommerce-leitfaden.de

Vertiefende Informationen zu den Inhalten dieser Abschnitte sowie Links zu ausgewählten Lösungsanbietern finden Sie auf der sich ständig weiterentwickelnden Projekt-Web-Seite www.ecommerce-leitfaden.de. Dort können Sie auch weitere kostenlose Angebote nutzen, wie z. B. den E-Commerce-Newsletter, Online-Tools oder die vollständigen Ergebnisse verschiedener Studien.

Der Leitfaden richtet sich primär an Selbstständige und Unternehmen, die Waren (physisch und digital) und Dienstleistungen über das Internet verkaufen bzw. dies zukünftig tun wollen. Er bietet jedoch auch denen Hilfestellung, die Unternehmen beim Einstieg in den E-Commerce beraten und unterstützen, z. B. Banken und Sparkassen, Kammern (HWK, IHK) und Verbände.

Auf Wunsch können diese ein individualisiertes Exemplar des Leitfadens erhalten und an ihre Kunden und Mitglieder weitergeben. Weitere Informationen hierzu finden Sie ebenfalls auf der Projekt-Web-Seite www.ecommerce-leitfaden.de/whitelabeling.html.

Wie gehts weiter?

Gerade im E-Commerce hat sich in den vergangenen Jahren gezeigt, dass nichts beständiger ist als der Wandel. Daher strebt das Leitfaden-Konsortium eine langfristige partnerschaftliche Zusammenarbeit über die Erstellung des vorliegenden Dokuments hinaus an. Durch eine stetige Aktualisierung der Leitfadeninhalte soll aktuellen Entwicklungen im E-Commerce laufend Rechnung getragen werden. Sonst besteht die Gefahr, dass der Leitfaden die Fragen der Händler im Zeitablauf nur noch unvollständig beantwortet oder dass Aussagen obsolet oder gar falsch werden. Um der Schnelllebigkeit verschiedener Themen gerecht zu werden, werden auf der E-Commerce-Leitfaden Web-Seite zu ausgewählten Themen Artikel, Checklisten und Themenhefte bereitgestellt. Wie gewohnt finden Sie dort zu unterschiedlichsten Themen auch aktuelle Studien bzw. Zahlen.

www.ecommerce-leitfaden.de

Vertiefende Informationen zu den Inhalten dieser Abschnitte sowie Links zu ausgewählten Lösungsanbietern finden Sie auf der sich ständig weiterentwickelnden Projekt-Web-Seite www.ecommerce-leitfaden.de. Dort finden Sie auch weitere kostenlose Angebote wie z. B. den E-Commerce-Newsletter, Online-Tools oder die vollständigen Ergebnisse verschiedener Studien.

eCommerce Leitfaden

NAVIGATOR

eCommerce Leitfaden

2

2. IM INTERNET VERKAUFEN – ABER RICHTIG!

Das Internet ist nach wie vor der Vertriebskanal mit den höchsten Zuwachsraten bei den Umsätzen. Eine wichtige, aber nicht die einzige Möglichkeit, um im Internet zu verkaufen, ist der eigene Online-Shop. Welche weiteren Möglichkeiten des Internet-Vertriebs es gibt und welche Potenziale der so genannte „Multikanal-Vertrieb" bietet, wird in diesem Kapitel erläutert. Anschließend wird gezeigt, wie bei der Bereitstellung eines Web-Shops vorzugehen ist.

2.1 „Was, Sie verkaufen noch nicht im Internet?“

Verschiedenen Untersuchungen und Prognosen zufolge werden die Umsätze im E-Commerce weiterhin stark zunehmen. Nicht mehr nur Bücher oder CDs werden im Internet verkauft, auch hochpreisige Produkte wie Unterhaltungselektronik oder Reisen erfreuen sich wachsender Beliebtheit bei Online-Käufern. Wer bisher nicht im Internet vertreten ist, muss sich beeilen, denn die Konkurrenz schläft auch im Internet nicht!

Etwa 95 % der Unternehmen und 67 % der Privatpersonen sind online und nutzen das Internet für Kommunikation und Recherche, aber auch für den Einkauf von Waren und Dienstleistungen. Von den etwa 55 Mio. Bundesbürgern, die einen Internet-Zugang besitzen, kauften bereits knapp 70 % Waren oder Dienstleistungen im Internet ein – Tendenz steigend (Destatis 2007).

Im Jahr 2006 haben deutsche Verbraucher laut Bundesverband Informationswirtschaft, Telekommunikation und neue Medien (BITKOM) etwa 46 Mrd. Euro für Waren und Dienstleistungen ausgegeben, die sie direkt über das Internet gekauft haben. Das ist deutlich mehr als im Vorjahr. Für das Jahr 2010 rechnet der BITKOM mit einem B2C-E-Commerce-Umsatz von 145 Mrd. Euro (vgl. Abbildung 2-1). Das Internet ist damit weiterhin der Vertriebskanal mit der höchsten Wachstumsdynamik.

Der E-Commerce ist in Deutschland in den letzten Jahren stetig gewachsen. Auch zukünftig werden hohe Zuwachsraten erwartet.

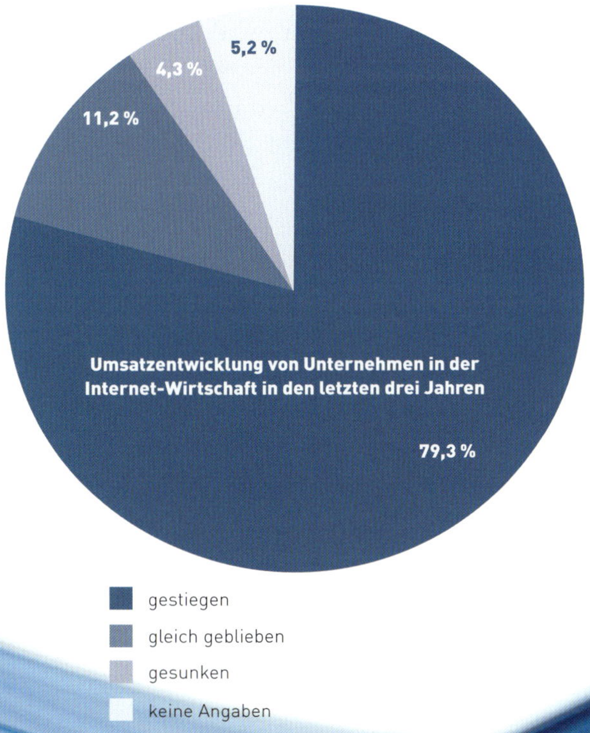

Quelle: Novomind 2007

Umsatz in Deutschland (in Mrd. EUR, Business-to-Consumer)

Quelle: BITKOM 2007a

Abb. 2-1: Umsatzentwicklung im E-Commerce in Deutschland

Die meisten Kunden kaufen Bücher und Eintrittskarten im Internet.

„Haben Sie in den letzten 12 Monaten folgende Produkte über das Internet gekauft?"

(Mehrfachnennungen möglich)

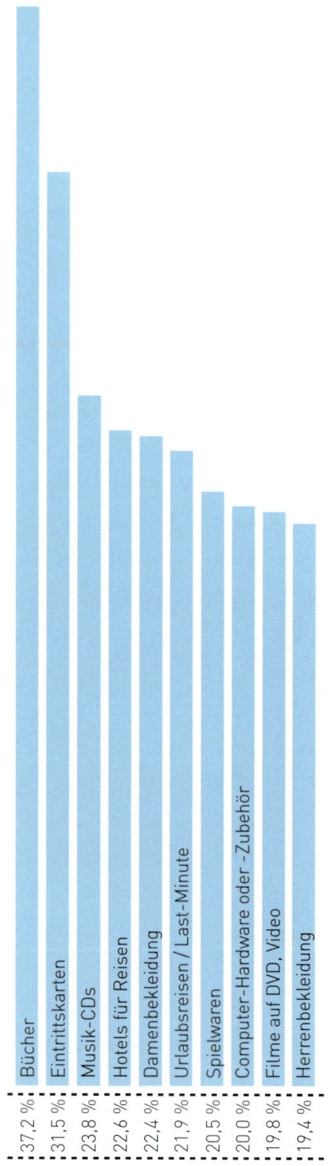

Abb. 2-2: Im Internet gekaufte Waren und Dienstleistungen
Quelle: AGOF 2008

Potenzial noch nicht ausgereizt

Betrachtet man die steigenden E-Commerce-Umsätze genauer, dann fällt auf, dass der Anstieg auf unterschiedliche Gründe zurückzuführen ist. Sowohl die Zahl der Käufe insgesamt als auch die Ausgaben pro Kauf haben zugenommen (GfK 2006). Ein Großteil des Umsatzzuwachses ist inzwischen weniger auf klassische internetaffine Medienprodukte, wie z. B. Bücher und Musik-CDs, sondern vor allem auf hochpreisige Artikel, wie Computer-Hardware, Elektrogeräte, Bekleidung und Haushaltswaren oder Reisen, zurückzuführen (vgl. Abbildung 2-2). Diese Produkte und Dienstleistungen verzeichnen jeweils überdurchschnittliche Zuwächse, sodass der Online-Anteil am Umsatz dieser Produkte kontinuierlich zunimmt.

Immer mehr Händler zieht es ins Internet.

„Seit wann verkaufen Sie Waren und / oder Dienstleistungen über das Internet?"

Die Konkurrenz schläft nicht

Die steigende Beliebtheit des Internet als Einkaufsmöglichkeit spiegelt sich auch in einer zunehmenden Anzahl an Online-Shops wieder. Insbesondere in den letzten Jahren wurden zahlreiche Web-Shops eröffnet (vgl. Abbildung 2-3). Die Konkurrenz nimmt daher auch im Internet stetig zu. Für Unternehmen, die bisher noch nicht über das Internet verkaufen, gilt es, den Anschluss nicht zu verpassen bzw. zu entscheiden, auf welche Weise das Internet für den Verkauf der eigenen Produkte bzw. Dienstleistungen genutzt werden kann.

Zusammenfassend kann man sagen, dass derzeit der Verkauf über das Internet stetig an Fahrt gewinnt und interessante Chancen zur Gewinnung neuer Zielgruppen bzw. zur Bindung von Bestandskunden eröffnet. Ein besonders erfolgreiches Beispiel für die Erschließung der Potenziale des Internet-Vertriebs stellt Home of Hardware dar, dessen Gründer Martin Wild im nachfolgenden Interview seine Erfahrungen wiedergibt.

Zu spät für den Einstieg ist es sicher noch nicht. Jedoch sollten Sie nicht blindlings mit dem Internet-Handel starten. Wie es gelingen kann, sich erfolgreich im E-Commerce zu etablieren und wie die gängigsten Schwierigkeiten und Risiken bewältigt werden können, wird nachfolgend erläutert.

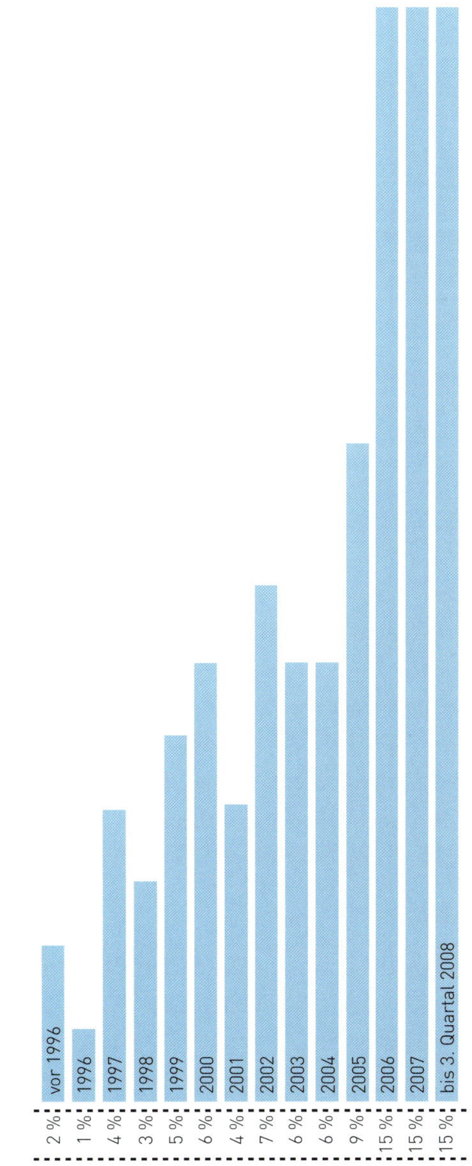

Abb. 2-3: Einstiegszeitpunkt der Unternehmen in den E-Commerce
Quelle: ibi research (E-Commerce in Deutschland 2008)

2

„Das kann ich besser!" Erfahrungen eines erfolgreichen Online-Händlers

Im Gespräch mit Martin Wild (Geschäftsführer) und Frank Kreichauf (Leiter Produktmanagement / Einkauf und Entwicklung), Home of Hardware GmbH & Co. KG, www.hoh.de

„Das kann ich besser als die bestehenden Läden und Online-Shops!" Diese selbstbewusste Erkenntnis brachte Martin Wild 1997 – noch zu seiner Schulzeit – dazu, die heutige Home of Hardware GmbH & Co. KG zu gründen. Firmensitz war damals die elterliche Wohnung. Mittlerweile zählt Home of Hardware zu den führenden deutschen Online-Shops für Informationstechnologie, Telekommunikation und Home Entertainment. Home of Hardware beschäftigt mittlerweile mehr als 100 Mitarbeiter und versandte im ersten Halbjahr 2008 141.217 (2007: 88.373) Pakete an Privat- und Geschäftskunden sowie öffentliche Einrichtungen in der gesamten Europäischen Union. Im Kalenderjahr 2007 verschickte Home of Hardware 227.683 Pakete und erzielte einen Gesamtumsatz von 66,33 Millionen Euro, ein Plus von 63,51 Prozent gegenüber dem Vorjahr.

INTERVIEW

Ist der Einstieg in den elektronischen Handel Ihrer Meinung nach heute noch sinnvoll?

Das kommt darauf an. In bestimmten Bereichen sind die Claims aus unserer Sicht schon abgesteckt. In unserer Branche herrscht beispielsweise ein starker Preiswettbewerb zwischen den Anbietern, hier haben Neueinsteiger kaum mehr eine Chance. Es findet sogar bereits eine Konsolidierung statt, in deren Verlauf auch alteingesessene Firmen bereits vom Markt verschwunden sind oder noch verschwinden werden. In anderen Bereichen kann man mit innovativen Ideen jedoch sicher noch Erfolge erzielen. Bevor man in den elektronischen Handel einsteigt, sollte man sich daher genau anschauen, welche Wettbewerber es schon gibt und was diese ihren Kunden bieten, um die eigenen Erfolgschancen realistisch beurteilen zu können.

Was sind Ihrer Meinung nach die größten Herausforderungen für Neueinsteiger in den elektronischen Handel?

Zu Beginn der Geschäftstätigkeit ist es wichtig, aus der Vielzahl verfügbarer Lösungen die passende Shop-Software zu wählen. Sie muss günstig zu beziehen und zu betreiben sein sowie den stetig steigenden Anforderungen durch eine zukünftige Expansion genügen. Ein späterer Wechsel der Shop-Software ist in der Regel mit hohem Aufwand verbunden.

Ist die Live-Schaltung des Shops dann erfolgt, muss er von den potenziellen Kunden natürlich auch gefunden werden. In unserer Branche spielen hierfür Preisvergleichsseiten eine wichtige Rolle. Aber auch Suchmaschinen oder Zeitungsanzeigen bieten grundsätzlich gute Möglichkeiten, um die eigene Zielgruppe zu erreichen.

Ein weiteres Problem, das auch uns einige Zeit Schwierigkeiten bereitet hat, ist die steigende Anzahl der Abmahnungen, die zum Teil wegen „Nichtigkeiten" erfolgen. Wir erhielten beispielsweise einmal eine Abmahnung, weil wir das Wort „Unverbindliche Preisempfehlung" nicht ausgeschrieben hatten. Wir lassen daher unseren Shop regelmäßig von einem Rechtsanwalt auf Abmahngründe hin untersuchen und haben seitdem keine Probleme mit Abmahnungen mehr.

Gehen dann Bestellungen im Shop ein, muss auch dafür gesorgt sein, dass diese problemlos abgearbeitet werden können. Aufgrund unseres starken Wachstums stehen wir ständig vor der Herausforderung, zusätzliche qualifizierte Mitarbeiter für die Abarbeitung der Bestellungen zu gewinnen und unsere Abläufe weiter zu verbessern.

„Zu Beginn der Geschäftstätigkeit ist es wichtig, aus der Vielzahl verfügbarer Lösungen die passende Shop-Software zu wählen."

Martin Wild, Home of Hardware GmbH & Co. KG

Welche Zahlungsverfahren bieten Sie an und welche Erfahrungen haben Sie damit gemacht?

Derzeit besteht für unsere Kunden die Möglichkeit, via Vorkasse, Nachnahme, Kreditkarte, PayPal und ClickandBuy zu bezahlen. Auch Finanzierungskäufe und Leasing stehen zur Auswahl. Zahlungen per Lastschriftverfahren oder Rechnung bieten wir nicht an.

Bei der Kreditkarte hatten wir vor einiger Zeit mit Betrugsfällen zu kämpfen und hatten das Verfahren daher sogar vorübergehend abgeschafft. Mit der Wiedereinführung 2007 haben wir unsere Abläufe angepasst und zusätzliche Vorkehrungen gegen Betrugsrisiken getroffen. Die Zahl der Kreditkartenzahlungen im Shop nimmt seitdem wieder stark zu. Wir bieten unseren Kunden durch das umfassende Angebot an Zahlungsverfahren erheblich mehr Komfort, der auch geschätzt wird. Insbesondere PayPal und ClickandBuy erfreuen sich zunehmender Beliebtheit.

Wie schützen Sie sich bei Kreditkartenzahlungen vor Zahlungsausfällen?

Da wir in der Vergangenheit bereits schlechte Erfahrungen mit Betrugsfällen machen mussten, sind wir dazu übergegangen, bei Kreditkartenzahlungen ab einem bestimmten Warenwert eine manuelle Prüfung der Kundendaten zu veranlassen. Des Weiteren stützen wir uns auf Verified by Visa und MasterCard SecureCode. Diese Verfahren bieten uns zusätzlichen Schutz vor Betrügern. Zudem akzeptieren wir ausschließlich inländische Kreditkarten und lassen bei Firmenkreditkarten keine abweichende Lieferadresse zu. Eine sehr empfehlenswerte zusätzliche Absicherung ist die zwischen uns und den Kreditkartenanbietern vereinbarte Zahlungsgarantie, die wir außerdem auch mit PayPal und ClickandBuy abgeschlossen haben.

Welche Rolle spielen Geschäfte mit ausländischen Kunden für Ihr Unternehmen?

Neben Deutschland ist Österreich derzeit ein interessanter Markt für uns. Andere Länder liegen derzeit nicht im Fokus unserer Bemühungen, hauptsächlich wegen der hohen Transportkosten und der damit verbundenen Nachteile gegenüber Anbietern vor Ort. Wir beobachten jedoch recht genau, wie sich die ausländischen Märkte entwickeln und wo sich eventuell zukünftige Chancen bieten könnten.

2

2.2 E-Commerce: ja – aber wie?

Neben dem eigenen Web-Shop existieren weitere Möglichkeiten des Internet-Vertriebs, z. B. Auktions- und Verkaufsplattformen oder Sub-Shops, die in die Konzeption des Online-Vertriebs einbezogen werden müssen. Auch die klassischen Vertriebswege wie Kataloge oder Ladengeschäfte dürfen nicht außer Acht gelassen werden, sondern können den Online-Vertrieb sinnvoll ergänzen. Auf diese Aspekte wird in den folgenden Abschnitten näher eingegangen.

Viele Wege führen ins Internet

Wie Abbildung 2-4 zeigt, stellt der eigene Web-Shop die derzeit beliebteste Form des elektronischen Handels dar. Fast alle (92 %) der befragten Online-Händler verfügen über einen eigenen Web-Shop, über den sie ihre Produkte und / oder Dienstleistungen verkaufen. Ein Drittel der Befragten verkauft zudem über Auktionsplattformen (z. B. eBay, hood.de oder atrada), ein Viertel über eine Verkaufsplattform (z. B. Amazon.de zShops oder Scout24). Sub-Shops werden derzeit nur von 7 % der Befragten genutzt. Die Vor- und Nachteile dieser Vertriebswege werden im Folgenden näher erläutert.

Verkaufsplattformen

Verkaufsplattformen (Marktplätze oder auch Shopping-Malls genannt) verfolgen das gleiche Prinzip wie Einkaufszentren bzw. Marktplätze in der realen Welt. Unter einem Dach bzw. an einem Platz sind unterschiedliche Händler vereint, um so gegenseitig Vorteile zu nutzen (vgl. die Beispiele in Infobox 2-1). Ob diese Vorteile realisiert werden können, ist nicht unumstritten.

Betreiber von Verkaufsplattformen versuchen, durch die Bündelung von verschiedenen Angeboten unter einer Web-Adresse die Attraktivität der Angebote für den Kunden zu steigern. Da kein langwieriges Suchen mehr nach verschiedenen Produkten notwendig ist, soll der Einkauf für die Kunden deutlich vereinfacht werden. Zudem teilen sich die Händler einer Mall in der Regel eine gemeinsame Infrastruktur, was wiederum zu Kostenvorteilen führt. Jeder einzelne Shop-Betreiber nutzt z. B. ein vorkonfiguriertes Shop-System, das im Hintergrund zentral gewartet und gepflegt wird. Nachteil: Die Lösungen bieten wenig Flexibilität und Platz für eigene Ideen. Meistens werden auch entsprechende Verwaltungs- und Zahlungssysteme zentral zur Verfügung gestellt, sodass sich ein Händler wirklich auf das eigentliche Geschäft konzentrieren kann. Die Anpassung dieser Prozesse nach eigenen Vorstellungen, z. B. die Integration eines weiteren Zahlungsverfahrens, ist häufig jedoch nicht möglich.

Ein weiterer Vorteil von Verkaufsplattformen liegt darin, dass durch den Auftritt in einem Verbund die Werbe- und Marketing-Kosten reduziert werden können, da hierfür in der Regel die Betreiber aufkommen. E-Commerce-Einsteiger haben zudem den Vorteil einer bestehenden Kundenbasis. Auf den ersten Blick stellen Verkaufsplattformen somit eine gute Idee dar, um auch mit reduziertem Aufwand E-Commerce zu betreiben. Kritiker von Shopping-Malls im Internet führen jedoch häufig an, dass die Bündelung verschiedener Angebote unter einer Web-Präsenz den Kunden kaum beim Einkauf unterstützt. Die langen Wege, die in der realen Welt zu bewältigen sind, sind in der virtuellen Welt kaum vorhanden, da andere Anbieter ohnehin nur einen Mausklick entfernt sind.

Der eigene Online-Shop ist der am häufigsten genutzte Vertriebsweg.

„Über welche der folgenden Vertriebswege verkaufen Sie Ihre Produkte und Dienstleistungen?" (Mehrfachnennungen möglich)

Abb. 2-4: Von Online-Händlern genutzte Vertriebswege
Quelle: ibi research (ECL-Umfrage 2007)

Verkaufsplattformen im Internet

In den letzten Jahren haben sich einige Verkaufsplattformen erfolgreich etablieren können. Im Folgenden werden drei Beispiele näher beschrieben: Scout24, der Amazon.de Marketplace und die Amazon.de zShops.

Scout24:
Von Scout24 werden unter verschiedenen Submarken einzelne Produktarten verkauft. Beispielsweise bietet ElectronicScout24 seit Oktober 2005 eine Online-Plattform für Unterhaltungselektronik, Telekommunikation, Computer und Haushaltsgeräte. Wie schon angedeutet, bieten Marktplätze und Shopping-Malls spezielle Serviceleistungen an, um die sich sonst Kunden selbst kümmern müssten. Bei ElectronicScout24 wird neben dem im Internet vielfach vertretenen Preisvergleich auch ein Treuhänderservice sowie die komplette Kauf- und Zahlungsabwicklung für Händler durchgeführt.

Amazon.de Marketplace:
Über Amazon.de Marketplace kann man eigene Angebote zu Produkten einstellen, die von Amazon.de bereits angeboten werden. Auf der jeweiligen Produktseite findet sich dann unter dem Amazon-Angebot ein Link „Alle Angebote" bzw. auf der rechten Seite eine blaue Box „Alle Angebote". Dort sind alle Angebote des Produkts, Ihre und die von Amazon.de, hinterlegt. Sobald man bei Amazon.de registriert ist, kann man eigene Angebote eingeben. Dazu sind entsprechende Produktangaben, ein Preis sowie Ihre Daten zur Zahlungsabwicklung notwendig. Wird Ihr Artikel gekauft, erhalten Sie eine Benachrichtigung per E-Mail. Dort finden Sie dann auch die Anschrift des Käufers. Die Zahlungsabwicklung erfolgt komplett über Amazon.de. Für das Einstellen der Produkte fallen keine Gebühren an, erst bei einem erfolgreichen Verkauf werden Gebühren fällig.

Amazon.de zShops:
Neben dem Amazon.de Marketplace bietet der Online-Händler Amazon.de auch die so genannten zShops als Verkaufsmöglichkeit für andere an. Hier können Sie sich auf relativ einfache Art und Weise einen eigenen Shop im Amazon-Design zusammenstellen und Ihre Artikel verkaufen. Im Vergleich zu Amazon.de Marketplace können Sie hier auch Produkte einstellen, die bisher bei Amazon.de nicht gelistet sind. Die Abwicklung funktioniert ähnlich wie bei Amazon.de Marketplace.

Infobox 2-1: Verkaufsplattformen und Marktplätze
Quelle: ibi research (E-Commerce-Leitfaden 2009)

Verkauf über eBay und andere Auktionsplattformen

Die Versteigerung von Artikeln ist eine weitere beliebte Möglichkeit zum Verkauf über das Internet. Dabei existieren neben dem sehr großen Anbieter eBay noch weitere, kleinere Anbieter, die diese Art des Verkaufens im Internet unterstützen. Vorteilhaft sind bei eBay die etablierte Marke und die bestehende Kundenbasis. Nachteilig sind häufig relativ hohe Gebühren und die beschränkten Möglichkeiten zur Anpassung des Layouts. Andere Auktionsplattformen sind gegebenenfalls günstiger. Beispielsweise veranschlagen atrada, ricardo oder hood.de keine oder nur geringe Gebühren. Dafür ist jedoch häufig auch die Kundenbasis bzw. die Reichweite nicht so groß.

Der Ablauf ist bei fast allen Auktionsanbietern annähernd identisch. Nach der Registrierung können Sie Ihre Produkte in verschiedenen Kategorien einstellen. Wird eines Ihrer Produkte ersteigert, erhalten Sie per E-Mail eine Nachricht, an wen Ihr Produkt verkauft wurde. Anschließend können Sie die Zahlungsabwicklung bzw. den Versand des Produktes vornehmen.

Bezahlt wird bei Auktionshäusern in Deutschland in der Regel per Banküberweisung. Daneben bieten immer mehr Auktionsplattformen Kreditkartenzahlungen oder spezielle E-Payment-Verfahren an.

Verkauf über Sub-Shops

Eine weitere Art, Produkte über das Internet zu verkaufen, sind so genannte Sub-Shops. Dabei wird die Shop-Plattform in die Web-Seite eines Dritten integriert, um so bestimmte Produkte über dessen Web-Seite anbieten und verkaufen zu können (vgl. das Beispiel in Infobox 2-2). Der Betreiber der Shop-Plattform beteiligt den Web-Seiten-Betreiber dann über ein Provisionsmodell an den Verkäufen.

Shop ist Top

Auch wenn es zahlreiche Möglichkeiten zum Vertrieb von Produkten und Dienstleistungen über das Internet gibt, bleibt der eigene Online-Shop immer noch die beliebteste. Zwar gibt es auch Händler, die Verkaufs- und Auktionsplattformen sehr erfolgreich nutzen, dennoch ist der eigene Shop die häufigste Form des Verkaufs über das Internet (vgl. Abbildung 2-4). Was bei der Umsetzung eines eigenen Online-Shops zu beachten ist, erläutert Mario Zanier, xt:Commerce, im nachfolgenden Interview. Auf die Vorgehensweise und die unterschiedlichen Möglichkeiten zur Realisierung des eigenen Shops, auf Marketing-Maßnahmen zur Bekanntmachung des Shops und auf Ihre Pflichten beim Verkauf über Online-Shops wird in Abschnitt 2.3 näher eingegangen.

Die Versteigerung von Artikeln ist eine weitere beliebte Möglichkeit zum Verkauf über das Internet.

Verkauf über Seiten Dritter: Fallbeispiel Sub-Shops

Beispiele für Sub-Shops sind Anbieter von Merchandising-Produkten, wie Spreadshirt, Shirtcity oder auch Amazon.de mit seinem Konzept aStore. So ermöglicht Spreadshirt es sowohl privaten als auch kommerziellen Betreibern von Internet-Seiten, einen eigenen Online-Shop mit selbst gestalteten Artikeln einzurichten und diesen in ihren Web-Auftritt zu integrieren. Notwendig sind lediglich ein Internet-Zugang sowie die Grafiken und Logos der Merchandising-Produkte. Spreadshirt übernimmt von der Lagerhaltung über Produktion, Versand und Zahlungsabwicklung bis hin zum Kundenservice alle notwendigen Funktionen, um die individuellen Merchandising-Produkte online zu vertreiben. Die Betreiber der Web-Seiten können sich sowohl bei Amazon.de aStore als auch bei Spreadshirt & Co. zusätzliche Umsatzpotenziale erschließen und ihre Web-Seite aufwerten. Mit der Abwicklung (Bezahlung, Lieferung etc.) werden sie nicht belastet, das übernimmt in der Regel der Dienstleister gegen eine Provision. Für den Anbieter solcher Konzepte eröffnen sich zusätzliche Umsatzpotenziale und eine gute Möglichkeit, Kundenkontakte sehr gezielt anzugehen.

Infobox 2-2: Beispiel Sub-Shops
Quelle: ibi research (E-Commerce-Leitfaden 2009)

Virtuelle Ladeneinrichtung – Shop-Software und mehr

Im Gespräch mit Mario Zanier, Geschäftsführer xt:Commerce GmbH, www.xt-commerce.com

Die xt:Commerce GmbH ist Anbieter von Support-Dienstleistungen, Software-Lösungen und Zusatzmodulen rund um die hauseigene Marke xt:Commerce Shop-Software. Das Leistungsportfolio der xt:Commerce GmbH umfasst neben der Konzeption und Gestaltung der PHP- / MySQL-Lösung xt:Commerce sowohl die Weiterentwicklung als auch die Pflege bereits veröffentlichter Systeme sowie Hilfe und Support bezüglich Installation, Handling und Pflege. Zusammen mit ausgesuchten Partnern, darunter ERP-Anbietern, Billing- und Micropayment-Unternehmen sowie Banken, entwickelt die xt:Commerce GmbH ständig neue Technologien und Anwendungserweiterungen für das bestehende Basissystem.

INTERVIEW

Herr Zanier, welche grundsätzlichen Anforderungen muss eine Shop-Software erfüllen?

Bevor Sie sich für eine Shop-Software entscheiden, müssen Sie einige Vorüberlegungen anstellen. Ideal ist es, wenn man zunächst ein Anforderungsprofil für den Shop erstellt und dieses als Orientierungspunkt bei der Auswahl verwendet. Zum Beispiel sollten Sie sich überlegen, wie viele Produkte Sie heute und vielleicht in Zukunft in Ihrem Shop verkaufen wollen. Bei manchen Shop-Lösungen ist die Anzahl der Produkte, die maximal angeboten werden können, limitiert. Zudem sollten Sie auch generelle Erweiterungen der Software bedenken, wie etwa die Möglichkeiten, Dienstleister oder auch eigene Systeme über Schnittstellen anzubinden oder vielleicht auch ein Sprachmodul für den Verkauf ins Ausland zu integrieren. Wichtig ist, dass die Anforderungen nicht nur den aktuellen Stand, sondern auch zukünftige Entwicklungen berücksichtigen. Je mehr Sie also vorab festlegen, desto einfacher können Sie sich für eine geeignete Shop-Lösung entscheiden.

Welche Shop-Lösung sollte man auswählen?

Je nachdem, welche technischen und zeitlichen Möglichkeiten Sie selbst haben, um an der Shop-Erstellung mitzuwirken, bieten sich verschiedene Lösungen an. Grundsätzlich sollten Sie sich entscheiden, ob eine Shop-Lösung gekauft oder gemietet werden soll. Beides hat Vor- und Nachteile. Kauf-Shops bieten in der Regel ein breiteres Funktionsspektrum als Miet-Shops. Beide Lösungen erfordern normalerweise keine bzw. kaum Programmierkenntnisse und sind in der Regel leicht zu bedienen. Die Anschaffungskosten sind beim Kauf-Shop im Vergleich zu einer Mietlösung zunächst teurer. Auf längere Zeit dreht sich das Verhältnis jedoch um. Zudem fallen häufig bei gekauften Lösungen auch noch zusätzliche Kosten für Updates an. Falls man noch nicht genau abschätzen kann, wie das Internet-Angebot von den Kunden angenommen wird, sind Miet-Shops zu Beginn meist völlig ausreichend.

Weitere Varianten sind Open-Source-Lösungen. Diese sind in der Regel kostenlos, bieten völlige Gestaltungsfreiheit und zahlreiche Features. Jedoch erfordern sie umfassendes eigenes technisches Knowhow. Für die Wartung und Pflege ist der Online-Händler selbst verantwortlich.

Was sind Ihrer Meinung nach die wichtigsten Kriterien, um einen Web-Shop gerade in der Anlaufphase bekannt zu machen?

Eine fundierte Planung ist das A und O eines jeden Web-Shop-Projekts. Wenn die Kunden bei der ersten Nutzung des Shops nicht zufrieden sind, wird man sich schwer tun, diese als Stammkunden zu gewinnen und den Shop zu etablieren. In der Regel hat man nur einen „Schuss", d. h., surft der Kunde einen Shop an und ist mit diesem nicht zufrieden, dann wird er kaum wiederkommen. Deshalb muss der Shop einfach passen.

Damit der Kunde mit der Shop-Nutzung und mit dem Einkauf zufrieden ist, müssen viele Dinge von

„Eine fundierte Planung ist das A und O eines jeden Web-Shop-Projekts!"

Mario Zanier, xt:Commerce

Beginn an beachtet werden. Dazu zählt beispielsweise die Nutzerfreundlichkeit des Shops, wie etwa eine intuitive Navigation oder eine gute Suchfunktion. Aber auch die mit den Bestellungen verbundenen internen Abläufe, z. B. Versand, Abrechnung und Reklamation, sind festzulegen. Hier müssen die Shop-Lösungen Möglichkeiten bieten, um über die entsprechenden Schnittstellen die Abläufe möglichst effizient und kundenfreundlich abzuwickeln. Der Kunde sieht immer den ganzen Prozess. Ist der Shop zwar äußerst nutzerfreundlich, aber das Produkt ist entgegen der Daten im Shop nicht in drei Tagen, sondern erst in zwei Wochen lieferbar, ist der Kunde unzufrieden. Denken Sie immer daran, dass der Web-Shop Ihr Aushängeschild ist.

Wenn die Funktionen alle definiert sind, müssen natürlich auch Kunden in den virtuellen Laden kommen. Marketing und Werbung sind auch für kleine Shops notwendig. Dabei müssen es nicht immer gleich Bannerwerbungen oder große Zeitungsanzeigen sein. Im Internet sind viele andere Dinge wichtig. So ist es beispielsweise sinnvoll, in Suchmaschinen gut gelistet zu sein. Dazu gehört unter anderem auch, entsprechende Inhalte auf den eigenen Web-Seiten vorzuhalten. „Content is king" – dieser oft bemühte Satz ist nicht nur in Bezug auf die Suchmaschinen wichtig, sondern auch, um Kunden auf den Web-Seiten zu halten. Ist das Interesse der Kunden durch die Web-Seite geweckt, so verweilen sie dort länger und kaufen häufig auch eher ein. In diesem Zusammenhang sei an eine gute Darstellung der Produkte, nicht nur durch Bilder, sondern auch durch umfangreiche Produktinformationen erinnert: Das Auge „isst" mit. Zudem ist die Nutzung von Preis- bzw. Produktvergleichsseiten zur Steigerung der Bekanntheit zu empfehlen.

Welches sind in der Praxis die häufigsten Fehler, die bei der Erstellung eines eigenen Web-Shops passieren?

Häufig werden Shops rein aus der Sicht des Händlers entwickelt. Dies ist leider meistens falsch. Bei der Shop-Entwicklung muss immer der Kunde berücksichtigt werden. Überlegen Sie sich, ob der Kunde Ihren Shop findet oder wie Sie ihn darauf aufmerksam machen könnten. Gestalten Sie den Shop so, dass der Kunde während und nach dem Kauf zufrieden ist und Ihren Shop gerne weiterempfiehlt und wiederkommt. Dazu müssen neben der Usability auch die Sicherheit sowie die Kundenpflege stimmen. Um den häufig vorhandenen Sicherheitsbedenken zu begegnen, sollten Sie beispielsweise überlegen, ob sich für Ihr Internet-Angebot ein Prüfsiegel eignet. Einfacher geht es, wenn Sie gewisse Themen offen auf Ihren Web-Seiten kommunizieren. Informieren Sie beispielsweise über Ihr Vorgehen bei Garantie- und Gewährleistungsfällen. Erklären Sie Umtausch- und Rückgaberechte. Bieten Sie verschiedene Kontaktmöglichkeiten (Telefon, E-Mail, Ladengeschäft etc.) und nehmen Sie den Kunden bei der Kontaktaufnahme ernst. Um das Vertrauen des Kunden zu stärken, ist es außerdem hilfreich, die Menschen zu zeigen, die hinter dem Unternehmen stecken. Das nimmt die Angst vor Betrug und hilft, den Kunden gegenüber Ihrem Internet-Angebot positiv zu stimmen.

Mehrwerte durch online + offline

Neben den dargestellten Vertriebsmöglichkeiten über das Internet werden häufig auch Offline-Vertriebskanäle zum Verkauf der Produkte und Dienstleistungen genutzt. So betreibt jeder dritte der befragten Händler ein Ladengeschäft oder ist über einen Direktvertrieb am Markt aktiv, 12 % geben einen gedruckten Katalog heraus (vgl. Abbildung 2-4). Wie man sieht, ist die Verbindung von offline und online häufig bereits Realität.

Multikanal – Fluch oder Segen?

Der Vertrieb über mehrere Wege kann Vor- und Nachteile haben. Beim Vertrieb über mehrere Kanäle gilt es, den Überblick zu bewahren. Preisgestaltung, Warenbestand, Auslieferung etc. müssen miteinander verzahnt sein, um Kunden nicht zu enttäuschen und die Vorteile des Mehrkanalvertriebs nicht zu verspielen. Die folgenden Beispiele sollen dies verdeutlichen.

So ist Vorsicht geboten, wenn Bestellungen über unterschiedliche Kanäle eintreffen und auf den gleichen Warenbestand zugreifen. Bestellt ein Kunde ein Produkt über das Internet, und annähernd zeitgleich kommt ein anderer Kunde in Ihr Ladengeschäft, um dort dasselbe Produkt zu erwerben, dann müssen beide Bestellungen entsprechend im Warenbestand verbucht werden, um nicht in Lieferengpässe zu geraten und Kunden zu enttäuschen. Zudem gilt es bei Bestellungen über das Internet, diese auch für alle relevanten Mitarbeiter transparent zu machen. Ruft ein Kunde beispielsweise nach einer Bestellung im Internet in einer Filiale an, weil er eine Rückfrage hat bzw. kommt er im Geschäft vorbei, dann sollten die Mitarbeiter auf die entsprechenden Informationen zugreifen können. Verwirrung und verärgerte Kunden lassen sich so vermeiden.

Auch sollten Sie sich grundsätzlich überlegen, welche Produktpalette Sie über das Internet verkaufen wollen: Alle Produkte, die es auch im Ladengeschäft gibt, oder vielleicht mehr oder weniger (vgl. Abbildung 2-5)? Zudem gilt es, für die verschiedenen Vertriebskanäle auch die Preisstruktur festzulegen. Soll beispielsweise das Produkt im Internet billiger sein als im Ladengeschäft oder bei der telefonischen Bestellung? Zu beachten ist hierbei insbesondere, dass die Kanäle nicht isoliert betrachtet werden dürfen, sondern sich gegenseitig sowohl positiv als auch negativ beeinflussen können. Negativ in der Hinsicht, dass sich der Verkauf von Produkten vom Ladengeschäft auf das Internet verlagern kann, was in der Folge zu einem geringeren Umsatz bei etwa gleichbleibenden Kosten im Offline-Handel führen kann. Man spricht hierbei von Kannibalisierungseffekten. Das Zusammenspiel der beiden Kanäle kann jedoch auch zu einer Steigerung des Absatzes führen, z. B., weil die potenziellen Kunden einem Online-Verkäufer, den sie auch aus der realen Welt kennen, eher vertrauen (vgl. hierzu auch das Interview mit Sandra Bachfischer, Teehaus Bachfischer, in diesem Abschnitt).

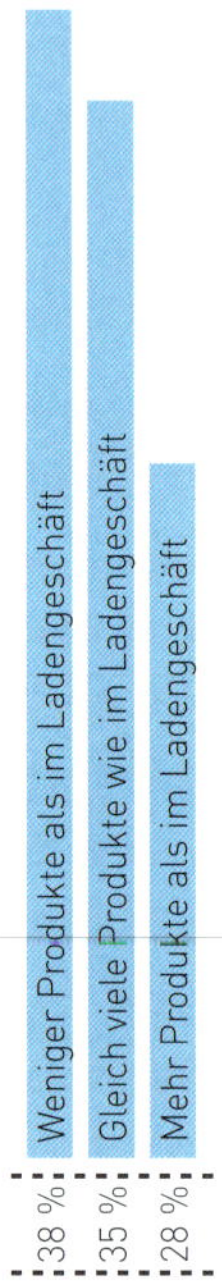

Etwa 30 % der Multikanal-Händler bieten im Internet mehr Produkte an als im Ladengeschäft.

Können über Ihren Web-Shop mehr oder weniger Produkte als über Ihr Ladengeschäft gekauft bzw. bestellt werden?

Abb. 2-5: Anzahl der angebotenen Produkte: Vergleich von Web-Shop und Ladengeschäft
Quelle: ibi research (ECL-Umfrage 2007)

Auch das Angebot im Internet kann sich positiv auf die anderen Vertriebskanäle auswirken. So bieten einige Online-Shops die Möglichkeit, die Bestellung im Ladengeschäft abzuholen. Ein Beispiel dafür ist das amerikanische Unternehmen REI. Das Unternehmen vertreibt Outdoor-Produkte über das Internet und eigene Ladengeschäfte. Kunden, die ihre im Internet bestellten Waren im Ladengeschäft abholen, geben im Schnitt nochmals zusätzlich 30 US-Dollar im Geschäft aus (Monse 2003). Ein positiver Effekt des Zusammenspiels der einzelnen Vertriebskanäle.

Arbeiten die Vertriebskanäle also gut zusammen, dann lassen sich durchaus zahlreiche Vorteile realisieren. Jedoch dürfen die beschriebenen Gefahren nicht leichtsinnig außer Acht gelassen werden, um wirklich einen erfolgreichen Multikanal-Vertrieb zu etablieren.

Erfolgreicher Multikanal-Vertrieb – Beispiel KarstadtQuelle AG

Als ein positives Beispiel für das Zusammenwirken verschiedener Vertriebskanäle kann die KarstadtQuelle AG genannt werden. Neben dem Verkauf von Waren über die eigentlichen Warenhäuser werden zahlreiche Produkte auch über Kataloge und das Internet verkauft. Über die strategische Bedeutung des Multikanal-Vertriebs für die KarstadtQuelle AG informiert die folgende Pressemitteilung des Unternehmens, welche die Ergebnisse einer von der KarstadtQuelle AG in Auftrag gegebenen Studie wiedergibt:

In Deutschland geht der Impuls für jeden zwanzigsten Kauf, der in einem Warenhaus erfolgt, vom Online-Shop des betreffenden Anbieters aus. Noch stärker ausgeprägt ist die Vernetzung der Kanäle im Distanzhandel, insbesondere zwischen den Katalogen von Quelle und dem Online-Shop Quelle.de: Der Internet-Shop lieferte 20,8 % der Kaufimpulse für den Katalog, umgekehrt löste der Print-Katalog 40,5 % der Käufe im Online-Shop aus (Durchschnitt: 13,3 % Katalog-Käufe durch Impulse aus dem Internet bzw. 14,8 % Online-Käufe durch Impulse aus Katalogen).

Der Studie zufolge kombinieren die Kunden die für sie bestehenden Vorteile jedes Vertriebskanals je nach Bedarf und Situation: Kunden, die zunächst das Warenhaus besuchen und dann im Online-Shop des Anbieters bestellen, nutzen im Internet insbesondere die Möglichkeit des Preisvergleichs (59,6 %), die bequeme Bestellmöglichkeit (36,4 %) sowie die Lieferung nach Hause (30,7 %). Umgekehrt schätzen Kunden, die sich vor einem Kauf online informiert haben, dass sie beim Kauf im Warenhaus das Produkt direkt mitnehmen (51,2 %) und anfassen (37,3 %) oder sich über Produkteigenschaften informieren (36,8 %) können.

Vor dem Hintergrund dieser Ergebnisse wird der Begriff des „hybriden Konsumenten" weiter bestätigt: Es wird zum Normalfall, dass Kunden sich in dem einen Vertriebskanal informieren, beispielsweise um das Produkt in die Hand nehmen zu können, und dann in einem anderen Vertriebskanal bestellen, beispielsweise um die Kaufentscheidung bequem zu Hause zu treffen. Der tatsächliche Impuls, bei einem bestimmten Anbieter zu kaufen, kommt dabei häufig aus dem Vertriebskanal, der zur Vorbereitung des Kaufs genutzt wurde. Der „Multi-Channel-Shopper" ist weiter auf dem Vormarsch.

Diesem Trend begegnet die KarstadtQuelle AG mit einem integrierten System von Vertriebskanälen. Marc Sommer, im KarstadtQuelle-Konzern verantwortlicher Vorstand für den E-Commerce: „Ob Warenhaus, Katalog oder Internet: Jeder Kanal erfüllt beim Kauf die spezifischen Wünsche unserer Kunden. Den Kauf in unseren Online-Shops werden wir durch neue Services wie die Bestellung über Handy oder die TV-Fernbedienung noch einfacher gestalten. In fünf Jahren werden bei KarstadtQuelle bis zu drei Viertel der Bestellungen online abgewickelt."

Infobox 2-3: Multikanal-Vertrieb bei der KarstadtQuelle AG
Quelle: KQ 2006

Je nach Geschmack – „It's Tea Time" im Laden oder im Internet

Im Gespräch mit Sandra Bachfischer, Teehaus Dagmar Bachfischer KG, www.teehaus-bachfischer.de

Mit über 330 Sorten Tee bietet das Teehaus Bachfischer ein sehr umfangreiches Teesortiment. Bisher schätzten vor allem die Kunden des Ladengeschäfts in der Regensburger Altstadt die hochwertigen Tees, die auf Basis eigener Rezepturen selbst gemischt und aromatisiert werden. Im neuen Web-Shop des Unternehmens wird der Teekauf nun auch im Internet zum Erlebnis.

INTERVIEW

Frau Bachfischer, welche Potenziale eröffnet Ihnen als etabliertem Teefachhandel das Internet?

Die Entwicklung neuer Teemischungen ist mit verhältnismäßig großem Aufwand verbunden, der sich für viele Teefachgeschäfte, die nur über ein Ladengeschäft verkaufen, kaum mehr rechnet. Schon seit einigen Jahren bieten wir unseren Kunden daher zusätzlich einen Katalog an, aus dem sie ihre Lieblingstees bestellen können. Ein Online-Shop stellt für uns ein sehr gutes Mittel dar, um unsere Kundenbasis weiter auszubauen und an unsere bestehenden Kunden mehr zu verkaufen.

Für die Neukundengewinnung ist es ein nicht zu unterschätzender Vorteil, wenn die Kunden sehen, dass hinter einem Online-Shop ein reales Geschäft mit einer Adresse und tatsächlichen Personen steckt. Das schafft Vertrauen im anonymen und für viele Anbieter auch riskanten Internet-Geschäft. Bei uns äußert sich das unter anderem dadurch, dass sehr viele Kunden bedenkenlos per Vorkasse bezahlen.

Unseren Stammkunden, die derzeit bei uns im Geschäft einkaufen oder über unseren Katalog bestellen, bieten wir über das Internet eine schnelle und bequeme Möglichkeit zur Nachbestellung von Tees. Der Online-Shop passt somit sehr gut zu unserer Philosophie, unsere Kunden umfassend zu bedienen und dadurch die Verbundenheit mit unserem Haus zu stärken. Um den Shop bekannt zu machen, weisen wir unsere Stammkunden im Kundengespräch auf den Web-Shop hin und drucken die Web-Adresse auf unseren Teepackungen auf.

Welche Überlegungen haben Sie angestellt, bevor Sie an die Umsetzung Ihres eigenen Online-Shops gegangen sind?

Am Anfang stand eine intensive Planungs- und Analysephase. In dieser Phase haben wir sehr früh eine ausgiebige Marktanalyse durchgeführt, um einen Überblick zu gewinnen, was unsere Konkurrenten bisher im Internet machen. Wer vertreibt bereits seine Tees im Internet? Welche Informationen bzw. Funktionen bieten die Konkurrenten? Zu welchen Konditionen verkaufen sie ihre Produkte im Internet? Diese und weitere Fragen haben wir uns dabei gestellt und so einen Plan für unser Internet-Angebot entwickelt.

Bei der Umsetzung unserer Internet-Strategie haben wir versucht, uns möglichst nah an unserem existierenden Geschäft zu orientieren. In der realen Welt arbeiten wir sehr intensiv mit Gerüchen und individuellen Beratungsgesprächen. Im Internet ist beides nur bedingt möglich. Deshalb haben wir versucht, durch die Integration eines selbst entwickelten Teeberaters ein Beratungsgespräch möglichst realitätsgetreu im Internet nachzubilden. Das „Erlebnis Tee" mit seinen Gerüchen und Geschmäckern konnten wir natürlich nicht online verfügbar machen. Wir haben aber so viele Informationen wie möglich zu den einzelnen Sorten in unseren Online-Shop integriert, damit unsere Kunden einen möglichst realistischen Eindruck von den Tees bekommen.

Parallel dazu haben wir die unternehmensinternen Abläufe analysiert, die vom Online-Shop betroffen

„Für die Neukundengewinnung ist es ein nicht zu unterschätzender Vorteil, wenn die Kunden sehen, dass hinter einem Online-Shop ein reales Geschäft steckt."

Sandra Bachfischer,
Teehaus Dagmar Bachfischer KG

waren und angepasst werden mussten. Dazu gehörten die Schritte der Auftragsannahme, der Auftragsverarbeitung und des Versands genauso wie die buchhalterische Erfassung und Überwachung der Zahlungen. Wir haben uns beispielsweise angeschaut, wie wir bisher mit Reklamationen umgehen oder wie lange es bis zum Versand der Ware dauert. Auch, welche Personen bis dahin in den Bestellprozess eingebunden sind, haben wir analysiert. Zudem mussten wir uns überlegen, wie wir den Shop an unsere bestehenden EDV-Systeme, wie z. B. Buchhaltung und Lagerverwaltung, anbinden und welche Mitarbeiter für den Shop bzw. die zugehörigen Prozesse verantwortlich sind.

Aufbauend auf unseren Überlegungen und Recherchen haben wir dann unsere Zielvorstellung formuliert und uns ein Budget gesetzt, das wir zur Erreichung der Ziele für realistisch erachteten. Denn bei aller Euphorie, die bei dem Thema „Internet" immer wieder aufkommt, muss auch hierbei hart gerechnet werden.

Sie haben für den Aufbau Ihres Online-Shops eine Agentur beauftragt. Wieso haben Sie sich hierzu entschieden und wie sind Sie in dieser Phase vorgegangen?

Auf Basis der Vorgaben aus der Planungs- und Analysephase haben wir ein ausführliches Briefing erstellt und dieses an mehrere Internet-Agenturen versandt mit der Bitte, uns entsprechende Angebote zu unterbreiten. Wir haben uns für die professionelle Unterstützung durch eine spezialisierte Agentur entschieden, da dies aus unserer Sicht deutlich schneller und effizienter zum Ziel führt, als selbst zu versuchen, eine Lösung zu entwickeln. Sicher ist die Unterstützung durch einen professionellen Partner nicht immer billig, aber wir können sagen, dass es sich in unserem Fall gelohnt hat.

Nachdem wir uns für eine Agentur entschieden hatten, wurde das Projekt in Angriff genommen. Zu diesem Zeitpunkt mussten wir jedoch lernen, dass der Aufbau eines Online-Vertriebswegs kein Projekt ist, welches man nebenbei durchführt. Es verlangt hohe Konzentration und sehr intensiven persönlichen Einsatz. Die ständige Kommunikation mit der Agentur zur Abstimmung der konkreten Ausgestaltung und Funktionen gehört genauso dazu wie auch die Aufbereitung der fachlichen Inhalte. Denn während die technische Verantwortung aufseiten der Agentur lag, lag die inhaltliche Kompetenz natürlich bei uns.

2

2.3 Ohne Pannen und Umwege ans Ziel – was bei der Umsetzung zu beachten ist

Wenn die Entscheidung für einen eigenen Shop getroffen wurde, gilt es zu klären, wie die Umsetzung realisiert werden kann. Zwar gibt es hierfür kein Patentrezept, da viele Einzelfallentscheidungen notwendig sind. Jedoch stehen Händler, die im Internet-Handel aktiv werden wollen bzw. es bereits sind, immer wieder vor denselben Aufgaben. Die folgenden Abschnitte sollen deshalb die wichtigsten dieser Fragen beantworten bzw. Hilfestellung zur Beantwortung geben.

Bevor Sie beginnen, Ihre Ideen in die Tat umzusetzen, sollten Sie einen strukturierten Vorgehensplan entwerfen. Eine intensive Planung hilft Ihnen später, unnötige Fehler und Nachbesserungsarbeiten zu vermeiden. Am Anfang der Umsetzungsphase stehen dann in der Regel die Auswahl eines geeigneten Shop-Systems und geeigneter Marketing-Möglichkeiten, um den Shop bekannt zu machen. Aber auch die Berücksichtigung rechtlicher Anforderungen und die Durchführung ausreichender Tests dürfen nicht vergessen werden.

Abbildung 2-6 zeigt, worin die befragten Händler derzeit die größten Herausforderungen beim Verkauf im Internet sehen. An erster Stelle steht die Bekanntmachung des Internet-Angebots (vgl. hierzu die Abschnitte zur Domain und zur Bekanntmachung des Internet-Angebots). Hierauf folgt die Pflege des Produktangebots im Shop. Wie aufwendig diese ist, hängt auch vom eingesetzten Shop-System ab. Schon bei der Auswahl des Shop-Systems ist daher zu prüfen, welche Möglichkeiten dieses bietet, um Produktbeschreibungen einfach und bequem zu erstellen bzw. zu ändern (vgl. den Abschnitt zu Shop-Lösungen). An dritter Stelle wurde die kontinuierliche Anpassung an neue rechtliche Rahmenbedingungen zur Vermeidung von Abmahnungen genannt (vgl. den Abschnitt „Abmahnungen vermeiden").

Die übrigen Aspekte, die in Abbildung 2-6 aufgeführt sind, betreffen die Planung des Online-Angebots sowie die organisatorischen Abläufe im laufenden Betrieb. Auf diese Punkte wird im folgenden Abschnitt näher eingegangen.

Die größten Herausforderungen für Händler im E-Commerce.

Abb. 2-6: Die größten Herausforderungen für Händler im E-Commerce
Quelle: ibi research (ECL-Umfrage 2007)

ibi

Gut geplant ist halb gewonnen!

Der Aufbau eines eigenen Online-Angebots ist keine einfache Aufgabe. Wie die folgenden Abschnitte zeigen, gilt es, sowohl bei der Erstellung einer Online-Präsenz als auch im laufenden Betrieb einiges zu berücksichtigen. Eine der Umsetzung des Projekts „Web-Shop" vorgelagerte Planungsphase ist daher Pflicht! So ist vor dem Einstieg in den E-Commerce zunächst sorgfältig zu überlegen, inwieweit sich die eigenen Produkte und Dienstleistungen überhaupt für den Vertrieb über das Internet eignen. In diesem Zusammenhang müssen beispielsweise die anfallenden Versandkosten, die notwendige Logistik oder auch der Umgang mit Retouren bedacht werden. Zudem ist auch zu prüfen, ob ein Internet-Angebot mit Ihrer strategischen Ausrichtung zusammenpasst, und wie dieser Vertriebskanal zu den anderen Vertriebswegen steht.

Auch sollten Sie zunächst analysieren, wie Ihre Wettbewerber im Internet agieren. Zum einen lassen sich daraus Lösungen für eigene Probleme ableiten, zum anderen sieht man sich im „globalen Dorf" häufig einer ganz anderen Konkurrenz gegenüber als bisher. Daneben gilt es auch zu klären, ob die bisherige Kundschaft überhaupt in einem Online-Shop einkaufen würde, oder ob für die Geschäftsstelle in der virtuellen Welt eine neue Zielgruppe angesprochen werden muss.

Legen Sie einen Zeitplan fest, wann welche Schritte zu erledigen sind und auch, wann der Shop erste Gewinne erwirtschaften soll. Sofern Sie die Umsetzung des Projekts „Web-Shop" nicht selbst vornehmen, sollten Sie einen Projektverantwortlichen bestimmen. Dieser koordiniert und überprüft die anfallenden Aufgaben und nimmt gegebenenfalls Korrekturen im Projektablauf vor.

Weitere wichtige Aspekte, die bei der Planung eines Online-Angebots zu berücksichtigen sind, sind in Checkliste 2-1 zusammengefasst.

Checkliste: Planung des Projekts „Web-Shop"

Diese Checkliste gibt einen Überblick über zentrale Elemente, die Sie bei der Planung beachten sollten:

- Eignen sich Ihre Produkte für den Internet-Vertrieb?
- Passt der Verkauf über das Internet zu Ihrem Unternehmen?
- Was bieten Ihre Wettbewerber im Internet an?
- Wie sieht Ihre Zielgruppe im Internet aus?
- Innerhalb welcher Zeit soll Ihr Internet-Engagement Gewinne erwirtschaften?
- Welche personellen Kapazitäten sind für den Online-Shop notwendig?
- Welche technischen Anforderungen stellt der Vertrieb über das Internet?
- Wie gliedert sich der Online-Shop in die bestehenden Unternehmensabläufe ein?
- Sind Verknüpfungen mit bestehenden Lösungen notwendig bzw. sinnvoll (z. B. Anschluss an bestehende Warenwirtschaftssysteme)?
- Wie werden Logistik und Versand geregelt?
- Wie können die Kunden bezahlen, und wer kümmert sich um die mit der Zahlung verbundenen Abläufe (vgl. Kapitel 4 und 5 dieses Leitfadens)?
- Welche Marketing-Maßnahmen können für das Internet-Angebot genutzt werden?
- Welche rechtlichen Auflagen sind zu erfüllen und wo kann man sich informieren?

Checkliste 2-1: Planung des Projekts „Web-Shop"
Quelle: ibi research (E-Commerce-Leitfaden 2009)

2

Neben der Auswahl der technischen Shop-Lösung und der Domain, der Festlegung der Marketing-Maßnahmen und der Überprüfung der rechtlichen Anforderungen (vgl. hierzu die nachfolgenden Abschnitte dieses Kapitels) ist die Eingliederung des Shops in die bestehenden Unternehmensabläufe eine wichtige Fragestellung, die im Rahmen der Umsetzungsphase zu klären ist. So ist festzulegen, wer den Online-Shop pflegt, Produkte einstellt, inhaltliche und optische Überarbeitungen vornimmt, oder auch, wer für die kontinuierliche Weiterentwicklung und Anpassung des Shops (Strategie, rechtliche Änderungen etc.) verantwortlich ist.

In Bezug auf die Bestellungen haben Sie festzulegen, wie die eingehenden Bestellungen entgegengenommen und weiterverarbeitet werden und wer dafür verantwortlich ist. Legen Sie fest, wer wann welche Tätigkeiten durchführen muss.

Ein weiterer wichtiger Punkt ist die Rechnungsstellung und -überwachung. Wer versendet die Rechnung und wann? Wer kümmert sich um die Überwachung der Zahlungseingänge, und wie wird mit säumigen Schuldnern umgegangen (Kapitel 5 gibt hierzu einen tieferen Einblick)?

Auch beim Thema „Reklamationen" sollten Sie einen Verantwortlichen bestimmen, der Ansprechpartner für Fragen von Kunden ist und die notwendigen Abläufe koordiniert.

Da sich Reklamationen nicht nur auf Produkte beziehen können, sondern auch auf die Funktionen des Online-Shops, muss ein verantwortlicher Mitarbeiter für den technischen Betrieb des Shops bestimmt werden. Dieser ist dann für die regelmäßige technische Wartung des Systems verantwortlich und wird ebenso bei der Weiterentwicklung des Shops (z. B. Updates oder Erweiterungen) mit eingebunden. Der technische Verantwortliche sollte sich zudem insbesondere mit der Thematik „Sicherheit des Internet-Angebots" auseinandersetzen.

Außerdem empfiehlt es sich, dass Sie regelmäßig überprüfen, ob Ihr Shop bzw. der ganze Internet-Auftritt nicht verbessert werden kann. Hier ist jeder Mitarbeiter angehalten, Verbesserungsvorschläge zu initiieren und zu überdenken. Beispielsweise sollten regelmäßig Kundenanforderungen in Bezug auf den Online-Shop überprüft werden. Methoden des Web-Monitoring (Seitenaufrufe, Clickstream-Analysen etc.) sind hierbei sehr hilfreich. Zudem sollten Sie auch auf Verbesserungsvorschläge von Kunden reagieren. Voraussetzung hierfür ist, dass Kunden Ihnen diese mitteilen können und die Anregungen nicht irgendwo versickern. In diesem Zusammenhang sollten Sie auch überprüfen, was Ihre Kunden bzw. andere zu Ihrem Internet-Angebot meinen. Ein Blick in Foren und auf Bewertungsseiten kann hier nicht schaden.

Der vorliegende Leitfaden soll Sie bei der Umsetzung Ihres Online-Angebots unterstützen. Jedoch muss klar sein, dass es immer wieder sehr individuelle Fragestellungen gibt, die besser mit einem Fachmann besprochen werden. Hierzu existieren zahlreiche Anlaufstellen, die entweder selbst

Unterstützung beim Einstieg in den E-Commerce

Folgende Stellen bieten teilweise Beratungsgespräche sowie themenspezifische Informationsveranstaltungen bzw. -materialien zum Einstieg in den E-Commerce an (Auswahl in alphabetischer Reihenfolge):

- Bundesverband der Dienstleister für Online-Anbieter (BDOA) e. V. (www.bdoa.de)
- Bundesverband Digitale Wirtschaft (BVDW) e. V. (www.bvdw.org)
- Bundesverband Informationswirtschaft, Telekommunikation und neue Medien (BITKOM) e. V. (www.bitkom.org)
- eco – Verband der deutschen Internetwirtschaft e. V. (www.eco.de)
- Euro-Info-Verbraucher e. V. – E-Commerce-Verbindungsstelle (www.ecommerce-verbindungsstelle.de)
- Industrie- und Handelskammern sowie Handwerkskammern (www.dihk.de bzw. www.handwerkskammer.de)
- Netzwerk Elektronischer Geschäftsverkehr (www.ec-net.de)

Infobox 2-4: Unterstützungsstellen für den Einstieg in den E-Commerce
Quelle: ibi research (E-Commerce-Leitfaden 2009)

entsprechende Kompetenz besitzen oder an geeignete Personen verweisen können. Infobox 2-4 gibt einen Überblick über mögliche Anlaufstellen.

Shop-Lösungen – welche ist die richtige?

Eine der ersten Fragen, die bei der Umsetzung eines eigenen Web-Shops zu klären ist, ist die Auswahl einer geeigneten Shop-Lösung. Unterschiedliche Möglichkeiten, von der kostenlosen Open-Source-Software über die Miete oder den Kauf von vorgefertigten Lösungen bis hin zur vollständigen Eigenentwicklung, kommen hierfür infrage. Auf die Vor- und Nachteile der einzelnen Lösungen wird im Folgenden näher eingegangen.

Anforderungen an Shop-Lösungen

Bevor Sie unterschiedliche Shop-Lösungen bewerten, sollten Sie sich zuerst Ihre Anforderungen bewusst machen. Im Folgenden sollen beispielhafte Kriterien aufgezeigt werden, die bei keiner Betrachtung fehlen sollten. Darüber hinaus existieren in der Regel jedoch auch noch unternehmensindividuelle Anforderungen, die ebenfalls berücksichtigt werden sollten.

Eine der ersten Fragen, die Sie beantworten sollten, beschäftigt sich mit dem Warenangebot, das Sie in Ihrem Web-Shop verkaufen möchten. Dabei ist zu klären, ob das System überhaupt die Anzahl von Produkten verwalten kann, die Sie verkaufen möchten. Denken Sie auch daran, dass Sie zukünftig vielleicht auch weitere Produkte vertreiben wollen, sodass das System gegebenenfalls auch erweiterbar sein sollte. Falls notwendig, sollten Sie auch überprüfen, ob sowohl physische als auch digitale Produkte vertrieben werden können. Bei digitalen Produkten, wie etwa Software, Musik oder Videos, verlangen viele Kunden eine sofortige Download-Möglichkeit. Unterstützt die Software dies? Zudem wäre zu überprüfen, ob es von den Produkten vielleicht auch zusätzliche Varianten, z. B. an Farben oder Größen, geben soll. Nicht alle Shops bieten hierfür eine komfortable Unterstützung an.

Da Ihre Kunden die Produkte nicht wie im Laden anfassen können, sollten Sie das Angebot durch Bilder illustrieren, die Produkte detailliert beschreiben und auf Vollständigkeit der Informationen achten. Überprüfen Sie, welche Funktionen die Shop-Lösung hierfür bereithält. Kontrollieren Sie, ob die Software es zulässt, mehr als ein Bild je Produkt zu präsentieren, und ob ein Bild auch in verschiedenen Darstellungsgrößen verwaltet und angezeigt werden kann. Bei einigen Produkten erscheint es sinnvoll, ein Video einzubinden bzw. eine dreidimensionale Ansicht zu ermöglichen. Eine entsprechende Software-Unterstützung bieten nicht alle Software-Lösungen.

Wenn Sie sich entschieden haben, welche Produktinformationen in Ihrem Internet-Angebot präsentiert werden sollen, müssen diese erfasst und in das Shop-System eingepflegt werden. Üblicherweise erfassen Sie die Daten und Bilder zuerst offline. Mithilfe von Tabellenkalkulations- oder Datenbankprogrammen geht das oft recht zügig. Anschließend können Sie Ihre Produktdaten über eine Importfunktion in die Shop-Software einspielen.

Neben funktionalen und inhaltlichen Elementen sollte Ihre Produktpräsentation möglichst ansprechend sein. Fertige Design-Vorlagen erleichtern hierbei die Gestaltung. Beim Layout sollten Sie auch berücksichtigen, dass sich Ihr Online-Shop in Ihr Corporate Design eingliedert. Sowohl die Offline-Welt als auch Ihr Internet-Auftritt außerhalb des Shops sollten ein harmonisches Ganzes darstellen.

Im Zusammenhang mit dem Layout sei auf einen weiteren wichtigen Punkt bei der Auswahl eines geeigneten Shop-Systems hingewiesen: die Navigationsstruktur. Kunden suchen nicht lange auf Web-Seiten, sie müssen sich sofort orientieren können und ihre Ziele möglichst schnell finden. Ihr Shop sollte deshalb eine übersichtliche Navigationsstruktur unterstützen und auch eine Suchfunktion anbieten. Des Weiteren sollte es auch möglich sein, manche Produkte zwei oder mehreren Kategorien gleichzeitig zuordnen zu können. Ebenso wichtig wie eine sinnvolle Zuordnung zu den einzelnen Kategorien ist, dass Ihre Produkte auch in Suchmaschinen gefunden werden. Dazu sollte es die Software ermöglichen, jedem Produkt einen eigenen Titel und individuelle Metatags zuzuordnen (vgl. Infobox 2-5).

Suchmaschinen-Optimierung

Da Sie neben Ihren bestehenden Kunden ja auch neue Kunden auf Ihren Online-Shop aufmerksam machen wollen, sollte Ihr Internet-Angebot auch von den verschiedenen Suchmaschinen gefunden werden. Um Internet-Surfer über Google & Co. anzulocken, muss ein Online-Shop für Suchmaschinen optimiert werden. Entscheidend hierfür sind insbesondere eine gute externe Verlinkung und auf Suchbegriffe abgestimmte Inhalte.

Weitere Informationen rund um das Thema „Suchmaschinen-Optimierung" finden Sie im Abschnitt „Gefunden – Bekanntmachung des Internet-Angebots".

Infobox 2-5: Suchmaschinen-Optimierung
Quelle: ibi research (E-Commerce-Leitfaden 2009)

Hat sich ein Kunde für den Kauf eines Produkts entschieden, dann muss er seine Waren auch bezahlen. Deshalb stellt sich spätestens hier die Frage nach der Zahlungsabwicklung. Überprüfen Sie hierzu die Möglichkeiten (Schnittstellen, Formate etc.) der Shop-Software. In Kapitel 4 erhalten Sie detaillierte Informationen zur Auswahl von Zahlungsverfahren.

Neben der Schnittstelle für die Zahlungsabwicklung sollte ein Web-Shop noch weitere Schnittstellen besitzen, auch wenn einige davon vielleicht nicht schon von Beginn an gebraucht werden. Die Importmöglichkeit von Produktdaten wurde schon angesprochen. Gegebenenfalls muss der Web-Shop auch über Schnittstellen mit unternehmensinternen Warenwirtschaftssystemen verbunden werden, um Verfügbarkeitsprüfungen durchführen und eingehende Bestellungen automatisiert abarbeiten zu können. Tippfehler und das manuelle Erfassen durch Mitarbeiter gehören damit der Vergangenheit an.

Neben den Schnittstellen zur Warenwirtschaft existieren auch spezielle Schnittstellen für die Logistik bzw. den Versand der Produkte (vgl. Kapitel 6). Viele Shop-Lösungen bieten die Möglichkeit, Daten entweder aus der Shop-Datenbank oder aus einem angegliederten Warenwirtschaftssystem zu exportieren. Spezielle Software ermöglicht es Ihnen, Logistikunternehmen mit der Abholung zu beauftragen, Kunden über den Status Ihrer Bestellung per E-Mail zu informieren und gleich entsprechende Versandetiketten, Lieferscheine und Rechnungen zu drucken.

Neben den angesprochenen Anforderungen an ein Online-Shop-System sollten Sie gegebenenfalls noch weitere Punkte überdenken, ehe Sie sich für eine Lösung entscheiden. Beispielsweise sollten Sie auch nachfragen, wie die Shop-Software Sie bei Ihren Marketing-Aktionen unterstützen kann. Integration von Bannern, Gewährung von Rabatten, Nutzung von Gutscheinen oder auch das Anbieten ergänzender Produkte, also das so genannte Cross-Selling, sind nur einige Themen, die berücksichtigt werden sollten.

Die hier vorgestellten Kriterien bilden eine Auswahl der wichtigsten Punkte, die Sie bei der Entscheidung für eine Shop-Lösung mit in Betracht ziehen sollten. In manchen Fällen kann es aber auch sinnvoll sein, weitere Aspekte zu betrachten. Falls Sie schon Ideen haben, wie Sie vielleicht zukünftig Ihren Shop gestalten wollen, sollten Sie diese bei der Auswahl mitberücksichtigen, um gegebenenfalls später Wechselkosten zu vermeiden.

Auswahl der Shop-Software

Stehen die konkreten Anforderungen fest, muss eine geeignete Lösung ausgewählt werden, die die technische Basis des eigenen Online-Shops bilden soll. Derzeit existieren zahlreiche Online-Shop-Lösungen am Markt, was die Auswahl zu keinem einfachen Unterfangen macht.

Das Preisspektrum der verfügbaren Shops reicht von kostenlosen Open-Source-Lösungen bis zu mehreren tausend Euro für einige Kauf-Shops. Entscheidend ist jedoch nicht allein, wie viel Geld Sie anfangs in die Hand nehmen wollen, sondern vielmehr, welche Lösung Ihnen langfristig, unter Berücksichtigung aller Kosten und Aufwände (z. B. für Installation, Wartung und Betrieb) den größten Nutzen verspricht. Die Vor- und Nachteile unterschiedlicher Arten von Shop-Lösungen werden im Folgenden näher erläutert und sind in Infobox 2-6 zusammenfassend dargestellt.

Für die **Eigenentwicklung** eines Shops sind in der Regel umfassende programmiertechnische Kenntnisse notwendig. Falls das Know-how nicht im eigenen Unternehmen vorhanden ist, muss es bei Dritten zugekauft werden. Vorteil: Die Anwendung ist auf Ihre individuellen Bedürfnisse zugeschnitten. Nachteil: Häufig sind die Lösungen softwaretechnisch nicht so ausgereift wie gekaufte und bewährte Shop-Software. Support, Pflege und Wartung sind zudem in der Regel aufwendiger und auf lange Sicht häufig auch teurer. Ob eine komplette Eigenentwicklung den am Markt angebotenen Miet-, Kauf- und Open-Source-Lösungen überlegen ist, kann nur im Einzelfall entschieden werden. Viele Experten raten jedoch dazu, eher auf Standard-Lösungen zu setzen und diese entsprechend den eigenen Vorstellungen anzupassen.

Vorgefertigte **Kauf-Lösungen** werden auf Basis von Open-Source-Lösungen (z. B. xt:Commerce) oder von Eigenentwicklungen (z. B. ePages, OXID oder Intershop) angeboten. Kauf-Shops verfügen in der Regel über ein breites Spektrum an Funktionen (z. B. Schnittstellen zu verschiedenen Warenwirtschaftssystemen oder Zahlungsdienstleistern) und bedienen auch Händler mit höheren Anforderungen. Die Installation wird häufig von den Shop-Anbietern gegen Aufpreis übernommen. Auch hier sind in der Regel keine eigenen Programmierkenntnisse erforderlich. Nachteilig kann sich bei einem Kauf-Shop auswirken, dass für zukünftige Updates Zusatzkosten anfallen, genauso wie eine Erweiterung um ausgewählte Funktionen häufig mit Extrakosten verbunden ist.

Miet-Shops sind eine Möglichkeit, die insbesondere für den Einstieg in den E-Commerce häufig genutzt wird. Miet-Shops sind in der Regel auf den Servern eines Providers installiert und lassen sich nach einem Baukastensystem einrichten und gegebenenfalls auch erweitern. Die gesamte technische Infrastruktur wird üblicherweise vom Provider bereitgestellt. Dieser kümmert sich auch um Wartung, Updates und Weiterentwicklung des Systems. Diese Leistungen und die Bereitstellung der eigentlichen Shop-Software sowie das Hosting sind in der Regel im Mietpreis inbegriffen. Tiefer gehende Programmierkenntnisse sind hier nur selten erforderlich. Nachteilig sind in manchen Fällen eine geringere Gestaltungsfreiheit (z. B. nur wenige Templates für das Layout) sowie ein geringerer Funktionsumfang als bei anderen Lösungen. Beispielsweise ist bei manchen Anbietern nur eine begrenzte Anzahl von Produkten möglich, oder eine Schnittstelle zur Integration in eigene Systeme ist nur gegen Aufpreis oder gar nicht erhältlich. Zudem ist zu berücksichtigen, dass sich die monatlichen Mietpreise über die Zeit zu einem nicht geringen Betrag aufsummieren. Man sollte sich also gut überlegen, ob bei einer möglichen zukünftigen Erweiterung des Online-Angebots die Wahl einer anderen Lösung nicht vorteilhafter ist. Die größten Vorteile von Miet-Shops sind sicherlich die geringen Einstiegskosten und die einfache Bedienung sowie der Support des Vermieters.

Mit einer **Open-Source-Lösung** (z. B. osCommerce) können Händler kostenlos zu einem eigenen Online-Shop gelangen. Für Händler, die über das notwendige Wissen und Können sowie die erforderliche Zeit verfügen bzw. dies extern zukaufen können, eine durchaus interessante Lösung. Neben der kostenlosen Beschaffung liegt der große Vorteil von Open-Source-Lösungen darin, dass die Shop-Betreiber größtmögliche Gestaltungsfreiheit besitzen. Da der Quellcode der Lösungen öffentlich verfügbar ist, bieten weltweit aktive Entwickler-Communities zu vielen Problemen bereits entsprechende Lösungen an. Mithilfe von vorgefertigten Software-Bausteinen (z. B. Contributions bei osCommerce) lassen sich zahlreiche Funktionalitäten relativ einfach nachträglich hinzufügen. Nachteilig sind häufig eine fehlende bzw. verbesserungswürdige Dokumentation sowie etwaige fehlende oder unvollständige Funktionen. Diese Nachteile

2

werden jedoch durch eine große Online-Community gelindert, die häufig Lösungen für viele Probleme bereitstellt. Jedoch bleibt festzuhalten, dass der Händler selbst für die Weiterentwicklung und Pflege der Lösung verantwortlich ist.

Die Entscheidung, welches Shop-System das richtige ist, ist nicht immer einfach. Das Hauptaugenmerk sollte darauf gelegt werden, dass der Shop für Ihre Kunden einen entsprechenden Mehrwert liefert. Auch sollten Sie bei Ihrer Entscheidung berücksichtigen, wie die Shop-Lösung zu Ihrer Strategie passt (z. B. zukünftige Erweiterung der angebotenen Produktpalette) und wie Ihre Geschäftsprozesse unterstützt werden. Infobox 2-6 fasst die Vor- und Nachteile der verschiedenen Lösungen zusammen.

Die Domain – Ihr guter Name im Internet

Die Domain ist die weltweit eindeutige Adresse Ihres Online-Shops bzw. Ihres Internet-Auftritts (z. B. www.ecommerce-leitfaden.de). Jede Domain ist einer so genannten Top-Level-Domain (TLD) untergeordnet. Dies ist der letzte Teil einer Domain, also beispielsweise „.de" bei der Domain www.ecommerce-leitfaden.de. Die TLD bezeichnet entweder das Land, in dem der Domain-Name registriert wurde (z. B. „.de" für Deutschland), oder einen thematischen oder organisatorischen Bereich (z. B. „.org" für Organisationen, „.com" für Unternehmen (commercial) oder „.biz" für geschäftliche oder gewerbliche Nutzungen). Wer Deutschland als einen Zielmarkt anvisieren will, sollte versuchen, eine .de-Domain zu registrieren. Die TLD „.com" ist die am häufigsten genutzte Domain und bei internationaler Ausrichtung zusätzlich zu empfehlen. Wollen Sie in ausgewählten Ländern aktiv werden, ist es ratsam, sich neben einer .de-Domain auch die entsprechenden Länder-Domains zu sichern. Auch im Ausland gilt das Prinzip „Wer zuerst kommt, mahlt zuerst".

Im Juni 2007 waren etwa 11 Mio. .de-Domains registriert. Da fällt es nicht immer leicht, für das eigene Geschäft einen geeigneten Domain-Namen zu finden. Kurz, einfach, einprägsam und zudem noch beschreibend sollten die virtuellen Adressen sein. Sehr lange und komplizierte Worte sollten Sie vermeiden, da dadurch die Anfälligkeit für Tippfehler steigt. Am besten wählen Sie Ihre Domain so, dass Kunden sich die Domain auf Anhieb merken können.

Ob die gewünschte Domain noch verfügbar ist, kann z. B. online unter

- www.denic.de (für die Domains „.de")
- www.internic.com (für die Domains „.com", „.biz" u. a.)
- www.whois.eu (für die Domains „.eu")

überprüft werden. Aber auch andere Dienstleister bieten Möglichkeiten, die Verfügbarkeit von Domain-Namen zu recherchieren.

Häufig ist es sinnvoll, verschiedene Schreibweisen einer Domain oder auch zu erwartende Tippfehler durch die Registrierung der verschiedenen Domain-Varianten abzufangen. Beispielsweise gelangen Sie sowohl über www.ecommerce-leitfaden.de als auch über www.e-commerce-leitfaden.de zur Web-Seite des Leitfadens. Aus Marketing- und Lesbarkeitsgründen kann es zwar sinnvoll sein, auf die Groß- und Kleinschreibung zu achten, jedoch wird aus technischer Sicht hier kein Unterschied gemacht. Dies bedeutet, dass Sie sowohl durch Eingabe von www.eCommerce-Leitfaden.de als auch durch www.ecommerce-leitfaden.de auf die gleiche Web-Seite gelangen.

Hilfreich ist es zudem, thematisch wichtige Schlüsselwörter in die Domain zu integrieren. So erleichtern Sie es dem Suchenden zu erkennen, ob das Angebot zu ihm passt. Zudem analysieren einige Suchmaschinen auch die Domain auf Schlüsselbegriffe hin. So können Sie Ihre Domain in den Suchergebnissen besser positionieren. Wenn Sie Müsli über das Internet verkaufen wollen, sollten Sie beispielsweise www.muesli-meier.de registrieren. Hier wäre auch noch zu überlegen, die angesprochene „falsche" Schreibweise des Namens Meier einzuplanen, beispielsweise dadurch, dass Sie sich auch www.muesli-meyer.de oder www.muesli-maier.de sichern.

Seit 2004 sind auch .de-Domains mit Umlauten zulässig (z. B. www.müsli-meier.de). Sie sollten daher die zusätzlichen Domains registrieren, aber aufgrund der noch eher geringen Nutzung nicht ausschließlich auf diese setzen.

Überblick über die Vor- und Nachteile von Miet-, Kauf- und Open-Source-Lösungen sowie Eigenentwicklungen

	Vorteile	Nachteile
Eigenentwicklung	- Auf Ihre individuellen Bedürfnisse zugeschnitten	- Hohe Kosten - Umfangreiches technisches Know-how erforderlich
Kauf-Shop	- Breites Funktionsspektrum - Nur wenig technisches Know-how erforderlich	- Kosten (in unterschiedlicher Höhe, je nach Lösung; unter hundert bis zu mehreren tausend Euro)
Miet-Shop	- Geringere einmalige Kosten - Vorgefertigte Layouts verfügbar - Kaum technisches Know-how erforderlich	- Teils geringere Gestaltungsfreiheit - Teils geringerer Funktionsumfang - Langfristig oft teurer als Kauf-Shop
Open-Source-Lösung	- Kostenlos erhältlich - Höchstmögliche Anpassungsfähigkeit	- Umfangreiches technisches Know-how erforderlich

Infobox 2-6: Vor- und Nachteile unterschiedlicher Shop-Lösungen
Quelle: ibi research (E-Commerce-Leitfaden 2009)

2

Mit Sicherheit zur eigenen Domain

Im Gespräch mit Marko Dörre, Dörre Rechtsanwälte, www.doerre.com

Rechtsanwalt Marko Dörre ist spezialisiert auf Internet-, Medien- und Wirtschaftsrecht, insbesondere den gewerblichen Rechtsschutz (Markenrecht, Wettbewerbsrecht, Urheberrecht). Vor Gründung seiner eigenen Kanzlei war er eineinhalb Jahre lang in der Rechtsabteilung von AOL Deutschland tätig.

INTERVIEW

Herr Dörre, die Domain ist das Aushängeschild des Online-Shops und ein wichtiger Faktor für den Erfolg des Unternehmens. Was ist bei der Auswahl zu beachten?

Jede Domain wird nur einmal vergeben. Die Nachfrage nach einprägsamen Domains ist daher entsprechend groß. Bei der Registrierung einer Domain gilt der Grundsatz „First come – first served". Die Registrierung einer Domain ist also durchaus vergleichbar mit der Anmietung von Geschäftsräumen. Je besser die „Lage", desto mehr Kunden können erreicht werden. Es kommt häufig vor, dass Mitbewerber wegen tatsächlicher oder behaupteter Rechtsverletzungen die Löschung einer Domain beantragen. Deshalb muss bei der Auswahl einer Domain immer darauf geachtet werden, dass keine entgegenstehenden Rechte Dritter verletzt werden.

Wird bei der Registrierung der Domain nicht von Amts wegen geprüft, ob die Wunsch-Domain rechtmäßig ist und keine Drittrechte verletzt werden?

Nein, diese Pflicht obliegt allein dem Antragsteller. Dieser trägt auch das volle Haftungsrisiko dafür, dass mit der Eintragung und Nutzung der Domain keine Rechtsverletzungen einhergehen. Eine frühzeitige und umfassende Prüfung vor der Registrierung kann spätere Probleme vermeiden.

Welche Rechte können durch die Nutzung einer Domain verletzt werden?

Häufig kollidieren Domains mit geschützten Marken, Titeln, Namen oder Geschäftsbezeichnungen. Bei der Kollision mit Drittrechten ist abzuwägen, wem das „bessere" Recht zusteht. Diese Abwägung ist im Einzelfall sehr schwierig, doch lassen sich einige Grundsätze aufstellen. Wichtige Faktoren bei der Abwägung sind die Priorität der Eintragung bzw. Nutzung und der Bekanntheitsgrad des strittigen Begriffs.

Wie kann das Risiko einer Rechtsverletzung reduziert werden?

Vermeiden Sie unbedingt Domains, die geschützten Marken und bekannten Unternehmensnamen entsprechen oder diesen zum Verwechseln ähnlich sind. In diese Gruppe gehören auch so genannte Tippfehler-Domains, z. B. www.microsaft.de. Solange nicht der eigene Name verwendet wird, sind auch Namen von natürlichen Personen tabu. Gleiches gilt für juristische Personen des öffentlichen Rechts. Registrieren Sie bitte keine Länder-, Städte- oder Gemeindenamen und keine Bezeichnungen von öffentlichen Einrichtungen. Bekannte Werktitel von Büchern, Filmen, Zeitschriften, TV-Programmen etc. sollten Sie ebenfalls vermeiden.

2

„Bei der Registrierung einer Domain gilt der Grundsatz: ‚First come – first served'."

Marko Dörre, Dörre Rechtsanwälte

Wie erkenne ich, ob bei meiner Wunsch-Domain die Gefahr einer Rechtsverletzung besteht?

Sie müssen im Vorfeld umfangreich recherchieren. Nutzen Sie dazu möglichst vielseitige Mittel, z. B. Internet, Branchenregister, Telefonbuch usw. Ermitteln Sie, ob mit Ihrer Domain identische oder ähnliche Marken beim Deutschen Patent- und Markenamt (DPMA) eingetragen sind. Überprüfen Sie das Handelsregister auf identische oder ähnliche Firmennamen. Im Zweifel sollten Sie sich durch einen spezialisierten Rechtsanwalt beraten lassen. Das ist meist billiger, als hinterher von einem übersehenen Rechteinhaber angegriffen zu werden.

Gibt es denn überhaupt rechtssichere Domains?

Man kann durch sorgfältige Vorarbeit das Risiko einer Rechtsverletzung auf ein vertretbares Maß reduzieren. Hundertprozentige Sicherheit ist selten zu erreichen. Allerdings sind Sie mit dem eigenen Namen oder dem Namen Ihres Unternehmens als Domain meist auf der sicheren Seite. Unproblematisch sind rein beschreibende Begriffe, z. B. „Urlaub", „Geld", denn solche Begriffe sind markenrechtlich nicht geschützt. Bei reinen Fantasienamen reicht eine sorgfältige Recherche beim DPMA und im Handelsregister regelmäßig aus.

Was kann ich tun, wenn meine Wunsch-Domain vergeben ist?

Domains können gehandelt werden. Dazu kontaktieren Sie den Inhaber einer Domain und versuchen, diesem die Domain abzukaufen. Über eine so genannte „Whois"-Abfrage im Internet lässt sich die für die Domain verantwortliche Person leicht herausfinden. Falls keine Einigung zustande kommt und keine Alternativ-Domain infrage kommt, lohnt sich die Prüfung, ob man selbst ein „besseres" Recht an der Wunsch-Domain besitzt. Nach einem erfolgreichen Angriff wird die Domain gelöscht und Sie können versuchen, die nunmehr freie Domain auf Ihren Namen zu registrieren.

2

Domains: Fachchinesisch kurz erklärt

Bei der Neueinrichtung einer Domain, spätestens aber beim Wechsel eines Internet-Providers wird man mit „Domain-Fachchinesisch" konfrontiert. So sind bei Registrierungen von .de-Domains ein Domain-Inhaber (owner-c), ein administrativer Ansprechpartner (admin-c) und ein technischer Kontakt (tech-c) anzugeben. Diese und damit in Zusammenhang stehende Begriffe werden nachfolgend kurz erläutert:

Domain-Inhaber (owner-c):
Der Domain-Inhaber ist der an einer Domain materiell Berechtigte (eine natürliche oder juristische Person) und schließt mit der Registrierungsstelle (z. B. DENIC) einen entsprechenden Vertrag.

Administrativer Ansprechpartner (admin-c):
Eine vom Domain-Inhaber benannte natürliche Person, die als Ansprechpartner für verwaltungstechnische Angelegenheiten zur Verfügung steht. Diese Person fungiert zudem als Bevollmächtigte und ist verpflichtet, Entscheidungen bezüglich der Domain verbindlich zu treffen. Sie stellt auch den Ansprechpartner für die Registrierungsstelle DENIC dar.

Technischer Ansprechpartner (tech-c):
Für jede Domain muss ein technischer Ansprechpartner benannt werden. Er betreut die Domain in technischer Hinsicht.

DENIC:
Die Domain-Verwaltungs- und Betriebsgesellschaft eG (DENIC) mit Sitz in Frankfurt am Main ist die zentrale Vergabestelle für .de-Domains. Sie ist genossenschaftlich organisiert und betreut derzeit mehr als elf Millionen registrierte Adressen. Ihr Web-Auftritt ist erreichbar unter www.denic.de.

Domain-Abfrage:
Auf den Web-Seiten von www.denic.de kann mittels einer kostenlosen Abfrage geprüft werden, ob eine bestimmte .de-Domain noch verfügbar ist. Dieser Dienst wird auch von zahlreichen Internet-Providern angeboten.

Whois:
Whois bezeichnet ein Protokoll, mit dessen Hilfe Informationen zu Domains und deren Eigentümern abgefragt werden können.

KK-Antrag (Konnektivitäts-Koordination):
Ein KK-Antrag muss gestellt werden, wenn eine .de-Domain von einem bestimmten Provider zu einem anderen Provider umgezogen werden soll. Gegebenenfalls wird hierfür auch die Bezeichnung ChProv (Change Provider) verwendet.

Infobox 2-7: Domain-Fachbegriffe
Quelle: ibi research (E-Commerce-Leitfaden 2009)

2

Anhaltspunkte für Ansprüche Dritter selbst recherchieren

Um erste Anhaltspunkte zu erhalten, ob der Domain-Name eventuell schon durch ein Patent oder eine Marke besetzt ist, kann u. a. auf folgenden Web-Seiten recherchiert werden (Deutschland, Österreich, Schweiz, EU):

Deutsches Patent- und Markenamt	(www.dpma.de)
Österreichisches Patentamt	(www.patentamt.at)
Eidgenössisches Institut für Geistiges Eigentum	(www.ige.ch)
Europäisches Patentamt	(www.epo.org)

Infobox 2-8: Recherche-Quellen für Patente und Markennamen
Quelle: ibi research (E-Commerce-Leitfaden 2009)

2

Gefunden – Bekanntmachung des Internet-Angebots

Da zunehmend mehr Unternehmen im Internet aktiv sind (vgl. Abschnitt 2.1), wird die Bekanntmachung des eigenen Angebots bei den potenziellen Kunden immer schwieriger. Die Wahl einer attraktiven Domain ist zwar bereits ein erster Schritt, muss für die erfolgreiche Vermarktung des eigenen Angebots aber durch weitere Marketing-Maßnahmen flankiert werden. Auf die wichtigsten Marketing-Maßnahmen im E-Commerce wird im Folgenden näher eingegangen.

Um die einzelnen Marketing-Maßnahmen zielgerichtet zu koordinieren, bietet sich die Erstellung eines Marketing-Plans an. Ein Marketing-Plan dient dazu, die Umsetzung Ihres Marketings zu beschreiben. Im Wesentlichen sollte darin geklärt werden, was die genaue Zielsetzung Ihrer Marketing-Bemühungen ist. Vorstellbar sind beispielsweise die Gewinnung von Neukunden oder auch die stärkere Bindung von Stammkunden an das Unternehmen. Ebenso gilt es, die genauen Maßnahmen festzulegen und mit einem konkreten Budget und Verantwortlichen zu verbinden.

Bei der Auswahl der Marketing-Maßnahmen ist zu beachten, über welche der unterschiedlichen Möglichkeiten Ihre Zielgruppe am besten zugänglich ist. So kann es sinnvoll sein, eine Anzeige in einer Zeitung oder Zeitschrift zu schalten, wenn ein Großteil Ihrer Zielgruppe diese Publikation liest. Eine relativ kostengünstige Chance, um auf das eigene Internet-Angebot aufmerksam zu machen, bieten auch das Briefpapier, die Visitenkarten oder die Verpackungen Ihres Unternehmens. Dort können Sie Ihre Internet-Adresse aufdrucken oder anderweitig auf Ihren Shop hinweisen.

Abbildung 2-7 zeigt, welche Marketing-Maßnahmen die befragten Unternehmen derzeitig nutzen bzw. zukünftig nutzen wollen. Ein sehr wichtiges Instrument, um die Bekanntheit im Internet zu steigern, ist demnach das Suchmaschinen-Marketing bzw. die Suchmaschinen-Optimierung.

Mithilfe von Suchmaschinen-Optimierung (SEO – Search Engine Optimization) wird eine Web-Seite so angepasst, dass sie von Suchmaschinen als besonders relevant angesehen wird und deswegen in der Suchergebnisliste möglichst auf den ersten Plätzen erscheint (am besten innerhalb der ersten zehn Treffer, da sich viele Internet-Nutzer nur für die höchstplatzierten Ergebnisse interessieren). Neben einer Anmeldung bei verschiedenen Suchmaschinen ist es in diesem Zusammenhang z. B. auch wichtig, dass Ihre Angebote mit unterschiedlichen Suchbegriffen gefunden werden können.

Neben der Gestaltung Ihrer Web-Seite (Onsite-Optimierung) ist für Ihre Platzierung in den Suchergebnissen auch die Popularität Ihres Internet-Angebots ein entscheidender Faktor. Dies wird unter anderem durch die Anzahl und die Popularität der Seiten beeinflusst, die auf Ihre Web-Seite verlinken. Hierin liegt beispielsweise auch ein Vorteil von Gütesiegel-Anbietern (vgl. Infobox 2-11). Da die Seiten der Gütesiegel-Anbieter häufig stark frequentiert sind und diese wiederum Links zu den zertifizierten Unternehmen enthalten, verbessert sich in der Regel die Platzierung der Web-Seiten zertifizierter Unternehmen im Suchmaschinen-Ranking.

Bei bezahlter Suchmaschinen-Werbung werden Anzeigen neben, unterhalb oder oberhalb von Suchergebnissen eingeblendet. Klickt man sie an, wird in der Regel für jeden Klick eine Gebühr fällig. Entscheidend ist also insbesondere die Wahl der richtigen Suchbegriffe sowie der richtigen Suchmaschine. In der Regel sollte beim Suchmaschinen-Marketing bzw. der Suchmaschinen-Optimierung eine erfahrene Agentur eingeschaltet werden.

Eine weitere mögliche Werbeform ist das E-Mail-Marketing, z. B. über Newsletter. In den letzten Jahren ist diese Werbeform aufgrund der Spam-Problematik (unerwünschte Werbung) sehr kritisch diskutiert worden. Beachten Sie beim E-Mail-Marketing daher stets die datenschutzrechtlichen Anforderungen (vgl. das nachfolgende Interview).

Gut aufbereitete und redaktionell gepflegte Newsletter und E-Mail-Werbung können sehr erfolgreich sein. E-Mail-Marketing ist eine relativ einfache und kostengünstige Möglichkeit, seine Kunden anzusprechen. Jedoch sind dabei einige Punkte zu beachten. Infobox 2-9 gibt einen Überblick über häufige Fehler beim E-Mail-Marketing mittels Newsletter.

Suchmaschinen-Optimierung ist aus Sicht der Umfrageteilnehmer die wichtigste Maßnahme, um auf den eigenen Shop aufmerksam zu machen. **Welche der folgenden Möglichkeiten nutzen Sie bzw. planen Sie zukünftig zu nutzen, um Kunden auf Ihren Shop aufmerksam zu machen und dauerhaft zu binden? (Mehrfachnennungen möglich)**

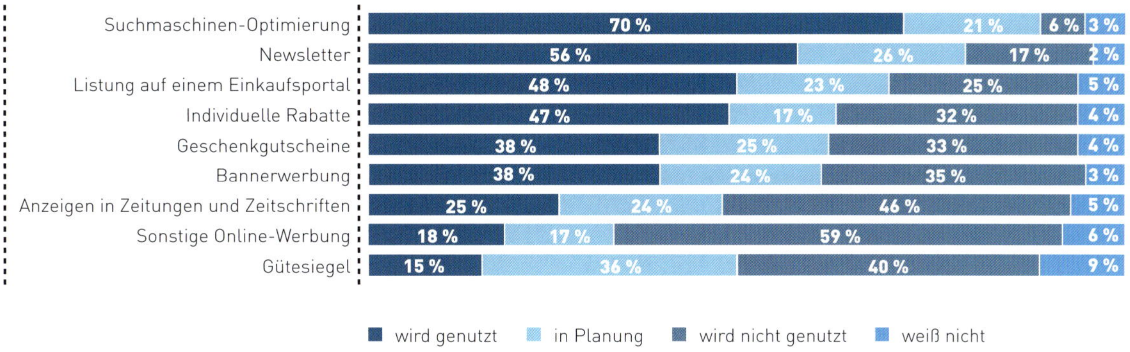

Abb. 2-7: Maßnahmen zur Bekanntmachung des Internet-Angebots
Quelle: ibi research (ECL-Umfrage 2007)

E-Mail-Marketing mittels Newsletter: Die sieben häufigsten Fehler

Fast jedes zweite Unternehmen setzt mittlerweile regelmäßig Newsletter ein, um Kunden zu binden und Verkäufe zu generieren. In einer Studie wurden 60 Newsletter analysiert und dabei einige markante Fehlerquellen entdeckt. Folgende sieben Aspekte werden bisher von den Unternehmen beim Versand eines Newsletters oder Mailings noch nicht ausreichend beachtet:

1. Der Newsletter ist nicht personalisiert bzw. individualisiert
   Sprechen Sie Ihre Leser persönlich und korrekt an. Achten Sie außerdem darauf, dass der Name des Empfängers richtig geschrieben ist und in der Anrede verwendet wird.
2. Die Betreffzeile wird nicht optimal genutzt
   Der Betreff ist sichtbar, bevor die E-Mail geöffnet wird, und sollte daher sorgfältig gewählt werden. Langweilige Betreffzeilen haben oft zur Folge, dass eine E-Mail gelöscht wird, bevor sie überhaupt geöffnet wird.
3. Der Newsletter enthält eine kryptische Absenderadresse
   Das Absenderfeld ist nach dem Betreff das zweitwichtigste Feld, da man vor dem Öffnen einer E-Mail häufig auf den Absender schaut. Deshalb sollte der Newsletter-Versender für seine E-Mailings eine aussagekräftige E-Mail-Adresse verwenden, die zum Unternehmen und zum Inhalt passt, z. B. newsletter@ecommerce-leitfaden.de.
4. Der Newsletter enthält ausschließlich Produktwerbung
   Der Inhalt des Newsletters zählt. Sie sollten daher neben reinen Produktinformationen auch redaktionelle Inhalte (z. B. praktische Tipps oder Buchvorstellungen) veröffentlichen.
5. Verstecktes Anmeldeformular
   Wenn Sie einen Newsletter anbieten, sollten Sie ihn auf Ihrer Web-Seite auch direkt bewerben. So sollte das Registrierungsformular für den Newsletter von der Startseite oder der Navigationsleiste aus direkt erreichbar sein.
6. Keine optimale Gestaltung des Newsletters
   Das Format und Design eines Newsletters sollte attraktiv und vor allem übersichtlich gestaltet sein. Navigation und Usability spielen hier eine ebenso wichtige Rolle wie auf der Web-Seite. Achten Sie darauf, dass Sie Ihren Newsletter sowohl im Text- als auch im HTML-Format anbieten.
7. Eine Kaufaufforderung fehlt
   Verknüpfen Sie Ihre Produktwerbung im Newsletter durch direkte Verlinkung mit Ihrem Angebot auf der Web-Seite oder in Ihrem Online-Shop.

Infobox 2-9: Häufige Fehler beim E-Mail-Marketing
Quelle: In Anlehnung an Zorn 2003

2

Vorsicht, Datenschutz!

Im Gespräch mit Rechtsanwalt Stefan Schicker,
Kanzlei Schwarz Kelwing Wicke Westpfahl, www.skwlaw.de

Rechtsanwalt Stefan Schicker berät Online-Anbieter und Internet-Plattformen insbesondere bei der rechtskonformen Gestaltung der Unternehmenspräsenzen im Internet und im Markenrecht. Als Leiter des Arbeitskreises Legal Affairs des Bundesverbandes der Dienstleister für Onlineanbieter e. V. (BDOA) hat er engen Kontakt zu den Unternehmen der Branche aufgebaut und entwickelt ständig neue, praxisnahe Lösungen für komplexe juristische Probleme.

INTERVIEW

Herr Schicker, warum wird die Auseinandersetzung mit datenschutzrechtlichen Anforderungen für Online-Händler immer wichtiger?

In den Datenschutzgesetzen wie z. B. dem Bundesdatenschutzgesetz, dem Telemediengesetz und dem Telekommunikationsgesetz gibt es verschiedene Bußgeldvorschriften, wonach Strafen in Höhen von 25.000 bis zu mehreren hunderttausend Euro angedroht werden. Die Verfolgung von Verstößen gegen die Datenschutzgesetze wird zudem immer stärker durchgeführt. Rechtsbrüche im Datenschutzbereich werden endgültig ihre Stellung als „Kavaliersdelikte“ ablegen.

Zudem setzen sich Händler auch der Gefahr aus, dass Wettbewerber sie wegen solcher Verstöße mittels einer Abmahnung anschreiben lassen. In diesem Fall drohen auch noch hohe Kosten für die gegnerischen Anwälte.

Schließlich ist inzwischen auch bei vielen Kunden eine hohe Sensibilität für den verantwortungsvollen Umgang mit Daten entstanden. Grund dafür sind nicht zuletzt die immer häufiger auftretenden Datenmissbrauchsskandale. Anhand des Bekanntwerdens solcher Verfehlungen wird klar, welch kostbares Gut die persönlichen Daten in einer online-affinen Welt geworden sind. Es gilt zusehends, dass ein Online-Shop auf Benutzerseite umso besser akzeptiert wird, je transparenter der Umgang mit den Kundendaten geregelt ist.

Für Online-Händler ist somit der richtige Umgang mit personenbezogenen Daten keine freiwillige Option mehr. Schlagen Sie deshalb „zwei Fliegen mit einer Klappe“ und machen Sie den Datenschutz zu einem Marketing-Werkzeug, indem Sie die korrekte Einhaltung und den sensiblen Umgang mit Kundendaten offen und direkt ansprechen und so Vertrauen schaffen.

Womit befasst sich das Datenschutzrecht?

Das Datenschutzrecht greift nur dort, wo personenbezogene Daten verarbeitet werden. Personenbezogene Daten sind Einzelangaben über persönliche oder sachliche Verhältnisse einer bestimmten oder bestimmbaren natürlichen Person. Sobald also bestimmte Daten mit einer Person in Verbindung gebracht werden können (z. B. Name, Adresse, Telefonnummer, E-Mail-Adresse etc.), müssen diese Regelungen beachtet werden. Allerdings gibt es keinen Schutz für Unternehmensdaten.

Welche Vorschriften enthält das Datenschutzrecht?

Im Datenschutz gilt, dass jeglicher Umgang mit personenbezogenen Daten verboten ist, soweit er nicht ausdrücklich gesetzlich erlaubt wurde. Es gibt aber eine Reihe von Ausnahmevorschriften, die in der Praxis eine wichtige Rolle spielen.

Ein weiterer Grundsatz ist, dass Daten nur zu dem Zweck verarbeitet werden dürfen, zu dem sie ursprünglich gesammelt wurden (so genannte Datensparsamkeit). Unternehmen müssen daher den Umgang mit personenbezogenen Daten auf das notwendige Minimum reduzieren.

In der Praxis stehen diese Grundsätze jedoch meist gegen die Interessen der Unternehmen, Kundendaten zur Nutzergewinnung, Verbesserung von Werbeaktionen oder zielgerichteter Werbung zu sammeln. Dies ist in gewissem Ausmaß möglich, bedarf in der Praxis jedoch einer speziellen Einwilligung seitens des Nutzers. Wichtig ist dabei weiterhin, dass der Nutzer vor Erhebung der Daten umfassend informiert wird. Die Unterrichtung muss in allgemein verständlicher Form erfolgen und genau darlegen, was mit den gesammelten Daten passieren wird. Auch ist der Kunde darauf hinzuweisen, dass er jederzeit Auskunft über „seine" Daten erhalten und deren Löschung verlangen kann.

Sofern in einem Unternehmen mehr als neun Personen beschäftigt werden, muss ein betrieblicher Datenschutzbeauftragter ernannt werden. Dessen Aufgabe ist es vor allem, im Unternehmen dafür zu sorgen, dass die gesetzlichen Vorschriften eingehalten werden.

Weiterhin muss ein Verzeichnis vorgehalten werden, aus dem ersichtlich ist, wie Daten im Unternehmen verarbeitet werden. Hieraus soll sich auch ergeben, wie die Daten gegen Zugriffe von Unbefugten geschützt sind. Dieser Punkt gewinnt zunehmend an Interesse.

Diese Regelungen sind stark geprägt durch europäische Vorgaben. In den Ländern der Europäischen Union herrscht dadurch ein einheitliches Schutzniveau für Daten. Dadurch können Daten auf vergleichbare Weise an Unternehmen in anderen Mitgliedsstaaten weitergegeben werden wie innerhalb Deutschlands. Für andere Länder, insbesondere die wichtigen Länder USA und Indien, gilt diese Privilegierung hingegen nicht. Die Weitergabe von Daten in solche Länder darf nur unter Einhaltung spezieller Voraussetzungen erfolgen.

Welche Handlungsempfehlungen können Sie Online-Händlern konkret geben?

Beim Versand von Newslettern sollten Sie sich für ein so genanntes Double-Opt-In-Verfahren entscheiden. Der Kunde kann sich für einen Newsletter anmelden, indem er seine E-Mail-Adresse eingibt. Der Bestellvorgang wird aber erst abgeschlossen, wenn er auf eine ihm zugesandte E-Mail reagiert. Auf diese Weise ist sichergestellt, dass kein Dritter die Anmeldung vorgenommen hat. Weisen Sie Ihre Kunden am besten schon vor der Anmeldung auf das Double-Opt-In-Verfahren hin. Sie vermeiden damit Fehlanmeldungen und steigern das Vertrauen in seriösen Datenumgang.

Beim Ausfüllen von Formularen gilt generell wegen des Prinzips der Datensparsamkeit, dass Sie die Nutzer auf Ihrer Web-Seite darauf hinweisen sollten,

„Machen Sie den Datenschutz zum Marketing-Werkzeug." Stefan Schicker, Kanzlei Schwarz Kelwing Wicke Westpfahl

welche Felder zwingend ausgefüllt werden müssen und welche Eingaben freiwillig sind. Kennzeichnen Sie alle Pflichtfelder mit einem Stern und weisen Sie an einem zentralen Platz der Web-Seite darauf hin, dass es sich bei den gekennzeichneten Feldern um Pflichtangaben handelt.

Ein gängiges Vorgehen ist auch die Speicherung von IP-Adressen der Benutzer. Dies dient insbesondere dem Web-Controlling. Viele Anbieter von Web-Controlling-Lösungen verarbeiten die IP-Adressen. Oft werden diese sogar an Unternehmen außerhalb der EU weitergegeben. Aus juristischer Sicht ist noch nicht abschließend geklärt, ob IP-Adressen personenbezogene Daten darstellen. Eine Vielzahl der Gerichte geht jedoch derzeit davon aus. Fragen Sie bei Ihrem Web-Controlling-Anbieter nach, ob dieser die Daten innerhalb der EU unter Einhaltung der Datenschutzgesetze verarbeitet und ob er zur Erstellung seiner Statistiken die IP-Adressen speichert bzw. weiterleitet.

Generell gilt, dass Sie die Erhebung und Speicherung von Daten auf und im Zusammenhang mit Ihrer Web-Seite Ihren Kunden transparent darlegen müssen. Am besten eignet sich hierfür eine so genannte Datenschutzerklärung, die gut sichtbar auf Ihrer Online-Präsenz abgerufen werden kann. Dort sollten alle datenschutzrelevanten Handlungen zusammengefasst werden.

Welche Trends sind im Datenschutzbereich derzeit zu beachten?

Der Gesetzgeber greift derzeit das gesteigerte öffentliche Interesse am Datenschutz auf. So sind zwei Gesetze in der Entstehung. Zum einen werden die Regelungen für die Bonitätsprüfung und die Bewertung von Kunden angepasst. Ein zweiter Gesetzesentwurf regelt den Umgang mit Daten zu Marketing-Zwecken.

Insgesamt ist zu erwarten, dass der Datenschutz definitiv noch weiter in den Vordergrund rücken wird. Für Unternehmen entwickelt sich der Datenschutz daher zu einem Instrument, um die Kundenbindung zu stärken und sich einen Wettbewerbsvorsprung zu verschaffen.

2

Eine weitere Möglichkeit zur Bekanntmachung Ihrer Angebote ist der Eintrag in Online-Kataloge, in Themenportale oder auf Preisvergleichs-Web-Seiten. Preisvergleichs-Web-Seiten sind Internet-Seiten, auf denen Verbraucher die Preise eines Produkts aus einem oder mehreren Online-Shops finden und vergleichen können. Da viele Konsumenten über solche Seiten nach dem günstigsten Anbieter für ein Produkt suchen, kann es hilfreich sein, sich in solche Verzeichnisse einzutragen bzw. eine Aufnahme in diese zu beantragen. Eine Auswahl bekannter Preisvergleichs-Web-Seiten zeigt Infobox 2-10.

Preisvergleichs-Web-Seiten

Diese Infobox zeigt bekannte Preisvergleichs-Web-Seiten (Auswahl in alphabetischer Reihenfolge):

Billiger.de
Ciao
dooyoo
eVendi
froogle
Geizhals
Geizkragen
guenstiger.de
Hardwareschotte
Idealo
Kelkoo
Preis.de
Preispiraten
Preisroboter
Preissuchmaschine.de
Preistrend.de
Preisvergleich.de
Pricerunner
shopping.com
shopping24
UCompare
Web.de Shopping

Infobox 2-10: Preisvergleichs-Web-Seiten
Quelle: ibi research (E-Commerce-Leitfaden 2009)

Auf Preisvergleichs-Web-Seiten gelistet zu sein kann Vor- und Nachteile haben. Vorteilhaft ist der hohe Bekanntheitsgrad der Web-Seiten, was die eigene Bekanntheit sowie den Abverkauf der Produkte steigern kann. Nachteilig ist jedoch, dass die unterschiedlichen Anbieter überwiegend über den Preis miteinander konkurrieren.

Einige Preisvergleichs-Web-Seiten haben sich in den letzten Jahren zu „Verbraucher-Online-Communities" weiterentwickelt. Neben dem eigentlichen Preisvergleich mehrerer Online-Shops bieten diese Portale zu den einzelnen Produkten bzw. Anbietern zugeordnete Kundenmeinungen an. Ein Beispiel ist Ciao, dort schreiben die deutschen Mitglieder pro Monat durchschnittlich 8.000 Erfahrungsberichte zu aktuellen Produkten. So positiv sich gute Empfehlungen auf den Absatz von Produkten auswirken können, so gefährlich ist natürlich eine schlechte Bewertung.

Die Schaltung von Werbebannern oder auch das so genannte Affiliate-Marketing bieten eine gute Möglichkeit, um sich über Web-Seiten Dritter bekannt zu machen. Beim Affiliate-Marketing vermarkten spezialisierte Dienstleister (z. B. affilinet, zanox) Ihre Produkte und Dienstleistungen auf Partner-Web-Seiten. Interessiert sich ein Kunde für eines Ihrer Produkte auf der Partner-Seite, so wird er durch einen Klick direkt in Ihren Online-Shop geleitet. Für den vermittelten Kunden müssen Sie eine Provision bezahlen. Gängig ist die Bezahlung bei einem tatsächlichen Kauf (PPS – Pay per Sale), für jeden einzelnen Klick (PPC – Pay per Click) oder für jeden vermittelten Kontakt (PPL – Pay per Lead).

Um die eigene Seite bekannt zu machen und das Vertrauen der potenziellen Kunden in die eigene Seite zu stärken, bieten sich auch Gütesiegel an. Laut einer Studie der Initiative D21 erachten 76 % der Verbraucher Gütesiegel beim Online-Shopping für wichtig. Wie Abbildung 2-7 zeigt, planen viele Online-Händler (36 %) derzeit die Beantragung eines Gütesiegels. Mehr Informationen zu Gütesiegeln bietet Infobox 2-11.

Gütesiegel schaffen mehr als nur Vertrauen

Ein Gütesiegel schafft für Kunden Transparenz sowie Verlässlichkeit und stärkt die Glaubwürdigkeit des Online-Anbieters. Eine Zertifizierung dokumentiert, dass der Online-Shop nach definierten Kriterien geprüft wurde und der Anbieter seine Versprechungen einhält. Die Studie „Erfolgsfaktor Payment" (vgl. hierzu Infobox 4-6) zeigt, dass weniger Kunden den Einkauf im Online-Shop abbrechen, wenn der Anbieter über ein Gütesiegel verfügt. Ein weiteres Ergebnis der Studie ist, dass durch ein Gütesiegel mehr Kunden bereit sind, per Vorkasse zu bezahlen und somit das Zahlungsrisiko deutlich reduziert wird (die Studie „Erfolgsfaktor Payment" ist kostenlos unter www.ecommerce-leitfaden.de erhältlich). Überdies hinaus helfen Zertifizierungen durch Anbieter von Gütesiegeln auch, rechtliche Schwächen des Internet-Angebots aufzudecken und zu beheben. Die Initiative D21 hat mehrere Gütesiegel überprüft und Qualitätskriterien für Gütesiegelanbieter herausgegeben. Basierend auf dieser Qualitätsüberprüfung empfiehlt die Initiative D21 die folgenden Anbieter von Gütesiegeln:

EHI-geprüfter Online-Shop
www.shopinfo.net

s@fer-shopping
www.safer-shopping.de

internet privacy standards
www.datenschutz-nord.de

Trusted Shops Guarantee
www.trustedshops.de

Infobox 2-11: Anbieter von Gütesiegeln
Quelle: Initiative D21 2007

Abmahnungen vermeiden – Ihre Pflichten im E-Commerce

In letzter Zeit häufen sich die Meldungen über Abmahnungen von Online-Händlern und rechtliche Probleme von Web-Seiten. Immer wieder werden Shop-Betreiber mit teuren Abmahnungen konfrontiert, z. B. weil Anbieterkennzeichnung oder Widerrufsbelehrung fehlen oder nicht korrekt sind. Worauf Sie beim Verkauf im Internet achten sollten, um Abmahnungen von Wettbewerbern zu vermeiden, wird im Folgenden erläutert.

Dabei kann und will dieser Leitfaden jedoch keine Rechtsberatung ersetzen. Ergänzend ist es daher ratsam, sich an einen Rechtsexperten zu wenden. Die Kosten für eine rechtliche Prüfung des Shops erscheinen zwar häufig hoch, schon durch die Vermeidung einer einzigen Abmahnung machen sich diese Kosten aber in der Regel bezahlt.

Das Gros der Abmahngründe betrifft das Thema „Informationspflichten im Internet", wie z. B. die Anbieterkennzeichnung oder die Widerrufsbelehrung. Im Folgenden werden daher die wichtigsten Informationspflichten im Internet beschrieben.

2

Plötzlich hat man ein Gewerbe – was heißt das?

Im Gespräch mit Rechtsanwalt Dr. Sven Mehlhorn, Kanzlei Dr. Schubert & Kollegen, www.kanzleias.de

Rechtsanwalt Dr. Sven Mehlhorn ist als Spezialist in den Bereichen IT-, Wirtschafts- und Steuerrecht anwaltlich und beratend tätig. Darüber hinaus betreut er mittelständische Unternehmen als Unternehmensanwalt in allen rechtlichen Belangen.

INTERVIEW

Herr Dr. Mehlhorn, ist jeder Shop-Betreiber gleichzeitig ein Gewerbetreibender?

Das dürfte regelmäßig der Fall sein. Jedenfalls dann, wenn der Betreiber sein Geschäft mit Gewinnorientierung und auf Dauer angelegt, also regelmäßig, betreibt. Wo die Grenze zwischen privatem und gewerblichem Handeln liegt, ist allerdings nicht punktgenau zu beantworten. Wer aber einen professionellen Shop betreibt und Neuwaren oder gleich gelagerte Waren vertreibt, bei dem dürfte das Merkmal des Gewerbetreibenden zu bejahen sein.

Braucht man als Gewerbetreibender eine Erlaubnis?

Das Betreiben eines Internet-Shops ist grundsätzlich erlaubnisfrei, es sei denn, Sie vertreiben bestimmte Artikel, die beispielsweise auch außerhalb des Internet eine Erlaubnis voraussetzen. Bei der Mehrzahl der Shops dürfte dies jedoch nicht der Fall sein.

Grundsätzlich besteht in Deutschland Gewerbefreiheit. Insofern spielt es zunächst keine Rolle, ob beispielsweise Büroartikel per Internet oder in einem Ladengeschäft verkauft werden. Allerdings gibt es einige Artikel, die Sonderregelungen unterworfen sind, z. B. Medikamente, Elektroartikel etc.

Muss man sich als Gewerbetreibender anmelden?

Jeder, der ein Gewerbe betreibt, muss dies anmelden. Der Vorgang ist denkbar einfach. Man wendet sich an das Gewerbeamt der Gemeinde, in der man sein „Unternehmen" betreibt und meldet sein Gewerbe an. Damit ist man offiziell Gewerbetreibender. Dieser Vorgang der Gewerbeanmeldung kostet ca. 40 Euro. Die Angaben, die der Gewerbetreibende bei der Behörde macht, werden wiederum an das zuständige Finanzamt gesandt. Von dort aus wiederum wird automatisch ein steuerlicher Erfassungsbogen versandt, der dazu dienen soll, die Steuerpflichten des Gewerbetreibenden einschätzen zu können. Diesen Bogen sollte man allerdings möglichst nicht ohne kompetente Hilfe ausfüllen. Das Finanzamt muss also nicht gesondert informiert werden, sondern wird automatisch unterrichtet.

Falls eine Umsatzsteuer-ID-Nummer benötigt wird, muss diese gesondert beim Finanzamt beantragt werden. Diese wird in erster Linie dann gebraucht, wenn mit dem Ausland Geschäfte gemacht werden und national unterschiedliche Steuern anfallen. Jemand, der ausschließlich in Deutschland seine Ware ein- und verkauft, benötigt keine Umsatzsteuer-ID-Nummer.

2

„Jeder, der ein Gewerbe betreibt, muss dies anmelden."

Dr. Sven Mehlhorn, Kanzlei Dr. Schubert & Kollegen

Was bedeutet es, Gewerbetreibender zu sein?

Der Begriff des „Gewerbetreibenden" wirkt sich in mehrfacher Hinsicht aus. Hier ist insbesondere die steuerrechtliche Seite zu nennen. Als Gewerbetreibender sind Sie in der Regel verpflichtet, Umsatzsteuer monatlich oder vierteljährlich abzuführen. Auch hier bestehen keine Unterschiede zum normalen Gewerbetreibenden. Schließlich muss am Ende des Jahres eine Gewinn- und Verlustrechnung erstellt werden und der sich hieraus errechnende Gewinn muss versteuert werden.

Aber auch dann, wenn Sie steuerrechtlich nicht als Gewerbetreibender gelten, kann dies dazu führen, dass sie zivilrechtlich dennoch den gleichen Regeln unterworfen sein können. So können ab einer bestimmten Größe handelsrechtliche Vorschriften greifen, die Sonderregelungen für Sie als Shop-Betreiber bedeuten, wenn Sie sich selbst mit Waren für den Weiterverkauf eindecken. Die rechtlichen Folgen, die sich in diesem Zusammenhang zeigen, unterscheiden sich häufig von denen des privaten Verbrauchers. Schließlich sind arbeitsrechtliche und dazu noch internetspezifische rechtliche Besonderheiten zu beachten.

Welche Besonderheiten sind hier insbesondere zu nennen?

In erster Linie betrifft dies bereits die Pflicht, bestimmte Pflichtangaben auf der Internetpräsenz zu nennen. Hierzu gehören beispielsweise der vollständige Name, die Adresse, die Steuernummer, etc. Die Frage, was alles in einem derartigen „Impressum" unterzubringen ist, wird von der Rechtsprechung unterschiedlich bewertet, wirkt sich jedoch dann aus, wenn bestimmte Angaben fehlen. Ein Fehler kann dazu führen, dass der frisch gebackene Shop-Betreiber schnell Post von einem Anwalt bekommt.

Aber auch der Bestellvorgang selbst ist stark reglementiert. Angefangen bei der Frage, wie die Preise der jeweiligen Waren auszuzeichnen sind, muss der Bestellvorgang den rechtlichen Voraussetzungen voll entsprechen. Hierzu gehört beispielsweise auch der Abdruck einer rechtlich einwandfreien Widerrufsbelehrung. Shop-Betreiber sind daher gut beraten, insbesondere zu Beginn ihrer Tätigkeit professionelle Beratung in Anspruch zu nehmen, um den Überblick nicht zu verlieren.

Anbieterkennzeichnung / Impressum

Zum 1. März 2007 wurden sowohl das bis dahin geltende Teledienstegesetz als auch der Mediendienste-Staatsvertrag durch das Telemediengesetz abgelöst. Die §§ 5 und 6 dieses Gesetzes bilden nun die wesentliche rechtliche Grundlage für die Anbieterkennzeichnung. Zu einer ordentlichen Anbieterkennzeichnung gehören danach folgende Inhalte:

- Vollständiger Name, Anschrift (Postfach ist nicht ausreichend), Telefonnummer und E-Mail-Adresse
- Aufsichtsbehörde, sofern behördliche Zulassung für die Tätigkeit vorgeschrieben ist
- Umsatzsteuer-Identifikationsnummer, sofern vorhanden
- Wirtschafts-Identifikationsnummer, sofern vorhanden
- Handelsregisternummer und zuständiges Amtsgericht, sofern eine Eintragung im Handelsregister vorliegt. Entsprechendes gilt bei Eintragungen im Genossenschafts-, Vereins- oder Partnerschaftsregister
- Juristische Personen müssen zusätzlich die gesetzlichen Vertreter (Geschäftsführer oder Vorstand) angeben
- Angehörige von reglementierten Berufen, wie z. B. Apotheker, müssen zusätzliche Angaben zur offiziellen Berufsbezeichnung machen und auf berufsrechtliche Regeln und z. B. die zuständige Apothekerkammer hinweisen

Diese Angaben sollten in der Regel im Impressum einer Web-Seite zu finden sein. Beachten Sie dabei, dass eine leichte Erreichbarkeit der Informationen gefordert wird. Deshalb ist anzuraten, die Informationen von jeder Web-Seite aus zugänglich zu machen. Detaillierte Informationen zu dieser Thematik finden Sie auch in Infobox 2-12.

Anzumerken ist noch, dass seit Dezember 2004 erweiterte Informationspflichten gelten (§ 1 Abs. 1 der BGB-Informationspflichten-Verordnung). Falls es einen Vertreter Ihres Unternehmens in demjenigen Land gibt, in dem der Verbraucher geschäftlich zu tun hat, müssen Identität und ladungsfähige Adresse dieses so genannten Auslandsvertreters im Impressum benannt werden.

Weitere Informationen zur Impressumspflicht bietet auch der „Leitfaden zur Anbieterkennzeichnung" des Bundesministeriums der Justiz, der unter www.bmj.de/musterimpressum erhältlich ist.

Was in ein Impressum gehört

Welche Angaben in das Impressum aufgenommen werden müssen, ist von der Rechtsform des Unternehmens bzw. der Berufsgruppe abhängig. Die folgende Tabelle gibt einen Überblick über die unterschiedlichen Anforderungen.

	Einzelunternehmer	Personengesellschaften	Juristische Personen	Reglementierte Berufe[1]
Vollständiger Name[2]	x	x	x	x
Anschrift[3]	x	x	x	x
Telefonnummer[4]	x	x	x	x
E-Mail-Adresse[5]	x	x	x	x
Name des Vertretungsberechtigten[6]		x	x	x
Name des Registers mit Registernummer[7]	x	x	x	x
Umsatzsteueridentifikationsnummer[8] oder Steuernummer	x	x	x	x
Zuständige Aufsichtsbehörde[9]	x	x	x	x
Gesetzliche Berufsbezeichnung[10]				x
Angaben zur berufsständischen Kammer				x
Bezeichnung der berufsrechtlichen Regelungen[11]				x

1 Zu den reglementierten Berufen gehören u. a.: Ärzte, Zahnärzte, Tierärzte, Apotheker, Psychotherapeuten, Ergotherapeuten, Logopäden, Rechtsanwälte, Steuerberater, Wirtschaftsprüfer, Architekten und Ingenieure.

2 Der Name einer natürlichen Person umfasst den Familiennamen und mindestens einen ausgeschriebenen Vornamen. Auch Pseudonyme können unter bestimmten Voraussetzungen genutzt werden.

3 Unter einer ladungsfähigen Anschrift i. S. d. §§ 253 Abs. 1, 130 Nr. 1 ZPO versteht man die postalische Adresse, an der der Anbieter mittels einer festen Einrichtung seiner wirtschaftlichen Tätigkeit nachgeht.

4 Auf die Angabe einer Telefonnummer kann verzichtet werden, wenn der Nutzer anderweitig, z. B. über ein E-Mail-Kontaktformular, unmittelbar mit dem Anbieter in Kontakt treten kann (vgl. die Entscheidung des Europäischen Gerichtshofs vom 16.10.2008). Die Angabe der Telefaxnummer ist dagegen nicht erforderlich.

5 Die Angabe der Domain ist dagegen nicht erforderlich.

6 Ist der Anbieter eine juristische Person (z. B. GmbH, AG oder Genossenschaft) oder eine Personengesellschaft, die mit der Fähigkeit ausgestattet ist, Rechte zu erwerben und Verbindlichkeiten einzugehen (z. B. GbR, OHG, KG), so sind zusätzlich auch die Vertretungsberechtigten aufzuführen.

7 Ist der Diensteanbieter in das Handels-, Vereins-, Partnerschafts- oder Genossenschaftsregister eingetragen, dann müssen der Name des Registers und die Registernummer angegeben werden. Das Versicherungsvermittlerregister gehört nicht hierzu; nach § 11 Abs. 1 VersVermV muss die Angabe aber beim ersten Geschäftskontakt mit dem Kunden in Textform erfolgen.

8 Sofern vorhanden, ist die Umsatzsteuer-Identifikationsnummer oder Wirtschafts-Identifikationsnummer anzugeben.

9 Nur notwendig, wenn die Tätigkeit einer behördlichen Zulassung bedarf. Hierunter fallen u. a. erlaubnispflichtige Gewerbe nach der Gewerbeordnung: z. B. Pfandleiher, Bewachungsgewerbe, Makler, Bauträger, Baubetreuer, Versicherungsvertreter, Versicherungsmakler und Versicherungsberater.

10 Die gesetzliche Berufsbezeichnung und der Staat, in dem sie verliehen wurde.

11 Die Bezeichnung der berufsrechtlichen Regelungen und Angaben dazu, wie diese zugänglich sind. Dies kann z. B. durch einen Link auf die Textsammlung der berufsständischen Kammer erfolgen.

Infobox 2-12: Notwendige Inhalte eines Impressums
Quelle: IHK Hannover 2008

Angaben zum Vertragsabschluss

Grundsätzlich funktioniert der Vertragsabschluss im Internet analog zu dem in der realen Welt. Der Vertragsabschluss erfolgt durch zwei übereinstimmende Willenserklärungen, nämlich Angebot und Annahme. Dabei stellt die Produktpräsentation in einem Online-Shop noch kein Angebot im rechtlichen Sinne dar. Vielmehr fordern Sie Ihre potenziellen Kunden dadurch zur Abgabe eines Angebots auf (rechtlicher Fachausdruck: „Invitatio ad Offerendum"). Die Bestellung des Kunden stellt dann das Angebot im rechtlichen Sinne dar, das Sie durch eine ausdrückliche Annahme (z. B. durch die Bestätigung via E-Mail) oder durch schlüssiges Handeln Ihrerseits (z. B. den Versand der Ware) akzeptieren.

Der Verkauf über das Internet stellt im rechtlichen Sinne einen Fernabsatzvertrag dar. Die Bestimmungen zu Fernabsatzverträgen sind in den §§ 312b ff. BGB sowie in der BGB-Informationspflichten-Verordnung zu finden. Diese Gesetzesgrundlage verlangt eine umfassende Information des Kunden. So müssen Sie den Kunden bei der Annahme eines Angebots auch darüber informieren, wann der Vertrag zustande gekommen ist. Die Vertragsbedingungen sowie die Allgemeinen Geschäftsbedingungen (AGB) müssen dem Kunden auf einem dauerhaften Datenträger zur Verfügung gestellt werden, damit er sie in wiedergabefähiger Form (z. B. zum Ausdrucken) speichern kann. Zudem ist der Kunde über die für den Vertragsabschluss zur Verfügung stehenden Sprachen und gegebenenfalls Verhaltenskodizes, denen sich der Unternehmer unterworfen hat, zu informieren. Darüber hinaus muss der Shop-Betreiber bzw. Anbieter aufzeigen, wie und in welcher Weise Eingabefehler erkannt und korrigiert werden können (§ 3 BGB – InfoV).

Widerrufs- bzw. Rückgaberecht

Verbrauchern steht im Fernabsatz (BGB § 312d) in der Regel ein zweiwöchiges Widerrufsrecht ohne Angabe von Gründen zu*. Die Frist beginnt mit Eingang der Waren beim Verbraucher, bei Dienstleistungen mit Vertragsabschluss. Die zweiwöchige Widerrufs- bzw. Rückgabefrist gilt jedoch nicht für Gegenstände oder Waren, die aufgrund ihrer Beschaffenheit nicht für die Rücksendung geeignet sind (z. B. verderbliche Lebensmittel). Um zu vermeiden, dass Datenträger (z. B. CDs, DVDs) bestellt, kopiert und dann zurückgeschickt werden, sind auch Audio- und Videoaufzeichnungen sowie Software vom Widerrufsrecht ausgenommen, sofern die gelieferten Datenträger vom Verbraucher entsiegelt worden sind.

Fehlt die Aufklärung des Kunden über dieses Recht oder ist die Belehrung nicht ordnungsgemäß, so beginnt die zweiwöchige Widerrufsfrist nicht. Das bedeutet, dass der Verbraucher noch nach Ablauf von zwei Wochen vom Kauf zurücktreten kann.

Die Belehrung muss deutlich gestaltet sein und den gesetzlichen Anforderungen genügen. Die Informationen müssen ohne langes Suchen für den Nutzer erreichbar sein. Dabei muss der Online-Händler über sein Unternehmen und über die angebotenen Waren bzw. Dienstleistungen informieren (vgl. Infobox 2-13). Ein Muster für die Belehrung über das Widerrufs- und Rückgaberecht liefert Anlage 2 der BGB-Informationspflichten-Verordnung. Bei Verträgen zwischen Unternehmern besteht kein Widerrufs- oder Rückgaberecht. Weitere Informationen zum Widerrufs- oder Rückgaberecht finden sich auch im folgenden Interview zum Widerrufsrecht im Online-Handel.

* Anstelle des Widerrufsrechts kann dem Verbraucher bei Verträgen über die Lieferung von Waren ein Rückgaberecht eingeräumt werden.

Informationspflichten im Fernabsatz

Bei Fernabsatzverträgen (hierzu zählt auch der Verkauf über das Internet) sind Sie verpflichtet, Verbraucher umfassend über Ihr Unternehmen sowie über die angebotenen Waren bzw. Dienstleistungen zu informieren.

Zu den relevanten Informationen über das Unternehmen gehören unter anderem:

- Name und Anschrift des Unternehmens und gegebenenfalls der gesetzlichen Vertretungsberechtigten (z. B. Geschäftsführer)
- Telefon- und Telefaxnummer sowie E-Mail-Adresse
- Die Aufsichtsbehörde (z. B. die zuständigen Gewerbeaufsichtsämter), falls die ausgeübte Tätigkeit einer behördlichen Zulassung bedarf
- Das Handels-, Vereins-, Partnerschafts- oder Genossenschaftsregister, in welches das Unternehmen eingetragen ist und die entsprechende Registernummer
- Gegebenenfalls die Kammer, der der Diensteanbieter angehört und die gesetzliche Berufsbezeichnung sowie der Staat, in dem diese Berufsbezeichnung verliehen worden ist
- Die berufsrechtlichen Regelungen bei entsprechend geregelten Berufen (z. B. Rechtsanwälte, Architekten oder Steuerberater) und Angaben, wie diese zugänglich sind
- Falls vom Bundesamt für Finanzen erteilt: Umsatzsteuer-Identifikationsnummer nach § 27 Umsatzsteuergesetz

Zu den Informationen über die angebotenen Waren bzw. Dienstleistungen gehören unter anderem:

- Wesentliche Merkmale der Ware oder Dienstleistung
- Informationen dazu, wann der Vertrag zustande kommt
- Die Mindestlaufzeit des Vertrags, wenn dieser eine dauernde oder regelmäßig wiederkehrende Leistung zum Inhalt hat
- Die Modalitäten im Falle von Mängeln, z. B. einen Vorbehalt, eine in Qualität und Preis gleichwertige Leistung (Ware oder Dienstleistung) zu erbringen, und einen Vorbehalt, die versprochene Leistung im Falle ihrer Nichtverfügbarkeit nicht zu erbringen
- Der Preis der Ware oder Dienstleistung, einschließlich aller Steuern und sonstiger Preisbestandteile
- Gegebenenfalls zusätzlich anfallende Liefer- und Versandkosten
- Einzelheiten zur Zahlung (z. B. per Nachnahme oder auf Rechnung) und zur Lieferung der Ware oder zur Erfüllung einer Dienstleistung
- Ein Hinweis auf das Widerrufs- bzw. Rückgaberecht
- Die Kosten, die dem Verbraucher durch die Nutzung der Fernkommunikationsmittel (z. B. die Nutzung einer Hotline) entstehen, sofern diese über die üblichen Grundtarife, mit denen der Verbraucher rechnen muss, hinausgehen
- Die Gültigkeitsdauer befristeter Angebote, insbesondere der angegebenen Preise

Infobox 2-13: Informationspflichten im Fernabsatz
Quelle: BMWi 2006a

2

Was Sie über das Widerrufsrecht im Online-Handel wissen müssen

Im Gespräch mit Carsten Föhlisch, Trusted Shops GmbH, www.trustedshops.de

Rechtsanwalt Carsten Föhlisch ist Justiziar und Prokurist der Trusted Shops GmbH. Gleichzeitig ist er Lehrbeauftragter der Universität Lüneburg und stellvertretender Vorsitzender des D21 Gütesiegel Monitoring Boards (www.internet-guetesiegel.de).

INTERVIEW

Herr Föhlisch, warum ist die Beachtung des Widerrufsrechts so wichtig?

Werden bei der Widerrufsbelehrung Fehler gemacht, hat dies zwei unangenehme Konsequenzen. Erstens beginnt die Widerrufsfrist nicht zu laufen, d. h. der Kunde kann den Kauf unbefristet ohne Angabe von Gründen rückgängig machen. Zweitens stellt eine nicht korrekte Widerrufsbelehrung immer einen Wettbewerbsverstoß dar, der von Konkurrenten und Verbänden kostenpflichtig abgemahnt werden kann. Im Jahr 2007 waren Fehler beim Widerrufsrecht laut einer Studie von Trusted Shops (vgl. www.ecommerce-leitfaden.de/studien) am häufigsten Anlass für eine Abmahnung.

Für wen gilt überhaupt das Widerrufsrecht?

Soweit dieses Recht nicht freiwillig für alle Kunden eingeräumt wird, gilt es nach dem Gesetz für Fernabsatzverträge (also Verkäufe z. B. über einen Online-Shop oder eine elektronische Plattform) zwischen einem Unternehmer (§ 14 BGB) und einem Verbraucher (§ 13 BGB). Für die Unternehmereigenschaft ist keine Gewinnerzielung erforderlich, es kommt nur auf eine dauerhafte und planvolle Tätigkeit an (z. B. regelmäßige eBay-Verkäufe). Auf der anderen Seite kann auch ein Vorstandsvorsitzender, der an seine Büroanschrift liefern lässt, Verbraucher sein, wenn er die Ware zu privaten Zwecken bestellt (z. B. Jogging-Schuhe).

Sind bestimmte Verträge vom Widerrufsrecht ausgenommen?

Für bestimmte Verträge ist das Fernabsatzrecht insgesamt (Informationspflichten und Widerrufsrecht) nicht anwendbar (§ 312b Abs. 3 BGB), z. B. bei Autovermietungen oder Reisebuchungen. Weiterhin sind einige Verträge vom Widerrufsrecht ausgenommen (§ 312d Abs. 4 BGB), z. B. über die Lieferung von Maßanfertigungen, verderblichen Lebensmitteln, Software, die der Kunde entsiegelt, oder Zeitungen. Allerdings handhabt die Rechtsprechung diese Ausnahmen restriktiv und sie können nicht einfach erweitert werden, weil eine Rücknahme wirtschaftlich unzumutbar scheint. Der Bundesgerichtshof entschied etwa, dass ein aus Standardbauteilen konfiguriertes Notebook nicht als Maßanfertigung im Sinne der Ausnahmevorschrift zählt. Ungeklärt ist auch, ob Arzneimittel dem Widerrufsrecht unterliegen, obwohl der Apotheker sie kein zweites Mal verkaufen darf, sondern vernichten muss.

Wie muss ich den Kunden auf das Widerrufsrecht hinweisen?

Das Gesetz kennt eine zweistufige Informations- und Belehrungspflicht. Erstens muss der Kunde vor Absenden seiner Bestellung klar und verständlich auf der Internet-Seite über das Widerrufsrecht und eventuelle Ausnahmen informiert werden (§ 312c Abs. 1 BGB). Dies kann z. B. durch einen Link

2

„In den meisten europäischen Ländern trägt der Verbraucher die Rücksendekosten im Fall des Widerrufs."

Carsten Föhlisch, Trusted Shops

„Widerrufsrecht" über dem Bestell-Button auf eine entsprechende Informationsseite geschehen. Zweitens muss die Widerrufsbelehrung dem Kunden in Textform mitgeteilt werden (§§ 312c Abs. 2, 355 BGB). Hierfür reicht laut überwiegender Rechtsprechung das Bereithalten der Belehrung zum Download nicht aus, sondern der Text muss z. B. per E-Mail oder auf der Rechnungsrückseite aktiv zugeschickt werden. Erst mit dieser Textform-Belehrung beginnt die Widerrufsfrist überhaupt zu laufen.

Wie lang ist die Widerrufsfrist?

Nach deutschem Recht beträgt die reguläre Widerrufsfrist zwei Wochen ab Warenerhalt, korrekter Belehrung und Erfüllung aller (Informations-) Pflichten im Fernabsatz und elektronischen Geschäftsverkehr. In anderen europäischen Ländern variieren die Fristen zwischen 7 Werktagen, 8 Werktagen, 10 Tagen, 10 Werktagen, 14 und 15 Tagen und der Fristlauf ist nicht an so viele Voraussetzungen geknüpft wie in Deutschland. Das macht es – neben weiteren Unterschieden – so schwierig, sich mit nur einer Belehrung an alle Länder Europas zu richten. Wird die Belehrung erst nach Vertragsschluss mitgeteilt (z. B. bei Verkäufen über die Plattform eBay), verlängert sich die Frist nach deutschem Recht auf einen Monat (§ 355 Abs. 2 S. 2 BGB). Der deutsche Gesetzgeber plant allerdings, die Fristen bei Online-Shops und eBay Ende 2009 auf zwei Wochen anzugleichen. Der europäische Gesetzgeber hat den Entwurf einer Verbraucherrechtsrichtlinie vorgelegt, nach dem die Frist europaweit einheitlich 14 Tage betragen soll, so dass dann der grenzüberschreitende Handel sehr viel leichter möglich wäre. Bei Fehlern ist europaweit eine Verlängerung der Frist auf drei Monate geplant. Derzeit verlängert sich die Frist nach deutschem Recht – je nach Fehler – auf sechs Monate oder auf unbestimmte Zeit.

Wer trägt die Versandkosten im Fall des Widerrufs?

In den meisten europäischen Ländern trägt der Verbraucher die Rücksendekosten im Fall des Widerrufs. Abweichende Regelungen gelten derzeit in Finnland (der Händler trägt immer die Rücksendekosten) und Deutschland (komplizierte „40-Euro-Klausel"). Nach deutschem Recht trägt bei Rücksendungen von Waren, die mehr als 40 Euro wert sind und bereits bezahlt wurden, der Händler die Rücksendekosten, anderenfalls können sie dem Kunden auferlegt werden (§ 357 Abs. 2 S. 3 BGB). Die Frage, wer die Kosten des ursprünglichen Versandes trägt (sog. „Hinsendekosten"), liegt derzeit dem Europäischen Gerichtshof (EuGH) zur Klärung vor. Bislang entschieden jedoch nahezu alle nationalen Gerichte, dass der Händler diese Kosten tragen muss und nicht dem Kunden auferlegen kann. So sieht es auch der neue Entwurf der Verbraucherrechtsrichtlinie der ▶

2

Europäischen Kommission vor, nach dem allerdings im Gegenzug der Verbraucher europaweit einheitlich immer die Rücksendekosten tragen soll.

Wer haftet für Beschädigungen oder Verlust der Ware auf dem Rücktransport?

Die Gefahr, dass die Ware bei der Rücksendung beschädigt wird oder verloren geht, trägt nach der eindeutigen Gesetzeslage stets der Händler (§ 357 Abs. 2 S. 2 BGB). Der Kunde muss die Ware allerdings ordentlich (gegen Transportschäden geschützt) verpacken, andernfalls haftet er für einen dadurch entstehenden Schaden (§§ 280 Abs. 1 S. 1, 241 Abs. 2 BGB).

Muss der Kunde für die Nutzung der Ware während der Widerrufsfrist zahlen?

Der Verbraucher darf die Ware immer einer „Prüfung" unterziehen, wie sie etwa in einem Ladengeschäft möglich gewesen wäre, ohne dafür etwas zahlen zu müssen. Beschädigt der Kunde die Ware durch unsachgemäße Handhabung, muss er hingegen stets dafür zahlen. Nutzt der Kunde die Ware über längere Zeit (z. B. Fernseher während der Fußball-WM), kann der Händler hierfür eine Nutzungsgebühr verlangen. Diese deutsche Regelung ist allerdings nicht unumstritten und wird derzeit vom EuGH überprüft. Noch umstrittener ist die Regelung, nach der für eine einmalige sog. „Ingebrauchnahme" (z. B. Auspacken und halbstündiges Laufenlassen des Fernsehers) Wertersatz verlangt werden kann, wenn die Ware hierdurch nicht mehr als neu verkäuflich ist (§ 357 Abs. 3 S. 1 BGB). Einige Gerichte zweifeln die Vereinbarkeit dieses Paragrafen mit EU-Recht an, was ebenfalls vom EuGH geklärt wird. Der Entwurf der europäischen Verbraucherrechtsrichtlinie schreibt den Wertersatzanspruch allerdings ausdrücklich fest (Art. 17 Abs. 2 VRRL-E), so dass künftig die Rechtslage klar sein wird. In jedem Fall kann Wertersatz für Verschlechterungen durch einmalige Ingebrauchnahme nach deutschem Recht nur bei frühzeitiger Belehrung in Textform (z. B. per E-Mail „bei Vertragsschluss") geltend gemacht werden.

Sollte man die Muster-Widerrufsbelehrung des Bundesjustizministeriums verwenden?

Wegen der einschneidenden rechtlichen Konsequenzen bei Verwendung einer fehlerhaften Widerrufsbelehrung (Fristverlängerung, Abmahnungen) stellt das Bundesjustizministerium bereits seit 2002 ein Muster für die Belehrung zur Verfügung. Das alte, bis zum 31.3.2008 geltende Muster war jedoch wegen zahlreicher Fehler in die Schlagzeilen geraten und wurde häufig abgemahnt. Daraufhin hat das Ministerium den Text überarbeitet und die bisher enthaltenen Fehler korrigiert. Der neue, seit 1.4.2008 geltende Text wird zwar vereinzelt immer noch kritisiert, hat sich bislang jedoch als „abmahnsicher" und „gerichtsfest" erwiesen. Er sollte daher verwendet werden, zumal es keine bessere Alternative gibt und in § 14 BGBInfoV angeordnet wird, dass derjenige den gesetzlichen Bestimmungen genügt, der das Muster unverändert verwendet. Weiterhin plant der Gesetzgeber, den Mustertext Ende 2009 durch Überführung in ein formelles Gesetz absolut unangreifbar zu machen und so die Rechtssicherheit weiter zu erhöhen.

Welches sind die häufigsten Fehler beim Widerrufsrecht?

Immer wieder wird eine falsche Widerrufsfrist gewählt. So beträgt die Frist nicht zwei Wochen, sondern einen Monat, wenn die Bestellung des Kunden bereits per E-Mail angenommen wird (z. B. durch Versand einer Rechnung als PDF), die Widerrufsbelehrung aber erst zusammen mit der Ware in Papierform geschickt wird. Falsch ist auch die Annahme, dass der Kunde bei Waren unter 40 Euro automatisch die Rücksendekosten trägt. Dies gilt nur bei ausdrücklicher Regelung („40-Euro-Klausel"), die optional und beim Rückgaberecht (§ 356 BGB) nicht möglich ist. Häufig vorzufinden ist der Satz „Unfreie Rücksendungen werden nicht angenommen", der wegen der Kostentragungspflicht des Händlers bereits mehrfach für unwirksam erklärt wurde und abmahngefährdet ist. Vielfach ist auch die Belehrung über Wertersatzpflichten des Kunden bei Nutzung oder „Ingebrauchnahme" falsch oder unvollständig. Immer wieder taucht auch die Klausel auf, dass Waren originalverpackt sein oder mit der Original-Rechnung zurückgeschickt werden müssten. Auch dies sind unzulässige Einschränkungen des Widerrufsrechts, die häufig abgemahnt werden.

2

eCommerce Leitfaden

www.ecommerce-leitfaden.de

Allgemeine Geschäftsbedingungen (AGB)

Das so genannte „Kleingedruckte" kann auch im elektronischen Handel eingesetzt werden. Wie im gewöhnlichen Geschäftsleben ist auch beim Internet-Handel die Nutzung Allgemeiner Geschäftsbedingungen (AGB) möglich und sinnvoll (§§ 305-310 BGB). Hierin können die Dauer der Bindung des Käufers an seine Bestellung, die Kosten für Versand und Verpackung, die Lieferfristen, der Erfüllungsort, der Zeitpunkt des Gefahrenübergangs, die Gewährleistungsregelungen, ein Eigentumsvorbehalt bis zur vollständigen Bezahlung oder auch die Zahlungsmodalitäten festgelegt werden. Dabei ist jedoch zu beachten, dass die AGB nur dann Teil des Vertrags werden, wenn der Verbraucher durch den Anbieter ausdrücklich auf die Verwendung hingewiesen wird und die Möglichkeit hat, die AGB zur Kenntnis zu nehmen. Die Bedingungen müssen zudem für den Kunden speicher- und ausdruckbar sein. Die Kenntnisnahme kann z. B. durch Anklicken eines Kontrollkästchens erfolgen, bevor die Bestellung abgeschickt werden kann. Dadurch bestätigt der Kunde, die AGB gelesen zu haben.

Preisangaben

In allen Online-Shops und auf allen Web-Seiten, auf denen mit Preisen geworben wird, ist auf die Einhaltung der Vorgaben der Preisangabenverordnung (PAngV) und ihrer Ausgestaltung durch die Rechtsprechung zu achten.

Nach der Preisangabenverordnung müssen gegenüber Endverbrauchern immer Endpreise inklu-

sive der gültigen gesetzlichen Umsatzsteuer angegeben werden. Eine Angabe von Nettopreisen ohne Umsatzsteuer ist nur dann möglich, wenn sich das Angebot ausschließlich an gewerbliche Kunden richtet. In diesem Zusammenhang muss aber sichergestellt werden, dass die Angebote nur für Unternehmer zugänglich sind (z. B. durch Registrierung nach Vorlage einer Gewerbeanmeldung). Gegenüber dem Endverbraucher müssen die Preise für Waren und Dienstleistungen eindeutig zuzuordnen, leicht erkennbar und deutlich lesbar sein. Es ist mit Endpreisen zu werben, d. h. inklusive Mehrwertsteuer und aller sonstiger Preisbestandteile (z. B. Gebühren, Überführungskosten, sonstige Steuern). Kosten für Lieferung und Versand sind in voller Höhe anzugeben (vgl. das nachfolgende Interview zum E-Commerce-Recht). Ein bloßer Hinweis darauf, dass Nebenkosten anfallen, ist nicht ausreichend. Zudem muss ausdrücklich darauf hingewiesen werden, dass die geforderten Preise die Umsatzsteuer und sonstige Preisbestandteile enthalten. Für Waren, die nach Gewicht, Volumen, Länge oder Fläche angeboten werden, ist der Grundpreis in unmittelbarer Nähe des Endpreises anzugeben. Eine Hervorhebung des Grundpreises gegenüber dem Endpreis ist nicht erlaubt.

2

E-Commerce-Recht

Im Gespräch mit Marko Dörre, Dörre Rechtsanwälte, www.doerre.com

INTERVIEW

Herr Dörre, Unternehmer im Bereich E-Commerce sind mit einer kaum noch zu überschauenden Fülle von gesetzlichen Pflichten konfrontiert. Bereits kleine Verstöße können zu teuren Abmahnungen führen. Wie real ist das Risiko, abgemahnt zu werden?

Die Einhaltung der rechtlichen Rahmenbedingungen ist insbesondere für kleinere Unternehmen und Existenzgründer von erheblicher Bedeutung. Eine aktuelle Umfrage zur Abmahnlage ergab, dass ein Online-Shop im Durchschnitt 2,1-mal abgemahnt wird. Kosten von zum Teil weit mehr als 1.000 Euro pro Abmahnung sind die Regel und können schnell zur existenziellen Bedrohung werden.

Welche Pflichten werden beim Betrieb von Online-Shops besonders häufig verletzt?

Einige Bereiche sind extrem fehleranfällig und häufiges Ziel von Abmahnungen. Die meisten Verstöße betreffen die ordnungsgemäße Formulierung der Widerrufsbelehrung, die Vorgaben der Preisangabenverordnung, die Angaben im Impressum, die Formulierung der Allgemeinen Geschäftsbedingungen sowie das Fehlen bestimmter Informationen. Zudem werden bei der Präsentation des Angebots sehr oft fremde Marken- und Urheberrechte verletzt.

Die richtige Ausgestaltung der Widerrufsbelehrung wird sehr kontrovers diskutiert. Worauf ist bei der Formulierung zu achten?

Der Gesetzgeber hatte zunächst eine (fehlerhafte) Musterformulierung erstellt, deren Wirksamkeit von deutschen Gerichten unterschiedlich beurteilt worden ist. Teilweise wurde ein abmahnfähiger Wettbewerbsverstoß auch bei Übernahme der Musterformulierung angenommen. Eine neue Musterwiderrufsbelehrung, die die gesetzlichen Anforderungen an eine ordnungsgemäße Widerrufsbelehrung erfüllt, ist seit dem 1. April 2008 in Kraft. Bei der Erstellung einer Belehrung ist unbedingt zu beachten, Fristbeginn und -dauer richtig zu formulieren. Die gesetzlichen Anforderungen ans Widerrufsrecht sind strikt. Schränken Sie diese Vorgaben keinesfalls ein. Häufige Formulierungen, wie z. B. „Rücksendung nur in Originalverpackung", „unfreie Sendungen werden zurückgewiesen" oder „keine Rücknahme bei Sonderangeboten" sind unzulässig und abmahnfähig.

Welche Vorgaben gibt die Preisangabenverordnung?

Die Preisangabenverordnung schreibt vor, an welcher Stelle und in welcher Form Preise platziert werden müssen. Bei Online-Angeboten muss stets angegeben werden, dass der Preis die gesetzliche Mehrwertsteuer enthält und ob bzw. in welcher Höhe Versandkosten berechnet werden. Sie können jedoch einen entsprechenden Link neben dem Preis platzieren, sodass der Kunde zu einer detaillierten Übersicht der Versandkosten weitergeleitet wird. Bei Fertigverpackungen und Waren, die nach Gewicht, Volumen, Länge oder Fläche verkauft werden, muss der Grundpreis angegeben werden.

Wo müssen die Preisangaben platziert werden?

Nach § 1 Abs. 6 PAngV sind Preisangaben „dem Angebot oder der Werbung eindeutig zuzuordnen sowie leicht erkennbar und deutlich lesbar oder sonst gut wahrnehmbar zu machen". Laut einer Entscheidung des Bundesgerichtshofs vom 4. Oktober 2007 (Az. I ZR 143 / 04) können die weiteren Angaben zu Umsatzsteuer sowie Liefer- und Versandkosten auf einer gesonderten Seite angegeben werden, da „dem Internet-Nutzer bekannt sei, dass im Versandhandel neben dem Endpreis üblicherweise Liefer- und Versandkosten anfielen. Er gehe auch als selbstverständlich davon aus, dass die angegebenen Preise die Umsatzsteuer enthielten."

Welche Angaben gehören ins Impressum und wo müssen diese Angaben gemacht werden?

Die Pflichtangaben für das Impressum finden sich in § 5 TMG. Wichtig ist insbesondere, dass neben einer vollständigen Adresse der Name des Unternehmers angegeben wird. Der Vorname muss ausgeschrieben werden. Zudem müssen Telefonnummer und E-Mail-Adresse genannt werden. Falls das Unternehmen im Handelsregister eingetragen ist, müssen Registergericht und Registernummer im Impressum erscheinen. Der Bundesgerichtshof entschied letztes Jahr, dass das Impressum mit maximal zwei Klicks von der Startseite aus erreichbar sein muss.

Auch bei Allgemeinen Geschäftsbedingungen werden häufig Fehler gemacht. Worauf ist hier besonders zu achten?

Zunächst müssen die Allgemeinen Geschäftsbedingungen wirksam einbezogen werden. Der Kunde muss die hinreichende Möglichkeit zur Kenntnisnahme der Bedingungen haben. Um diesen Anforderungen zu genügen, reicht es aus, dass die Allgemeinen Geschäftsbedingungen vor Vertragsabschluss über einen auf der Bestellseite gut sichtbaren Link aufgerufen und in wiedergabefähiger Form gespeichert werden können.

Welche inhaltlichen Grenzen gelten für Allgemeine Geschäftsbedingungen?

Allgemeine Geschäftsbedingungen können grundsätzlich individuell gestaltet werden. Die Gestaltungsfreiheit ist jedoch, insbesondere im Bereich B2C, also beim Handel mit privaten Endkunden, begrenzt durch eine Vielzahl zwingender gesetzlicher Regelungen. Insbesondere dürfen keine Bestimmungen verwendet werden, die zum Nachteil von Verbrauchern von den gesetzlichen Vorgaben abweichen. Häufig verwendete unwirksame Klauseln bei Verträgen mit Verbrauchern sind z. B. Gerichtsstandsklauseln, Ausschlussfristen für Gewährleistungsansprüche, Gefahrtragungsklauseln für den Warenversand und Klauseln, die eine Zustimmung zum Erhalt von Werbemaßnahmen vorsehen. Diese Beispiele sind nur die Spitze des Eisbergs, es existieren zahlreiche weitere unwirksame und abmahnfähige Klauseln.

Es ist abschließend darauf hinzuweisen, dass im Bereich B2C nicht zwingend AGB verwendet werden müssen. Es ist hier jedoch zwingend erforderlich, neben einer Widerrufsbelehrung weitere Kundeninformationen vorzuhalten.

Um welche Kundeninformationen handelt es sich dabei?

Der Kunde muss beispielsweise darüber informiert werden, wie der Vertragsschluss – sowohl in juristischer, als auch in technischer Hinsicht – mit dem Händler zustande kommt. Weiterhin muss der Kunde darüber informiert werden, in welchen Sprachen ein Vertragsschluss möglich ist, soweit ein mehrsprachiger Shop abrufbar ist. Es müssen Informationen dazu gegeben werden, wie Eingabefehler korrigiert werden können. Zudem muss der Händler angeben, ob der Vertragstext gespeichert wird oder nicht. Uns liegen die ersten Abmahnungen zu diesem Themenkomplex vor.

Ist es bei dieser Fülle von gesetzlichen Vorgaben überhaupt möglich, einen Online-Shop rechtssicher zu gestalten?

Im Bereich E-Commerce gibt es viele rechtliche Grauzonen. Häufig werden gleiche Sachverhalte von Gerichten unterschiedlich beurteilt, was die Rechtsunsicherheit zusätzlich erhöht. In diesen Fällen muss abgewartet werden, bis der Bundesgerichtshof ein einheitliches Urteil erlässt. Dennoch sollten Sie sich nicht abschrecken lassen, denn durch eine sorgfältige Vorbereitung einschließlich rechtlicher Prüfung lassen sich die Risiken minimieren. Falls Sie trotzdem eine Abmahnung erhalten, sollten Sie umgehend einen spezialisierten Rechtsanwalt einschalten und die Abmahnung überprüfen lassen. Nicht selten bestehen gute Chancen, unberechtigte Abmahnungen abzuwehren oder zumindest erheblich abzumildern (vgl. hierzu den Beitrag „Was tun, wenn die Abmahnung kommt?" in Infobox 2-15).

2

Angaben in E-Mails

Seit 1. Januar 2007 sind Pflichtangaben, die bisher vornehmlich in Geschäftsbriefen zu finden waren, auch in E-Mails anzugeben. Mit dem Gesetz über das elektronische Handelsregister und das Genossenschaftsregister sowie das Unternehmensregister vom 10. November 2006 werden Kaufleute – ausgenommen Freiberufler – verpflichtet, in ihren Geschäftsbriefen alle notwendigen Informationen über ihr Unternehmen bereitzuhalten. Folgendes müssen Sie bedenken:

Pflichtangaben:

- Vollständige Bezeichnung des Unternehmens
- Rechtsform des Unternehmens
- Sitz der Gesellschaft
- Registergericht
- Registernummer
- Vertretungsberechtigte Personen

Bei Kapitalgesellschaften (GmbH und AG) werden zudem weitere Angaben zur Pflicht.
Erforderlich sind die Nennung aller Geschäftsführer bzw. Vorstände mit ausgeschriebenem Familiennamen und mindestens einem Vornamen. Zudem sind die Vorsitzenden des Aufsichtsrats mit ausgeschriebenem Familiennamen und mindestens einem Vornamen zu nennen.

Beispiel für die E-Mail-Signatur einer Aktiengesellschaft inklusive Pflichtangaben

Mustermann AG

Max Mustermann
Mustermann AG
Musterstraße 1a
60001 Frankfurt am Main
Tel.: +49-(0)123 456-789
Fax: +49-(0)123 456-123
E-Mail: Max.Mustermann@Mustermann-AG.com
Internet: http://www.mustermann-ag.com

Sitz der Gesellschaft: Frankfurt am Main
Registergericht: Amtsgericht Frankfurt am Main, HRB 11111

Vorstandsmitglieder: Max Mustermann, Melanie Mustermann
Vorstandsvorsitzende: Melanie Mustermann
Vorsitzender des Aufsichtsrats: Stephan Mustermann

Infobox 2-14: Beispiel für die Pflichtangaben in der E-Mail-Signatur einer Aktiengesellschaft
Quelle: ibi research (E-Commerce-Leitfaden 2009)

Erste Schritte und Hilfestellungen bei Erhalt einer Abmahnung

Was zu tun ist, wenn doch einmal eine Abmahnung kommt, erläutert Dr. H. Jochen Krieger, Rechtsanwälte Krieger, Froese & Kollegen

1. Unter Abmahnung versteht man die Aufforderung, eine Rechtsverletzung zu unterlassen. Mit einer Abmahnung dokumentiert der Abmahnende, dass er mit einer Handlung des Abgemahnten nicht einverstanden ist und begehrt Unterlassung.

2. Zunächst gilt der Grundsatz: Ruhe bewahren und keine voreiligen Schnellschüsse einleiten. Weder schimpfen, noch den Kopf in den Sand stecken helfen jetzt weiter: Jedoch sei darauf hingewiesen, dass aufgrund der kurzen Fristen Eile geboten ist. Auf keinen Fall sollten Sie untätig bleiben und auf einen guten Ausgang hoffen!
   Besser sollten Sie die Abmahnung sorgfältig durchlesen und sondieren, was genau der Abmahnende Ihnen vorwirft und ob dies möglicherweise einen begründeten Anspruch darstellt.
   Dabei ist zunächst zu überprüfen, ob der Vorwurf tatsächlich rechtmäßig ist und ob der Abmahnende diesen beweisen kann.
   Hierbei ist aber zu bedenken, dass bei einer einstweiligen Verfügung Glaubhaftmachung ausreicht, dass heißt, es genügt, wenn das Gericht von der überwiegenden Wahrscheinlichkeit der glaubhaft gemachten Tatsachen überzeugt ist. Der Abmahnende kann also lügen, würde sich dann aber strafbar machen. Ihrerseits können Sie umgekehrt ihre Behauptungen eidesstattlich versichern.

3. Nach der Erstanalyse des vorgeworfenen Tatbestandes können Sie möglicherweise vorprüfen, ob der Tatbestand verboten ist. Selbst denken macht klug und verschafft Ihnen einen Überblick. Hierzu kann das Internet eine erste Hilfe sein. Zunächst empfiehlt es sich, die einschlägigen Gesetze zu lesen, wobei Ihnen oftmals auch eine Rechtsprechungsübersicht der neusten Entscheidungen zur Verfügung gestellt wird. Hierbei sei besonders darauf verwiesen, dass Sie immer auf den neusten Stand der betreffenden Gesetze achten müssen. Aktuelle Gesetzestexte finden Sie hier:

   - http://dejure.org
   - http://www.bundesrecht.juris.de/aktuell.html

   Verwiesen sei in diesem Zusammenhang z. B. auf:
   - http://www.abmahnwelle.de
   - http://abmahnung-internet.de/
   - http://linksandlaw.info/Abmahnung.html
   - http://shopbetreiber-blog.de/category/abmahnungen/

   Auch sollten Sie hinterfragen, wie ernst es Ihr Gegner wohl meint und ob sie möglicherweise andere Betroffene in einschlägigen Foren bzw. Archiven ausfindig machen können, die von selber Stelle und möglicherweise auch aufgrund von ähnlichen oder gleichen Verletzungen abgemahnt wurden. ▶

4. Grundsätzlich sollten Sie jedoch Folgendes bedenken:
   Bei einer gerichtlichen Auseinandersetzung ist eine anwaltliche Vertretung erforderlich. Und genau diese sollten Sie, wenn ihr Entschluss gefallen ist, es auf eine gerichtliche Auseinandersetzung ankommen zu lassen, auch unmittelbar aufsuchen. Je früher, je besser, da die meist kurzen Fristen einer schnellen Handlung bedürfen.

5. Wenn Sie sich auf die Suche nach einschlägigen Foren und Web-Seiten begeben haben und auf ähnliche Fälle gestoßen sind, ist dennoch Vorsicht geboten: Abenteuerliche Gedanken werden oftmals als der Weisheit letzter Schluss verkauft. Wenn Sie jedoch glauben, nach der Selbstrecherche einen guten Überblick gewonnen zu haben, können Sie in Online-Rechts-Mailinglisten und / oder Foren erfragen, ob überhaupt Aussicht auf eine erfolgreiche Verteidigung bestünde. Hierbei kann jedoch schon die Fragestellung Schwierigkeiten bereiten. Der Fragende weiß zunächst meist nicht, worauf es ankommt. Er kann aber auch nicht zu viel preisgeben, da er nicht abschätzen kann, wer die Liste und / oder das Forum mitliest. Bei Markensachen unumgänglich ist die Bekanntgabe der eigenen Seite, die angegriffen wird und das Recht, auf das der Abmahnende sich beruft. Hat dieser eine eigene Web-Seite, sollte auch diese bekanntgegeben werden. Bei wettbewerbsrechtlichen Streitigkeiten sollten der mögliche Verstoß sowie die geforderte Unterlassung angegeben werden, so dass hier eine erste Überprüfung der Unterlassungserklärung möglich ist. Besondere Aufmerksamkeit sollten Sie auch auf das Wettbewerbsverhältnis legen, da dies möglicherweise gar nicht zwischen Ihnen und dem Abmahnenden besteht. Geregelt ist die missbräuchliche Abmahnung in § 8 Abs. 4 UWG.

6. Wenn keine Hoffnung besteht, der Unterlassungsanspruch demnach begründet ist, ist es ratsam, sofort anzuerkennen; teilweise wird empfohlen, „ohne Anerkennung einer Rechtspflicht" zu unterzeichnen und die Erstattung der Kosten abzulehnen. Dies hat zur Folge, dass Sie als Abgemahnter diese Unterlassungserklärung zwar für bindend ansehen, eine Verpflichtung zur Unterlassung jedoch nicht anerkennen. Auch sollten Sie sich nicht zur Zahlung eines noch nicht bezifferten Schadenersatzes verpflichten lassen, denn dies ist für die Beseitigung der Wiederholungsgefahr nicht erforderlich. Häufig verlangt die Unterlassungserklärung mehr, als Sie zu tun oder zu unterlassen verpflichtet sind. Dann können Sie die Unterlassungserklärung abändern oder aber neu formulieren und diese auf diesem Wege auf den eigentlichen Umfang reduzieren. Manchmal hilft es. Zu beachten ist aber, dass die Unterlassungserklärung 30 Jahre lang gilt und eine Vertragsstrafe für jeden Fall der Zuwiderhandlung auslöst, selbst wenn diese schuldlos geschieht oder der Rechtsverstoß nie vorlag.

7. Ist die Sache nicht von vornherein hoffnungslos, sollte so früh wie möglich anwaltlicher Rat eingeholt werden. Dabei sollten Sie aber eine sog. Erstberatung vereinbaren. Die Gebühren einer solchen richten sich nach § 34 RVG, wobei sie 249,90 Euro brutto nicht überschreiten sollten. In dieser Erstberatung sollten Risiken und deren Kosten erörtert werden. Weiter sollten auch die Zuständigkeiten

„Zunächst gilt der Grundsatz: Ruhe bewahren und keine voreiligen Schnellschüsse einleiten."

Dr. H. Jochen Krieger, Rechtsanwälte Krieger, Froese & Kollegen

2

geklärt werden. In Markensachen sind jedenfalls immer die Landgerichte und dort auch wiederum nur bestimmte Landgerichte zuständig. In wettbewerbsrechtlichen Streitigkeiten ist ebenfalls das Landgericht zuständig, wobei die zuständige Kammer sich nach dem geltend gemachten Anspruch richtet. Dies bedeutet, dass wenn Sie die Sache durchstreiten möchten, Sie einen Rechtsanwalt benötigen. Wenn Aussicht auf Rechtsverteidigung besteht, und Sie sich nach Abwägung aller Umstände entschlossen haben, gegen die Abmahnung vorzugehen, empfiehlt es sich, nicht zu antworten, sondern selbst eine sogenannte negative Feststellungsklage zu erheben, dass der Anspruch nicht bestehe und unberechtigt erhoben wurde. Damit haben Sie erst einmal das Heft in der Hand und bestimmen den Gang der Dinge. Die greifbaren Vorteile dieses Vorgehens liegen auf der Hand.
Die negative Feststellungsklage kann zudem bei Internet-Sachen vor einem Gericht eigener Wahl erhoben werden. Das ist ein Riesenvorteil, Sie nehmen dem Abmahnenden den Heimvorteil und nutzen den eigenen Heimvorteil. Zu beachten sind nur die Spezialzuständigkeiten, wie bereits oben aufgeführt. Wer die Rechtsprechung verfolgt, wird feststellen, dass die Gerichte unterschiedlich erlassfreudig sind und mitunter unterschiedliche Auffassungen haben. Weiter bestimmen Sie erst einmal den Streitwert. Sie bzw. Ihr Anwalt geben nunmehr den Gang der Dinge vor und setzen die ersten Schwerpunkte. Angriff ist bekanntlich die beste Verteidigung und auch bei Richtern ist der Wert des ersten Eindruckes nicht wegzuleugnen. Darüber hinaus dokumentieren Sie dem Gericht Ihre Entschlossenheit, was den Wert der Darlegung erhöht.

8. Beim Verdacht von Serienabmahnungen sollten Sie in den einschlägigen Listen bzw. Foren Leidensgenossen suchen, um ein gemeinsames Vorgehen, möglichst an einem gemeinsamen Gericht abzustimmen, wobei mit einem gemeinsamen Anwalt sicherlich Sonderkonditionen auszuhandeln sind. Gegenüber einem missbräuchlich Abmahnenden sind Sie als Abgemahnter berechtigt, die eigenen Rechtverfolgungskosten gem. § 823 Abs. 1 BGB als Schadensersatz bzw. gem. § 678 BGB als Aufwendungsersatz geltend zu machen. Dies folgt aus § 3 UWG, denn der missbräuchlich Abmahnende verhält sich selbst wettbewerbswidrig.

9. Wenn eine einstweilige Verfügung nicht zu verhindern war, genügt es nicht, diese zu akzeptieren. Eine zusätzliche Unterlassungserklärung ist erforderlich; sonst besteht die Gefahr eines sogenannten Schlussschreibens, da die einstweilige Verfügung den Zustand nur einstweilen regelt. Der Verfügungsempfänger muss vielmehr in etwa folgende Erklärung abgeben:
„Ich bestätige die Zustellung Ihrer einstweiligen Verfügung, erkenne diese als endgültige und materiellrechtlich verbindliche Regelung an, verzichte rechtsverbindlich auf das Recht zur Widerspruchseinlegung und zur Fristsetzung Hauptklage (§ 926 ZPO)".
Wird diese Erklärung nicht unaufgefordert abgegeben, kann vom Gegenanwalt diese Erklärung verlangt werden. Dieses sogenannte Schlussschreiben ist wiederum gebührenpflichtig, sogar mit einem höheren Streitwert.

Infobox 2-15: Umgang mit Abmahnungen
Quelle: ibi research (E-Commerce-Leitfaden 2009)

Vor dem Start – testen, testen, testen!

Bevor Sie dann mit Ihrem Shop endgültig „live" gehen, sollten Sie unbedingt eine ausgiebige Testphase einplanen. Wie Abbildung 2-8 zeigt, hat die Durchführung von Tests und die Fehlerbeseitigung bei mehr als einem Drittel der Händler mit den größten Aufwand bei der Bereitstellung des Online-Shops verursacht.

Wichtige Aspekte, auf die bei den Tests Ihres Web-Shops zu achten ist, sind in Checkliste 2-2 zusammengefasst. Im Rahmen der Testphase sollten Sie den Shop sowohl selbst testen als auch externe Personen mit einbinden. Eventuell sind auch schon vorhandene Kunden zur Durchführung von Tests bereit. Versuchen Sie, die Tests von verschiedenen Typen von Nutzern durchführen zu lassen. Denn auch Ihre Kunden werden sich bezüglich ihrer Internet-Erfahrung, ihres Alters usw. unterscheiden.

Tests und Fehlerbeseitigungen verursachen mit den größten Aufwand bei der Bereitstellung eines Web-Shops.

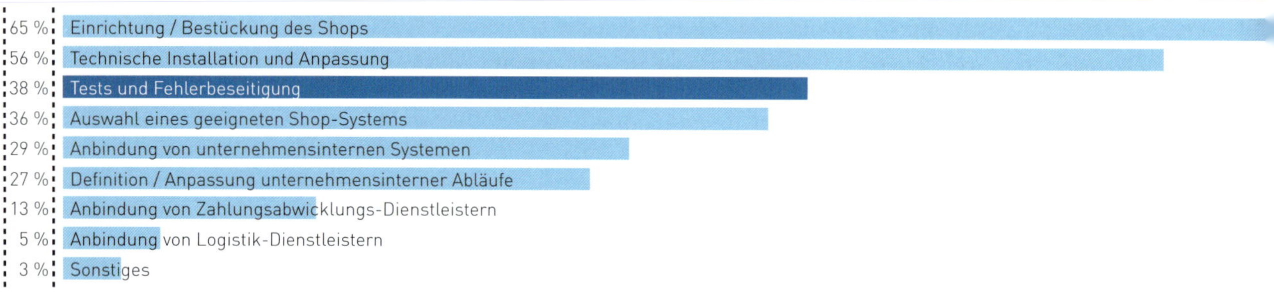

Welche der folgenden Tätigkeiten haben bei der Bereitstellung Ihres Web-Shops den größten Aufwand verursacht? (Maximal drei Nennungen möglich)

Abb. 2-8: Die größten Herausforderungen bei der Bereitstellung des Web-Shops
Quelle: ibi research (ECL-Umfrage 2007)

Checkliste: Testen Sie sich selbst – Qualität der Umsetzung des Web-Shops

Im Folgenden finden Sie einen Fragenkatalog, der Sie bei der kritischen Prüfung Ihres Online-Shops unterstützen soll. Je öfter Sie die folgenden Fragen mit „Ja" beantworten können, desto besser haben Sie Ihren Web-Shop umgesetzt.

Bekanntmachung des Angebots

- Bieten Sie Ihren Kunden im Unterschied zum Einkauf in der realen Welt etwas Besonderes an (z. B. ausführliche Produktinformationen, Online-Beratung, Hotline-Pannenservice)?
- Können auch Neukunden Ihren Online-Shop finden?
- Sind Sie auf den wichtigsten Auktions- und Verkaufsplattformen vertreten?
- Machen Sie Werbung für Ihren Online-Shop (z. B. auf Partner-Seiten oder auf Ihren Geschäftspapieren)?

Gestaltung

- Sind Bilder und Schrift klar, deutlich und groß genug?
- Sind die Farben angenehm?
- Ist auf überflüssigen „Schnickschnack" verzichtet worden?
- Ist das Corporate Design des Unternehmens übertragen worden?

Angebotspräsentation

- Sind Ihre Produkte oder Dienstleistungen so dargestellt und beschrieben, dass sich Ihre Kunden schnell einen genauen Eindruck davon machen können?

Navigation / Handling

- Ist die Bedienung auch für einen Laien leicht verständlich?
- Weiß der Nutzer zu jeder Zeit, wo im Shop er sich befindet und was er tut bzw. auslöst?
- Sind die Ladezeiten der einzelnen Shop-Seiten zumutbar?
- Ist das Shop-System möglichst 24 Stunden am Tag verfügbar (d. h. keine oder nur ganz wenige „Abstürze")?

Funktionen

- Stehen die erforderlichen Schnittstellen zur Verfügung (z. B. Schnittstelle zu Zahlungsabwicklungs-Software)?
- Lässt sich der Online-Shop an die interne Unternehmens-EDV anbinden (z. B. ERP-Warenwirtschaftssystem)?

Umsetzung

- Können Sie eingehende Bestellungen schnell bearbeiten?
- Können Sie die eingehenden Daten ohne Medienbrüche weiterverarbeiten?
- Können Sie einen schnellen und fehlerfreien Vertrieb sicherstellen?

Checkliste 2-2: Selbsttest: Qualität der Umsetzung des Web-Shops
Quelle: In Anlehnung an BMWi 2006b

www.ecommerce-leitfaden.de

Vertiefende Informationen zu den Inhalten dieser Abschnitte sowie Links zu ausgewählten Lösungsanbietern finden Sie auf der sich ständig weiterentwickelnden Projekt-Web-Seite www.ecommerce-leitfaden.de. Dort finden Sie auch weitere kostenlose Angebote wie z. B. den E-Commerce-Newsletter, Online-Tools oder die vollständigen Ergebnisse verschiedener Studien.

eCommerce Leitfaden

NAVIGATOR

eCommerce Leitfaden

3

3. » LASST ZAHLEN SPRECHEN – KONTINUIERLICHE VERBESSERUNG DURCH WEB-CONTROLLING

Wenn der Shop im Netz ist und die ersten Bestellungen eingehen, ist die erste Hürde geschafft. Das ist aber noch kein Grund, sich entspannt zurückzulehnen. Gerade im wettbewerbsintensiven Online-Geschäft muss ständig an der Verbesserung des eigenen Angebots gearbeitet werden, um nicht von der Konkurrenz abgehängt zu werden. An welchen Stellen bei den Verbesserungen anzusetzen ist, zeigt das Web-Controlling auf.

3.1 Wissen Sie, wohin Sie wollen? Am Anfang stehen die Ziele

Der englische Begriff „Controlling" bedeutet nicht wie oft vermutet Kontrolle, sondern Steuerung. Und steuern kann man nur, wenn man weiß, wohin man will. Wer seine Online-Aktivitäten mit Web-Controlling verbessern will, muss sich daher zuallererst über die Ziele im Klaren sein, die er mit seiner Web-Seite oder seinem Online-Shop erreichen will.

Mithilfe moderner Web-Controlling-Tools ist der Erfolg Ihrer Web-Seite und Ihrer Marketing-Aktionen prinzipiell sehr gut messbar. Quasi auf Knopfdruck ist eine Vielzahl von Kennzahlen und Auswertungen verfügbar, die von der Anzahl der Besucher über die Häufigkeit einzelner Seitenaufrufe bis hin zu den verwendeten Suchbegriffen reichen, die Benutzer von Suchmaschinen auf Ihre Web-Seite geführt haben.

Diese Unmenge an Informationen ist Fluch und Segen zugleich: Fluch ist sie für den, der sich in der Vielzahl der Informationen verliert und ohne übergreifendes Gesamtkonzept mal diese, mal jene Kennzahl analysiert. Zum Segen wird sie, wenn man sich über seine Ziele im Klaren ist und Web-Controlling als Regelkreis zur Überwachung der Zielerreichung und erfolgsorientierten Steuerung seiner Online-Aktivitäten versteht (vgl. Abbildung 3-1).

Der Web-Controlling-Regelkreis

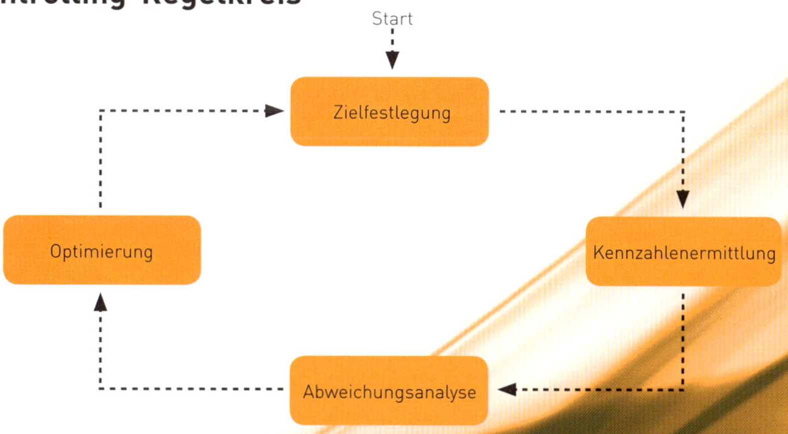

Abb. 3-1: Web-Controlling-Regelkreis
Quelle: ibi research (E-Commerce-Leitfaden 2009)

3

Im elektronischen Handel steht in der Regel das Ziel des Verkaufs von Waren und Dienstleistungen im Vordergrund. Vor Erreichung dieses finalen Ziels stehen Zwischenziele, die zwingend erreicht werden müssen und gesondert gemessen und analysiert werden können. Wichtige Zwischenziele und Kennzahlen beziehen sich dabei auf

- die Wirksamkeit einzelner Werbemittel (z. B. Banner, Newsletter),
- die Anzahl der Besucher Ihres Web-Shops,
- den Anteil der Besucher, die etwas in den Warenkorb legen,
- den Anteil der Besucher, die den Kaufprozess abschließen,
- den durchschnittlichen Warenkorbwert.

Neben dem Verkauf von Waren und Dienstleistungen können aber auch weitere Ziele mit einer Internet-Präsenz verfolgt werden. Weitere Ziele, die in ein Web-Controlling einbezogen werden können, betreffen beispielsweise

- die Anzahl der Registrierungen für einen Newsletter,
- die Anzahl der Anfragen über ein Kontaktformular,
- die Download-Zahlen von Produkt-Broschüren,
- die Anzahl von Produktrezensionen in Ihrem Shop.

Um die Erreichung dieser Ziele überwachen und steuern zu können, müssen geeignete Kennzahlen definiert und Soll-Werte für diese Kennzahlen festgelegt werden (vgl. hierzu Abschnitt 3.2). Zur Erreichung dieser Soll-Werte werden Maßnahmen geplant, deren Erfolg durch die Erfassung der Ist-Werte der Kennzahlen überwacht und analysiert wird. Die Ergebnisse dieser Analyse liefern die Grundlage für Optimierungsmaßnahmen, um die definierten Ziele zukünftig noch besser zu erreichen.

Jede Kennzahl kann grundsätzlich nach vielfältigen Kriterien aufgegliedert werden, z. B. nach Produktkategorien, Kundensegmenten oder Marketing-Aktionen wie Bannern oder Suchmaschinen-Anzeigen. Auf diese Weise kann der Erfolg der eigenen Online-Geschäfte systematisch analysiert werden, um Schwachstellen erkennen und beseitigen zu können. Wie dabei vorzugehen ist, wird im Folgenden anhand der Verbesserung der Nutzerführung und der Optimierung der Marketing-Maßnahmen erläutert.

3.2 Erfolg braucht Wissen – wichtige Kennzahlen und Instrumente für Online-Händler

Trotz aller Planung am Anfang gilt: Ob der eigene Shop wirklich erfolgreich ist, zeigt sich erst im laufenden Betrieb. Oftmals ist aber gar nicht so einfach festzustellen, wie gut z. B. die Marketing-Maßnahmen oder das Shop-Design bei den Kunden ankommen. Mithilfe von Web-Controlling-Tools ermittelte Kennzahlen liefern hierfür wichtige Anhaltspunkte.

Zauberwort „Konversion" – so werden Besucher zu Käufern

Durch teure Marketing-Maßnahmen zusätzliche Besucher anzuziehen hilft wenig, wenn sich die Besucher im Shop nicht zurechtfinden und daher den Kauf abbrechen. Dadurch gehen nicht nur unmittelbar Umsätze verloren, auch zukünftig werden die enttäuschten Kunden nur schwer dazu zu bewegen sein, wieder in Ihren Shop zurückzukommen.

Wie sich schon geringfügige Veränderungen der Konversionsrate auf Ihren Umsatz auswirken, zeigt das Rechenbeispiel in Infobox 3-1. Unter der Annahme, dass jährlich 50.000 Neukunden Ihren Web-Shop besuchen, bedeutet eine einmalige Steigerung der Konversionsrate um 1 % zusätzliche 500 Neukunden pro Jahr. Bei einem durchschnittlichen Warenkorbwert von 80 Euro sind dies bereits 40.000 Euro zusätzlicher Umsatz, die jedes Jahr entstehen. Nimmt man nun an, dass jeder vierte neu gewonnene Kunde in den darauf folgenden Jahren durchschnittlich wieder zweimal bei Ihnen für 80 Euro kauft, so erhöhen sich Ihre Stammkunden jährlich um 125 Personen, die einen weiteren Umsatz von 20.000 Euro erzielen. Damit ergibt sich im zweiten Jahr unseres Rechenbeispiels insgesamt ein zusätzlicher Umsatz von 60.000 Euro (40.000 Euro durch Neukunden und 20.000 Euro durch neu gewonnene Stammkunden aus dem Vorjahr) und im dritten Jahr sogar von 80.000 Euro.

Achten Sie vor allem bei Neukunden auf Ihre Konversionsrate!

Wie sich eine Veränderung der Konversionsrate bei Neukunden auf Ihren Umsatz auswirkt, zeigt die folgende Berechnung*:

Besuche von Neukunden pro Jahr	50.000
Durchschnittlicher Warenkorbwert	80 EUR
Anteil der Neukunden, die zu Stammkunden werden	25 %
Wiederholungskäufe pro Kunde pro Jahr	2

Was passiert, wenn die Konversionsrate bei Neukunden einmalig um 1 % steigt?

Zusätzlich gewonnene Neukunden pro Jahr	500
Zusätzlicher Umsatz im ersten Jahr	40.000 EUR
Zusätzlicher Umsatz im zweiten Jahr	60.000 EUR
Zusätzlicher Umsatz im dritten Jahr	80.000 EUR

* In der Berechnung ist eine etwaige Kundenabwanderung nicht berücksichtigt.

Infobox 3-1: Auswirkungen der Konversionsrate auf den Umsatz
Quelle: ibi research (E-Commerce-Leitfaden 2009)

ibi

3

Die Vorgehensweise zur Verbesserung der Konversion folgt grundsätzlich dem im vorhergehenden Abschnitt vorgestellten Controlling-Regelkreis (vgl. Abbildung 3-1). Der erste Schritt muss sein, den Shop in Ruhe und im Detail „offline" zu planen. Wichtige Fragen dabei sind: „Wer ist meine Zielgruppe, was möchte ich mit meinem Shop erreichen und in welchen Schritten führe ich meine Kunden zu dem gewünschten Ziel?". Dieser erste Schritt wird oftmals unterschätzt und vernachlässigt, legt jedoch den Grundstein für erfolgreiches Verkaufen im Internet.

Im zweiten Schritt wird daraufhin das tatsächliche Nutzerverhalten im Web-Shop analysiert. Wichtigste Kennzahl ist dabei die Konversionsrate, d. h. der Anteil der Besucher, der eine bestimmte Aktion tätigt. Die Konversionsrate kann sowohl für einzelne Schritte in einem Verkaufsprozess z. B. von der Angabe der Lieferadresse zur Auswahl der Zahlungsmittel (Mikro-Konversion) als auch für das Verhältnis zwischen Besuchern und Bestellungen insgesamt (Makro-Konversion) betrachtet werden (vgl. Abbildung 3-2).

Weitere Statistiken und Instrumente, die zur Analyse des Nutzerverhaltens herangezogen werden können, sind in Infobox 3-2 beispielhaft dargestellt.

Typischer Konversionstrichter eines Online-Shops

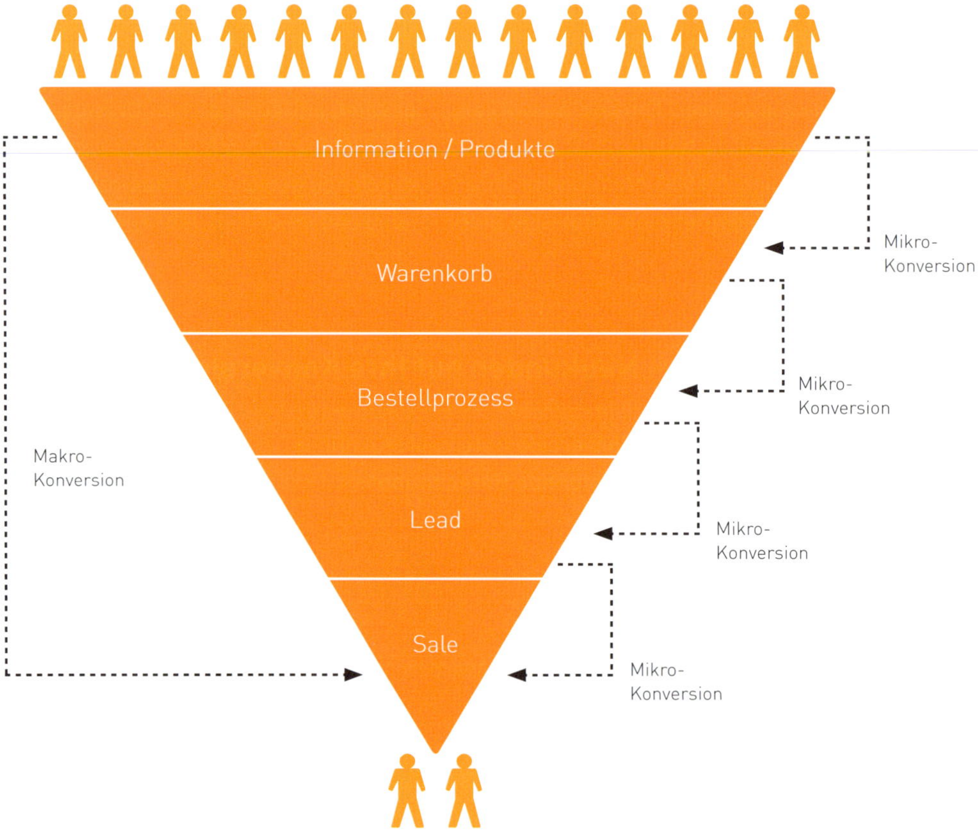

Abb. 3-2: Konversionstrichter
Quelle: ibi research (E-Commerce-Leitfaden 2009)

Wissen, was los ist – beispielhafte Instrumente für Web-Controller

Seitenaufruf-Statistik:

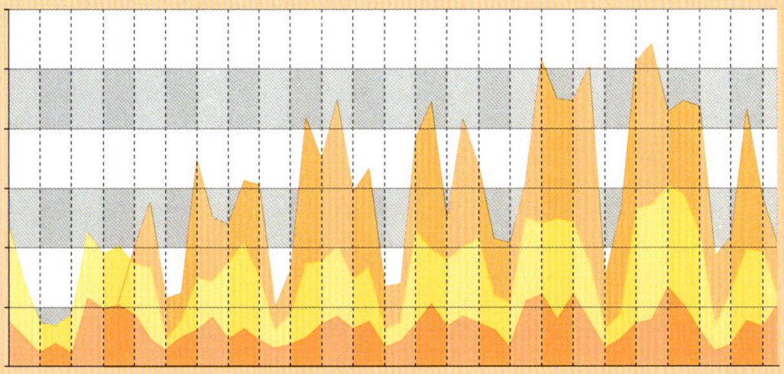

Die Seitenaufruf-Statistik gibt Auskunft darüber, wie häufig einzelne Seiten des Online-Shops (dargestellt durch unterschiedliche Farben) pro Tag aufgerufen wurden.

Klickpfad-Statistik:

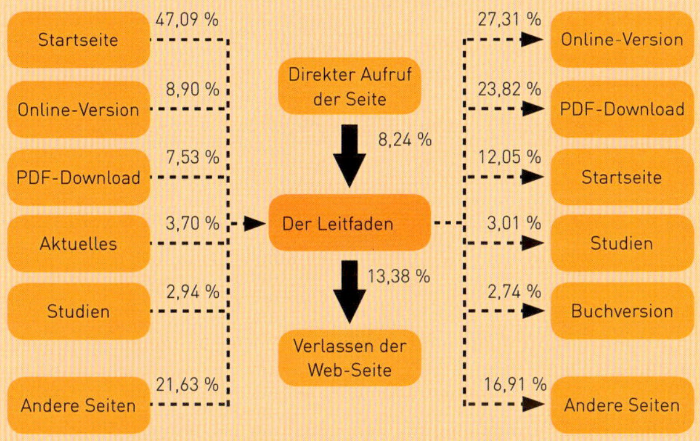

Die Klickpfad-Statistik zeigt an, welche Wege die Besucher auf Ihrer Web-Seite nehmen. Zu einer bestimmten Seite werden dabei sowohl die Vorgängerseiten als auch die Nachfolgeseiten dargestellt.

Clickmap:

Die Clickmap stellt wie eine Folie über der eigenen Web-Seite dar, wie oft bestimmte Links auf einer Seite geklickt wurden.

Heatmap:

Die Heatmap zeigt ebenfalls an, wo die Besucher geklickt haben, allerdings werden im Unterschied zur Clickmap auch Klicks auf nicht verlinkte Texte oder Grafiken registriert. So lässt sich feststellen, wo die Besucher einen Link erwartet hätten, um diesen nachträglich zu ergänzen.

Infobox 3-2: Beispielhafte Instrumente für Web-Controller
Quellen: ibi research (E-Commerce-Leitfaden 2009) / etracker

3

Auf Basis dieser Informationen können gezielte Analysen der Abweichungen zwischen Soll- und Ist-Situation durchgeführt werden:

- An welchen Stellen verhalten sich die Kunden nicht so, wie es bei der Erstellung des Shops vorgesehen war?
- An welchen Stellen brechen besonders viele Kunden ab? Hier lohnt es sich, genauer hinzusehen und die Ursachen für die Abweichungen zwischen Soll- und Ist-Situation zu ermitteln.

Mögliche Ursachen für Abweichungen zwischen Soll- und Ist-Situation sind in Infobox 3-3 zusammengestellt.

Warum Kunden „fremdgehen" – dem Nutzerverhalten auf der Spur

Wenn Abweichungen zwischen Soll- und Ist-Situation auftreten, gilt es die Gründe hierfür zu ermitteln. Mögliche Ursachen für Abweichungen von den gewünschten Navigationspfaden und für Kaufabbrüche sind im Folgenden zusammengestellt.

Gründe dafür, dass sich die Navigationspfade der Kunden von den gewünschten Navigationspfaden unterscheiden, können z. B. sein, dass

- die Kunden nicht deutlich darauf hingewiesen werden, was der nächste Schritt im Bestellprozess ist,
- der Link zum nächsten Schritt im Bestellprozess nicht dort ist, wo ihn die Kunden vermuten würden,
- häufig benötigte Informationen, wie beispielsweise die genauen Versandkosten, nicht auf der Produktseite zu finden, sondern z. B. in den AGB versteckt sind,
- die Kunden durch zu viele Links auf der Seite von ihrem eigentlichen Ziel abgelenkt werden.

Mögliche Ursachen für Kaufabbrüche an einer bestimmten Stelle im Kaufprozess können z. B. sein, dass

- die Ladezeit der Web-Seite zu lang ist,
- die Web-Seite bei bestimmten Browser-Einstellungen oder bei Fehlen bestimmter Browser-Plugins nicht richtig angezeigt wird,
- wichtige Informationen über ein Produkt fehlen oder unverständlich formuliert sind,
- die Kunden nicht durch verständliche Fehlermeldungen auf Eingabefehler hingewiesen werden,
- in Formularen zu viele Informationen abgefragt werden,
- die Kunden den Link zur nächsten Seite nicht finden oder der Link nicht funktioniert.

Je einfacher sich die Kunden in Ihrem Shop zurechtfinden, desto höher ist die Konversionsrate. Achten Sie daher auf möglichst gute Usability (auf Deutsch: „Nutzbarkeit") Ihres Shops! Versetzen Sie sich in die Rolle Ihres Kunden bzw. befragen Sie ausgewählte Kunden direkt, wie sie in Ihrem Shop zurechtkommen. Machen Sie sich möglichst viele Gedanken über die Gestaltung der Nutzerführung, damit die Kunden möglichst wenig nachdenken müssen!

Infobox 3-3: Dem Nutzerverhalten auf der Spur
Quelle: ibi research (E-Commerce-Leitfaden 2009)

Als letzter Schritt folgt die Optimierung der Web-Seite. Erst wenn alle Schwachstellen beseitigt sind und sich die vorhandenen Besucher optimal im Shop zurechtfinden, sollte die Gewinnung zusätzlicher Besucher und die Optimierung der Marketing-Maßnahmen angegangen werden (vgl. hierzu den folgenden Abschnitt).

Marketing-Controlling – mehr Erfolg für weniger Geld

Eine wichtige Kennzahl, die über den Erfolg eines Web-Shops Aufschluss gibt, ist die Zahl der Besucher des Shops. Erfolgreiche Online-Händler arbeiten daher ständig daran, die Besucherzahl ihres Shops zu steigern und investieren zum Teil beträchtliche Summen z. B. in Bannerwerbung, Suchmaschinen-Marketing und Suchmaschinen-Optimierung oder E-Mail-Marketing (vgl. Abbildung 3-3). Während sich die Kosten für diese Maßnahmen meist sehr genau beziffern lassen, ist für viele Händler der Erfolg einzelner Maßnahmen jedoch häufig nicht transparent.

Dabei bietet gerade das Internet im Gegensatz zu klassischen Medien hervorragende Möglichkeiten, um den Erfolg von Marketing-Maßnahmen sichtbar zu machen. Bei einer Bannerwerbung beispielsweise lassen sich sowohl die einzelnen Aufrufe des Banners (Ad Impressions) als auch alle nachfolgenden Aktionen der Kunden (Klick auf das Banner, Auswahl des Produkts, Abschluss des Bestellprozesses) protokollieren. Mithilfe geeigneter Tools lässt sich daher je Maßnahme im Detail nachvollziehen,

- wie viele Besucher die Kampagne generiert hat,
- welcher Anteil dieser Besucher den Shop bereits nach dem Aufruf der ersten Seite wieder verlassen hat (Bounce Rate),
- welcher Anteil dieser Besucher tatsächlich eine Bestellung getätigt hat (Konversionsrate),
- welcher Anteil dieser Besucher den Shop zuvor bereits einmal besucht hat (wiederkehrende Besucher),
- wie viel Umsatz mit einer Kampagne generiert wurde und welche Artikel über die Werbemaßnahme abgesetzt wurden,
- wie viel Umsatz pro eingesetztem Euro an Marketing-Kosten je Maßnahme generiert wurden.

Diese Informationen können für beliebige Online-Kampagnen ermittelt werden. Auf Basis dieser Informationen lassen sich Kennzahlen errechnen, die eine erfolgsorientierte Steuerung der Marketing-Maßnahmen möglich machen. Wichtige Kennzahlen sind dabei:

- Tausenderkontaktpreis (TKP): Anfallende Kosten, um das Werbemittel (z. B. ein Banner) 1.000 Mal einzublenden.
- Cost per Click (CPC): Anfallende Kosten je Klick auf den Werbeträger.
- Cost per Action (CPA) bzw. Cost per Transaction (CPX): Anfallende Kosten, um mit einer Marketing-Maßnahme eine Aktion (z. B. eine Bestellung, einen Flyer-Download, einen Rückrufwunsch etc.) zu generieren.
- Kosten-Umsatz-Relation: Verhältnis zwischen den zusätzlichen Umsätzen und den Kosten, die einer Marketing-Maßnahme direkt zugerechnet werden können. Hiermit kann je Maßnahme und sogar je Werbeträger (z. B. Suchwortanzeige, Bannerplatzierung) exakt ermittelt werden, wie viel Umsatz pro eingesetztem Euro an Marketing-Kosten generiert wurde.

Mehr als jeder vierte Shop investierte im Jahr 2008 mehr als 10.000 Euro in Marketing!

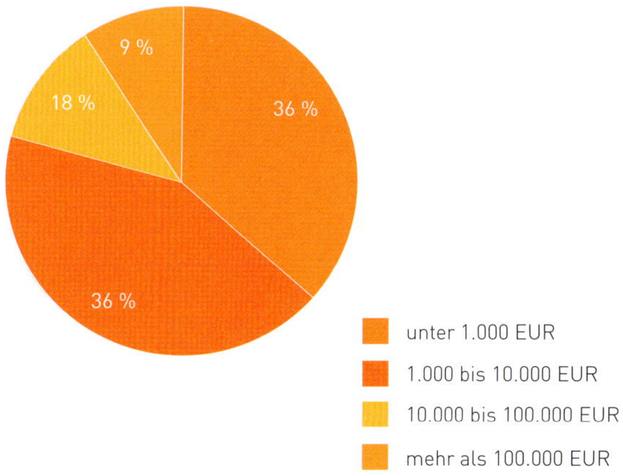

Abb. 3-3: Marketing-Ausgaben der Online-Händler im Jahr 2008
Quelle: ibi research (E-Commerce in Deutschland 2008)

3

Auch „teure" Marketing-Maßnahmen können sich lohnen!

Je nach betrachteter Kennzahl kann sich der Erfolg von Marketing-Maßnahmen durchaus unterschiedlich darstellen. Wie im Folgenden anhand von Banner-Anzeigen auf zwei unterschiedlichen Web-Seiten gezeigt wird, kann sich auch eine „teure" Marketing-Maßnahme letzten Endes lohnen.

	Banner auf Web-Seite 1	**Banner auf Web-Seite 2**
Gesamtkosten	150 EUR	150 EUR
Anzahl der Einblendungen (Ad Impressions)	16.750	5.000
Klickrate	3,5 %	6 %
Konversionsrate	4 %	6 %
Umsatz pro Besucher	100 EUR	200 EUR
Gewinnmarge	10 %	10 %
Eindeutig zurechenbarer Gewinn	84,50 EUR	210 EUR
Kennzahlen		
Tausenderkontaktpreis	8,96 EUR	30 EUR
Cost per Click	0,26 EUR	0,50 EUR
Cost per Transaction	6,40 EUR	8,33 EUR
Kosten-Umsatz-Relation	15,63 EUR	24 EUR

Infobox 3-4: Erfolgsberechnung von Marketing-Maßnahmen
Quelle: ibi research (E-Commerce-Leitfaden 2009)

Wie sich der Erfolg unterschiedlicher Marketing-Maßnahmen anhand dieser Kennzahlen darstellt, zeigt Infobox 3-4. Im Rechenbeispiel wird das gleiche Banner auf zwei unterschiedlichen Web-Seiten angezeigt: einer Web-Seite mit allgemeinen Informationen (z. B. einem Nachrichtenportal) und einer fachspezifischen Web-Seite. Das Banner auf Web-Seite 2 ist mit einem Tausenderkontaktpreis von 30 Euro deutlich teurer als das auf Web-Seite 1 mit 8,96 Euro. Da jedoch mehr Besucher von Web-Seite 2 auf das Banner klicken (Klickrate), ist der Unterschied in den Cost per Click nicht mehr ganz so groß. Zudem tätigen mehr Besucher der fachspezifischen Web-Seite einen Kauf (Konversionsrate) und generieren dabei pro Kauf doppelt so viel Umsatz wie die Besucher, die von Web-Seite 1 kommen. Insgesamt ist der Gewinn, der dem Banner auf Web-Seite 2 zugerechnet werden kann, daher mehr als doppelt so hoch wie bei dem Banner aus Web-Seite 1.

Wie dieses Beispiel zeigt, liefern der Tausenderkontaktpreis und die Cost per Click nur wenig Informationen darüber, ob sich eine Marketing-Maßnahme tatsächlich lohnt. Der Erfolg einer Marketing-Maßnahme lässt sich nur mithilfe von Web-Controlling-Tools ermitteln, die für die Verknüpfung von Marketing-Kosten und zusätzlich erzielten Umsätzen sorgen.

Auf Grundlage der mit Web-Controlling-Tools gewonnenen Informationen kann die Optimierung der Marketing-Maßnahmen erfolgen, d. h. erfolgreiche Marketing-Maßnahmen werden wiederholt bzw. intensiviert, während weniger erfolgreiche Maßnahmen gezielt auf Schwachstellen analysiert bzw. nicht mehr durchgeführt werden. Mögliche Schwachstellen von Marketing-Maßnahmen können z. B. sein, dass die Kunden nicht nach den Schlagworten suchen, die für die Suchmaschinen-Optimierung oder das Suchmaschinen-Marketing ausgewählt wurden (z. B. „Fernsehgerät" statt „Fernseher") oder dass der Kunde die Inhalte einer Anzeige nicht auf der Web-Seite findet und daher abbricht.

Je stärker die Ausgaben für Ihren Online-Shop, insbesondere für die Durchführung von Marketing-Maßnahmen, im Zeitablauf ansteigen, desto größer wird auch der Stellenwert des Web-Controlling. In welchem Umfang ein großer Online-Händler moderne Web-Controlling-Tools nutzt, zeigt das folgende Interview mit Holger Hengstler von dress-for-less.

3

Alles im Griff – dank Web-Controlling

Im Gespräch mit Holger Hengstler, dress-for-less GmbH, www.dress-for-less.de

Holger Hengstler ist Geschäftsführer der dress-for-less GmbH. Das Unternehmen verkauft weltweit Designer- und Markenware über das Online-Designer-Outlet dress-for-less und betreibt Online-Shops namhafter Textilhersteller wie Helly Hansen oder Ben Sherman.

INTERVIEW

Herr Hengstler, seit wann beschäftigen Sie sich mit Web-Controlling?

Das Web-Controlling nimmt bereits seit Gründung unseres Unternehmens im Jahr 1999 einen hohen Stellenwert ein. Unser Ziel war es von Anfang an, den Erfolg unserer Marketing-Ausgaben in Form der daraus resultierenden Bestellungen möglichst exakt messen zu können. Zu diesem Zweck wurde jeder Bestellung ein „Origin", d. h. eine Herkunft zugeordnet. Dies konnte z. B. ein Banner oder eine Mailing-Aktion sein.

Zusätzlich haben wir ständig daran gearbeitet, die Gestaltung und die Navigation in unserem Shop zu verbessern. Die Konversionsraten und die Häufigkeit des Aufrufs der unterschiedlichen Bereiche unseres Shops sind für uns wichtige Gradmesser dafür, wie gut die gesteckten Ziele erreicht werden. Optimierungen des Shops zogen daher immer die Frage nach sich, wie sich die Veränderungen auf diese Kennzahlen ausgewirkt haben.

Zur Ermittlung der Kennzahlen hatten wir anfangs nur die Möglichkeit, die Server-Logfiles auszuwerten, was sehr mühselig und langwierig war. Während wir von der Geschäftsführung immer ungeduldig auf die neuesten Zahlen warteten, haben uns die IT-Mitarbeiter oft wochenlang vertröstet. Seit wir ein professionelles Web-Controlling-Tool einsetzen, ist die Ermittlung der Kennzahlen wesentlich schneller und einfacher.

Eine weitere wichtige Frage war für uns auch immer, wie wir im Vergleich zur Konkurrenz stehen. Hierfür haben wir immer die Rankings von Marktforschern verfolgt, um zu sehen, wie sich unsere Besucherzahlen im Vergleich zu anderen Web-Seiten oder Shops entwickelt haben.

Welchen Stellenwert hat das Web-Controlling heutzutage in Ihrem Unternehmen?

Im Vergleich zur Anfangszeit ist die Optimierung der Gestaltung und der Navigation des Shops deutlich in den Hintergrund gerückt. Da unser Shop mittlerweile in sieben Sprachen zur Verfügung steht, sind umfangreichere Änderungen z. B. am Bestellprozess nur noch mit sehr hohem Aufwand möglich.

3

„Unser Ziel war es von Anfang an, den Erfolg unserer Marketing-Ausgaben exakt messen zu können."

Holger Hengstler, dress-for-less

Dafür ist die Erfolgskontrolle unserer Marketing-Aktivitäten immer wichtiger geworden. Wir nutzen für unsere Shops die ganze Bandbreite der verfügbaren Online-Marketing-Maßnahmen, von Banneranzeigen über Suchmaschinen-Werbung und Suchmaschinen-Optimierung bis hin zu Affiliate-Programmen und weiteren Marketing-Kooperationen, z. B. über Gutscheincodes. Das Web-Controlling gibt uns Antworten auf die Frage, welche Marketing-Maßnahme je Land und je Shop am besten funktioniert. Auf dieser Informationsgrundlage können wir beispielsweise die Festlegung der Suchbegriffe für das Suchmaschinen-Marketing ständig verbessern.

Von wem werden welche Informationen aus dem Web-Controlling-Tool verwendet?

Als Geschäftsführer erhalte ich am Ende jedes Monats die Besucherzahlen und die Konversionsraten, aufgegliedert nach Land und nach Shop. So kann ich auf einen Blick feststellen, wie erfolgreich unsere Marketing-Kampagnen insgesamt waren und ob sich beispielsweise die Konversionsrate der irischen Besucher von der der österreichischen unterscheidet.

Die Marketing-Leitung beschäftigt sich vertiefend mit den Fragen, mit welchen Kampagnen, mit welchen Kooperationspartnern und mit welchen Suchbegriffen der größte Erfolg erzielt wurde. Letzteres ist auch für die Agentur wichtig, die wir mit der Suchmaschinen-Werbung beauftragt haben.

Schließlich greifen auch die einzelnen Country-Manager auf die Informationen aus dem Web-Controlling zu. Diese interessiert vor allem, welche Seiten von den Besuchern am häufigsten aufgerufen wurden. Wir haben beispielsweise festgestellt, dass sich ausländische Besucher stärker dafür interessieren, welches Unternehmen hinter dem Shop steckt und was der Versand kostet, als deutsche Besucher. Durch das Angebot umfassender und ansprechender Informationen zu diesen Themen konnten wir die Konversionsrate speziell bei dieser Zielgruppe nochmals deutlich steigern.

3

3.3 Wer falsch misst, misst Mist – Verfahren zur Nutzeranalyse

Eine wesentliche Voraussetzung für das Funktionieren des Web-Controlling-Regelkreises ist, dass die Kennzahlenermittlung auf Basis verlässlicher Informationen und ohne großen Aufwand erfolgen kann. Die tatsächliche Anzahl der Besucher, ihre Herkunft und ihr Verhalten auf der Web-Seite lassen sich jedoch häufig nur schwer feststellen. Warum die Erhebung dieser Informationen nicht einfach ist und welche Möglichkeiten dafür zur Verfügung stehen, wird im Folgenden näher erläutert.

Grundsätzlich stehen zur Erhebung des Nutzerverhaltens derzeit zwei Verfahren zur Verfügung: Die Logfile- und die Zählpixel-Analyse. Auf die Vor- und Nachteile dieser Verfahren wird im Folgenden näher eingegangen.

Spuren sichtbar machen – Logfile-Analyse

Eine verbreitete Methode zur Gewinnung von Kennzahlen ist die Analyse von Server-Logfiles. Jeder Zugriff auf einen Web-Server erzeugt für jedes abgerufene Element (HTML-Seite, Bild, PDF etc.) standardmäßig Einträge in dieser Logbuch-ähnlichen Datei. Je nach Einstellungen des Web-Servers werden dabei unterschiedliche Daten gespeichert. Neben dem Zeitpunkt des Zugriffs, der IP-Adresse des Web-Seiten-Besuchers und dem angefragten Element können z. B. auch zusätzlich der so genannte Referrer, also die zuvor besuchte URL des Besuchers, sowie Angaben über den verwendeten Browser und das Betriebssystem des Besuchers im Logfile enthalten sein (vgl. Infobox 3-5).

ibi

Beispiel eines Server-Logfiles

Ein Abruf eines PDF-Dokuments führt im Server-Logfile zu folgendem Eintrag:
2008-01-04 06:11:14 W3SVC1 Server1 123.123.123.123 GET /ecl/E-Commerce-Leitfaden.pdf - 80 - 111.222.111.222 HTTP/1.0 Mozilla/5.0+(Windows;+U;+Windows+NT+6.0;+de;+rv:1.8.1.11)+Gecko/20071127 +Firefox/2.0.0.11 - - www.ecommerce-leitfaden.de/download 200 0 9480422 132 3171

Die Bestandteile dieses Eintrags sind im Folgenden erläutert:

2008-01-04	Datum (JJJJ-MM-TT)
06:11:14	Uhrzeit
W3SVC1	Name des Services (hier: Internet Information Server)
Server1	Server-Name
123.123.123.123	IP-Adresse des Servers
GET	Methode (hier: Anfrage zum Abruf einer Datei)
/ecl/E-Commerce-Leitfaden.pdf	Name und Pfad des angeforderten Dokuments, bezogen auf das Hauptverzeichnis des Servers
80	Port des Servers
111.222.111.222	IP-Adresse des Besuchers
HTTP/1.0	Verwendetes Protokoll (hier: Version 1.0 des HTTP-Protokolls)
Mozilla/5.0+(Windows;+U;+Windows+NT+6.0;+de;+rv:1.8.1.11)+Gecko/20071127+Firefox/2.0.0.11	Browser- und Betriebssystem-Version des Besuchers
www.ecommerce-leitfaden.de/download	Zuvor besuchte Web-Seite (Referrer)
200	Return-Code des Servers (hier: Die Anforderung des Clients war erfolgreich)
0	Win32-Statuscode (hier: Der Transfer war erfolgreich)
9480422	Abgerufene Datenmenge (in Bytes)
132	Zum Server übertragene Datenmenge (in Bytes)
3171	Benötigte Zeit (in Millisekunden)

Infobox 3-5: Beispiel eines Server-Logfiles
Quelle: ibi research (E-Commerce-Leitfaden 2009)

3

Ein Vorteil der Logfile-Analyse besteht darin, dass keine Änderungen an der Web-Seite erforderlich sind, da die Logfiles vom Server automatisch erzeugt werden. Die Auswertung der angefallenen Logfiles kann Anhaltspunkte dafür liefern, wie häufig eine Web-Seite aufgerufen oder ein PDF-Dokument heruntergeladen wurde. Zudem stehen für die Logfile-Analyse kostenlose Tools zur Verfügung.

Die wesentlichen Nachteile bestehen im hohen Aufwand und der Ungenauigkeit des Verfahrens bei der Ermittlung von Besucherzahlen. Zudem ist die Logfile-Analyse nicht dazu geeignet, das Nutzerverhalten auf der Web-Seite zu rekonstruieren. Worauf diese Nachteile zurückzuführen sind, wird im Folgenden genauer erläutert:

- Eine Web-Seite besteht häufig aus mehreren HTML-Seiten und Grafiken, die jeweils einen eigenen Eintrag in das Logfile erzeugen. Daraus ergibt sich ein hoher Aufwand, um diese Einträge korrekt zu einem Seitenaufruf zusammenzufassen.
- Auf eine Web-Seite greifen nicht nur „echte" Besucher zu, sondern auch automatisierte Programme, so genannte Robots, Spider oder Crawler. Diese werden beispielsweise von Suchmaschinen verwendet, um Seiteninhalte auszulesen. Anhand der Logfiles können die Seitenaufrufe von Robots jedoch nicht von denen echter Besucher unterschieden werden.
- Wird eine Web-Seite von einem Besucher aufgerufen, so wird diese in der Regel im Cache des Browsers des Besuchers sowie gegebenenfalls zusätzlich in einem Zwischenspeicher des Internet-Providers abgelegt. Wird die Web-Seite vom gleichen Besucher (z. B. durch Verwendung des „Zurück"-Buttons im Browser) bzw. von anderen Kunden des Internet-Providers erneut aufgerufen, so wird die Web-Seite aus dem Zwischenspeicher und nicht vom Server des Anbieters geladen. Die Zahl der Aufrufe einer Seite ist daher tatsächlich höher als die in den Logfiles protokollierte Anzahl.
- Die Verwendung von Zwischenspeichern ist ein Grund, warum das Besucherverhalten auf der Web-Seite anhand der Logfiles nicht lückenlos nachvollzogen werden kann. Ein weiterer Grund ist, dass die IP-Adresse oft nicht geeignet ist, um einen Besucher eindeutig zu identifizieren. So verfügen Besucher aus einem Firmennetzwerk häufig über dieselbe IP-Adresse der Firmen-Firewall. Zudem weisen bestimmte Internet-Provider ihren Kunden bei jedem Seitenaufruf eine neue IP-Adresse zu. Dadurch ist es nicht möglich, die Häufigkeit oder die Abfolge der Seitenaufrufe durch einen bestimmten Besucher eindeutig zu ermitteln.

Die Speicherung von Verhaltensdaten zusammen mit IP-Adressen ist auch rechtlich derzeit zumindest umstritten. Ursache hierfür ist, dass es sich nach Meinung einiger Gerichte bei den IP-Adressen um personenbezogene Daten handelt, die den strengen Bestimmungen der Bundesdatenschutz- und Telemediengesetze unterliegen (vgl. hierzu Checkliste 3-1).

3

Rechtlich einwandfrei – Checkliste zum Datenschutz

Nicht alles, was technisch möglich ist, ist nach den geltenden deutschen Datenschutzgesetzen auch rechtlich zulässig (vgl. das Interview mit Stefan Schicker in Abschnitt 2.3). Bei der Analyse des Nutzerverhaltens in Ihrem Shop sollten Sie daher unter anderem die folgenden Punkte berücksichtigen.

1. Verzichten Sie auf die unnötige Speicherung personenbezogener Daten.
   Zu den personenbezogenen Daten gehören grundsätzlich alle Angaben, die konkrete Rückschlüsse auf eine Person zulassen, wie Name, Adresse, Telefonnummer oder Bankverbindungsdaten. Personenbezogene Daten dürfen nur zur Erfüllung und Verwaltung eines Vertragsverhältnisses sowie nach expliziter Einwilligung durch den Kunden gespeichert werden.
   In einigen Urteilen wurde auch die IP-Adresse zu den personenbezogenen Daten gezählt. Dies hat zur Folge, dass auch der Einsatz von Web-Controlling-Tools, die neben dem Nutzerverhalten auch die IP-Adressen der Nutzer protokollieren, derzeit gegen geltendes Datenschutzrecht verstößt. Ob sich weitere Gerichte dieser Meinung anschließen werden, ist derzeit noch unklar.

2. Holen Sie bei Erstellung personenbezogener Profile die Einwilligung des Kunden ein.
   Eine kombinierte Speicherung von personenbezogenen Daten und aufgerufenen Web-Seiten ist ohne explizite Einwilligung des Kunden unzulässig. Eine explizite Einwilligung liegt dann vor, wenn sich der Kunde bereits vor Beginn der Datenerhebung damit einverstanden erklärt, dass er an personalisierten Marketing-Maßnahmen teilnimmt (z. B. durch Anklicken eines Kästchens). Eine entsprechende Klausel in den AGB oder in den Nutzungsbedingungen reicht hierfür allein nicht aus.

3. Klären Sie Ihre Kunden über Ihre Datenschutzpolitik auf.
   Machen Sie für Ihre Kunden transparent, welche Daten für welchen Zweck erhoben werden und wie mit den Daten verfahren wird. Dazu gehört z. B. auch die Information, warum und in welchen Fällen Cookies eingesetzt werden. Die Datenschutzerklärung sollte einerseits nicht zu stark mit juristischen Klauseln gespickt sein, andererseits sollten den Nutzern jedoch auch keine wichtigen Informationen vorenthalten werden.

4. Seien Sie auf Widersprüche gegen die Datenspeicherung vorbereitet.
   Der Kunde kann der Speicherung von Daten jederzeit widersprechen, bei personenbezogenen Daten sogar rückwirkend. Möchte der Kunde nicht mehr zur Erstellung pseudonymer Nutzungsprofile beitragen, müssen Sie als Shop-Betreiber sicherstellen können, dass das Nutzungsverhalten dieses Kunden nicht mehr protokolliert wird. Hierfür kann beispielsweise im Browser des Kunden ein entsprechendes Cookie gesetzt werden.

Für den ordnungsgemäßen Umgang mit Ihren Kundendaten sind Sie auch dann verantwortlich, wenn Sie einen externen Dienstleister mit der Verarbeitung von Kundendaten beauftragt haben. Vorsicht ist daher vor allem geboten, wenn die Datenverarbeitung in ausländischen Staaten vorgenommen wird, in denen nicht die gleichen Datenschutzstandards wie in Deutschland und der Europäischen Union gelten.

Diese Hinweise können eine qualifizierte Rechtsberatung jedoch nicht ersetzen. Um zu prüfen, ob Sie die geltenden Datenschutzgesetze einhalten, wenden Sie sich bitte an einen Anwalt oder an eine andere qualifizierte Beratungsstelle.

Checkliste 3-1: Hinweise zum Datenschutz
Quelle: ibi research (E-Commerce-Leitfaden 2009)

3

Kleine Gehilfen – Zählpixel-Analyse

Eine Alternative zur Logfile-Analyse ist die Verwendung von Zählpixeln. Bei jedem Aufruf einer Web-Seite wird dabei gleichzeitig ein kleines, transparentes Bild von einem speziellen Analyse-Server heruntergeladen, der häufig von einem externen Dienstleister betrieben wird. Mit diesem Aufruf werden die für das Web-Controlling benötigten Daten für den Besucher im Hintergrund an den Analyse-Server übertragen, der auf dieser Datenbasis entsprechende Auswertungen erzeugt (vgl. Abbildung 3-4).

Ablauf des Zählpixel-Verfahrens

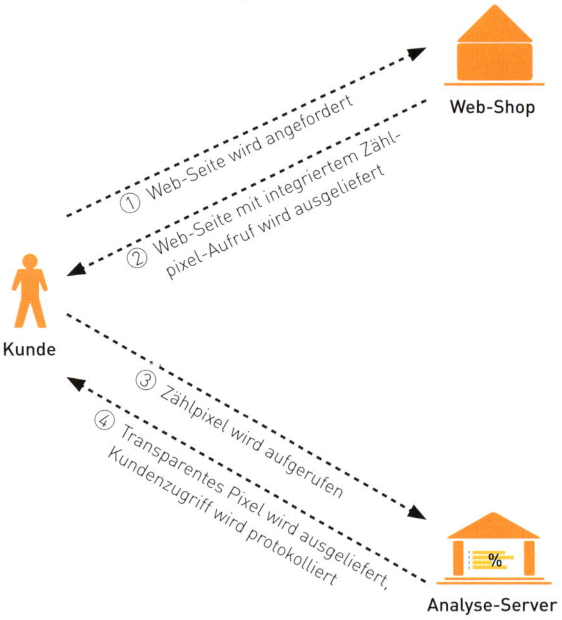

Abb. 3-4: Ablauf des Zählpixel-Verfahrens
Quelle: ibi research (E-Commerce-Leitfaden 2009)

Ein wichtiger Vorteil der Zählpixel-Analyse besteht darin, dass der Aufruf des Pixels auch bei der Verwendung von Zwischenspeichern (Caches) erzwungen werden kann, so dass die meisten Seitenaufrufe auch tatsächlich gezählt werden. Ausnahmen treten nur dann auf, wenn der Besucher das Laden von Bildern im Web-Browser grundsätzlich unterbindet oder das Bild aus anderen technischen Gründen nicht vollständig geladen werden kann.

Mit dem Zählpixel-Verfahren können jedoch noch weitere Informationen über den Besucher gewonnen werden. In Kombination mit einem JavaScript-Code kann unter anderem festgestellt werden, welche Bildschirmauflösung der Besucher eingestellt hat oder auch welche besonderen Techniken und Plugins der verwendete Browser unterstützt. Dadurch stehen neben der IP-Adresse weitere Merkmale zur Verfügung, um einzelne Besucher möglichst eindeutig zu identifizieren und auf dieser Basis Seitenaufrufe zu Navigationspfaden zusammenzufassen. Zudem ist eine Unterscheidung zwischen automatisierten Robots und „echten" Besuchern möglich.

Ein Nachteil der Zählpixel-Analyse ist jedoch, dass die Pixel zunächst in die zu betrachtenden Web-Seiten integriert werden müssen, bevor darauf aufbauende Analysen möglich sind. Bei der Nutzung externer Dienstleister ist zudem darauf zu achten, dass der Dienstleister Ihre Datenschutzanforderungen erfüllt: Zum einen geben Sie dem Dienstleister Einblicke in wertvolle Geschäftsdaten, zum anderen werden Sie selbst haftbar gemacht, wenn der Dienstleister gegen geltende Datenschutzbestimmungen im Umgang mit Kundendaten verstößt (vgl. hierzu Checkliste 3-1).

Kennen wir uns? Möglichkeiten und Grenzen der Wiedererkennung von Besuchern

Eine besondere Herausforderung sowohl bei der Logfile- als auch bei der Zählpixel-Analyse stellt die Erkennung wiederkehrender Besucher dar. So kaufen beispielsweise viele Kunden, die über ein Banner auf Ihren Shop aufmerksam werden, nicht gleich beim ersten Besuch in Ihrem Shop ein. Werden diese Besucher nicht wiedererkannt, wenn Sie einige Tage später einen Kauf im Shop tätigen, können Sie dem Erfolg der Banner-Kampagne nicht mehr zugeordnet werden.

Eine häufig genutzte Möglichkeit, um Besucher wiederzuerkennen, sind so genannte Cookies. Dabei handelt es sich um Informationen, die lokal auf der Festplatte des Seitenbesuchers abgelegt werden (vgl. Abbildung 3-5). Bei wiederholten Besuchen im Shop können die im Cookie enthaltenen Daten vom Web-Server ausgelesen und die Besucher so eindeutig wiedererkannt werden.

Ablauf der Besuchererkennung mit Cookies

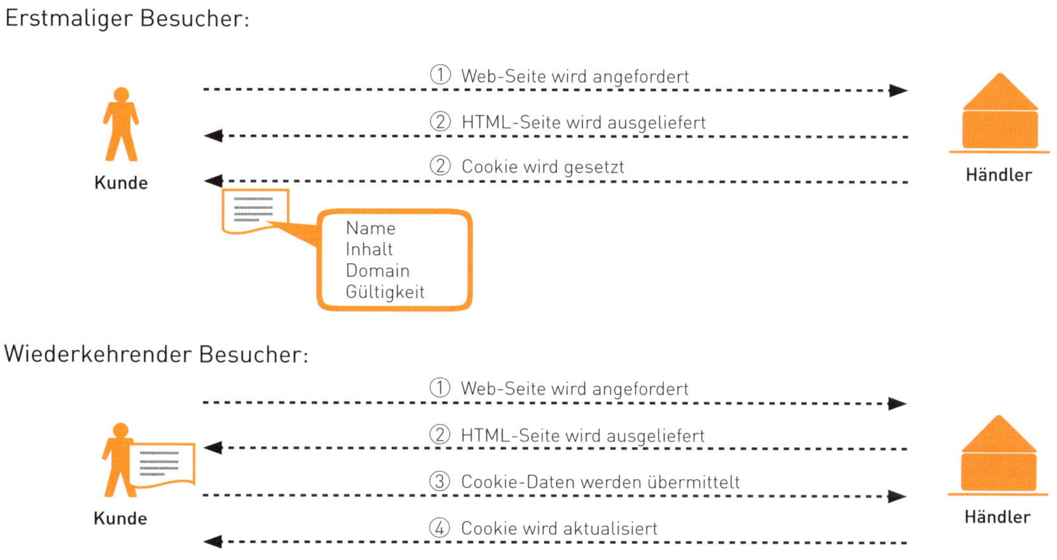

Abb. 3-5: Ablauf der Besuchererkennung mit Cookies
Quelle: ibi research (E-Commerce-Leitfaden 2009)

Der Nachteil von Cookies besteht darin, dass einige Internet-Nutzer in den Einstellungen ihres Browsers die Speicherung von Cookies ablehnen oder die gespeicherten Cookies in bestimmten Zeitabständen oder bei Beendigung des Browsers löschen. Dies hat zur Folge, dass die Zahl der wiederkehrenden Besucher tatsächlich höher ist als die mithilfe der Cookies ermittelte Anzahl.

Eine Alternative zu Cookies stellen so genannte Fingerprinting-Verfahren dar. Dabei wird eine Vielzahl von technischen Informationen über den Nutzer (z. B. Provider, Bildschirmauflösung, installierte Plugins) erhoben und zu einem individuellen Profil (daher die Analogie zu einem Fingerabdruck) kombiniert. Sucht der Nutzer mit dem gleichen Profil den Shop später erneut auf, wird er anhand dieser Informationen wiedererkannt. Derzeit nutzen jedoch erst wenige Online-Händler diese Möglichkeit (vgl. Abbildung 3-6).

Allerdings hat auch diese Methode ihre Schwächen. Zum einen verändern die Nutzer von Zeit zu Zeit ihre technische Ausstattung, z. B. durch Installation zusätzlicher Plugins, was die Erkennung erschwert. Zum anderen können durchaus mehrere Besucher mit identischen technischen Ausstattungen auf den Shop zugreifen (z. B. aus Unternehmensnetzwerken), so dass die Zahl der wiederkehrenden Besucher tatsächlich höher ist als die mithilfe des Fingerprinting-Verfahrens ermittelte Anzahl.

Ein grundsätzliches Problem bei der Wiedererkennung von Besuchern liegt darin, dass prinzipiell nur ein Rechner, nicht aber eine Person eindeutig identifiziert werden kann. Greift zum Beispiel ein Besucher von unterschiedlichen Rechnern aus auf Ihren Web-Shop zu oder wird ein Rechner von mehreren Personen genutzt (z. B. Familien-PC) kann der Besucher weder mithilfe von Cookies noch mithilfe des Fingerprinting-Verfahrens zweifelsfrei wiedererkannt werden.

Die meisten Online-Händler nutzen Cookies, um wiederkehrende Besucher zu erkennen.

Welche Verfahren nutzen Sie derzeit, um wiederkehrende Besucher in Ihrem Web-Shop zu erkennen?

Abb. 3-6: Verfahren zur Wiedererkennung von Besuchern
Quelle: ibi research (E-Commerce in Deutschland 2008)

3

3.4 Auf los gehts los – Auswahl und Einführung von Web-Controlling-Tools

Egal welches Verfahren Sie zur Nutzeranalyse einsetzen: Um Kennzahlen für das Web-Controlling zu erhalten, benötigen Sie ein geeignetes Werkzeug. Bei der Auswahl eines solchen Tools sind zunächst einige grundsätzliche Fragen zu klären:

- Welche Verfahren (Logfile-Analyse, Zählpixel-Analyse, Cookies, Fingerprinting) soll das Tool unterstützen?
- Wollen Sie die Analysen auf Ihren eigenen Rechnern durchführen oder einen externen Dienstleister damit beauftragen?
- Welche Datenschutz-Anforderungen werden an das Tool gestellt?
- Wie viele Nutzer sollen auf das Tool zugreifen können?
- Welche Zeitverzögerungen sind bei der Erstellung der Auswertungen hinnehmbar?
- Welche Import- und Export-Schnittstellen zu internen Systemen (z. B. ERP-System, Data-Warehouse) sollte das Tool zur Verfügung stellen?
- Wie viel darf das Tool maximal kosten (abhängig vom Marketing-Budget und den vermuteten Einsparungspotenzialen durch Web-Controlling)?
- Welche Supportleistungen werden benötigt, z. B. Hilfe bei Installation, Beratung bei Analyse?

Neben diesen grundsätzlichen Überlegungen beeinflussen natürlich insbesondere die Informationsanforderungen Ihres Unternehmens die Auswahl eines Web-Controlling-Tools. Als Hilfestellung bei der Festlegung der Informationsanforderungen soll Ihnen eine Checkliste am Ende dieses Kapitels dienen. Welche Informationen die in der Händlerumfrage zum E-Commerce befragten Online-Händler als wichtig einstufen, zeigt Abbildung 3-7.

Für die Etablierung eines kontinuierlichen Verbesserungsprozesses ist die Auswahl eines Tools natürlich nur der erste Schritt. Daher ist anschließend festzulegen, wer in welchen Zeitabständen welche Kennzahlen analysiert, welche Abweichungen toleriert werden und welche Schritte bei größeren Abweichungen eingeleitet werden müssen.

Anschließend ist dafür zu sorgen, dass die gewünschten Informationen auch messbar gemacht werden. Beim Zählpixel-Verfahren oder bei speziellen Analysen wie einer Heatmap müssen die Web-Seiten, die mit dem Tool überwacht werden sollen, entsprechend vorbereitet werden. Will man eine Newsletter- oder eine Offline-Kampagne überwachen, empfiehlt sich die Kommunikation eines individuellen Links, um die Besucher eindeutig dieser Kampagne zuordnen zu können. Häufig werden für solche Zwecke auch spezielle Web-Seiten (so genannte „Landing-Pages") eingerichtet, die zudem den Vorteil haben, dass die Besucher nicht auf der Startseite lange nach den beworbenen Inhalten suchen müssen.

Für die Kennzahlenanalyse ist zu empfehlen, nicht von vornherein zu viele Kennzahlen festzulegen und zu analysieren. Stattdessen sollte man sich auf einige wenige Kennzahlen konzentrieren und sich mit diesen dafür intensiver auseinandersetzen. Wichtige Kennzahlen, die in der Anfangsphase von Bedeutung sind, sind beispielsweise die Besucheranzahl, die Konversionsrate, die Abbruchquoten bei bestimmten Seiten und die durchschnittliche Verweildauer im Shop. Auf Basis dieser Kennzahlen sollte zunächst das Hauptaugenmerk auf die Verbesserung der Nutzerführung im Shop gelegt werden. Erst wenn der Web-Controlling-Regelkreis mit diesen Kennzahlen einige Male durchlaufen wurde, sollte der Fokus auf weitere Kennzahlen ausgedehnt werden.

Neben der Anzahl der Besuche sind den Händlern die häufigsten Suchwörter und Suchphrasen am wichtigsten, über die Besucher in den Shop gelangt sind.

Welche Informationen über Ihre Besucher sind für Sie wichtig?

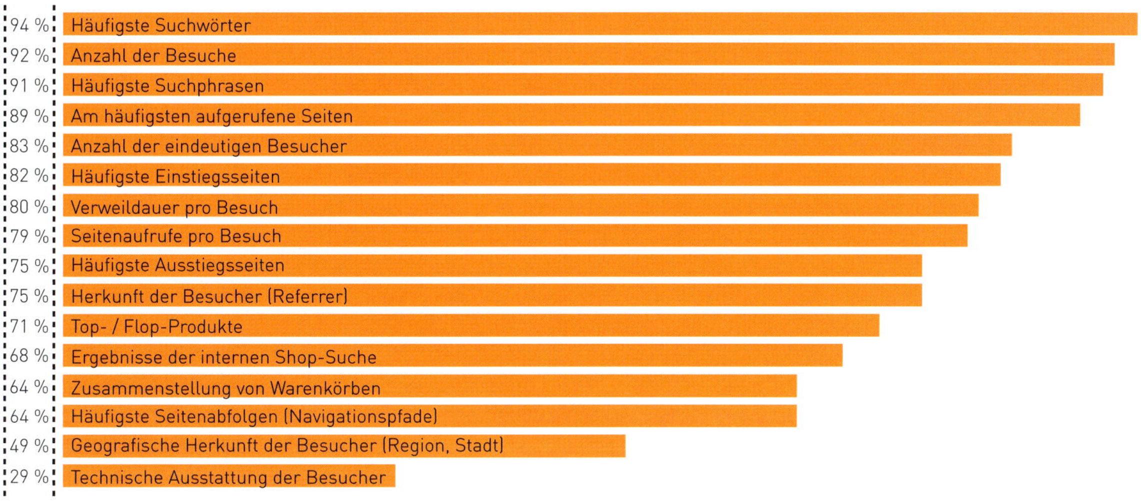

Abb. 3-7: Wichtigste Informationen für Online-Händler
Quelle: ibi research (E-Commerce in Deutschland 2008)

3

Web-Controlling 3.0 – die Kunden und Wettbewerber im Blick

Im Gespräch mit Christian Bennefeld, etracker GmbH, www.etracker.de

Dipl.-Math. Christian Bennefeld ist Geschäftsführer der etracker GmbH in Hamburg. Die Web-Controlling-Lösung von etracker liefert nicht nur übergreifende Kennzahlen zu Umsatz und Effizienz von Online-Shops. Mithilfe weiterführender Analysen lassen sich Ansatzpunkte für Optimierungsmaßnahmen exakt lokalisieren.

INTERVIEW

Herr Bennefeld, was unterscheidet moderne Web-Controlling-Tools von der klassischen Logfile-Analyse?

Moderne Web-Controlling-Lösungen, die auf dem Zählpixel-Verfahren basieren, können wesentlich genauere und umfangreichere Informationen über die Besucher eines Web-Shops liefern, und das auch noch in Echtzeit! Anstatt nur Besucherzahlen und Seitenaufrufe zu ermitteln, wird das Verhalten jedes einzelnen Besuchers in anonymisierter Form protokolliert. Mithilfe vorkonfigurierter Analysen lassen sich beispielsweise die Konversionsraten von Neu- und Stammkunden oder von unterschiedlichen Kampagnen miteinander vergleichen. Weitere Analysemöglichkeiten wie die Auswertung der verwendeten Suchwörter in Suchmaschinen oder Clickmap- und Heatmap-Overlays können Online-Händler dabei unterstützen, Schwachstellen in ihren Verkaufsprozessen zu identifizieren und zielgerichtete Verbesserungsmaßnahmen einzuleiten.

Welche Entwicklungen sind bei den Web-Controlling-Tools derzeit zu beobachten?

Trotz aller Instrumente, die das Web-Controlling heutzutage bietet, ließen sich bisher immer nur unternehmensinterne Daten miteinander vergleichen. Sie müssen sich das so vorstellen, als ob Sie in einem Rennwagen sitzen, bei dem die Scheiben mit schwarzer Farbe überstrichen wurden: Sie können zwar am Tacho ablesen, dass Sie mit 200 km/h unterwegs sind, wissen aber nicht, wie schnell Ihre Konkurrenten fahren. In genau dieser Situation befinden sich die meisten Online-Händler heute.

Mit der Einrichtung von so genannten Benchgroups haben wir dem Abhilfe geschaffen. Die Benchgroups sind ein leistungsstarkes Benchmarking-Instrument, das Online-Händlern den anonymisierten Vergleich mit Kennzahlen anderer Web-Seiten aus ihrer Branche ermöglicht. So können Händler ihr Marktumfeld im Vergleich zu den eigenen Kennzahlen kostenlos und tagesaktuell analysieren und damit die Potenziale ihrer Web-Seite voll ausschöpfen. Dadurch wissen Sie jetzt, wie schnell Ihre Konkurrenz unterwegs ist.

In eine ähnliche Richtung geht unsere Kooperation mit der GfK. Auf Wunsch können Händler ihre Abverkaufszahlen über eine Schnittstelle im etracker-Web-Controlling der GfK Retail and Technology zur Verfügung stellen und erhalten dafür im Gegenzug exklusive und aussagekräftige Informationen zu Markttrends und aktuellen Entwicklungen, die für die Optimierung des Sortiments und für die Preisgestaltung genutzt werden können.

Wir fassen diese Entwicklungen unter dem Begriff „Web-Controlling 3.0“ zusammen. Während in der Phase des „Web-Controlling 2.0“ die Erhebung von Kennzahlen sowie der Vergleich unterschiedlicher unternehmensinterner Kennzahlen im Vordergrund standen, bezieht Web-Controlling 3.0 externe Informationen zur Bewertung der Kennzahlen mit ein.

3

„Web-Controlling 3.0 bezieht externe Informationen zur Bewertung der Kennzahlen mit ein." Christian Bennefeld, etracker

Werden auch die Besucher der Online-Shops in diese Entwicklungen mit einbezogen?

Die Shop-Besucher wissen am besten, wo die Schwachstellen der Online-Shops liegen und müssen daher unbedingt mit einbezogen werden! Aus diesem Grund haben wir Visitor Voice entwickelt. Mit Visitor Voice lassen sich kontinuierliche Kundenbefragungen durchführen, die Aufschluss über Stärken und Schwächen einer Web-Seite liefern. Analysiert werden unter anderem die Besucherzufriedenheit in Hinblick auf Usability, Inhalte, Navigation sowie die Loyalität der Besucher und deren soziodemografische Merkmale. Durch die Kombination mit den Funktionen unserer Web-Controlling-Lösung lassen sich nicht nur Gemeinsamkeiten im Nutzungsverhalten unzufriedener Kunden feststellen, sondern es kann auch das Surf-Verhalten bestimmter Zielgruppen, wie beispielsweise das der 30-jährigen Männer, genau untersucht werden.

Wie aufwendig ist es für einen Händler, die Kennzahlen fortlaufend zu erheben, zu vergleichen und zu bewerten?

Für die Beobachtung des Besucherverhaltens auf der Web-Seite sind bis auf die Integration eines HTML-Codes in die Web-Seiten in der Regel keine weiteren Installationen oder Anpassungen auf Händlerseite notwendig. Die Auswertungen selbst sind in Echtzeit und buchstäblich „auf Knopfdruck" verfügbar und können online eingesehen oder in unternehmensinternen Datenbanken und CRM-Systemen weiterverarbeitet werden. Im Vergleich zur Aufbereitung und Auswertung von Logfiles, die häufig Tage oder sogar Wochen in Anspruch genommen haben, ist allein dies ein riesiger Fortschritt!

Für das Kampagnen-Controlling ist es ebenfalls ausreichend, die Kampagne in der Web-Controlling-Lösung einmal anzulegen und ihr ein eindeutiges Identifizierungsmerkmal (Weiterleitungs-URL, URL-Parameter oder Landing-Page) sowie gegebenenfalls einen Kostensatz zuzuweisen. Die Klicks, Leads und der erzielte Umsatz werden anschließend automatisiert ermittelt und man erhält einen exakten Überblick, welcher Marketing-Euro wie viel Umsatz generiert und welche Produktverkäufe nach sich gezogen hat.

Wie steht es bei etracker mit dem Datenschutz?

Als deutscher Anbieter legen wir sehr großen Wert auf die Einhaltung der strengen deutschen, aber auch europäischen Gesetze. So haben wir uns als bisher einziger Anbieter von einer offiziellen Behörde, dem zuständigen Landesdatenschutzbeauftragten, prüfen lassen. Zudem gehören die gespeicherten Daten unseren Kunden und werden von uns nicht für eigene Zwecke verwendet oder gar an Dritte weitergegeben, wie es bei kostenlosen Diensten häufig der Fall ist. Bei etracker sind alle Daten 100 % sicher!

3

Checkliste: Informationsanforderungen an Web-Controlling-Tools

So unterschiedlich die Informationsanforderungen von Online-Anbietern sind, so unterschiedlich ist auch der Leistungsumfang der angebotenen Systeme. Die folgende Checkliste soll Ihnen dabei helfen, Ihre Informationsanforderungen festzulegen, um darauf aufbauend die unterschiedlichen Lösungen einer systematischen Bewertung zu unterziehen.

Berücksichtigen Sie bei der Bewertung, dass Ihre Informationsanforderungen typischerweise im Zeitablauf zunehmen. Achten Sie daher auch darauf, welche zukünftigen Erweiterungen (z. B. Definition individueller Kennzahlen) das Tool zulässt.

Informationen über Seitenaufrufe / Besuche

- Anzahl der Seitenaufrufe
- Anzahl der Besuche (Sessions)
- Anzahl der eindeutigen Besucher
- Anzahl der wiederkehrenden Besucher

Informationen über Aufrufe sonstiger Inhalte

- Downloads
- Flash-Animationen
- Streaming Media
- RSS (Really Simple Syndication)

Informationen über die Besucherherkunft

- Referrer (verweisende URL)
- Quereinsteiger (Einstieg nicht über die Startseite)
- Verwendete Suchwörter in Suchmaschinen / Preisvergleichsseiten, über die Nutzer in Ihren Shop gelangt sind
- Verwendete Suchphrasen (Wortkombinationen) in Suchmaschinen / Preisvergleichsseiten, über die Nutzer in Ihren Shop gelangt sind
- Geographische Herkunft: Land / Region / Stadt

Informationen über das Besucherverhalten

- Häufige Einstiegs- / Ausstiegsseiten
- Navigationspfade
- Seitenaufrufe pro Besucher
- Verweildauer pro Besucher
- Häufigkeit der Besuche
- Durchschnittlicher Umsatz pro Besucher
- Clickmap / Heatmap
- Segmentierungsmöglichkeiten (z. B. neue Besucher / wiederkehrende Besucher)

3

Informationen über die technische Ausstattung der Besucher

- Betriebssystem
- Browser
- Browser-Sprache
- Farben
- Bildschirmauflösung
- Fenstergröße
- Installierte Plugins

Informationen über den Erfolg von Kampagnen

- Anzahl der Kundenkontakte (z. B. Adviews)
- Anzahl der Leads
- Kosten pro Lead
- Kosten pro Bestellung

Auswertungsunterstützung

- Festlegung von Zielwerten
- Anpassung des Zeitrahmens von Auswertungen: Stunde / Tag / Woche / Monat / Jahr
- Gegenüberstellungen (A / B-Vergleiche), z. B. von unterschiedlichen Zeiträumen
- Automatisierte Prognose
- Vergleichsansichten
- Vergleichsgruppen

Externe Informationen

- Branchen-Benchmarks
- Marktdaten

Qualitative Analysen

- Besucherzufriedenheit
- Ziele der Besucher
- Zielerreichung
- Kundenloyalität
- Direktes Besucher-Feedback

Checkliste 3-2: Informationsanforderungen an Web-Controlling-Tools
Quelle: ibi research (E-Commerce-Leitfaden 2009)

www.ecommerce-leitfaden.de

Vertiefende Informationen zu den Inhalten dieser Abschnitte sowie Links zu ausgewählten Lösungsanbietern finden Sie auf der sich ständig weiterentwickelnden Projekt-Web-Seite www.ecommerce-leitfaden.de. Dort finden Sie auch weitere kostenlose Angebote wie z. B. den E-Commerce-Newsletter, Online-Tools oder die vollständigen Ergebnisse verschiedener Studien.

eCommerce Leitfaden

NAVIGATOR

eCommerce Leitfaden

4. ›› ZAHLEN BITTE – EINFACH, SCHNELL UND SICHER!

Das fehlende Angebot des bevorzugten Zahlungsverfahrens ist eine der häufigsten Ursachen für den Abbruch von Online-Käufen. Die Studie „Erfolgsfaktor Payment“ (vgl. Infobox 4-6) zeigt, dass 80 % der Kunden den Kauf abbrechen, wenn nur die Zahlung per Vorkasse angeboten wird. Durch das Angebot einer Zahlung per Rechnung, Lastschrift oder Kreditkarte lässt sich die Kaufabbruchquote deutlich reduzieren.

4.1 Zahlungsverfahren für den E-Commerce

Zur Abwicklung von Zahlungen im E-Commerce stehen einerseits viele vom stationären Handel her bekannte Zaahlungsverfahren zur Verfügung. Andererseits haben sich in den vergangenen Jahren auch zunehmend spezialisierte Anbieter mit eigenen Verfahren für die Zahlungsabwicklung im Internet etabliert. Die Spanne der derzeit verfügbaren Zahlungsverfahren reicht von der Zahlung per Vorkasse über Nachnahme, Lastschrift oder Kreditkarte bis hin zu speziellen E-Payment-Verfahren für den elektronischen Handel.

Insgesamt stehen allein in Deutschland derzeit über 40 Zahlungsverfahren zur Verfügung, von denen jedes individuelle Vor- und Nachteile aufweist. Auf die wichtigsten Arten von Zahlungsverfahren wird im Folgenden näher eingegangen. Die gängigsten Zahlungsverfahren sowie deren Eigenarten werden in diesem Kapitel näher betrachtet.

Dies sind:

- Rechnung, Vorkasse, Nachnahme
- Lastschrift
- Kreditkarte
- E-Payment-Verfahren

Welche Kriterien bei der Auswahl geeigneter Zahlungsverfahren relevant sind und welche Faktoren ein Händler bei seinen Überlegungen berücksichtigen sollte, wird im zweiten Teil dieses Kapitels dargestellt.

4

Mit Sicherheit online kassieren – nationale und internationale Zahlungsmittel

Im Gespräch mit Johannes F. Sutter, SIX Card Solutions, www.saferpay.com

Johannes F. Sutter ist Geschäftsführer der Deutschland-Niederlassung der SIX Card Solutions, Anbieter der speziell für den E-Commerce und den Phone-Mail-Order-Handel entwickelten E-Payment-Plattform Saferpay. Seit 2004 ist Herr Sutter zudem als stellvertretender Vorsitzender für den bundesweiten Arbeitskreis „E-Payment" des Bundesverbandes der Dienstleister für Online-Anbieter (BDOA) e. V. aktiv.

INTERVIEW

Herr Sutter, wo liegen heute die Chancen und Risiken beim Bezahlen im Internet?

Unternehmen verzeichnen ein zwei- bis dreistelliges Wachstum im E-Commerce. Nach Einschätzungen von Marktforschungsinstituten wird der Umsatz im E-Commerce bis 2010 allein in Deutschland auf rund 781 Mrd. Euro ansteigen. Diese Umsätze gilt es flexibel, einfach und sicher zu kassieren.

Das eine Zahlungsmittel, das ein jedes Unternehmen zum Erfolg führt, gibt es aus meiner Sicht nicht. Das Angebot der richtigen Zahlungsmittel ist dann Erfolg versprechend, wenn es ein gesundes Gleichgewicht aus den Zahlungspräferenzen der Kunden und des Händlers darstellt.

Wie beeinflusst das Angebot von Zahlungsverfahren im E-Commerce den Gewinn eines Unternehmens?

Grundsätzlich gilt: Das Angebot von mehreren Zahlungsmitteln bedeutet mehr Umsatz – aber nur mit entsprechender Risikoprävention auch mehr Gewinn!

Kunden weichen häufig auf einen anderen Online-Shop aus, wenn das von ihnen favorisierte Zahlungsmittel nicht angeboten wird. Die Konkurrenz im Web sitzt genau einen Mausklick weiter! Meines Erachtens ist der Erfolg eines Unternehmens entscheidend abhängig vom Einsatz eines effizienten Risikomanagements. Das Zusammenspiel von internen Informationen (Limitsteuerung, Retourenverwaltung, Kundenhistorie etc.) und externen Informationen (Adress- und Bonitätsprüfungen, Sperrdateien, Kreditkarteninformationen etc.) mit dem Ziel, Zahlungsausfälle auf ein kalkulierbares Maß zu minimieren, spielt hierbei eine wesentliche Rolle.

Welche Zahlungsverfahren haben Ihrer Meinung nach zukünftig das größte Potenzial?

Zu den Erfolg versprechenden Zahlungsmitteln im Internet zählen derzeit neben den klassischen Zahlungsmitteln, wie Kauf auf Rechnung oder per Vorkasse, die Kreditkarte, das elektronische Lastschriftverfahren (ELV) und das Online-Banking-Verfahren giropay.

Die Kreditkarte ist das meistgenutzte Zahlungsmittel weltweit. Mehr als 3 Mrd. Inhaber machen die Kreditkarte zu dem globalen Medium im Bereich des bargeldlosen Zahlungsverkehrs. Gleichwohl die Anzahl der Kreditkarteninhaber stetig wächst, wächst auch das Ausfallrisiko. Aufgrund internationaler Vorgaben der Kreditkartenorganisationen steht dem Kunden bei Zahlung im Internet ein Widerspruchsrecht zu.

Zum Schutz vor Zahlungsausfällen bei Kreditkartenzahlungen haben die beiden großen Kreditkartenorganisationen „MasterCard SecureCode" und „Verified by Visa" ins Leben gerufen. Der Kunde wird im Zuge seiner Bestellung im Online-Shop auf die Seite seiner kartenherausgebenden Bank weitergeleitet und muss sich dort mit seinem Passwort verifizieren. Der Händler kommt so in den Genuss der erweiterten Haftungsumkehr (Liability Shift). Konkret bedeutet das für den Händler: Im Falle eines Zahlungsausfalls haftet die kartenherausgebende Bank und nicht der Händler! Leider mussten wir feststellen, dass erst 25 % der Händler das Verfahren einsetzen. Auch anderweitige einfache und effektive Prüfmethoden, wie beispielsweise das Herkunftsland der Karte mit der Lieferanschrift und der Bestelleradresse abzugleichen, finden in der Praxis wenig Anwendung.

Die Lastschrift gehört neben der Zahlung per Rechnung nach wie vor zu den beliebtesten Online-Zahlungsmitteln der Deutschen. An dieser Stelle sei erwähnt, dass die Lastschrift mit das risikoreichste Zahlungsmittel im Online-Geschäft ist. Die Ausfallrisiken bei der Lastschrift und der Zahlung per Rechnung sind gleich hoch. Nach wie vor verarbeiten mehr als 50 % der Online-Händler Lastschriften immer noch manuell – ohne Abfragen von Sperrdateien oder die Nutzung von Adress- und Bonitätsprüfsystemen. Die Nutzung solcher Systeme reduziert das Zahlungsrisiko nachhaltig.

Ein weiteres Erfolg versprechendes Internet-Zahlungsmittel ist die Online-Überweisung giropay. Mehr als 17 Mio. Homebanking-Kunden haben bereits heute die Möglichkeit, via Vorauskasse direkt im Online-Shop zu überweisen. Der Kunde wird aus dem Bestellvorgang im Online-Shop über eine sichere Verbindung direkt mit seinem Online-Banking-Konto verbunden. Die Vorteile für den Händler liegen auf der Hand: Der Kunde vertraut seiner Bank, das Verfahren garantiert eine hohe Sicherheit durch die PIN/TAN-Abfrage, der Händler kommt schnell an sein Geld und erhält eine Zahlungsgarantie. Meines Erachtens hat giropay das Potenzial, mittelfristig das allseits beliebte und risikoreiche Zahlungsmittel Lastschrift abzulösen.

Welche Trends sehen Sie im E-Payment-Markt für die Zukunft?

Zum einen wird die Verwirklichung der Single Euro Payments Area (SEPA) in den nächsten Jahren neue Trends im grenzüberschreitenden Zahlungsverkehr auf den Märkten Europas setzen. Durch den Abbau gesetzlicher Barrieren und die Vereinheitlichung nationaler Zahlungsmittel werden künftig internationale Zahlungen so einfach und sicher wie nationale Zahlungen von einem einzigen Konto aus möglich sein.

Zum anderen reagieren auch die großen Kreditkartengesellschaften auf stetige Veränderungen des globalen Zahlungsverkehrs am Markt. Neue Produkte und Dienstleistungen sollen den individuellen Bedürfnissen der Internet-Kunden entsprechen. So können heute bereits bestimmte Zielgruppen mit Prepaid- und / oder Wertkarten ausgestattet werden, die aufgrund ihres Alters (14-25 Jahre) keine Kreditkarten erhalten würden. Die 18- bis 29-Jährigen, die häufig aus Bonitätsgründen keine Kreditkarten erhalten, können heute mit Debitkarten global und sicher online bezahlen. Aber auch der Klassiker Kreditkarte erhält im Rahmen der Modernisierungsmaßnahmen frischen Wind in den Segeln. Durch Mehrwerte wie Bonussysteme und Versicherungsleistungen oder die Ausgabe individualisierter Motivkarten werden Kreditkarten auch in Deutschland mehr und mehr zu einem interessanten Zahlungsmedium für Internet-User.

„Das eine Zahlungsverfahren, das ein jedes Unternehmen zum Erfolg führt, gibt es aus meiner Sicht nicht."

Johannes F. Sutter, SIX Card Solutions

Was würden Sie Händlern bezüglich der Zahlungsabwicklung im Internet raten, die in den Verkauf über das Internet einsteigen oder den Umsatz ausbauen möchten?

Nutzen Sie das Know-how und die fachliche Kompetenz von Experten! Ein Payment Service Provider (PSP) kennt alle Kniffe und Tricks, um ein erfolgreiches und effizientes E-Payment auf die Beine zu stellen. Wir haben oft erlebt, dass Händler aus vermeintlichen Kostengründen die Dienstleistungen eines PSP nicht in Anspruch genommen haben und somit ein nicht kalkulierbares Risiko eingegangen sind. Diesen Händlern sind durch uneinbringliche Forderungen letztlich mehr Kosten entstanden, als der Einsatz eines PSP effektiv gekostet hätte. Daher würde ich jedem Händler raten, nicht an der falschen Stelle zu sparen. Wägen Sie Risiko und Kosten gegeneinander ab – es lohnt sich!

Grundsätzlich gilt: Die Potenziale des E-Commerce lassen sich nicht ohne ein geeignetes Zahlungssystem, das sich den individuellen Bedürfnissen des Internet anpasst, ausschöpfen.

Fehlinformationen und ungenügende Beratung können schnell zu einem enormen Kostenfaktor werden. Ein qualifizierter Partner ist im wahrsten Sinne des Wortes bares Geld wert!

Letztlich geht es nicht nur um die Sicherheit Ihres Kunden, sondern auch um den Erfolg und den Umsatz Ihres Unternehmens.

4

Klassisch: Rechnung, Vorkasse oder Nachnahme

Zu den „Klassikern" unter den Zahlungsverfahren gehören die wohl fast allen Kunden bekannten Verfahren Rechnung, Vorkasse und Nachnahme.

Der Kauf auf Rechnung, also eine Zahlung nach Lieferung, besitzt im Versandhandel in Deutschland bereits eine lange Historie. Für die Lieferung und Bezahlung per Rechnung spricht die enorme Akzeptanz bei den Kunden, bedingt durch die historisch gewachsene hohe Verbreitung. Allerdings ist gleichzeitig das Risiko hoch, dass Rechnungen verspätet oder überhaupt nicht bezahlt werden. Darüber hinaus werden häufig auch die anfallenden unternehmensinternen Kosten (wie z. B. Abgleich des Zahlungseingangs mit den offenen Posten, gegebenenfalls anfallende Personalaufwände oder Telekommunikationskosten für Rückfragen bei Unklarheiten / Unstimmigkeiten) unterschätzt. Hierfür können schnell Kosten in Höhe von mehreren Euro je Bestellung anfallen.

Bei der Vorkasse, also einer Zahlung vor Lieferung, ist der Händler vor Zahlungsausfällen geschützt. Dagegen trägt der Kunde bei dieser Zahlungsform das Risiko, dass die Ware nicht bzw. unvollständig oder fehlerhaft geliefert wird. Viele Kunden scheuen daher davor zurück, im Internet per Vorkasse zu zahlen. Wird ausschließlich Zahlung per Vorkasse angeboten, wird der Kauf von den Kunden daher häufig abgebrochen. Zudem ist die Zahlung per Vorkasse sowohl für den Kunden als auch für den Händler gegebenenfalls relativ umständlich, da Kunden hierzu erst ihr Homebanking-Programm oder das Online-Banking ihrer Bank aufrufen und die angegebenen Kontodaten des Händlers sowie den Verwendungszweck (z. B. Bestellnummer, Kundennummer) in das Formular übertragen oder einen papierhaften Überweisungsträger ausfüllen müssen. Nachteilig ist zudem, dass sich einerseits bei der Übertragung der Daten Fehler einschleichen können (z. B. durch fehlerhaftes Abtippen / Abschreiben) und andererseits der Händler die Bestellung in der Regel erst dann weiterbearbeiten und versenden kann, wenn die Überweisung des Kunden auf seinem Kontoauszug erscheint. Zu beachten ist außerdem, dass die Vorkasse für den Händler nicht kostenlos ist, sondern ebenso wie bei der Rechnung Kosten für den Abgleich des Zahlungseingangs mit den offenen Posten oder für Rückfragen bei Unklarheiten / Unstimmigkeiten in Höhe von mehreren Euro je Bestellung anfallen können.

Bei Vorkasse-Zahlungen auftretende Verzögerungen können durch den Einsatz des Zahlungsverfahrens giropay vermieden werden. giropay ist ein Zahlungsverfahren, das von der deutschen Kreditwirtschaft entwickelt wurde und von einer Vielzahl von Online-Banking-Kunden genutzt werden kann. Wenn der Kunde nach Abschluss der Bestellung in einem Online-Shop dieses Zahlungsverfahren wählt, wird er zum Online-Banking seiner Bank umgeleitet. Der Kunde loggt sich dort mithilfe seines Benutzernamens (z. B. Konto- oder Kundennummer) und seiner PIN in den geschützten Bereich ein. Anschließend wird ihm ein bereits mit den Zahlungsdaten und dem Verwendungszweck vorausgefüllter Überweisungsauftrag bereitgestellt, der z. B. noch mit einer TAN zu bestätigen ist. Das Kreditinstitut übermittelt daraufhin eine Auftragsbestätigung an den Händler und leitet den Kunden zurück in den Web-Shop (siehe Abbildung 4-1). Der Händler kann daraufhin sofort die Ware versenden, da ihm die Banken die Zahlung garantieren. In der Regel kostet den Händlern die Durchführung einer Zahlung mit giropay dabei eine Gebühr in Höhe von etwa 2 bis 3 % des Umsatzes.

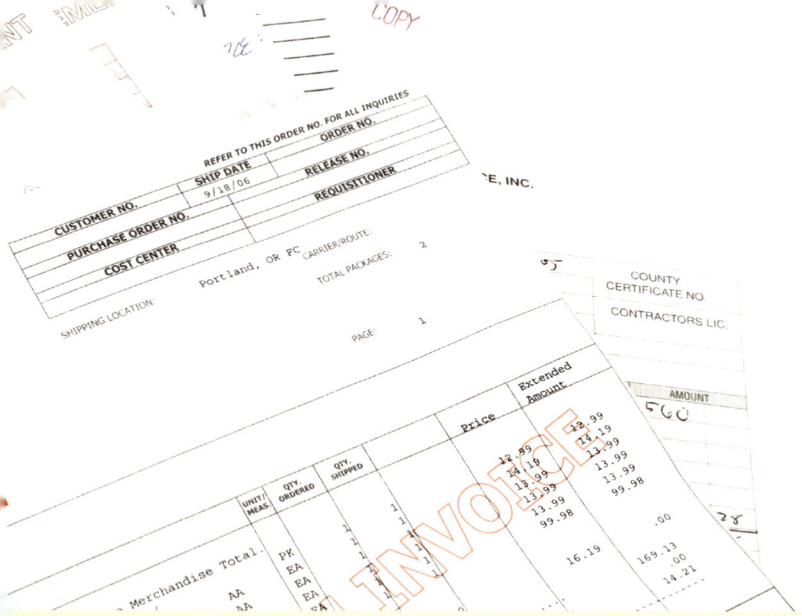

4

Zahlungsabwicklung im Internet:
Bedeutung, Status quo und zukünftige Herausforderungen

Wer im elektronischen Handel erfolgreich sein will, muss auch sicherstellen, dass die Zahlungsabwicklungsprozesse reibungslos ablaufen. Dazu gehört, dass die angebotenen Zahlungsverfahren von den Kunden akzeptiert und damit Kaufabbrüche vermieden werden, dass es zu möglichst wenig Zahlungsverzögerungen und Zahlungsausfällen kommt und dass die Kosten für die Zahlungsabwicklung so gering wie möglich gehalten werden können. Die wenigsten der heute verfügbaren Zahlungsverfahren für den elektronischen Handel können jedoch für sich allein genommen alle drei Anforderungen zufriedenstellend erfüllen.

Die Gestaltung der Zahlungsabwicklungsprozesse stellt damit keine leicht zu lösende Aufgabe dar und muss situationsabhängig getroffen werden. Um die Anforderungen der Online-Händler bei der Gestaltung ihrer Zahlungsabwicklungsprozesse im Internet und ihre aktuellen Probleme bei deren Umsetzung genauer zu analysieren, wurde von ibi research und der Wirecard AG die Studie „Zahlungsabwicklung im Internet" initiiert. Sie richtet sich sowohl an Unternehmen, die ihre Zahlungsabwicklungsprozesse verbessern wollen, als auch an Anbieter von Dienstleistungen für diese Unternehmen.

Weitere Informationen zur Studie sowie eine Zusammenfassung der wesentlichen Ergebnisse finden Sie auf der Web-Seite des Leitfadens (www.ecommerce-leitfaden.de).

Ernst Stahl, Thomas Krabichler, Markus Breitschaft, Georg Wittmann:
Zahlungsabwicklung im Internet – Bedeutung, Status quo und zukünftige Herausforderungen
Juli 2006
229 Seiten, über 80 Abbildungen
ISBN 3-937195-12-2

Infobox 4-1: Hinweis Studie „Zahlungsabwicklung im Internet"

4

Zahlungen per giropay

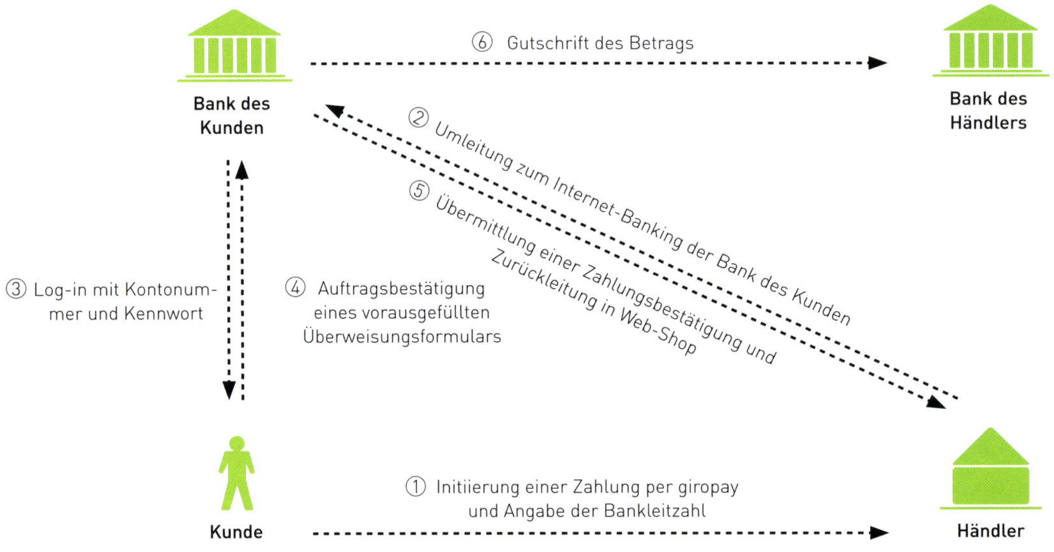

Abb. 4-1: Ablauf einer Zahlung per giropay
Quelle: ibi research (E-Commerce-Leitfaden 2009)

Zu bedenken ist allerdings, dass auch giropay aus der Sicht des Kunden eine Bezahlung vor Lieferung und somit ein Vorkasseverfahren darstellt. Beim Angebot einer Zahlung per Vorkasse ist insbesondere zu beachten, dass das durch Kunden entgegengebrachte Vertrauen ein wesentlicher Einflussfaktor für deren Akzeptanz ist. Dabei ist festzustellen, dass großen, bekannten Unternehmen tendenziell eher vertraut wird als kleinen, unbekannten Anbietern.

Eine Zahlung per Nachnahme mildert zwar insgesamt das Problem auftretender Zahlungsrisiken auf Händler- und auf Kundenseite, ist jedoch relativ umständlich in der Abwicklung und mit relativ hohen Kosten verbunden. Umständlich deshalb, weil der Kunde nicht immer zu Hause ist und damit die Sendung gegebenenfalls nicht in Empfang nehmen kann. Zusätzlich zu den Versandkosten entstehen auch Nachnahmekosten, die insbesondere bei Sendungen mit geringen Beträgen verhältnismäßig

Zahlungen per Nachnahme

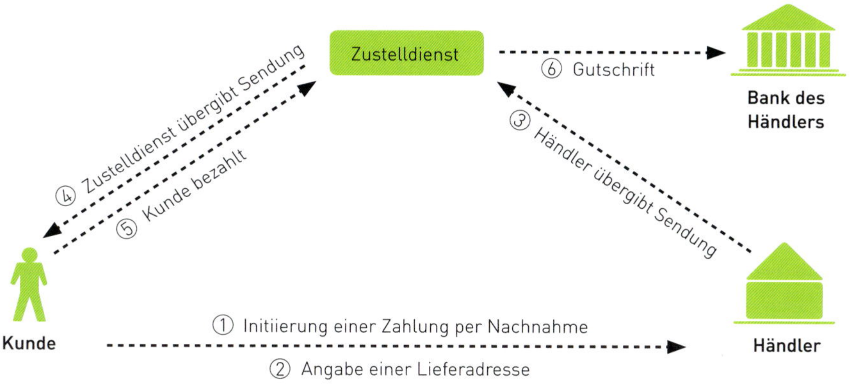

Abb. 4-2: Ablauf einer Zahlung per Nachnahme
Quelle: ibi research (E-Commerce-Leitfaden 2009)

hoch sein können. Zudem wird eine Nachnahmesendung nur gegen Bezahlung des Nachnahmebetrags an den Empfänger oder eine bevollmächtigte Person ausgehändigt. Hierdurch entsteht unter Umständen das Problem, dass der Kunde nicht genügend Bargeld zu Hause hat und die Ware deshalb nicht in Empfang nehmen kann. Neuerdings werden von manchen Zustelldiensten jedoch auch Kartenzahlungen oder gegebenenfalls auch weitere Zahlungsmittel akzeptiert. Kann der Kunde die Sendung nicht entgegennehmen, so wird, je nach Zustelldienst, versucht, diese erneut zuzustellen, oder sie wird in einem Lager des Zustelldienstes für eine bestimmte Dauer zur Abholung vorgehalten. Wird die Ware nicht abgeholt, so geht diese an den Händler zurück, womit er auf den Versandkosten und der Nachnahmegebühr „sitzen" bleibt. Für Pakete bis zu 10 kg beispielsweise können hier durchaus Gebühren in Höhe von ca. 7 Euro für den reinen Versand und ca. 4 Euro für Nachnahme anfallen.

4

Zahlungen per Lastschrift

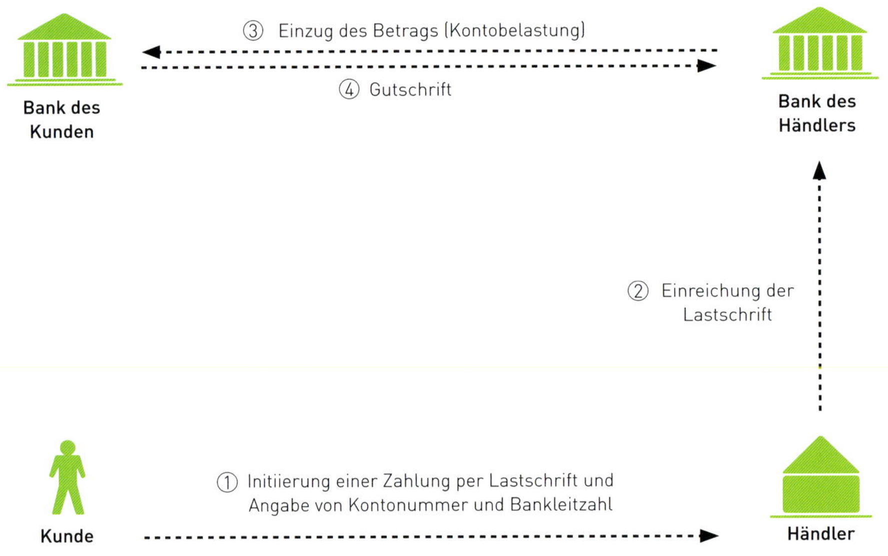

Abb. 4-3: Ablauf einer Zahlung per Lastschrift
Quelle: ibi research (E-Commerce-Leitfaden 2009)

Beliebt: Lastschrift

Ein Einzug per Lastschrift ist sowohl für Händler als auch für Kunden einfach und bequem. Kunden geben zur Bezahlung in einem Formularfeld im Web-Shop ihre Bankverbindung an, welche der Händler dann bei seiner Bank zum Einzug des Betrags nutzt. Allerdings haben viele Kunden Bedenken, im Internet ihre Kontodaten anzugeben. Problematisch ist zudem, dass dem Händler bei Internet-Bestellungen in der Regel keine schriftliche Einzugsermächtigung des Kunden vorliegt, ohne die er im Streitfall gegenüber der Bank die Rechtmäßigkeit des Einzugs nicht belegen kann. Bei der Lastschrift fallen vergleichsweise geringe Kosten, z. B. in Form einer Buchungspostengebühr für die Kontoführung, an. Im Falle einer Rücklastschrift, z. B. durch einen Widerspruch des Kunden, treten dagegen relativ hohe Kosten auf. Die Gebühr hierfür kann sich je nach Bank unterscheiden, aber im Regelfall kann mit Kosten von etwa 3 bis 5 Euro je Rücklastschrift gerechnet werden. Um Rücklastschriften aufgrund nicht eingelöster oder zurückgegebener Lastschriften zu vermeiden, ist darauf zu achten, Bonitäts- und Betrugsrisiken durch geeignete Maßnahmen auszuschließen (vgl. Kapitel 5).

Unternehmen denken insbesondere über die Akzeptanz von Kreditkartenzahlungen nach.
Welche Zahlungsverfahren planen Sie zukünftig anzubieten?

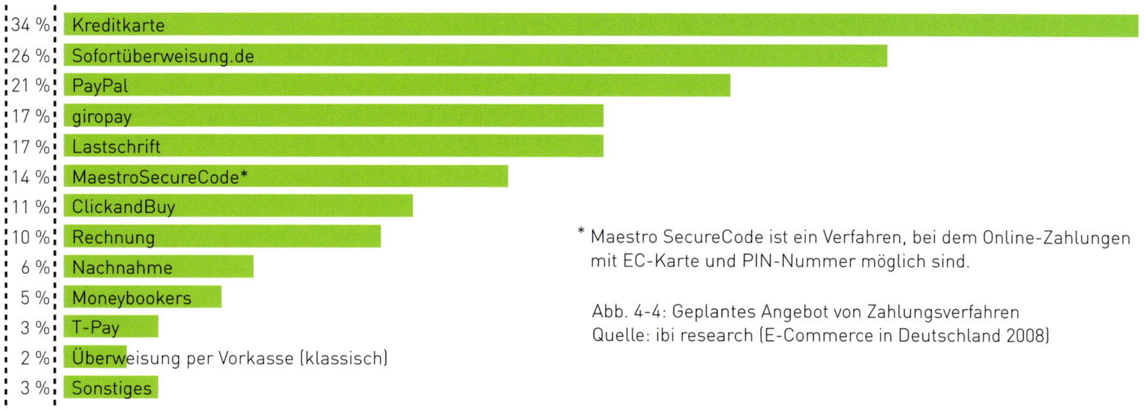

* Maestro SecureCode ist ein Verfahren, bei dem Online-Zahlungen mit EC-Karte und PIN-Nummer möglich sind.

Abb. 4-4: Geplantes Angebot von Zahlungsverfahren
Quelle: ibi research (E-Commerce in Deutschland 2008)

Ziehen Sie in Erwägung, Waren oder Dienstleistungen auch ins Ausland zu liefern, so gestaltet sich der Einzug von Lastschriften derzeit als schwierig bis unmöglich. Beim Lastschriftverfahren handelt es sich um ein deutsches Verfahren, das in vielen ausländischen Staaten nicht oder nicht in dieser Form existiert. Zukünftig soll jedoch im Rahmen der Vereinheitlichung des europäischen Zahlungsverkehrs (SEPA – Single Euro Payments Area) ein gesamteuropäisches Lastschriftverfahren verfügbar sein, mit dem auch Beträge von ausländischen Konten eingezogen werden können (vgl. Kapitel 7).

International: Kreditkarte

Zahlungen per Kreditkarte sind im elektronischen Handel international gebräuchlich und eignen sich daher ganz besonders für Geschäfte mit ausländischen Kunden. Aber auch innerhalb Deutschlands gewinnen Zahlungen per Kreditkarte zunehmend an Bedeutung (vgl. das Interview mit Johannes F. Sutter, SIX Card Solutions). Die relativ hohe Sicherheit sowie der hohe Automatisierungsgrad der Abläufe sind neben der nationalen und internationalen Verbreitung weitere Vorteile dieser Zahlungsart – mitunter alles Gründe, weshalb immer mehr Händler beabsichtigen, Kreditkarten in ihren Online-Shop zu integrieren (vgl. Abbildung 4-4). Dabei planen insbesondere überdurchschnittlich viele kleine Unternehmen die Akzeptanz von Kreditkarten.

Bei einer Zahlung per Kreditkarte gibt der Karteninhaber seine Kreditkartendaten (Kreditkartennummer, Gültigkeitsdatum und Kartenprüfnummer) in einem Web-Formular an und bestätigt den Auftrag. Anschließend werden die Daten zur Autorisierung / Genehmigung an einen so genannten Kreditkartenacquirer weitergeleitet. Ein Acquirer ist die kreditkartenbetreuende Stelle des Händlers. Er wickelt für den Händler die Autorisierung (vgl. hierzu auch Abschnitt 5.2) und Abrechnung bei Kreditkartenzahlungen ab. Bei einer erfolgreichen Autorisierung erhalten Sie einen Autorisierungscode, der Ihnen bestätigt, dass das Kreditkartenkonto existiert und mit dem Betrag belastet werden kann. Anschließend wird durch den Acquirer der eingereichte Umsatz von dem Kreditkartenkonto des Kunden mit einem von Ihnen festgelegten Verwendungszweck abgebucht und auf Ihrem Konto abzüglich des vereinbarten Entgelts (Disagio) beim Acquirer gutgeschrieben. Das Disagio ist eine prozentuale Gebühr in Abhängigkeit vom Umsatz, die im Wesentlichen für die Autorisierung / Genehmigung einer Transaktion und die Gutschrift auf dem Händlerkonto bei Ihrem Acquirer bezahlt wird. Die Höhe variiert je nach Branche und weiteren Einflussfaktoren, beginnend bei etwa 2 % bis hin zu 5 % oder in speziellen Fällen auch deutlich mehr. Gegebenenfalls kommen noch weitere Gebühren für die Übermittlung der Zahlungsdaten (z. B. durch einen Payment Service Provider) hinzu. Je nachdem, was Sie mit Ihrem Acquirer im Kreditkartenakzeptanzvertrag vereinbart haben, schreibt Ihnen dieser die Kreditkartenumsätze in bestimmten Abständen (z. B. wöchentlich oder monatlich) auf Ihrem Kontokorrentkonto gut (vgl. Abbildung 4-5).

4

Zahlungen per Kreditkarte

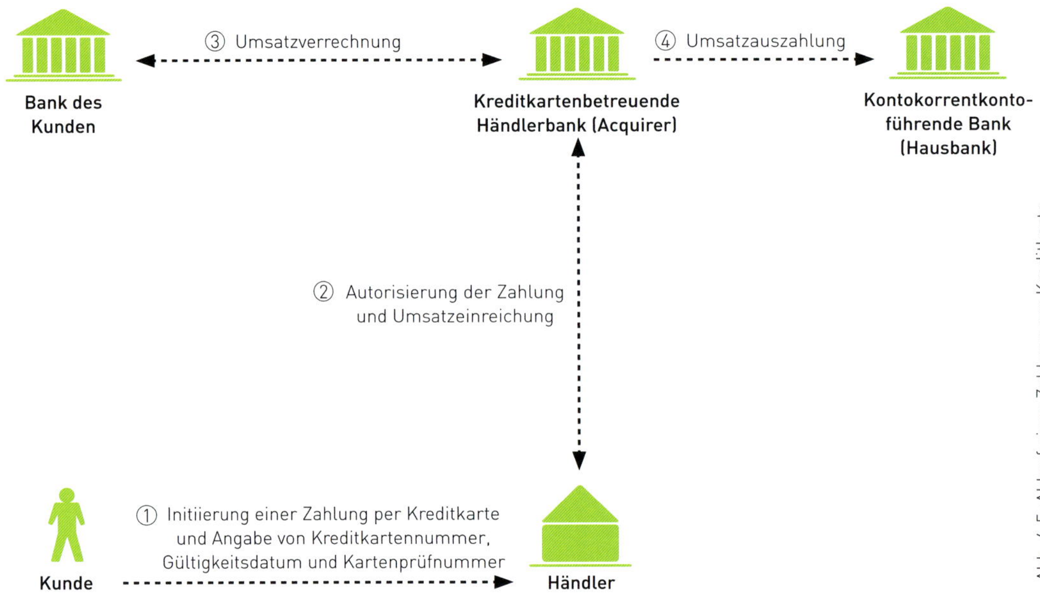

Abb. 4-5: Ablauf einer Zahlung per Kreditkarte
Quelle: ibi research (E-Commerce-Leitfaden 2009)

Um neue Zielgruppen zu erschließen und damit die Verbreitung der Kreditkarte bzw. kreditkartenbasierender Produkte auf Kundenseite zu fördern, haben die Kreditkartenorganisationen neue Produkte für den Einsatz im Internet entwickelt oder bestehende Produkte um Funktionen für einen speziellen Einsatz im Internet erweitert. So wird einerseits durch das Angebot von vorausbezahlten Kreditkarten (Prepaid-Kreditkarten), die an Jugendliche ab einem Alter von 14 Jahren ausgegeben werden, auch diesen Zielgruppen eine Zahlung per Kreditkarte im Internet ermöglicht. Gleichzeitig wurden Sicherheitsverfahren eingeführt, die Händler besser vor Rückbuchungen (so genannten Chargebacks) von Kreditkartenzahlungen schützen (vgl. das Interview mit Nicole Mantow, ConCardis, in Abschnitt 5.2). Andererseits werden von Kreditkartenorganisationen verstärkt auch Debitkarten-Produkte, wie z. B. Maestro SecureCode, angeboten (siehe Infobox 4-5), die speziell für den Einsatz im Internet adaptiert wurden und auf Sicherheitsverfahren für Kreditkartenzahlungen im Internet aufbauen. Auf diese Sicherheitsverfahren wird in Kapitel 5 des Leitfadens näher eingegangen.

Innovativ: E-Payment-Verfahren

Neben den in den vorhergehenden Abschnitten beschriebenen „klassischen" Zahlungsverfahren Vorkasse, Rechnung, Nachnahme, Lastschrift und Kreditkarte, die zum Teil für den Einsatz im elektronischen Handel angepasst wurden, sind speziell für den E-Commerce neue Zahlungsverfahren entwickelt worden. Diese Verfahren werden im Folgenden als E-Payment-Verfahren bezeichnet.

Um mittels eines bestimmten E-Payment-Verfahrens zu zahlen, selektiert der Kunde dieses Zahlungsverfahren im Web-Shop. Anschließend wird er in der Regel zu einer Bezahlseite des E-Payment-Anbieters umgeleitet. Auf dieser Bezahlseite bestätigt der Kunde die Zahlung und wird wieder zum Web-Shop zurückgeleitet. Parallel dazu wird der Händler durch den E-Payment-Anbieter über das Ergebnis des Zahlungsvorgangs (z. B. Transaktion erfolgreich oder nicht erfolgreich) informiert. Im Erfolgsfall wird der Zahlungsbetrag abzüglich eines Disagios (Entgelt für Dienstleistung bzw. Abgeld bezüglich des Umsatzes) auf dem Konto des Händlers gutgeschrieben. Im Hintergrund kümmert sich der Anbieter des E-Payment-Verfahrens um den Zahlungsausgleich, indem er z. B. den Betrag per Kreditkarte oder Lastschrift einzieht (vgl. Abbildung 4-6).

Zahlungsabwicklung mit E-Payment-Verfahren

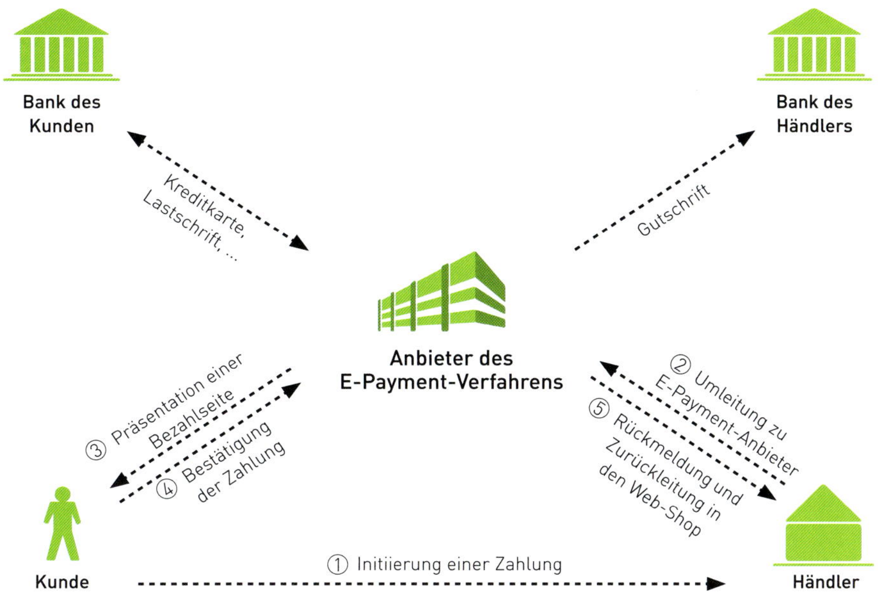

Abb. 4-6: Ablauf von Zahlungen mit E-Payment-Verfahren
Quelle: ibi research (E-Commerce-Leitfaden 2009)

Mobile Payments

Das Bezahlen mit dem Handy, auch Mobile Payment oder M-Payment genannt, wird schon seit einigen Jahren propagiert. Kein anderes Medium ist länger oder näher bei der Zielgruppe als das Mobiltelefon, kein anderes Medium ist weiter verbreitet (mittlerweile gibt es in Deutschland weitaus mehr Mobilfunkanschlüsse als Einwohner) und ist so vielfältig funktional (von der Kamera bis hin zum Web-Browser). Daher eignet sich das Handy besonders auch für die Abwicklung von Zahlungen.

Trotz dieser Vorteile konnten sich M-Payment-Verfahren in Deutschland bislang nicht durchsetzen. Beispiele aus dem Ausland zeigen jedoch, dass es auch erfolgreiche Ansätze gibt. Das M-Payment-Verfahren „paybox", das in Deutschland wieder eingestellt wurde, wird in Österreich von den vier größten Mobilfunkbetreibern als gemeinsamer Standard unterstützt. Weitere Beispiele sind MobiPay (Spanien), Obopay (USA) oder M-Pesa (Kenia).

Mit mpass, dem Bezahlverfahren, das von den Mobilfunkbetreibern Vodafone und O_2 entwickelt wurde, steht in Deutschland seit Herbst 2008 ein neues M-Payment-Verfahren zur Verfügung. Mit dem Verfahren können alle Handy-Besitzer bezahlen, die Kunden eines deutschen Mobilfunkanbieters und Inhaber eines deutschen Girokontos sind (vgl. das Interview mit Jochen Bornemann, Vodafone, und Michael Kurz, Telefónica O_2).

M-Payment-Verfahren können häufig nicht nur für den Online-Einkauf genutzt werden. Beispiele für weitere Einsatzmöglichkeiten von M-Payment-Verfahren sind das Aufladen von Prepaid-Handys, der Warenkauf am Automaten oder im Ladengeschäft, das Herunterladen von Software, Klingeltönen oder elektronischen Tickets („M-Ticketing") auf das Handy, die Begleichung von Parkgebühren („Handy-Parken") oder der Geldtransfer an andere Handybesitzer („Person-to-Person-Zahlungen").

Infobox 4-2: Mobile Payments
Quelle: ibi research (E-Commerce-Leitfaden 2009)

Vorteilhaft bei E-Payment-Verfahren ist, dass diese auf die Abwicklung von Zahlungen im elektronischen Handel abgestimmt sind und je nach Anbieter gegebenenfalls auch eine Zahlungsgarantie für den Händler aussprechen. Nachteilig hingegen ist häufig, dass viele Verfahren bisher keine allgemeine Verbreitung in der Bevölkerung gefunden haben, was zu Kaufabbrüchen führen kann, wenn ausschließlich solche Verfahren angeboten werden.

Die Verfahren lassen sich im Wesentlichen in folgende vier Kategorien unterteilen:

- E-Mail-basierte Verfahren, wie z. B. PayPal oder Moneybookers, die auf Basis von E-Mail-Adressen und -Kommunikation Zahlungsinformationen austauschen
- Karten-basierte Verfahren, wie z. B. die GeldKarte, paysafecard oder MicroMoney, die auf einer Karte des Anbieters des Zahlungsverfahrens basieren
- Mobiltelefon-basierte bzw. M-Payment-Verfahren, wie z. B. mpass oder Crandy, die den Besitz einer Mobiltelefonnummer voraussetzen und diese in den Zahlungsablauf einbinden (vgl. das Interview mit Jochen Bornemann, Vodafone, und Michael Kurz, Telefónica O_2)
- Sonstige Inkasso- und Billing-Verfahren, wie z. B. ClickandBuy, WEB.Cent oder T-Pay, die einzelne Beträge zusammenfassen und dem Händler in einem Betrag auf ein Bankkonto auszahlen

Festzuhalten ist, dass jedes dieser E-Payment-Verfahren grundsätzlich mit individuellen Merkmalen (z. B. genauer Zahlungsablauf, Übernahme von Zahlungsrisiken, Kosten) ausgestattet ist, die bei einem Einsatz im eigenen Web-Shop genau abgewogen werden sollten. Eine Auswahl in Deutschland verfügbarer E-Payment-Verfahren können Sie Infobox 4-4 entnehmen.

Sichere Zahlungsverfahren – Leitfaden zur Auswahl

Da der E-Commerce in den letzten Jahren zunehmend an Bedeutung gewonnen hat, stellt sich für viele Unternehmen die Frage, wie die Umsätze auf effiziente und sichere Weise vereinnahmt werden können. Anbieter von Online-Transaktionen sehen sich dabei einer unüberschaubaren Vielfalt verschiedener Zahlungsverfahren gegenüber, die von der klassischen Überweisung bis zu Mobiltelefon-basierten Zahlungsverfahren reicht. Die Studie „Sichere Zahlungsverfahren", die von ibi research im Auftrag des Bundesamts für Sicherheit in der Informationstechnik (BSI) erstellt wurde, hilft bei der Wahl der passenden Zahlungsverfahren und gibt damit Antworten auf eine entscheidende Frage: Wie bestimmt man die für eine spezifische Situation eines Händlers passenden Zahlungsverfahren? Ausgehend von einer strukturierten Darstellung unterschiedlicher Arten von Zahlungsverfahren unterstützt die Studie Entscheidungsträger bei der Wahl geeigneter Zahlungsverfahren, um Waren und Dienstleistungen im Internet überhaupt erst verkaufen zu können.

Hierfür wurde ein Vorgehensmodell entwickelt, das neben Eigenschaften wie Verbreitung oder Zahlungsgarantie auch die Eignung für bestimmte Betragsbereiche sowie die Sicherheit und Implementierungsaufwände der Verfahren berücksichtigt. Die Anwendung des Vorgehensmodells wird anhand mehrerer Fallbeispiele exemplarisch vorgeführt.

Weitere Informationen zu dieser Studie sowie den Link zum kostenlosen Download finden Sie auf der Web-Seite des Leitfadens (www.ecommerce-leitfaden.de).

Ernst Stahl, Thomas Krabichler, Markus Breitschaft, Georg Wittmann:
Sichere Zahlungsverfahren – Leitfaden zur Auswahl sicherer elektronischer Zahlungsverfahren
Mai 2005
143 Seiten, 43 Abbildungen, 32 Tabellen

Infobox 4-3: Hinweis Studie „Sichere Zahlungsverfahren"

Ausgewählte E-Payment-Verfahren

Nachfolgend finden Sie eine Übersicht über ausgewählte, in Deutschland verfügbare E-Payment-Verfahren (Anmerkung: Das Vorkasse-Verfahren giropay und die von Kreditkartenorganisationen angebotenen Verfahren Verified by Visa und MasterCard SecureCode zählen in diesem Leitfaden nicht zu den E-Payment-Verfahren und wurden bereits in den vorhergehenden Abschnitten besprochen).

Verfahren (Auswahl in alphabetischer Reihenfolge):

E-Mail-basierte Zahlungsverfahren
- Anypay
- Moneybookers
- PayPal

Karten-basierte Zahlungsverfahren
- GeldKarte
- paysafecard
- T-Pay MicroMoney

Mobiltelefon-basierte Zahlungsverfahren
- Crandy
- mpass

Inkasso- und Billing-Verfahren
- ClickandBuy
- iclear
- infin-Micropayment
- Telefonische Mehrwertdienste, z. B. Dialer-Verfahren und Premium-SMS
- T-Pay
- WEB.Cent

Infobox 4-4: Ausgewählte E-Payment-Verfahren
Quelle: ibi research (E-Commerce-Leitfaden 2009)

Maestro SecureCode / V Pay

Maestro ist ein internationaler Debitkarten-Dienst von MasterCard International. Als Debitkarte wird eine Plastikkarte bezeichnet, mit der ein Karteninhaber Waren oder Dienstleistungen bezahlen kann, wobei das Konto des Kunden – im Unterschied zur Kreditkarte – in der Regel bereits nach einigen Werktagen mit dem Zahlungsbetrag belastet wird. Die in Deutschland gebräuchlichen ec-Karten zählen daher ebenfalls zu den Debitkarten.

Konnten die Maestro-Karten bisher nur im stationären Handel eingesetzt werden, so können die Karten jetzt auch für Zahlungen im Internet verwendet werden. Jeder Karte wird eine 16-stellige Kartennummer zugeordnet. Diese soll zukünftig auch auf den Karten aufgedruckt werden bzw. kann bei der Bank erfragt werden. Mit einer separaten PIN kann der Karteninhaber dann im Internet einkaufen. Vergleichbar hierzu soll das Verfahren V Pay von Visa funktionieren.

Derzeit sind die internetfähigen Karten erst in Österreich, Großbritannien, Spanien und Dänemark verfügbar. In diesen Ländern zeigen die Kunden bereits Interesse an dieser Möglichkeit, im Online-Handel zu zahlen. Deshalb sollten deutsche Online-Händler, die Online-Käufer in diesen Ländern bedienen wollen, dieses Verfahren gegebenenfalls bei der Auswahl berücksichtigen.

Infobox 4-5: Maestro SecureCode / V Pay
Quelle: ibi research (E-Commerce-Leitfaden 2009)

Mobiles Bezahlen – die Vision wird Realität!

Im Gespräch mit Jochen Bornemann, Vodafone, und Michael Kurz, Telefónica O_2, www.mpass.de

Jochen Bornemann ist Leiter Marketing Wholesale beim Mobilfunkbetreiber Vodafone und Michael Kurz ist Head of Corporate Wholesale beim Mobilfunkbetreiber Telefónica O_2 Germany. Gemeinsam bieten die beiden Unternehmen das mobile Bezahlverfahren „mpass" an. Ein entscheidender Vorteil des neuen Verfahrens: Durch den Einsatz des Handys sorgt mpass für zusätzliche Zahlungssicherheit.

INTERVIEW

Wie funktioniert das mobile Bezahlen mit mpass?

mpass kombiniert das bewährte Lastschriftverfahren mit einer SMS-Zahlungsbestätigung mittels Handy. Das heißt in der Praxis: Der Kunde wählt ein Produkt im Web-Shop aus und gibt seine Mobilfunknummer sowie ein Passwort ein. Im Anschluss erhält er eine SMS und braucht diese nur kurz zu bestätigen, um den Betrag per Lastschrift vom Konto abbuchen zu lassen. mpass informiert wiederum unmittelbar den Händler, der daraufhin sofort die Lieferung freigeben kann.

Wer kann mit mpass mobil bezahlen?

Über 14 Millionen Vertragskunden von Vodafone und O_2 können das Verfahren ohne Registrierung sofort mit ihrem Kundenkennwort nutzen. Prepaid-Kunden, Kunden mit Firmenhandy sowie Kunden anderer Mobilfunkanbieter melden sich einmalig kostenfrei unter Angabe ihrer Bankverbindung an. Insgesamt können somit über 70 Millionen Mobilfunk- und Bankkunden in Deutschland ohne großen Aufwand mit mpass bezahlen.

Welche Vorteile bietet das mobile Bezahlen für den Endkunden?

Mobile Bezahlverfahren tragen in hohem Maße dem Bedürfnis nach Sicherheit und Bequemlichkeit beim Bezahlen Rechnung. Der Kunde muss dem Händler keine Kreditkarten- oder Kontodaten übermitteln, diese bleiben sicher bei uns verwahrt. Durch die Zahlungsabwicklung über zwei unabhängige Kommunikationswege – das Internet und das Mobilfunknetz – wird die Zahlungssicherheit zusätzlich erhöht. Selbst wenn Mobilfunknummer und Passwort in die Hände von Dritten gelangen, kann ohne das Handy bzw. die SIM-Karte des Kunden kein Missbrauch betrieben werden.

Das Handy ist wie Schlüssel und Geldbörse ein ständiger Begleiter und daher besonders gut als zusätzliches Sicherheitsmedium geeignet. Untersuchungen zeigen daher auch eine hohe Bereitschaft bei den Endkunden, das Handy zum Bezahlen zu nutzen.

Was bedeutet das für Online-Händler?

Aufgrund der sicheren Zahlungsabwicklung mit mobilen Bezahlverfahren können Händler ihre Kundenbasis um Neukunden erweitern, die dem Einkaufen und Bezahlen im Internet bisher skeptisch gegenüberstanden. Aber nicht nur aus Kundensicht, auch aus Händlersicht ist das Verfahren besonders sicher. Da wir die Identität des Kunden und die Existenz der Bankverbindung in Echtzeit prüfen, können wir Betrugsfälle effektiv verhindern. Auf Wunsch bieten wir sogar eine Zahlungsgarantie für den Händler an.

4

„Das Handy ist wie Schlüssel und Geldbörse ein ständiger Begleiter."

Jochen Bornemann und Michael Kurz, mpass

Zukünftig werden wir die Leistungsangebote für Händler noch weiter ausbauen. So können wir gleichzeitig mit der Zahlungsabwicklung auch eine Altersverifikation beim Zugriff auf jugendschutzrelevante Angebote durchführen. Unser Marketing-Netzwerk bietet Händlern zudem vielfältige Möglichkeiten zur Neukundenansprache – über das Handy genauso wie über Newsletter, Web-Seiten, Print-Medien oder im Ladengeschäft. Die Integration von mpass in den Web-Shop funktioniert denkbar einfach über einen Redirect-Link. Die Unterstützung sämtlicher Geschäftsprozesse – z. B. zeitversetzter Einzug von Zahlungen oder Abwicklung von (Teil-)Retouren – ist selbstverständlich gewährleistet.

Wie wird sich das mobile Bezahlen zukünftig entwickeln?

Mit der zunehmenden Beliebtheit des Internet-Zugangs über das Handy wird auch das mobile Bezahlen weiter an Bedeutung gewinnen. Um den mobilen Online-Einkauf noch einfacher zu machen, kann zukünftig die Mobilfunkrufnummer automatisiert aus dem Handy ausgelesen und beim Bezahlen übermittelt werden. Das Eintippen der Mobilfunknummer und die Zusendung einer SMS-Zahlungsbestätigung können dann entfallen.

Aber auch das Bezahlen im Laden oder an Automaten wird zukünftig mit dem Mobiltelefon sehr einfach möglich sein. Der Schlüssel hierzu ist der NFC-Standard (Near Field Communication), der eine kontaktlose Datenübertragung im Zentimeterbereich ermöglicht. Der Kunde hält sein Handy zum Bezahlen einfach an ein Lesegerät und der Betrag wird von seinem Konto abgebucht.

Besonders interessante Anwendungen des NFC-Standards finden sich im Bereich des öffentlichen Personennahverkehrs. So wird von der Deutschen Bahn derzeit ein innovatives E-Ticketing-Verfahren getestet, bei dem das Handy als Fahrkartenersatz dient. Der Fahrgast hält sein Handy vor Fahrtantritt sowie am Zielort einfach kurz an ein Lesegerät, um die gefahrene Strecke zu erfassen. Diese Lösung zeigt, welches Potenzial in den Themen mobiles Bezahlen und mobiles Ticketing noch steckt.

Händler bieten am häufigsten eine Zahlung per Vorkasse und Nachnahme an.
Welche Zahlungsverfahren bieten Sie Ihren Kunden im Web-Shop an?

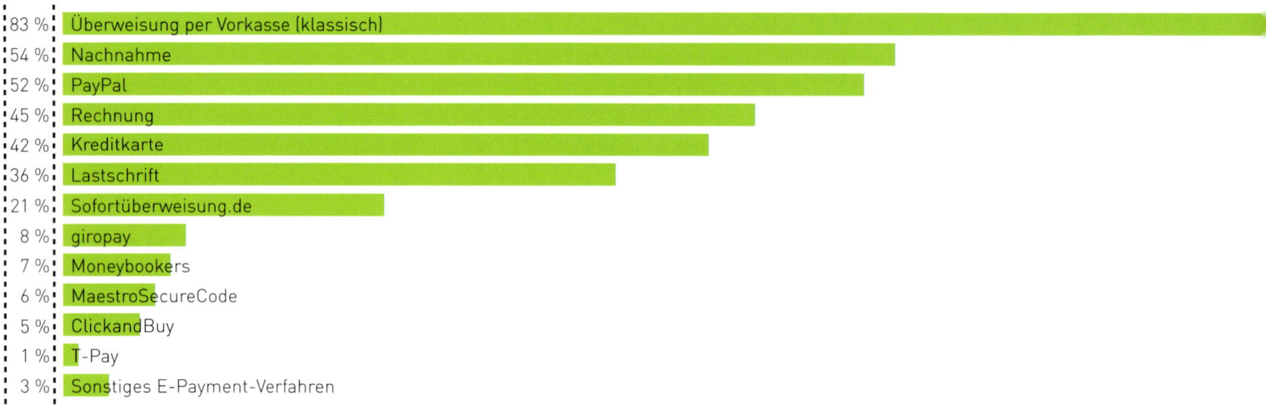

Abb. 4-7: Von Händlern angebotene Zahlungsverfahren
Quelle: ibi research (E-Commerce in Deutschland 2008)

Alles E-? Welche Zahlungsverfahren im Internet zum Einsatz kommen

Nicht jedes der vorher genannten Zahlungsverfahren besitzt bei Händlern und bei Kunden die gleiche Akzeptanz. Diese variiert je nach Verfahren zum Teil sogar erheblich, was auf mehrere Gründe, wie z. B. Risiko, Kundenbasis oder Kosten, zurückzuführen ist.

Wie Abbildung 4-7 zeigt, bevorzugen Händler aus ihrer Sicht relativ risikofreie Zahlungsverfahren. So bieten acht von zehn Händlern derzeit die Vorkasse und mehr als jeder zweite die Nachnahme bzw. PayPal an. Auf den weiteren Plätzen folgen die Rechnung, die Kreditkarte und das Lastschriftverfahren. Sofortüberweisung.de wird noch von 21 % der Händler akzeptiert. Weitere E-Payment-Verfahren, wie z. B. giropay, Moneybookers, MaestroSecureCode, ClickandBuy oder T-Pay, werden jeweils von weniger als 10 % der Händler angeboten.

Vergleicht man die von den Händlern bevorzugten Zahlungsverfahren mit den Präferenzen der Kunden, ergeben sich deutliche Unterschiede. So zeigen Untersuchungen, dass Kunden für sie risikofreie und bequeme Zahlungsverfahren wie Rechnung oder Lastschrift bevorzugen. Da diese häufig von Händlern nicht angeboten werden, sind Kunden jedoch oft gezwungen, auf alternative Verfahren auszuweichen bzw. den Kauf abzubrechen.

Der Großteil der Händler (61 %) bietet zwischen drei und fünf Zahlungsverfahren an.

Wie viele Zahlungsverfahren haben Sie in Ihren Web-Shop integriert?

Abb. 4-8: Anzahl in Web-Shops integrierter Zahlungsverfahren
Quelle: ibi research (ECL-Umfrage 2007)

Insgesamt kann man sagen, dass die Interessen der Händler und der Kunden häufig gegenläufig sind. Jede Partei versucht primär, ein für sich risikoarmes Verfahren zu nutzen. Damit es bei einer Bezahlung dennoch zu einer Einigung auf ein Zahlungsverfahren kommt, bieten Händler den Kunden häufig zusätzliche Zahlungsverfahren an, die jedoch gegebenenfalls auch Risiken beinhalten können (für Informationen zu zahlungsverfahrensspezifischen Risiken und Möglichkeiten zu deren Reduzierung vgl. Kapitel 5). Abbildung 4-8 zeigt, dass über die Hälfte der Händler (61 %) zwischen drei und fünf Zahlungsverfahren in ihren Web-Shop integriert haben.

Tendenziell lässt sich beim Angebot von Zahlungsverfahren insgesamt folgende Aussage treffen: Je mehr Zahlungsverfahren einem Kunden zur Auswahl stehen, desto wahrscheinlicher ist es, dass er ein von ihm präferiertes Zahlungsverfahren findet. Die Kunst besteht also somit darin, genau das für Ihre Zielgruppe geeignete Portfolio an Zahlungsverfahren zu finden, ohne die eigenen Interessen zu sehr zu vernachlässigen. Welche Aspekte Sie dabei berücksichtigen sollten, zeigen die Studie „Erfolgsfaktor Payment" (Infobox 4-6) und der folgende Abschnitt.

4

Erfolgsfaktor Payment: Der Einfluss von Zahlungsverfahren auf Ihren Umsatz

Haben Sie sich auch schon gefragt, wie viele Kunden in Web-Shops den Kaufvorgang abbrechen, weil sie nicht die richtigen Zahlungsverfahren angeboten bekommen? Aber welche Kombination von Bezahlverfahren verspricht insgesamt den größten Erfolg?

Das richtige Zahlungsverfahrens-Portfolio für einen Online-Shop zusammenzustellen ist keine leichte Aufgabe. Wichtig ist, dass die angebotenen Zahlungsverfahren von den Kunden akzeptiert und damit Kaufabbrüche vermieden werden, dass es zu möglichst wenig Zahlungsverzögerungen und Zahlungsausfällen kommt und dass die Kosten für die Zahlungsabwicklung so gering wie möglich gehalten werden können.

Wie es sich in diesem Zusammenhang mit ausgewählten Zahlungsverfahren verhält, zeigt die Studie Erfolgsfaktor Payment. Die Untersuchung war szenariobasiert angelegt, d.h. den Teilnehmern wurden zufällig verschiedene Situationen geschildert, die beim Einkaufen im Internet denkbar wären. Vom Hörbuch über Fernreisen bis zum Fernseher wurden die Käufer mit diversen Produkten und Dienstleistungen konfrontiert. Dabei hatten die knapp 1.400 Teilnehmer jeweils die Möglichkeit, aus unterschiedlichen angebotenen Zahlungsverfahren das bevorzugte Verfahren zu wählen bzw. den Web-Shop zu verlassen und nach einem anderen Anbieter zu suchen.

Wie die Studienergebnisse zeigen, haben 56 % der Teilnehmer schon einmal schlechte Erfahrungen beim Online-Shopping gemacht. Wenn nur die Zahlung per Vorkasse angeboten wird, verlassen daher 79 % der Kunden den Web-Shop und suchen nach einem anderen Anbieter. Durch das Angebot einer Zahlung per Rechnung, Lastschrift oder Kreditkarte lässt sich die Kaufabbruchquote deutlich reduzieren (vgl. Abbildung 4-9). Allerdings sind mit diesen Zahlungsverfahren auch höhere Risiken für Online-Händler verbunden, denen es zu entgegnen gilt.

Durchschnittlicher Rückgang der Kaufabbruchquote bei Einführung dieser Zahlungsverfahren.

Abb. 4-9: Durchschnittlicher Rückgang der Kaufabbruchquote
Quelle: ibi research (Erfolgsfaktor Payment 2008)

Mit der vorliegenden Untersuchung erhalten Online-Händler erstmals eine fundierte Entscheidungsgrundlage für die Optimierung ihrer Zahlungsabwicklung. Dabei wurde auch betrachtet, wie sich beispielsweise ein Rabatt von 3 % bei Zahlung per Vorkasse oder die Verfügbarkeit eines Gütesiegels auf die Zahlungsverfahrenswahl und die Kaufabbruchquote auswirken. Beispielsweise steigert ein 3-prozentiger Barzahlungsrabatt den Anteil der Vorkasse-Zahlungen deutlich und der Einsatz eines Gütesiegels senkt die Kaufabbruchquote um 25 % und steigert die Vorkasse-Zahlungen.

Weitere Informationen zu dieser Studie sowie den Link zum kostenlosen Download finden Sie auf der Web-Seite des Leitfadens (www.ecommerce-leitfaden.de).

Ernst Stahl, Markus Breitschaft, Thomas Krabichler, Georg Wittmann:
Erfolgsfaktor Payment – Der Einfluss der Zahlungsverfahren auf Ihren Umsatz
Juni 2008
103 Seiten
ISBN 978-3-940416-04-9

Infobox 4-6: Hinweis Studie „Erfolgsfaktor Payment"

4

4.2 So kommen Sie an Ihr Geld – Auswahl und Integration von Zahlungsverfahren

In diesem Abschnitt werden Kriterien erläutert, die Sie bei der Auswahl und Integration von Zahlungsverfahren in einen Web-Shop beachten sollten. Darüber hinaus werden organisatorische und technische Rahmenbedingungen beschrieben, die mit einer Einbindung verbunden sind.

Auswahl von Zahlungsverfahren

Die Bedeutung und Komplexität der Auswahl geeigneter Zahlungsverfahren wird häufig unterschätzt. Einerseits sind funktionale Anforderungen (z. B. Abdeckung des erforderlichen Betragsbereichs, wie Klein- und / oder Großbetragszahlungen, Möglichkeit zur Abrechnung wiederkehrender Leistungen, wie etwa Abonnements) zu erfüllen. Andererseits sollte die Zahlung aber auch sowohl aus Ihrer Sicht als auch aus der Sicht Ihrer Kunden kostengünstig und sicher sein. Die Abstimmung der Interessen erweist sich jedoch regelmäßig als problematisch. Checkliste 4-1 gibt einen Überblick über wesentliche Auswahlkriterien, die Sie beachten sollten.

Checkliste: Auswahl von Zahlungsverfahren

Folgende Kriterien sollten Sie bei der Auswahl von Zahlungsverfahren beachten:

Kriterium	Fragestellung, die bei der Bewertung beantwortet werden sollte
Verbreitung / Akzeptanz durch Kunden	Welcher Anteil der Kunden / Zielgruppe des Unternehmens kann das Verfahren ohne Weiteres nutzen?
Schutz vor Zahlungsausfällen und Zahlungsverzögerungen	Wie hoch ist das Risiko von Zahlungsausfällen, und inwiefern kann man sich davor schützen? Wann erfolgt der Zahlungseingang?
Kosten	Welche einmaligen und wiederkehrenden Kosten fallen an?
Unterstützung durchgängiger Prozesse	Inwiefern können mithilfe des Zahlungsverfahrens durchgängige / automatisierte Prozesse gestaltet werden?
Anonymität	Soll im Web-Shop auch die Möglichkeit bestehen, anonym zu bezahlen?
Betragsbereich	Welche Beträge (von x Euro bis y Euro) sollen abgewickelt werden können?
Wiederkehrende Zahlungen	Wird eine Unterstützung wiederkehrender Zahlungen benötigt (z. B. für Abonnements)?

Checkliste 4-1: Beurteilungskriterien für Zahlungsverfahren
Quelle: ibi research (E-Commerce-Leitfaden 2009)

Eine hohe Kundenakzeptanz, ein schneller Zahlungseingang und geringe Kosten sind die aus Händlersicht wichtigsten Anforderungen an Zahlungsverfahren.

Was sind aus Ihrer Sicht die drei wichtigsten Anforderungen an ein Zahlungsverfahren? (Maximal drei Nennungen möglich)

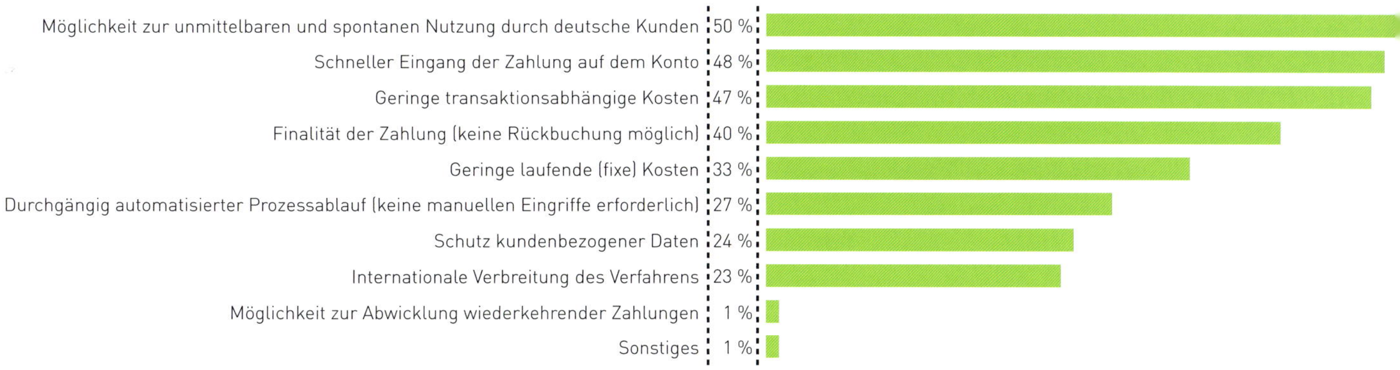

Abb. 4-10: Anforderungen an Zahlungsverfahren aus Händlersicht
Quelle: ibi research (ECL-Umfrage 2007)

Aus der Abbildung 4-10 geht hervor, dass die Hälfte der Händler der unmittelbaren und sofortigen Nutzbarkeit eines Zahlungsverfahrens eine sehr hohe Bedeutung beimisst (Verbreitung / Akzeptanz durch den Kunden). Einen schnellen Eingang der Zahlung sehen 48 % der Unternehmen als wichtig an. Weiterhin werden Kostenaspekte von 47 % bzw. 33 % der Unternehmen als wichtig beurteilt. Dem Schutz vor Zahlungsausfällen (Finalität der Zahlung) wird von 40 % eine hohe Bedeutung beigemessen, gefolgt von einer Unterstützung durchgängiger Prozesse (27 %), dem Schutz von Kundendaten (24 %) und einer internationalen Verbreitung des Verfahrens (23 %). Die Möglichkeit zur Abwicklung wiederkehrender Zahlungen ist kaum von Bedeutung (1 % der befragten Unternehmen) und damit gleichbedeutend mit etwaigen sonstigen Anforderungen.

Verbreitung / Akzeptanz durch Kunden

Entscheidend bei der Auswahl geeigneter Zahlungsverfahren ist, dass nicht jeder Kunde jedes Zahlungsverfahren auch tatsächlich spontan und unmittelbar nutzen kann. So sind insbesondere neuere Zahlungsverfahren, wie z. B. PayPal, ClickandBuy, Moneybookers oder auch T-Pay, registrierungspflichtig, wodurch eine Hürde für die erstmalige Nutzung der Zahlungsverfahren geschaffen wird. Klassische Zahlungsverfahren, wie die Überweisung, das Lastschriftverfahren oder die Kreditkartenverfahren, haben hier den historisch bedingten Vorteil einer bereits bestehenden, relativ hohen Verbreitung.

Insbesondere ist bei der Anwendung des Kriteriums zu beachten, dass es darauf ankommt, dass Ihre Kundenzielgruppe das Verfahren auch tatsächlich nutzen kann. Beispielsweise verwenden wohl jüngere Kunden eher ein Handy-Bezahlverfahren als ältere Kunden oder Unternehmen. Zu beachten ist dabei auch, inwiefern Sie ausländische Kundengruppen erreichen möchten, da im Ausland häufig andere Gegebenheiten vorzufinden sind als in nationalen Märkten (vgl. hierzu Abschnitt 7.2).

4

Die Akzeptanz von Zahlungsverfahren aus Kundensicht kann von vielen Kriterien abhängen. Aus Kundensicht sind jedoch insbesondere folgende Aspekte wichtig:

- Schutz vor Missbrauch: Wie kann sich ein Konsument gegen Missbrauch des Verfahrens schützen? Beispielsweise bieten manche Verfahren die Möglichkeit, das Verfahren gegen eine zukünftige Nutzung zu sperren.
- Haftung bei Missbrauch: Unter welchen Bedingungen und in welcher Höhe entsteht eine Haftung seitens des Nutzers? Dies kann je nach Zahlungsverfahren variieren, von keiner bis hin zu einer vollen Haftung.
- Nachvollziehbarkeit durchgeführter Transaktionen: Welche Transaktionen wurden bisher getätigt und in welchem Zustand befinden sich diese aktuell? Hierbei ist es wünschenswert, dass man jederzeit Einblick erhält, in welchem Zustand sich bestimmte Zahlungsaufträge befinden, z. B., ob eine Zahlung angewiesen oder bereits gebucht wurde. Zudem sollte eine Übersicht über bereits getätigte Zahlungen, z. B. in Form eines Kontoauszugs, verfügbar sein.

Schutz vor Zahlungsausfällen

Je nachdem, welches Zahlungsverfahren betrachtet wird, bietet es mehr oder weniger Schutz vor Zahlungsausfällen. Dabei kommt es auch darauf an, ab welchem Zeitpunkt der Händler sich sicher sein kann, dass die Zahlung nicht mehr aus vom Kunden zu vertretenden Gründen ausfällt. Dabei reicht die Bandbreite einzelner Zahlungsverfahren von einem sehr geringen oder gar keinem Schutz, z. B. bei Zahlungen per Lastschrift oder Rechnung (vgl. Kapitel 5), bis hin zu einem vollständigen Schutz, z. B. beim GeldKarte-System der deutschen Kreditwirtschaft oder den Vorkasse-Verfahren. Zu empfehlen ist, die Bedingungen seitens des Anbieters des Zahlungsverfahrens in jedem Fall genau zu prüfen, um mögliche Irrtümer oder fehlerhafte Meinungen bereits im Vorfeld zu beseitigen. Denn nur das, was im Vertrag mit Ihrem Dienstleister steht, hat Gültigkeit.

Sollten Sie sich aus Gründen der Kundenfreundlichkeit dafür entscheiden, Zahlungsverfahren anzubieten, die für Sie per se risikobehaftet sind, können Sie das Risiko gegebenenfalls durch zusätzliche Maßnahmen reduzieren. Detaillierte Informationen hierzu finden Sie in Kapitel 5 dieses Leitfadens.

Kosten

Die Kosten, die durch die Einbindung und Nutzung von Zahlungsverfahren auf Händlerseite entstehen, sind vielfältig. Sie lassen sich grundsätzlich in folgende Arten unterscheiden:

- Kosten, die durch die Beschaffung von Software- oder Hardware-Komponenten und deren Integration in die Web-Shop-Umgebung einmalig entstehen, z. B. physische oder virtuelle Terminals oder Software, damit Sie Kreditkarten überhaupt erst akzeptieren und abrechnen können bzw. dürfen.
- Kosten, die durch die regelmäßige, von einem Kaufvorgang unabhängige Abgabe von Gebühren entstehen, z. B. monatliche Lizenzkosten oder Grundgebühren für die grundsätzliche Bereitstellung von Dienstleistungen durch den Zahlungsverfahrensanbieter oder Zahlungsdienstleister (z. B. Payment Service Provider). Manche Dienstleister berechnen beispielsweise eine feste monatliche Grundgebühr, damit Kreditkartentransaktionen für Sie zur Autorisierung angenommen werden.
- Kosten, die aufgrund der Abwicklung einer Zahlung entstehen. Bei Kreditkartenzahlungen fallen beispielsweise häufig umsatzunabhängige Autorisierungskosten zuzüglich eines vom Umsatz abhängigen Entgelts als Dienstleistungsgebühr an.

Zu beachten ist, dass die Entscheidung, ob und in welcher Höhe welche Kosten anfallen, einzelfallabhängig ist und mit Ihren Dienstleistern vereinbart wird. Zur Prüfung, welche Kosten anfallen könnten, hilft Ihnen auch Checkliste 4-2.

Checkliste: Kosten von Zahlungsverfahren

Beim Angebot von Zahlungsverfahren sollten Sie prüfen, inwiefern folgende mögliche Kosten anfallen. Die Kosten von Zahlungsverfahren sind häufig auch von unternehmensindividuellen Merkmalen (z. B. jährlicher Gesamtumsatz, Branche des Unternehmens) abhängig.

Einmalige Kosten	
Beschaffungskosten	z. B. Kosten für die Beschaffung von Hard- und Software
Einrichtungs- und Anpassungskosten auf Händlerseite	z. B. Kosten für Installation und Anpassung von Software und Schnittstellen (z. B. Personalkosten, Materialkosten)
Einrichtungs- bzw. Anbindungskosten Dritter	z. B. Gebühren für die Einrichtung und Freischaltung, um z. B. bestimmte Zahlungsverfahren nutzen zu können
Wiederkehrende Kosten	
Transaktionsunabhängige Kosten	
Grundgebühren für die Bereitstellung von Dienstleistungen und Software	z. B. monatliche oder jährliche Bereitstellungsgebühren eines bestimmten Leistungspakets oder Mietgebühren zur Nutzung einer Abrechnungssoftware
Kosten für das Mieten bzw. Leihen von Hardware	z. B. Miete eines physischen Terminals zur Abrechnung von Kreditkartenzahlungen
Transaktionsabhängige Kosten	
Fixe Gebühr je Transaktion, unabhängig von der Höhe des Umsatzes	z. B. 0,50 Euro für die Übermittlung von Zahlungsdaten (z. B. Autorisierungsdaten) durch einen Dienstleister
Variable Gebühr je Transaktion, in Abhängigkeit von der Höhe des Umsatzes	z. B. 2 % des Umsatzes für die Durchführung und Verbuchung einer Zahlungstransaktion

Checkliste 4-2: Kosten von Zahlungsverfahren
Quelle: ibi research (E-Commerce-Leitfaden 2009)

Als weitere (indirekte) Kostenposition können so genannte Opportunitätskosten anfallen, z. B. durch einen zeitverzögerten Zahlungseingang auf dem Bankkonto des Unternehmens. Als Folge könnten bei verzögerter wertmäßiger Gutschrift von Umsätzen Überziehungszinsen anfallen oder mögliche Habenzinsen nicht erzielt werden. Zu beachten ist dabei auch, dass im Falle von Überziehungen gegebenenfalls auch Ihre Kreditlinie unplanmäßig beansprucht wird oder es auch zu Liquiditätsengpässen kommen kann. Solche verzögerten Gutschriften von Umsätzen treten zum Teil bei Verfahren auf, bei denen Umsätze von einem Dienstleister eingezogen und eventuell erst mit zeitlicher Verzögerung auf Ihrem Konto gutgeschrieben werden.

4

Unterstützung automatisierter Prozesse

Um Kosten in Form manueller Zuordnungen von Zahlungseingängen zu offenen Posten zu vermeiden, sollte darauf geachtet werden, inwiefern das Zahlungsverfahren bzw. Ihr Dienstleister eine Automatisierung ermöglicht. Bei Vorkassezahlungen oder Zahlungen per Rechnung führt beispielsweise die manuelle Zuordnung der Zahlungseingänge zu offenen Posten häufig zu hohen Kosten. Insbesondere bei vielen Buchungen kleiner Beträge kann dies zu erheblichen personellen Aufwänden führen.

Anonymität

Weiterhin ist zu beachten, dass Kunden gegebenenfalls eine anonyme Zahlungsweise gegenüber einem Verfahren, bei dem personenbezogene Daten an den Händler übermittelt werden, vorziehen. Dies ist häufig von der Art der Produkte abhängig.

Wiederkehrende Zahlungen

Möchten Sie über Ihren Web-Shop Abonnement-Leistungen vertreiben, so sollte bedacht werden, dass nicht jedes Zahlungsverfahren die Möglichkeit einer periodisch wiederkehrenden Zahlungsabwicklung bietet bzw. in einer geeigneten Form unterstützt. Beispielsweise könnte der Kunde Abonnement-Leistungen zwar grundsätzlich auch z. B. durch einen Dauer-Überweisungsauftrag begleichen, jedoch sollten Sie davon Abstand nehmen, da diese Art der Zahlungsauslösung nicht in Ihren direkten Wirkungsbereich fällt. Bevorzugen Sie deshalb so genannte Einzugsverfahren, wie z. B. Lastschrift- oder Kreditkartenzahlungen, welche auch einen periodisch wiederkehrenden Einzug von Zahlungen erlauben.

Betragsbereich

Bei dem Kriterium „Betragsbereich" ist darauf zu achten, dass der zum Warenkorb gehörende Umsatz auch tatsächlich mit dem Zahlungsverfahren abgerechnet werden kann. Manche Zahlungsverfahren unterliegen hier technischen, organisatorischen oder rechtlichen Einschränkungen. So beträgt der technisch maximal mögliche Zahlungsbetrag bei der GeldKarte 200 Euro. Bei PayPal, Moneybookers oder auch bei den Kreditkarten beispielsweise existieren kundenindividuelle Höchstbeträge, die von den Anbietern der E-Payment-Verfahren bzw. den kreditkartenausgebenden Banken festgelegt werden.

Auch wenn ein Zahlungsverfahren keinen Höchstbetrag aufweist, kann es sich dennoch als sinnvoll erweisen, bestimmte Verfahren auszuschließen. So können umsatzabhängige Gebühren der Zahlungsabwicklung bei höheren Umsätzen sehr hoch werden. Zum Beispiel kann bei einem Verfahren mit einer 5 %-Provision die Gewinnmarge bezüglich des Warenkorbs bzw. Umsatzes sehr schnell aufgezehrt sein. Hier sollte überlegt werden, ob es sich nicht lohnt, für Bestellungen ab einer bestimmten Höhe ein anderes Zahlungsverfahren einzusetzen, gegebenenfalls ergänzt um Risiko mindernde Maßnahmen.

Aus Händlersicht stellt sich somit häufig die Frage, welche Zahlungsverfahren er sich denn überhaupt leisten kann: Liegt der Kostensatz des Zahlungsverfahrens über der Gewinnmarge bzw. Handelsspanne, die in einigen Branchen durchaus nur 3 % oder weniger betragen kann, so scheidet eine Integration des Zahlungsverfahrens von vornherein aus.

Daneben kann es auch bei geringen Umsätzen, z. B. bei Umsätzen bis 10 Euro, zu relativ hohen Abwicklungskosten kommen. Sollen beispielsweise Klein- und Kleinstbeträge (z. B. 0,99 Euro für einen Download) abgerechnet werden, ist die Transaktion bei einer fixen Abwicklungsgebühr von etwa 0,50 Euro eventuell nicht mehr rentabel. Einen Ausweg bilden hier so genannte Billing-Verfahren, bei denen kleine Beträge zusammengefasst und aggregiert verrechnet werden.

Wenn Sie die derzeit verfügbaren Zahlungsverfahren bezüglich Ihrer Anforderungen bewerten, werden Sie häufig zu dem Ergebnis kommen, dass keines dieser Verfahren allen Anforderungen gleichermaßen gerecht wird. Insbesondere bei den Anforderungen „Akzeptanz durch Kunden", „Kosten" und „Schutz vor Zahlungsausfällen" werden Sie Kompromisse eingehen müssen. Die Schwierigkeit liegt darin, dass die Anforderungen voneinander abhängig sind, sodass bei Veränderung einer Anforderung gleichzeitig eine andere verändert wird. Beispielsweise führt ein erhöhter Schutz vor Zahlungsausfällen in der Regel auch zu höheren Kosten oder geht zulasten der Akzeptanz bei den Kunden. Im Ergebnis existiert derzeit kein Zahlungsverfahren, das alle drei Anforderungen gleichzeitig zur vollsten Zufriedenheit von Händlern und Kunden erfüllt.

Magisches Dreieck der Anforderungen an Zahlungsverfahren

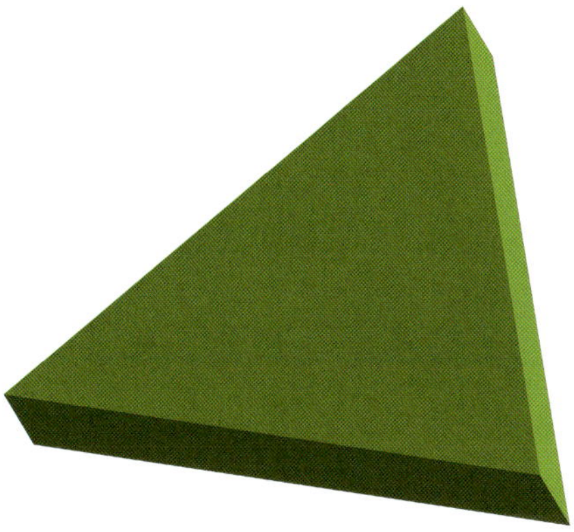

Abb. 4-11: Magisches Dreieck
Quelle: ibi research (E-Commerce-Leitfaden 2009)

Eine Möglichkeit, die Zielkonflikte zwischen den einzelnen Anforderungen zu beheben, bietet die Ergänzung durch Maßnahmen zur Reduktion von Risiken (vgl. Kapitel 5).

Voraussetzungen für das Angebot von Zahlungsverfahren

Um als Händler Zahlungen entgegennehmen zu können, sind je nach Zahlungsverfahren unterschiedliche Voraussetzungen zu erfüllen.

Bei einer **Überweisung** des Geldbetrags vor oder nach der Lieferung (Vorkasseverfahren bzw. Zahlung per Rechnung) sind neben der Existenz entsprechender Bankkonten keine besonderen Voraussetzungen erforderlich. Jedoch gelten für elektronisch bereitgestellte Rechnungen (z. B. als PDF-Dokument) im Geschäftsverkehr mit Unternehmen seitens des Gesetzgebers besondere Formerfordernisse. Neben den Pflichtangaben muss gemäß § 14 Abs. 3 Umsatzsteuergesetz (UStG) bei einer auf elektronischem Weg übermittelten Rechnung die Echtheit der Herkunft und die Unversehrtheit des Inhalts gewährleistet sein. Dies kann derzeit im Regelfall nur über eine so genannte qualifizierte elektronische Signatur gemäß § 2 Nr. 3 des Signaturgesetzes (SigG) bewerkstelligt werden.

Wird nun eine Rechnung ohne diese qualifizierte Signatur bereitgestellt, so ist der Rechnungsempfänger in der Regel nicht berechtigt, die darin ausgewiesene Umsatzsteuer als Vorsteuer von der Umsatzsteuerverpflichtung abzuziehen. Auch ein nachträglicher Ausdruck einer Rechnung auf Papier durch den Rechnungsempfänger löst das Problem nicht, da das resultierende Dokument keine Rechnung im Sinne des Umsatzsteuergesetzes darstellt. Sollten Unternehmen als Empfänger einer Rechnung die darin ausgewiesene Umsatzsteuer von Ihrer Steuerpflicht abziehen wollen, so sollten diese die genannten Umstände beachten. Ansonsten laufen die Rechnungsempfänger im Falle einer Steuerprüfung Gefahr, dass sie die (unrechtmäßig) abgezogene Umsatzsteuer nachträglich an das Finanzamt abführen müssen.

Um **giropay-Zahlungen** akzeptieren zu können, müssen Sie mit einem giropay-Acquirer einen Akzeptanzvertrag schließen. In diesem ist unter anderem auch das Entgelt, das Sie bei einer Zahlung per giropay abführen müssen, festgelegt. Darüber hinaus benötigen Sie noch einen Anschluss zu einem technischen Dienstleister (z. B. Payment Service Provider), der die Zahlungsdaten aus Ihrem Web-Shop entgegennimmt, in das giropay-Netz einspeist und Ihnen eine Rückmeldung zum Ergebnis der Transaktion liefert (vgl. Abbildung 4-12).

•20 +
•60 +
8,432•20 +
435•00 +
84,642•00 +
5,497•00 +
5,734•00 +
445•50 +
52,565•00 +
64,644•00 +
6,465•35 +
447•64 +
94,543•54 +
68,276•40 +
564•00 +
982.45

Voraussetzungen für giropay und beteiligte Akteure

Abb. 4-12: Rahmenbedingungen für giropay-Zahlungen
Quelle: ibi research (E-Commerce-Leitfaden 2009)

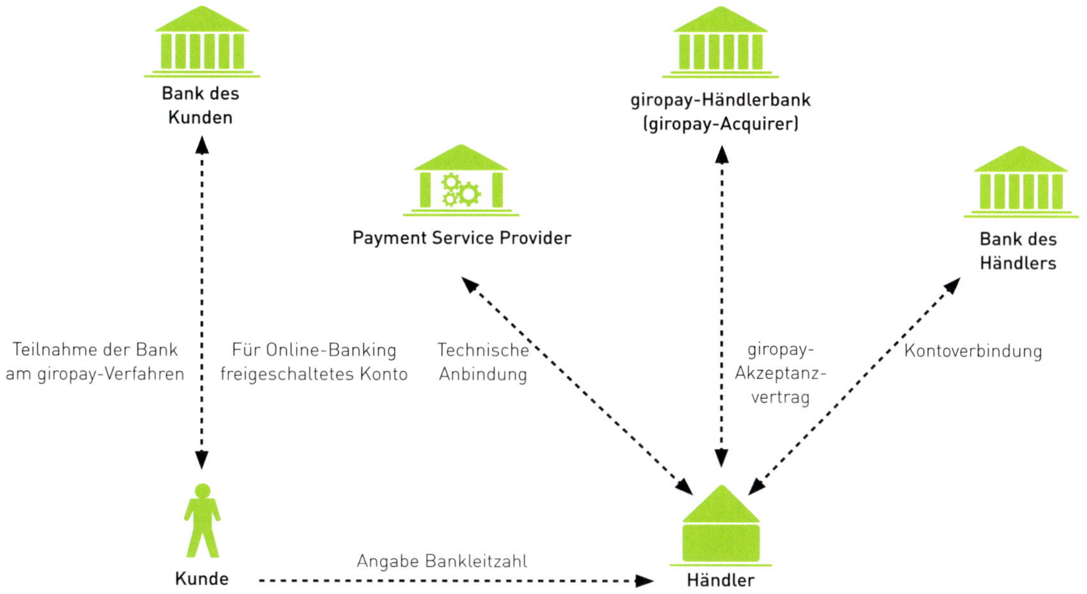

Möchten Sie **Lastschriften** einreichen, so müssen Sie mit Ihrer Bank zuvor eine Vereinbarung über den Einzug von Forderungen durch Lastschriften abschließen. Diese wird auch als Inkasso-Vereinbarung bezeichnet. Dadurch werden Sie berechtigt, fällige Beträge bei Ihrer Bank zum Einzug einzureichen. Darüber hinaus muss Ihnen eine schriftliche Einzugsermächtigung des Kunden vorliegen. Hierfür reicht auch die telekommunikative Übermittlung per E-Mail oder Web-Formular, allerdings müssen Sie bei einem Widerspruch des Kunden nachweisen können, dass dieser Ihnen eine Einzugsermächtigung erteilt hat.

Voraussetzungen für Lastschriftzahlungen und beteiligte Akteure

Abb. 4-13: Rahmenbedingungen für Lastschriftzahlungen
Quelle: ibi research (E-Commerce-Leitfaden 2009)

4

Voraussetzungen für Nachnahmezahlungen und beteiligte Akteure

Abb. 4-14: Rahmenbedingungen für Zahlungen per Nachnahme
Quelle: ibi research (E-Commerce-Leitfaden 2009)

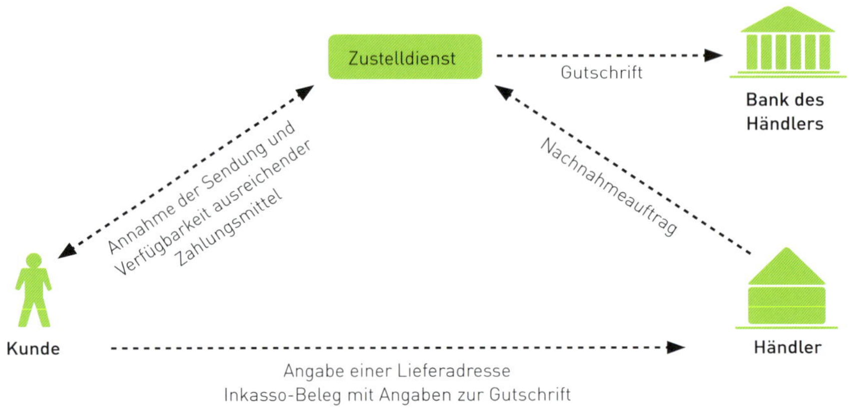

Nachnahmesendungen werden durch Zustelldienste, wie DHL, DPD, GLS, Hermes oder UPS, je nach Anbieter auch ohne gesonderte vertragliche Rahmenvereinbarungen angenommen und befördert. Soll eine höhere Anzahl an Sendungen durch die Zustelldienste überbracht werden, so können Sie auch den Status eines Vertragskunden einnehmen und gegebenenfalls günstigere Konditionen aushandeln.

Kreditkartenzahlungen können und dürfen nur dann akzeptiert werden, wenn mit einem Acquirer (die Bank, die den Händler bezüglich der Abwicklung von Kreditkartenzahlungen betreut) ein Vertrag über die Akzeptanz von Kreditkarten geschlossen wurde. Sobald Sie mit einem Acquirer einen Akzeptanzvertrag geschlossen haben, werden Sie zum Vertragsunternehmen für die Akzeptanz von Kreditkarten, und es wird Ihnen eine Vertragsunternehmens- bzw. Vertragspartnernummer (eine so genannte VU- bzw. VP-Nummer) zugeteilt. Mithilfe dieser Nummer können Sie Umsätze zur Abrechnung über einen Payment Service Provider an die Händlerbank übermitteln.

Im Kreditkartengeschäft beteiligte Akteure

Acquirer

Ein Acquirer ist ein Unternehmen, das Akzeptanzstellen (z. B. Läden, Web-Shops) für Kreditkartenzahlungen akquiriert und Kreditkartenakzeptanzverträge abschließt. Acquirer benötigen für ihre Tätigkeit von der entsprechenden Kartenorganisation (z. B. MasterCard, Visa, American Express) eine Lizenz.

Issuer

Ein Issuer ist ein Unternehmen, das die Kreditkarte an den Kunden herausgibt. In der Regel handelt es sich dabei um die Bank des Kunden, bei der er die Kreditkarte beantragt hat.

Payment Service Provider

Ein Payment Service Provider (PSP) ist ein Unternehmen, das umfangreiche Zahlungsdienstleistungen anbietet, wie etwa die Übermittlung von Kreditkarten- und sonstigen Zahlungsdaten, und damit die Anbindung von Online-Shops zur elektronischen Abwicklung von Zahlungstransaktionen ermöglicht.

Vertragsunternehmen

Ein Vertragsunternehmen ist ein Unternehmen (Händler), das sich zur Akzeptanz der Kreditkarte als Zahlungsmittel verpflichtet und hierzu mit dem Acquirer einen Kreditkartenakzeptanzvertrag schließt. Der Kreditkartenakzeptanzvertrag ist die rechtliche Grundlage für Kreditkartenzahlungen und enthält Bestimmungen, wie z. B. Prüfpflichten des Händlers bei der Entgegennahme von Kreditkartendaten, Umgang mit Kreditkartendaten und Höhe von Entgelten.

Infobox 4-7: Akteure im Kreditkartengeschäft
Quelle: ibi research (E-Commerce-Leitfaden 2009)

Sollten Sie bereits eine VU- bzw. VP-Nummer zur Abrechnung von Umsätzen aus einem Ladengeschäft oder aus Telefon- bzw. Mail-Order-Geschäften (so genannten MOTO-Geschäften) besitzen, so benötigen Sie zur Abrechnung von E-Commerce-Umsätzen eine weitere VU- bzw. VP-Nummer. Pro Vertriebskanal ist eine eigene Nummer notwendig.

Inhalt des Kreditkartenakzeptanzvertrags ist unter anderem das Entgelt (Disagio), das bei Umsatzauszahlungen auf ein Kontokorrentkonto Ihrer Hausbank vom Acquirer einbehalten wird. Die Höhe der Gebühr wird in der Regel prozentual am Umsatz bemessen und ist im Wesentlichen von Ihrer Unternehmenssituation (z. B. Branche) abhängig. Dazu wird Ihnen ein so genannter Merchant Category Code (MCC) zugeordnet, eine von den Kreditkartenunternehmen entwickelte Branchen- bzw. Unternehmensklassifikation. Ebenso wird im Akzeptanzvertrag geregelt, in welchen Abständen (z. B. täglich, wöchentlich, monatlich) die Kreditkartenumsätze vom Acquirer ausbezahlt werden und Ihnen damit liquiditätswirksam für den Zahlungsverkehr (z. B. zur Bezahlung Ihrer Lieferanten) zur Verfügung stehen.

Abbildung 4-15 zeigt die an Kreditkartenzahlungen beteiligten Parteien und gibt einen Überblick über deren Beziehungen zueinander.

Voraussetzungen für Kreditkartenzahlungen und beteiligte Akteure

Abb. 4-15: Rahmenbedingungen für Zahlungen per Kreditkarte
Quelle: ibi research (E-Commerce-Leitfaden 2009)

4

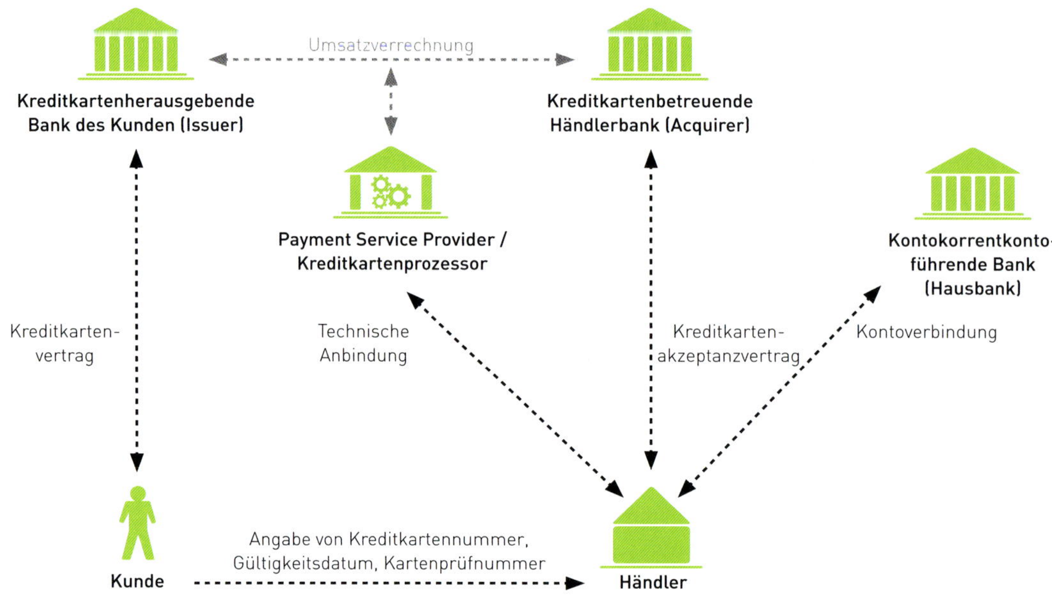

Beachten Sie bei der Abwicklung von Kreditkartenzahlungen, dass Sie für Dritte (z. B. Geschäftspartner) keine Kartenumsätze abrechnen dürfen. Diese auch als „Sub-Acquiring" bekannt gewordene Methode ist von den Kreditkartenorganisationen nicht gestattet und geschieht auf Ihr Risiko. Gegebenenfalls auftretende Rückbelastungen (Chargebacks) müssen Sie selbst tragen.

Durch die Medien gehen immer wieder Nachrichten, dass Kreditkartendaten gestohlen wurden und im Internet missbraucht wurden. Um das Vertrauen der Verbraucher in die Bezahlform „Kreditkarte" zu stärken, haben Visa und MasterCard gemeinsame Sicherheitsstandards beim Umgang mit Kreditkarten- und Transaktionsdaten geschaffen. Diese werden als „Payment Card Industry (PCI) Data Security Standards" bezeichnet und gelten verbindlich für alle an der Verarbeitung von Kreditkartendaten beteiligten Parteien. Dies bedeutet, dass jedes an der Abwicklung von Kreditkartenzahlungen beteiligte Unternehmen (z. B. Händler, Acquirer, Payment Service Provider), das Kreditkartendaten auf den eigenen Systemen speichert, verarbeitet und / oder weiterleitet, eine Zertifizierung durch einen von Visa oder MasterCard autorisierten Dienstleister durchlaufen muss. Dabei bestimmen unter anderem die monatliche Anzahl der Transaktionen und die Transaktionsart (E-Commerce oder Telefon- / Versandhandel) die Art und den Umfang des Zertifizierungsablaufs. Ein Verstoß gegen die PCI-Standards führt für den Händler zu Strafgeldern und gegebenenfalls zum Verlust des Kreditkartenakzeptanzvertrags. Wenn Sie eine Zahlungssoftware eines PCI-zertifizierten Payment Service Providers nutzen und die Kreditkartendaten direkt auf dessen Systemen verarbeiten, ist für Sie keine PCI-Zertifizierung erforderlich.

Infobox 4-8 fasst das PCI-Regelwerk in einer Übersicht kurz zusammen.

Verpflichtungen beim Angebot von Kreditkartenzahlungen (PCI-Standard)

Um Kreditkartendaten vor Missbrauch zu schützen, haben die Kreditkartenorganisationen MasterCard und Visa einen gemeinsamen Standard, den Payment Card Industry (PCI) Data Security Standard geschaffen. Inwiefern dieser Standard für Sie relevant ist und was er konkret bedeutet, kann mithilfe der nachfolgenden Fragen beantwortet werden.

Für wen gilt der Payment Card Industry Standard (PCI-Standard)?

Für alle Unternehmen, die Kreditkartendaten verarbeiten, speichern oder weiterleiten, z. B. für Händler, Acquirer oder sonstige Dienstleister. Um Kreditkartendaten verarbeiten, speichern oder weiterleiten zu dürfen, müssen Sie sich zertifizieren lassen.

Wann werden Kreditkartendaten verarbeitet, gespeichert oder weitergeleitet?

Sobald Sie Kreditkartendaten auf eigenen Systemen speichern, be- oder verarbeiten oder auch nur über diese weiterleiten, sind Sie zur Einhaltung des PCI-Standards verpflichtet.

Kreditkartendaten werden nur dann nicht verarbeitet, wenn Sie zu keinem Zeitpunkt Kreditkartendaten auf Ihren eigenen Systemen speichern, be- oder verarbeiten bzw. entgegennehmen und / oder weiterleiten. Dies ist beispielsweise dann der Fall, wenn ein Shop-System eines Dritten eingesetzt wird und für Sie keine Zugriffsmöglichkeit auf die Kreditkartendaten Ihrer Kunden besteht oder das Web-Formular, in das die Kreditkartendaten eingegeben werden, von einem Dienstleister (z. B. Acquirer oder Payment Service Provider) bereitgestellt wird und die Kreditkartendaten damit auf dessen System eingegeben werden.

Welche Verpflichtungen müssen im Rahmen des PCI Data Security Standard eingehalten werden?

Das PCI-Datenschutz-Regelwerk besteht aus folgenden verbindlichen Bestimmungen, die von allen Kreditkartendaten verarbeitenden Unternehmen einzuhalten sind:

1. Installation und regelmäßige Aktualisierung einer Firewall zum Schutz der Daten
2. Keine Verwendung vorgegebener Werte für System-Passwörter oder andere Sicherheitsparameter
3. Schutz gespeicherter Kreditkartendaten, d. h., es dürfen Karten- und Transaktionsdaten (wie etwa die vollständige Kartennummer oder Kartenprüfnummern) nicht unnötig gespeichert werden
4. Verschlüsselte Übertragung von Karteninhaberdaten und anderer sensibler Daten in offenen Netzwerken
5. Einsatz und regelmäßige Aktualisierung einer Anti-Viren-Software
6. Entwicklung und Einsatz sicherer Systeme und Anwendungen
7. Beschränkung des Zugriffs auf Karteninhaberdaten ausschließlich für geschäftliche Zwecke
8. Vergabe einer eindeutigen Kennung für jede Person mit Zugang zum Computersystem
9. Beschränkung des physischen Zugriffs auf Karteninhaberdaten
10. Nachvollziehbare Überwachung aller Zugriffe auf Netzwerk-Ressourcen und Karteninhaberdaten
11. Durchführung regelmäßiger Tests der Sicherheitssysteme und Prozessabläufe
12. Bereitstellung und Einhaltung einer Unternehmensrichtlinie zum Thema „Informationssicherheit“ für und durch Mitarbeiter und Vertragspartner

Wie läuft eine PCI-Zertifizierung ab?

Zur Zertifizierung müssen, je nach Unternehmen (Anzahl der Transaktionen, Branche etc.), bis zu vier Schritte durchlaufen werden, wobei eine Registrierung für jeden Internet-Händler verpflichtend ist:

a) Registrierung als Händler (nähere Informationen hierzu erhalten Sie von Ihrem Acquirer)
b) Ausfüllen eines Fragebogens (Self-Assessment Questionnaire) mit Fragen zur Einhaltung des PCI-Regelwerks
c) Durchführung einer externen Sicherheitsprüfung (Security Scan), bei der aus dem Internet netzseitig Ihre Systeme auf mögliche Schwachstellen geprüft werden
d) Durchführung einer Begehung des Unternehmensgeländes (Security Audit), bei der die Einhaltung der Sicherheitsstandards vor Ort geprüft wird

Wer darf mein Unternehmen zertifizieren?

Zertifizierungen dürfen ausschließlich von akkreditierten Dienstleistern durchgeführt werden. Eine Liste zugelassener Unternehmen finden Sie auf www.pcisecuritystandards.org.

Was kostet eine PCI-Zertifizierung?

Die Registrierung selbst ist in der Regel kostenlos. Alle weiteren Kosten im Rahmen der Zertifizierung trägt das zu zertifizierende Unternehmen. Je nach Dienstleister können die Gebühren durchaus auch mehrere tausend Euro betragen.

Wo finde ich weitere Informationen zu PCI?

Weitere Informationen zu PCI, wie z. B. für die Zertifizierung akkreditierter Dienstleister, finden Sie unter www.pcisecuritystandards.org oder auf der Web-Seite des E-Commerce-Leitfadens unter www.ecommerce-leitfaden.de.

Infobox 4-8: PCI-Zertifizierung
Quelle: ibi research (E-Commerce-Leitfaden 2009)

4

E-Payment-Verfahren (wie z. B. mpass, PayPal, ClickandBuy, T-Pay) bilden neben den vorher genannten klassischen Zahlungsverfahren eine weitere Gruppe möglicher Methoden der Zahlungsabwicklung im Internet. Um Zahlungen mittels eines E-Payment-Verfahrens entgegennehmen zu können, benötigen Sie mit dem jeweiligen Anbieter des Zahlungsverfahrens (z. B. der Deutschen Telekom im Falle von T-Pay) eine entsprechende Vereinbarung, in der z. B. die Höhe des Entgelts oder auch eventuell anfallende Bereitstellungsgebühren geregelt sind. Damit auch Ihr Kunde das Verfahren tatsächlich nutzen kann, muss sich dieser in der Regel vorher bei dem Anbieter registrieren (vgl. Abbildung 4-16).

Voraussetzungen für das E-Payment-Verfahren und beteiligte Akteure

Abb. 4-16: Rahmenbedingungen für Zahlungen mittels eines E-Payment-Verfahrens
Quelle: ibi research (E-Commerce-Leitfaden 2009)

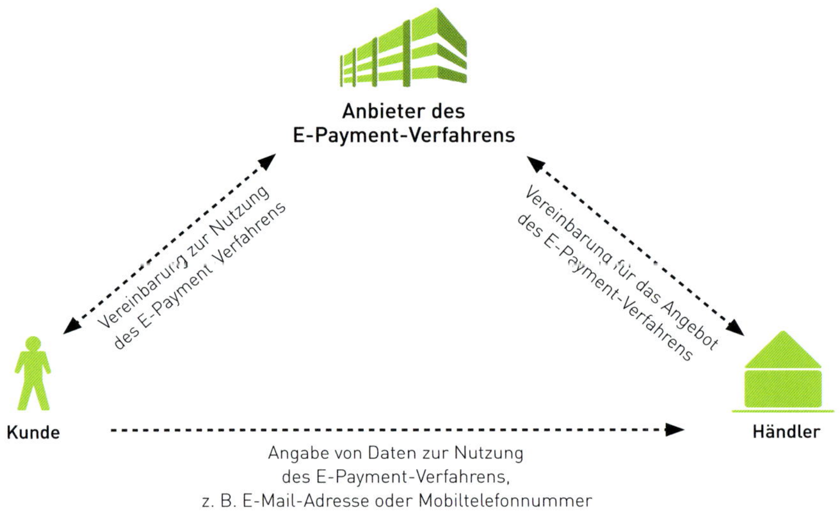

Zum Abschluss dieses Abschnitts werden die Voraussetzungen für das Angebot einzelner Zahlungsverfahren zusammenfassend dargestellt (vgl. Checkliste 4-3).

4

Checkliste: Voraussetzungen für das Angebot einzelner Zahlungsverfahren

Die nachfolgende Übersicht gibt Ihnen einen Überblick über die Voraussetzungen, die notwendig sind, um das jeweilige Zahlungsverfahren anbieten und abwickeln zu können:

giropay:

- Vereinbarung der Akzeptanz für giropay-Zahlungen (giropay-Akzeptanzvertrag) mit einem giropay-Acquirer
- Anbindung an einen Payment Service Provider zur technischen Abwicklung von giropay-Zahlungen

Nachnahme:

- Bereitstellung einer Lieferadresse für den Zustelldienst
- Abschluss einer (einmaligen oder dauerhaften) Vereinbarung für Nachnahme-Sendungen mit Angabe von Daten (z. B. Bankverbindung) zur Übermittlung des Geldbetrags auf Ihr Bankkonto

Lastschrift:

- Abschluss einer Inkasso-Vereinbarung mit einer Bank zum Einzug von Forderungen durch Lastschriften
- Einzugsermächtigung des Kunden

Kreditkarte:

- Vereinbarung der Akzeptanz von Kreditkartenzahlungen (Kreditkartenakzeptanzvertrag) mit einem Acquirer
- Anbindung an einen Payment Service Provider zur technischen Abwicklung von Kreditkartenzahlungen

E-Payment-Verfahren:

- Vereinbarung mit dem Anbieter des E-Payment-Verfahrens
- Technische Anbindung an den E-Payment-Anbieter

Checkliste 4-3: Voraussetzungen für das Angebot von Zahlungsverfahren
Quelle: ibi research (E-Commerce-Leitfaden 2009)

4

Organisatorische und technische Abwicklung von Zahlungen

Wurden die Voraussetzungen für das Angebot von Zahlungsverfahren geschaffen, so sind in einem weiteren Schritt organisatorische und technische Abwicklungsmaßnahmen (z. B. Prüfung von Adressen, Prüfung eines Zahlungseingangs) zu bestimmen und in die Unternehmensabläufe zu integrieren. Da die verschiedenen Verfahren unterschiedlichste Ansprüche (z. B. in Bezug auf vorhandene Schnittstellen zu unternehmensinternen Systemen) stellen, sind die Aufwände sowie die notwendigen organisatorischen und technischen Schritte sehr unterschiedlich. Die nachfolgende Abbildung zeigt einen groben Ablauf einzelner Schritte in Abhängigkeit von den eingesetzten Zahlungsverfahren.

Prozessabläufe bei der Nutzung ausgewählter Zahlungsverfahren

Abb. 4-17: Beispielhafte Zahlungsabläufe bei unterschiedlichen Zahlungsverfahren
Quelle: ibi research (E-Commerce-Leitfaden 2009)

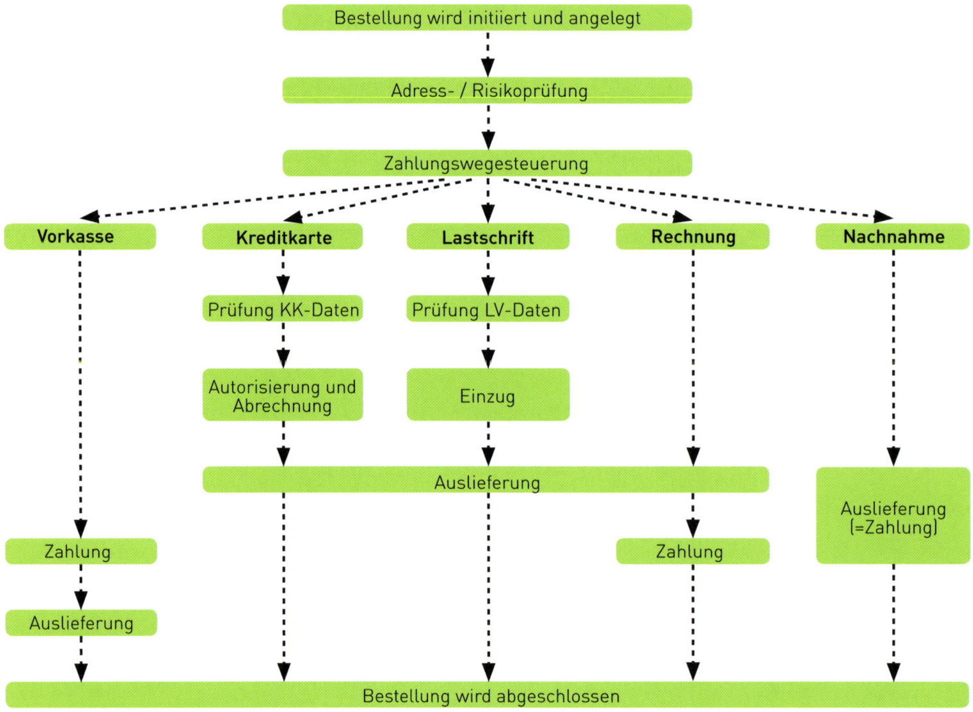

In einem ersten Schritt ist zu empfehlen, bei Bestellungseingang die zur Verfügung stehenden Daten zu prüfen. Beispielsweise kann die vom Kunden angegebene Adresse (z. B. Liefer- / Rechnungsadresse) auf ihre Existenz und Stimmigkeit hin verifiziert werden. Darüber hinaus können auch Zahlungsrisiken, z. B. durch Plausibilitätsprüfungen der Warenkorbzusammensetzung, ermittelt oder eine erwartete Ausfallwahrscheinlichkeit der Zahlung individuell prognostiziert werden. Je nach Zahlungsverfahren stehen zudem zahlungsverfahrensspezifische Prüfmöglichkeiten (z. B. Prüfziffernkontrolle von Kreditkarten- oder Bankkontodaten) zur Verfügung. Welche Möglichkeiten im Detail genutzt werden können und welchen Risiken damit begegnet wird, ist in Kapitel 5 näher erläutert.

In einem zweiten Schritt erfolgt die Abwicklung der Zahlung und damit die Entgegennahme des Zahlungsbetrags in Abhängigkeit von den vorhergehenden Prüfergebnissen im Rahmen einer Zahlungswegesteuerung. Bei einer **Vorkasse** (Zahlung per Überweisung vor Lieferung) benötigen Sie lediglich ein

Konto, auf dem der Betrag gutgeschrieben werden soll. Dabei ist darauf zu achten, dass bei Überweisungen aus dem Ausland auch die internationale Kontonummer (IBAN, International Bank Account Number) und die Bankleitzahl (BIC, Bank Identifier Code) zur Verfügung gestellt werden. Eine Zahlung per **Rechnung** unterscheidet sich von der Vorkasse nur durch den Zeitpunkt der Zahlungsdurchführung und ist somit organisatorisch und technisch mit der Vorkasse vergleichbar. Bei beiden Verfahren müssen Sie die Verantwortlichkeiten sowie die Aufwände berücksichtigen, die für die Zuordnung der eingehenden Zahlungen zu den entsprechenden Posten anfallen. Problematisch kann die Zuordnung beispielsweise sein, wenn die Rechnungsnummer nicht im Verwendungszweck angegeben wird und der Kunde nicht selbst der Auftraggeber der Überweisung ist.

Um **Kreditkartenzahlungen** abrechnen zu können, müssen Sie die Kreditkartendaten zusammen mit den Umsatzdaten und gegebenenfalls weiteren Daten (z. B. Internet-Kennwort für Kreditkarten) zur Autorisierung an Ihren Acquirer weiterleiten. Die Zahlungsdaten werden dabei mithilfe eines (virtuellen) Terminals erfasst und über einen Payment Service Provider an den Acquirer weitergeleitet, der die Umsätze mit der kontoführenden Bank des Karteninhabers verrechnet. Bei erfolgreicher Autorisierung und Umsatzeinreichung wird Ihnen der Zahlungsbetrag abzüglich des vereinbarten Disagios auf Ihrem Händlerkonto beim Acquirer gutgeschrieben. Um die Sicherheit weiter zu erhöhen, haben einige Acquirer eigene zusätzliche Präventionssysteme in den Einlieferungsprozess eingebaut.

Bei der Abwicklung von **Lastschriftzahlungen** müssen die Kontodaten des Kunden erhoben und die Zahlungsdaten zur Gutschrift auf einem Konto des Händlers bei der Bank eingereicht werden. Die Einreichung erfolgt dabei online oder per Diskette, entweder durch den Händler selbst oder mithilfe eines Dienstleisters, der diese Aufgabe übernehmen kann.

Bei Zahlungen per **Nachnahme** wird ein Zustelldienst angewiesen, das Paket nur gegen Bezahlung auszuhändigen und den Nachnahmebetrag abzüglich eines Übermittlungsentgelts auf ein anzugebendes Konto gutzuschreiben. Das Konto, auf das die Gutschrift erfolgen soll, muss dem Zustelldienst spätestens bei Übergabe der Ware (z. B. per Formular) bekannt gemacht werden.

Erfolgt die Abwicklung über ein **E-Payment-Verfahren**, so benötigen Sie in der Regel eine technische Schnittstelle zum E-Payment-Anbieter, um an ihn die Zahlungsdaten übermitteln zu können. Im einfachsten Fall binden Sie dafür einen Quellcode-Baustein (z. B. HTML-Quellcode) in Ihren Web-Shop ein, der häufig vorgefertigt vom E-Payment-Anbieter bereitgestellt wird. Dieser Baustein stellt in der Regel auch eine Schaltfläche zur Bezahlung (Bezahl-Button) bereit. Klickt der Kunde beim Abschluss der Bestellung auf diesen Button, so wird er auf eine Web-Seite des E-Payment-

Anbieters (so genannte Bezahlseite) umgeleitet, auf der er den Kaufbetrag bestätigt und damit die Bezahlung freigibt. Der E-Payment-Anbieter wiederum übermittelt Ihnen die Freigabe bzw. Bestätigung der Bezahlung, wodurch der Bezahlvorgang abgeschlossen ist.

Abbildung 4-18 zeigt den Fluss von Zahlungsdaten bei der Nutzung unterschiedlicher Zahlungsverfahren in einer Übersicht.

Abwicklung von Zahlungen

Abb. 4-18: Fluss von Zahlungsdaten bei der Zahlungsabwicklung über alternative Zahlungsverfahren
Quelle: ibi research (E-Commerce-Leitfaden 2009)

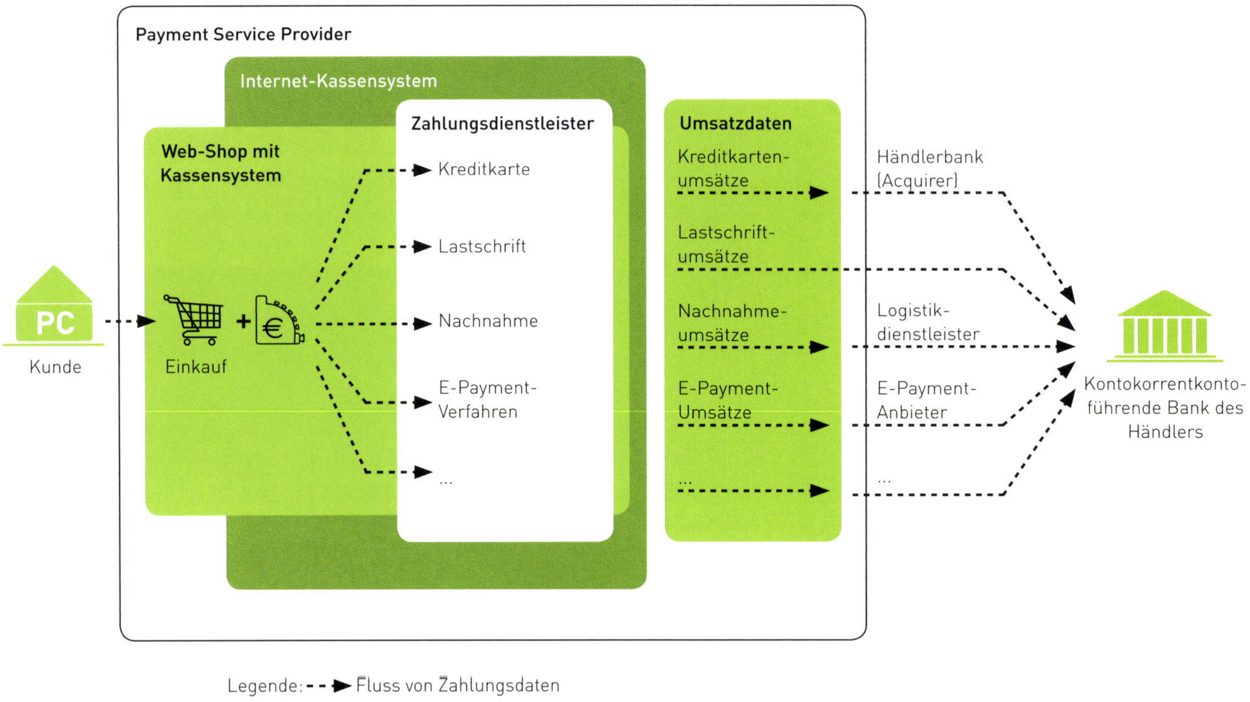

Damit häufig benötigte Prozessschritte (z. B. die Entgegennahme, Formatierung und Weiterleitung von Zahlungsdaten) nicht von jedem Unternehmen selbst entwickelt werden müssen, werden von Online-Shop-Herstellern häufig Zusatzmodule angeboten, die diese Aufgaben übernehmen. Es existieren umfangreiche vorgefertigte Internet-Kassensysteme, die speziell auf die Bedürfnisse der Zahlungsabwicklung im Internet abgestimmt sind (vgl. Abbildung 4-18). So bieten Banken, Sparkassen oder sonstige Zahlungsdienstleister (z. B. Payment Service Provider) auch virtuelle Internet-Terminals an, die Händler bei der Abwicklung von Internet-Zahlungen unterstützen.

Um die Verarbeitung von Zahlungsdaten möglichst optimal zu gestalten, sollten Sie darauf achten, dass die Übergabe von Daten an andere Systeme, die z. B. bei einem Abwicklungsdienstleister stehen können, soweit wie möglich automatisiert abläuft. Inwieweit von Online-Händlern diese Möglichkeit bereits genutzt wird, zeigt Abbildung 4-19 am Beispiel von Kreditkarten- und Lastschriftzahlungen. So überträgt jedes zweite Unternehmen, das Kreditkartendaten akzeptiert, diese bereits automatisiert in das System des Abwicklungsdienstleisters. Bei Lastschriftzahlungen hingegen hat diesen Schritt nur etwa jedes fünfte Unternehmen automatisiert. Dies bedeutet, dass Kreditkartenzahlungen in der Regel effizienter ablaufen als Lastschriftzahlungen.

Kreditkartenzahlungen sind bereits deutlich stärker automatisiert als Lastschriftzahlungen

Abb. 4-19: Art der Übertragung von Daten bei Kreditkarten- und Lastschriftzahlungen
Quelle: ibi research (ECL-Umfrage 2007)

In welcher Form übertragen Sie die ...

... Kreditkartendaten aus dem Shop in das System des Abwicklungsdienstleisters? (nur Unternehmen, die Kreditkarten akzeptieren)

... Lastschriftdaten aus dem Shop in das System des Abwicklungsdienstleisters? (nur Unternehmen, die Lastschriften akzeptieren)

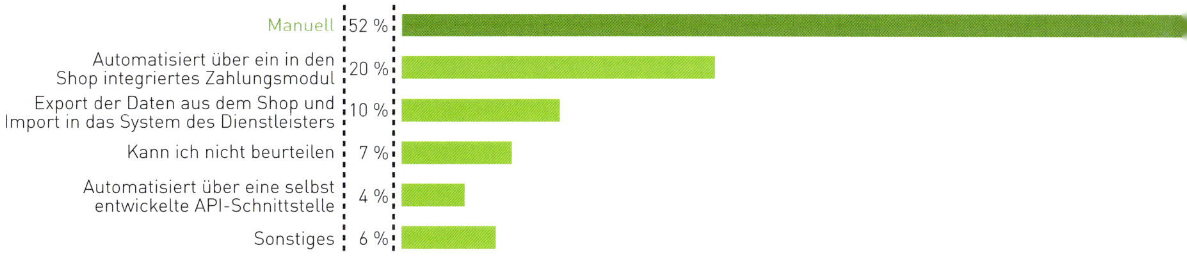

Damit Sie nicht jedes infrage kommende Zahlungsverfahren technisch und organisatorisch in Ihr Unternehmen integrieren müssen, haben sich so genannte Payment Service Provider etabliert. Diese übernehmen unter anderem die Aufgabe, mehrere Zahlungsverfahren zu bündeln und diese dem Händler im Idealfall über eine technische Schnittstelle zur Verfügung zu stellen. Darüber hinaus bieten sie häufig auch Zusatzdienstleistungen an, wie z. B. die Einholung von Bonitätsaussagen über Kunden zur Risikoeinschätzung. Solche Payment Service Provider tragen damit wesentlich dazu bei, die organisatorische und technische Komplexität bei der Integration mehrerer Zahlungsverfahren in einen Web-Shop zu reduzieren. Abbildung 4-20 zeigt die Rolle von Payment Service Providern in grafischer Form.

4

Leistungsangebote von Payment Service Providern

Abb. 4-20: Funktion und Leistungsangebote von Payment Service Providern
Quelle: ibi research (E-Commerce-Leitfaden 2009)

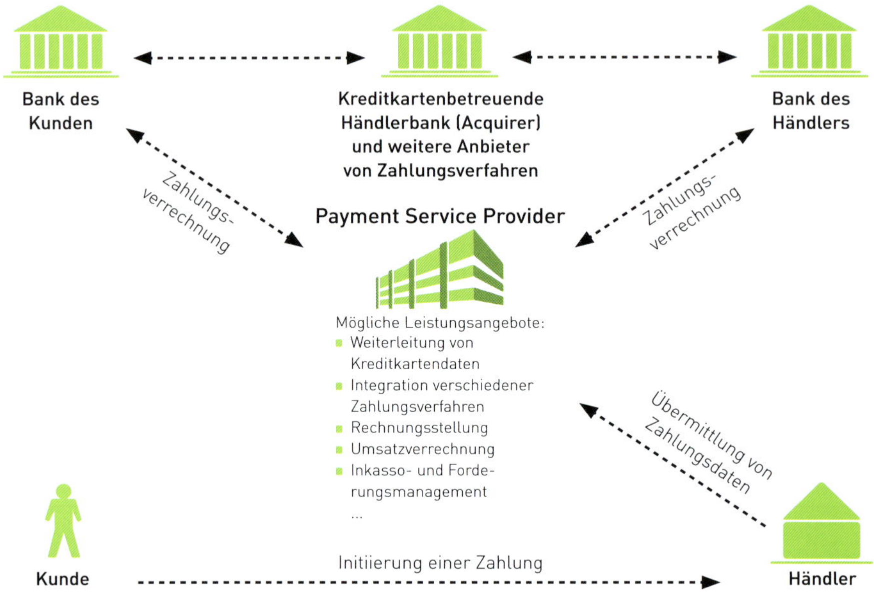

Fasst man die Ergebnisse dieses Kapitels zusammen, so ist die Auswahl geeigneter Zahlungsverfahren eine wichtige Aufgabe, die nur auf den ersten Blick einfach erscheint. Einerseits müssen Sie darauf achten, dass die infrage kommenden Zahlungsverfahren Ihren Anforderungen gerecht werden. Andererseits müssen auch die von den Kunden bevorzugten Verfahren angeboten werden, da es sonst zu sehr vielen Kaufabbrüchen kommen kann.

Viele Händler setzen dabei nach wie vor auf das ausschließliche Angebot der Vorkasse. Andere wiederum bieten ihren Kunden ein breites Spektrum alternativer Zahlungsverfahren an und kommen damit den Kundenwünschen entgegen. Damit gehen häufig deutliche Umsatzzuwächse und eine höhere Kundenzufriedenheit einher. Allerdings sind die von den Kunden bevorzugten Verfahren (Rechnung, Lastschrift, Kreditkarte) für Händler in der Regel mit Risiken verbunden. Dies kann dazu führen, dass es letztendlich zu Zahlungsausfällen kommt. Ursache für eine relativ hohe Anzahl an Zahlungsausfällen ist häufig, dass Händler kaum oder überhaupt keine präventiven Maßnahmen zur Vermeidung von Zahlungsrisiken einsetzen (vgl. hierzu Abschnitt 5.2) oder offene Forderungen nicht wirksam beigetrieben werden (vgl. hierzu Abschnitt 5.3).

Um zu verdeutlichen, wie sich das Angebot unterschiedlicher Zahlungsverfahren und die Durchführung unterschiedlicher Maßnahmen zur Vermeidung von Zahlungsstörungen und Zahlungsausfällen auf den Gewinn eines Händlers auswirken können, wurde ein Fallbeispiel entwickelt. Ein fiktiver Händler – nennen wir ihn Händler „Risiko-optimal" – wird zunächst in zwei möglichen Situationen dargestellt (siehe Fallbeispiel, Teil 1). Das Fallbeispiel wird an zwei weiteren Stellen im Leitfaden wieder aufgegriffen und um zwei weitere mögliche Situationen erweitert.

4

Fallbeispiel Händler „Risikooptimal“: Sicher ist sicher, und deshalb nur die Vorkasse anbieten – oder doch lieber (etwas) Risiko akzeptieren?

Teil 1 von 3

Der fiktive Händler „Risikooptimal“ bietet in seinem Web-Shop Sport- und Freizeitartikel an. Nachfolgend wird am Beispiel dieses Händlers in drei Teilen beschrieben, in welchen typischen Situationen sich ein Händler beim Verkauf über das Internet befinden kann. So versucht der Händler zunächst, Risiken möglichst ganz zu vermeiden und setzt daher ausschließlich auf die Vorkasse als Zahlungsverfahren (Situation 1). Diese wird jedoch nicht von allen Kunden akzeptiert, weshalb es häufig zu Kaufabbrüchen kommt. Um den Kunden entgegenzukommen, erweitert er daher das Angebot an Zahlungsverfahren um die Zahlung per Rechnung, Nachnahme, Kreditkarte und Lastschrift, wodurch er sich jedoch Zahlungsstörungen (z. B. Rücklastschriften oder nicht termingerecht gezahlte Rechnungen) einhandelt (Situation 2). Einen Teil der offenen Forderungen kann der Händler nachträglich beitreiben, der Rest muss jedoch abgeschrieben werden. Um mögliche Ursachen für Zahlungsstörungen bereits vorab erkennen und vermeiden zu können, führt er deshalb vor Abschluss der Bestellung Prüfungen der Bestell- und Kundendaten (Warenkorbzusammensetzung, Adressdaten, Kundenbonität) durch und steuert das Angebot an Zahlungsverfahren in Abhängigkeit vom Prüfergebnis (Situation 3; vgl. Abschnitt 5.2). Hierdurch entstehen zusätzliche Kosten, es treten jedoch auch weniger Zahlungsstörungen auf. Anschließend entschließt er sich zudem, die Beitreibung der offenen Forderungen an einen spezialisierten Dienstleister auszulagern (Situation 4; vgl. Abschnitt 5.3), um hier verbesserte Erfolge zu erzielen und sich auf sein Tagesgeschäft konzentrieren zu können.

Diese vier typischen Situationen werden im Leitfaden an zwei weiteren Stellen aufgegriffen und fortgesetzt. Als Einstieg werden nachfolgend die beiden ersten Situationen dargestellt und miteinander verglichen.

Situation 1: Sicher ist sicher, lieber nur Vorkasse anbieten!

Steckbrief: Händler „Risikooptimal"

Angebotene Waren:	Sport- und Freizeitartikel
Angebotene Zahlungsverfahren:	Vorkasse
Durchführung von Risikoprüfungen:	nein
Durchführung Mahnverfahren / Inkasso:	nicht notwendig
Anzahl Bestellungen je Kalendertag:	40
Durchschnittlicher Warenkorbwert je Bestellung:	120 EUR
Jahresumsatz (Summe aller Zahlungsansprüche):	1.752.000 EUR
Selbstkosten je Bestellung, ohne Kosten der Zahlungsabwicklung:	100 EUR
Durchschnittliche Kosten der Zahlungsabwicklung je Bestellung:	4,30 EUR
Durchschnittliche Selbstkosten je Bestellung, inkl. aller Kosten:	104,30 EUR
Gewinnmarge bzgl. Warenkorbwert:	13,1 %

Geht man davon aus, dass der Händler ausschließlich die Vorkasse anbietet und damit etwa 40 Bestellungen je Kalendertag abwickelt, so kann er bei einem angenommenen durchschnittlichen Warenkorbbetrag von 120 Euro einen Jahresumsatz von 1,752 Mio. Euro vollkommen risikofrei und somit sicher erzielen. Bei einer angenommenen Gewinnmarge von etwa 13 %, bezogen auf den abgewickelten Umsatz, erzielt der Händler einen Gewinn von 229.220 Euro.

Diesem Umsatz stehen insgesamt Kosten in Höhe von rund 1,522 Mio. Euro gegenüber, die sich auf Selbstkosten ohne Kosten der Zahlungsabwicklung in Höhe von 1,46 Mio. Euro und auf Kosten der Zahlungsabwicklung in Höhe von 62.780 Euro verteilen.

Bei den Kosten der Zahlungsabwicklung ist zu berücksichtigen, dass bei der Vorkasse nicht nur direkte Kosten, wie z. B. Buchungspostengebühren der kontoführenden Bank, anfallen. Darüber hinaus müssen auch Prozesskosten, Opportunitätskosten und sonstige Kosten, die in Zusammenhang mit der Zahlungsabwicklung stehen, berücksichtigt werden. Zu den Prozesskosten gehören beispielsweise die Kosten des Abgleichs von Zahlungseingängen mit den offenen Bestellungen. Opportunitätskosten treten auf, wenn z. B. eine per Vorkasse bestellte Ware nicht bezahlt wird, da die Ware reserviert werden muss und nicht an andere Kunden verkauft werden kann. Zu den sonstigen Kosten zählen Kosten für telefonische Nachfragen beim Kunden, z. B., wenn kein Zahlungseingang zu einer Bestellung verzeichnet werden kann. Berücksichtigt man somit direkte Kosten, Prozesskosten, Opportunitätskosten und sonstige Kosten, so können für eine Zahlung per Vorkasse durchaus (Gesamt-)Kosten in Höhe von mehreren Euro je Bestellung anfallen. Im vorliegenden Beispiel werden durchschnittlich 4,30 Euro je Bestellung veranschlagt.

Fasst man diese Ergebnisse zusammen, so ergibt sich für den Händler „Risikooptimal" folgendes Resultat:

Jahresumsatz (Summe aller Zahlungsansprüche):	1.752.000 EUR
Selbstkosten, ohne Kosten der Zahlungsabwicklung, pro Jahr:	1.460.000 EUR
Kosten der Zahlungsabwicklung pro Jahr:	62.780 EUR
Erwarteter Gewinn pro Jahr:	**229.220 EUR**

Der Händler „Risikooptimal" erzielt bei einem reinen Vorkasseangebot unter dem Strich 229.220 Euro an Gewinn. Dies entspricht einer Gewinnmarge von etwa 13,1 %, bezogen auf den Jahresumsatz.

Alternativ zu Situation 1 könnte der Händler auch kundenfreundlichere, für ihn aber mit einem gewissen Risiko behaftete Zahlungsverfahren anbieten. Dadurch lässt sich häufig ein deutliches Umsatzwachstum erzielen, da diese weiteren Zahlungsverfahren auf eine deutlich erhöhte Akzeptanz beim Kunden stoßen und dadurch weniger Kaufabbrüche zu verzeichnen sind. Ob und unter welchen Annahmen dies für den Händler vorteilhaft ist, darauf wird in der folgenden Situation 2 näher eingegangen.

Situation 2: Umsatz ohne Grenzen – aber wie siehts mit dem Gewinn aus?

Steckbrief: Händler „Risikooptimal"

Angebotene Waren:	Sport- und Freizeitartikel
Angebotene Zahlungsverfahren:	Vorkasse, Rechnung, Kreditkarte, Lastschrift, Nachnahme
Durchführung von Risikoprüfungen:	nein
Durchführung Mahnverfahren / Inkasso:	ja, durch Unternehmen selbst
Anzahl Bestellungen je Kalendertag:	50
Durchschnittlicher Warenkorbwert je Bestellung:	120 EUR
Jahresumsatz (Summe aller Zahlungsansprüche):	2.190.000 EUR
Selbstkosten je Bestellung, ohne Kosten der Zahlungsabwicklung:	100 EUR
Durchschnittliche Kosten der Zahlungsabwicklung je Bestellung, ohne Kosten für Zahlungsstörungen / Beitreibung und Zahlungsausfälle:	4 EUR
Durchschnittliche Kosten für Zahlungsstörungen / Beitreibung und Zahlungsausfälle:	5,21 EUR
Durchschnittliche Selbstkosten je Bestellung, inkl. aller Kosten:	109,21 EUR
Gewinnmarge bzgl. Warenkorbwert:	9 %
Durchschnittliche Kosten der Beitreibung je Zahlungsstörung (Vorleistung des Unternehmens):	75 EUR

Veränderungen gegenüber Situation 1 sind hervorgehoben.

4

Im Gegensatz zum ausschließlichen Angebot einer Vorkasse könnte der Händler sein Angebot um eine Zahlung per Rechnung, Kreditkarte, Lastschrift und Nachnahme erweitern. Da diese Zahlungsverfahren in der Regel bei den Käufern in einer höheren Gunst stehen als die Vorkasse, kann davon ausgegangen werden, dass hierdurch deutlich mehr Bestellungen eingehen. Ließen sich somit 25 % mehr Bestellungen generieren (also 50 Stück pro Kalendertag), die über das jeweils vom Käufer bevorzugte Zahlungsverfahren abgewickelt werden, so könnte der Händler 2,19 Mio. Euro Umsatz erzielen. Gleichzeitig steigen auch seine Selbstkosten, ohne Berücksichtigung von Kosten der Zahlungsabwicklung, auf 1,825 Mio. Euro, da 25 % mehr Bestellungen abgewickelt werden.

Jedoch kann er diesen Umsatz gegenüber Situation 1 oft nicht risikofrei vereinnahmen, da nun die Bestellungen nicht mehr ausschließlich per Vorkasse, sondern auch über Rechnung, Kreditkarte, Lastschrift und Nachnahme abgewickelt werden. Insbesondere das bei den Kunden beliebte Lastschriftverfahren ist für den Händler (ohne Berücksichtigung von Zahlungsstörungen) in der Regel deutlich kostengünstiger als die Zahlung per Vorkasse, weshalb die durchschnittlichen Kosten der Zahlungsabwicklung insgesamt leicht sinken. Je Bestellung werden in dem Beispiel hierfür 4 Euro an durchschnittlichen Zahlungsabwicklungskosten veranschlagt.

Allerdings handelt sich der Händler gegenüber dem reinen Vorkasseangebot auch zusätzliche Risiken ein, die sich in Form von Zahlungsstörungen und Zahlungsausfällen bemerkbar machen. Dies bedeutet, dass Zahlungen nicht fristgerecht oder nicht vollständig geleistet werden (Zahlungsstörungen) oder auch nach Beitreibungsversuchen (z. B. mittels Mahnverfahren) nicht mehr vereinnehmbar sind (Zahlungsausfälle) und damit in letzter Folge abgeschrieben werden müssen.

Ist davon auszugehen, dass im Schnitt bei etwa 3,8 % aller Bestellungen (dies entspricht in etwa der Höhe, die für einen durchschnittlichen Händler im Fall ohne Risikoprüfungen als realistisch angesehen werden kann) Zahlungsstörungen auftreten und davon circa 60 % nicht beigetrieben werden können, so führt dies zu einem Zahlungsausfall in Höhe von etwa 2,28 %, bezogen auf den gesamten Umsatz. Zudem entstehen dem Händler Kosten für die Beitreibung der offenen Forderungen (z. B. Personalkosten, Mahngebühren), die er in voller Höhe als Vorleistung erbringen muss. Dabei kann durchaus davon ausgegangen werden, dass sich die Kosten auf 75 Euro belaufen können. Führen die Bemühungen zum Erfolg, so kann ein Teil der Kosten, z. B. Mahngebühren (im vorliegenden Beispiel werden 25 Euro angenommen), auf den Kunden abgewälzt werden. Im Misserfolgsfall sind sowohl die gesamte Vorleistung als auch der Verlust der Ware und die bisher angefallenen Kosten (z. B. Kosten der Zahlungsabwicklung) vom Unternehmen zu tragen.

Im Ergebnis sind vom Händler „Risikooptimal" 45.078 Euro für Zahlungsstörungen bzw. Beitreibungsbemühungen und 49.932 Euro für Zahlungsausfälle zu tragen. Insgesamt fallen damit so genannte Risikokosten in Höhe von 95.010 Euro an, die bei einer Durchschnittskalkulation wiederum zu mittleren Kosten für Zahlungsstörungen / Beitreibung und Zahlungsausfälle in Höhe von 5,21 Euro pro Bestellung führen. Schlägt man die Kosten der Zahlungsabwicklung (4 Euro) und für Zahlungsstörungen / Beitreibung bzw. Zahlungsausfälle (5,21 Euro) den Selbstkosten von 100 Euro zu, so entstehen durchschnittliche Gesamtkosten in Höhe von 109,21 Euro je Bestellung. Dies wiederum führt zu einer Gewinnmarge von circa 9,0 %, bezogen auf den gesamten Jahresumsatz als Summe aller Zahlungsansprüche.

Unter den genannten Bedingungen sieht die Situation für den Händler nun so aus:

Jahresumsatz (Summe aller Zahlungsansprüche):	2.190.000 EUR
Selbstkosten, ohne Kosten der Zahlungsabwicklung, pro Jahr:	1.825.000 EUR
Kosten der Zahlungsabwicklung pro Jahr:	73.000 EUR
Kosten für Zahlungsstörungen / Beitreibung und Zahlungsausfälle pro Jahr:	95.010 EUR
Erwarteter Gewinn pro Jahr:	**196.990 EUR**

Im Ergebnis erzielt der Händler zwar ein deutliches Umsatzwachstum (25 % mehr Bestellungen), jedoch mit zusätzlichen Kosten durch Zahlungsstörungen / Beitreibung und Zahlungsausfälle. Als Gewinn verbleiben 196.990 Euro in der Tasche unseres Händlers „Risikooptimal".

Am Ende zählt, was in der Kasse ist!

Vergleicht man nun die beiden Situationen direkt, so zeigt sich folgendes Ergebnis:

	Situation 1 (Sicher ist sicher, lieber nur Vorkasse anbieten!)	Situation 2 (Umsatz ohne Grenzen – aber wie siehts mit dem Gewinn aus?)
Jahresumsatz (Summe aller Zahlungsansprüche):	1.752.000 EUR	2.190.000 EUR
Selbstkosten, ohne Kosten der Zahlungsabwicklung, pro Jahr:	1.460.000 EUR	1.825.000 EUR
Kosten der Zahlungsabwicklung pro Jahr:	62.780 EUR	73.000 EUR
Kosten für Zahlungsstörungen / Beitreibung und Zahlungsausfälle pro Jahr:	keine	95.010 EUR
Erwarteter Gewinn pro Jahr:	**229.220 EUR**	**196.990 EUR**

Gewinnrückgang: 32.230 EUR

Zusätzliche Zahlungsverfahren ohne Risikomanagement

Insgesamt erzielt der Händler trotz eines deutlich gestiegenen Umsatzes einen um 32.230 Euro geringeren Gewinn als bei einem ausschließlichen Vorkasse-Angebot. Dies entspricht einem Gewinnrückgang von etwa 14,1 %. Im Wesentlichen ist dies darauf zurückzuführen, dass der Händler in diesem Beispiel alle Zahlungen ohne Wenn und Aber (keine Risikoprüfung) über das vom Kunden gewählte Zahlungsverfahren abwickelt und sich dadurch Zahlungsverzögerungen und Zahlungsausfälle sowie Beitreibungskosten einhandelt. Die erhofften Zusatzgewinne aus dem Umsatzwachstum werden dadurch im Beispiel aufgezehrt. Schlimmer noch, es werden sogar die vermeintlich sicheren Gewinne aus Situation 1 angegriffen.

Fazit: Was tun? Vorkasse oder Risiko – oder geht es nicht auch anders?

Um Risiken bereits im Vorfeld festzustellen und zu vermeiden, werden von speziellen Dienstleistern unterschiedliche Arten von Risikoprüfungen angeboten, die helfen sollen, mögliche Ursachen für Zahlungsstörungen bereits im Vorfeld zu erkennen und zu vermeiden. Beispielsweise kann festgestellt werden, ob bei der Bestellung ein Betrugsverdacht vorliegt und wie die Bonität des Kunden einzuschätzen ist. Auf Basis der Prüfergebnisse können auffälligen Kunden nur bestimmte Zahlungsverfahren angeboten werden (Zahlungswegesteuerung). Beispielsweise könnten bei einem negativen Prüfergebnis ausschließlich die Vorkasse, bei nicht negativen Prüfergebnissen hingegen zusätzliche Zahlungsverfahren, wie z. B. die Lastschrift oder Rechnung, zugelassen werden.

Wie sich die Integration eines solchen Risikomanagement-Systems in den Zahlungsabwicklungsprozess auf den Gewinn unseres Händlers „Risikooptimal" auswirkt, wird in Kapitel 5 („Keine Chance ohne Risikomanagement – schützen Sie sich vor Zahlungsstörungen") in der Fortsetzung des Fallbeispiels aufgezeigt.

www.ecommerce-leitfaden.de

Vertiefende Informationen zu den Inhalten dieser Abschnitte sowie Links zu ausgewählten Lösungsanbietern finden Sie auf der sich ständig weiterentwickelnden Projekt-Web-Seite www.ecommerce-leitfaden.de. Dort finden Sie auch weitere kostenlose Angebote wie z. B. den E-Commerce-Newsletter, Online-Tools oder die vollständigen Ergebnisse verschiedener Studien.

NAVIGATOR

eCommerce Leitfaden

5. » KEINE CHANCE OHNE RISIKOMANAGEMENT – SCHÜTZEN SIE SICH VOR ZAHLUNGSSTÖRUNGEN

Der Erfolg im elektronischen Handel hängt wesentlich davon ab, in welchem Umfang Zahlungsstörungen (z. B. nicht rechtzeitig bezahlte Rechnungen, nicht eingelöste Lastschriften, Rückbelastungen von Kreditkartenzahlungen) zu verzeichnen sind. Wie Sie Zahlungsstörungen, so gut es geht, vermeiden können und wie mit Zahlungsstörungen umzugehen ist, wird in den folgenden Abschnitten dargestellt.

5.1 Lug und Trug im Online-Handel – was da alles schiefgehen kann

Welchen Zahlungsrisiken Sie im Online-Handel ausgesetzt sind, hängt wesentlich von den angebotenen Zahlungsverfahren ab. Wird ausschließlich Zahlung per Vorkasse oder mit speziellen E-Payment-Verfahren akzeptiert, die eine Zahlungsgarantie bieten, so sind Sie als Händler vor Zahlungsstörungen geschützt. Welchen Risiken Sie bei einer Zahlung per Nachnahme, Rechnung, Lastschrift oder Kreditkarte ausgesetzt sind, wird im Folgenden erläutert.

In der Praxis ist häufig zu beobachten, dass Kunden auf andere Internet-Anbieter oder stationäre Geschäfte ausweichen, wenn sie nicht mit ihren bevorzugten Zahlungsverfahren per Rechnung, Kreditkarte oder Lastschrift bezahlen können (vgl. Kapitel 4). Werden diese Zahlungsverfahren angeboten, können daher unter Umständen mehr Bestellungen erzielt werden. Zu höheren Gewinnen führt die Ausweitung der Bestellungen aber nur, wenn die Bestellungen auch tatsächlich bezahlt werden.

Wird eine Bestellung nicht, wie vereinbart, bezahlt, so spricht man von einer Zahlungsstörung. Nicht jede Zahlungsstörung führt zwangsläufig zu einem Zahlungsausfall, d. h. zur Notwendigkeit einer vollständigen oder teilweisen Abschreibung der Forderung. In jedem Fall treten jedoch zusätzliche Kosten für die Beitreibung der Forderung auf, z. B. für den Versand von Mahnschreiben oder die Vorfinanzierung der Forderung.

Um sich wirksam vor Zahlungsstörungen zu schützen, gilt es zunächst, die möglichen Ursachen für Zahlungsstörungen zu identifizieren. In den folgenden Abschnitten wird daher auf die unterschiedlichen Arten von Zahlungsstörungen bei Zahlungen per Nachnahme, Rechnung, Lastschrift und Kreditkarte und deren Ursachen näher eingegangen.

Nachnahme – ein unverhofftes Wiedersehen

Anbietern physischer Waren bietet die Nachnahme einen scheinbar sehr sicheren Zahlungsweg: Der Kunde erhält die Ware erst, nachdem er den Gegenwert an den Zusteller gezahlt hat.

Probleme ergeben sich nur dann, wenn die Ware aufgrund einer falschen Lieferanschrift oder einer Nicht-Annahme durch den Empfänger nicht ausgeliefert werden kann und an den Absender zurückgeht. Wie Abbildung 5-1 zeigt, liegt die Retourenquote immerhin bei jedem fünften Unternehmen über 3 %. Allerdings gelingt es offensichtlich auch 41 % der Unternehmen, Rücksendungen bei Nachnahmesendungen nahezu vollständig zu vermeiden.

Bei 40 % der Unternehmen liegt die Retourenquote bei Nachnahme-Lieferungen bei über 1 %.

Welcher Anteil der Nachnahme-Lieferungen kann nicht zugestellt werden und wird zurückgeliefert?

Abb. 5-1: Retourenquoten bei Nachnahme-Lieferungen
Quelle: ibi research (ECL-Umfrage 2007)

Retouren bei Nachnahmelieferung können auf unterschiedliche Ursachen zurückzuführen sein:

Eingabefehler

Der Kunde vertippt sich beispielsweise bei der Angabe der Postleitzahl, das Paket kann daher nicht zugestellt werden und wird zurückgesandt. Angesichts der zusätzlich angefallenen Kosten ist es zwar ärgerlich, dass der Fehler nicht früher erkannt wurde, das Problem kann aber in der Regel behoben und das Paket erneut versendet werden.

Scherzbestellung

Durch Dritte werden bewusst Scherzbestellungen an tatsächlich existierende oder an Fantasieadressen generiert. Mithilfe entsprechender Software lassen sich die Bestellungen sogar in großer Zahl automatisiert durchführen, sodass hohe unnötige Kosten für die Porto- und Nachnahmegebühren sowie für die Kommissionierung, den Versand und die Wiedereinlagerung der Waren anfallen können.

Um diese Probleme so weit wie möglich zu vermeiden, sollten bei der Eingabe von Adressdaten über Formulare Plausibilitätsprüfungen durchgeführt werden. Auf die unterschiedlichen Möglichkeiten von Plausibilitätsprüfungen wird in Abschnitt 5.2 näher eingegangen.

Rechnungskauf – Hoffen und Bangen

Im Gegensatz zur Zahlung per Nachnahme geht der Anbieter beim Rechnungskauf in Vorleistung. Zuerst wird die Leistung erbracht und dann durch den Kunden bezahlt. Zusätzlich zum Risiko einer Retoure kann beim Rechnungskauf daher der Fall eintreten, dass die Leistung zwar ordnungsgemäß erbracht, die Rechnung aber verspätet oder überhaupt nicht bezahlt wird. Wie Abbildung 5-2 zeigt, ist dies bei einem Viertel der Unternehmen bei mehr als jeder zwanzigsten Rechnung der Fall. Auch für nicht rechtzeitig bezahlte Rechnungen kann es unterschiedliche Ursachen geben:

Falsche Rechnungsanschrift

Analog zur Verwendung einer fehlerhaften Lieferanschrift (vgl. den vorhergehenden Abschnitt zu möglichen Problemen bei Zahlungen per Nachnahme) könnte auch die Rechnungsanschrift versehentlich oder vorsätzlich falsch eingegeben worden sein, sodass die Rechnung nicht zustellbar ist. Sie müssen in diesem Fall die richtige Rechnungsanschrift nachträglich ermitteln, sofern Sie dies überhaupt können (z. B., wenn kostenpflichtige Downloads per Rechnung bezahlt werden und keine weiteren Daten über den Kunden vorliegen).

Bei knapp einem Viertel der Unternehmen wird mehr als jede zwanzigste Rechnung nicht rechtzeitig beglichen.

Welcher Anteil der Zahlungen per Rechnung wird nicht rechtzeitig beglichen?

Abb. 5-2: Anteil der Zahlungsstörungen bei Zahlungen per Rechnung
Quelle: ibi research (ECL-Umfrage 2007)

Rechnungsempfänger ist nicht eindeutig ermittelbar

Bei der Erhebung der Rechnungsadresse ist zudem darauf zu achten, dass der Leistungsempfänger eindeutig identifiziert werden kann. So ist bei der Angabe „Mode Meier, Regerstr. 14, 80539 München" nicht klar, ob es sich hierbei um die „Herbert Meier Textilgroßhandel GmbH" oder das unter der gleichen Anschrift ansässige Damenmodengeschäft seiner Frau handelt, die als eingetragene Kauffrau firmiert. Das Gleiche gilt für natürliche Personen, da durchaus mehrere H. Meier unter der gleichen Anschrift wohnen können. Mithilfe einer Adressverifizierung lassen sich solche Probleme frühzeitig erkennen (vgl. Abschnitt 5.2). Nur, wenn Sie eindeutig bestimmen können, gegen wen sich Ihre Forderung richtet, können Sie diese auch durchsetzen.

Berechtigte Reklamation der Rechnung

Die Zahlung wird vom Kunden verweigert, da z. B. falsche oder fehlerhafte Waren geliefert wurden oder die Rechnung selbst Fehler aufweist. Je später solche Reklamationen geklärt werden, desto mehr verzögert sich auch der Zahlungseingang auf dem Konto des Händlers.

Vergesslichkeit

Der Kunde hat schlicht vergessen, die Rechnung zu bezahlen. Durch eine freundliche Zahlungserinnerung lässt sich dieses Problem in der Regel leicht aus der Welt schaffen, ohne dass die Kundenbeziehung darunter leidet.

Bewusstes Hinauszögern der Zahlung

Beim Rechnungskauf werden Sie mehr oder weniger freiwillig zum Kreditgeber Ihres Kunden. Da dieser Kredit üblicherweise kostenlos vergeben wird, zögern viele Kunden die Zahlung bewusst hinaus, um Kosten für teure Bankkredite zu sparen. Für Sie als Händler ist die Kreditvergabe jedoch keinesfalls kostenlos! Häufig müssen die finanziellen Mittel zur Vorfinanzierung der Forderung teuer per Kredit finanziert werden, bestenfalls entgehen Ihnen die Zinsen, die Sie für eine Anlage der Mittel erhalten würden.

Liquiditätsprobleme

Noch kritischer für den Händler ist es, wenn der Kunde aufgrund von Liquiditätsproblemen nicht sofort bzw. nicht vollständig zahlen kann. Nicht jeder Liquiditätsengpass führt gleich zur Insolvenz, allerdings muss diesen Kunden erhöhte Aufmerksamkeit gewidmet werden, um einen endgültigen Ausfall der Forderung zu verhindern (vgl. Abschnitt 5.3).

Betrug

Im schlimmsten Fall ist der Händler einem Betrüger aufgesessen. Dies kann beispielsweise heißen, dass der Kunde bei der Bestellung bereits insolvent

Die Verschaffung von Liquiditätsvorteilen ist ein häufiger Grund, warum Rechnungen nicht rechtzeitig beglichen werden.

Welches sind Ihrer Erfahrung nach die drei häufigsten Gründe, warum Rechnungen nicht rechtzeitig beglichen werden?

Abb. 5-3: Gründe für Zahlungsstörungen bei Zahlungen per Rechnung
Quelle: ibi research (ECL-Umfrage 2007)

war. Dabei handelt es sich zwar um eine strafbare Handlung, die zur Anzeige gebracht werden kann, die Forderung gegen diesen Kunden muss jedoch in der Regel abgeschrieben werden. Daneben kommt es auch vor, dass Bestellungen durch Scheinfirmen getätigt werden, die nach Erbringung der Leistung nicht mehr ermittelt werden können, dass der Kunde trotz ordnungsgemäßer Lieferung abstreitet, die Ware erhalten zu haben, oder dass die Ware abgefangen wurde (vgl. Abschnitt 5.2).

Durch Prüfungen vor Erbringung der Leistung, durch beweiskräftige Dokumentation der Leistungserbringung und ein differenziertes Forderungsmanagement lässt sich der Anteil der Zahlungsstörungen und Zahlungsausfälle reduzieren. Auf die entsprechenden Maßnahmen wird in den Abschnitten 5.2 und 5.3 näher eingegangen.

Lastschrift – wenn der Schein trügt

Die Zahlung per Lastschrift hat gegenüber dem Rechnungskauf den Vorteil, dass der Händler den Zahlungseinzug selbst anstoßen kann und nicht abwarten muss, bis der Kunde die offene Forderung begleicht. Auch bei der Lastschrift können jedoch unterschiedliche Probleme auftreten, die einen erfolgreichen Einzug der Zahlung verhindern. Wie Abbildung 5-4 zeigt, treten nur bei gut einem Viertel der befragten Unternehmen keine Zahlungsstörungen bei Lastschriftzahlungen auf.

Mögliche Gründe für Zahlungsstörungen bei Lastschriftzahlungen sind:

Kontodaten sind ungültig

Um Lastschriften einziehen zu können, müssen die richtigen Kontodaten des Kunden bekannt sein. Vertippt sich der Kunde oder werden bewusst frei erfundene Kontodaten angegeben, schlägt der Einzug der Lastschrift fehl.

Konto des Kunden ist nicht gedeckt

Eine weitere Voraussetzung für den Einzug von Lastschriften ist, dass das Konto des Kunden nicht für Lastschriften gesperrt ist und die erforderliche Deckung (durch Guthaben oder einen entsprechenden Überziehungsrahmen) aufweist. Ist

Nur bei einem Viertel der Unternehmen treten bei Zahlungen per Lastschrift keine Zahlungsstörungen auf.

Welcher Anteil der Lastschriftzahlungen kann dem Kundenkonto nicht belastet werden oder wird nachträglich zurückgebucht?

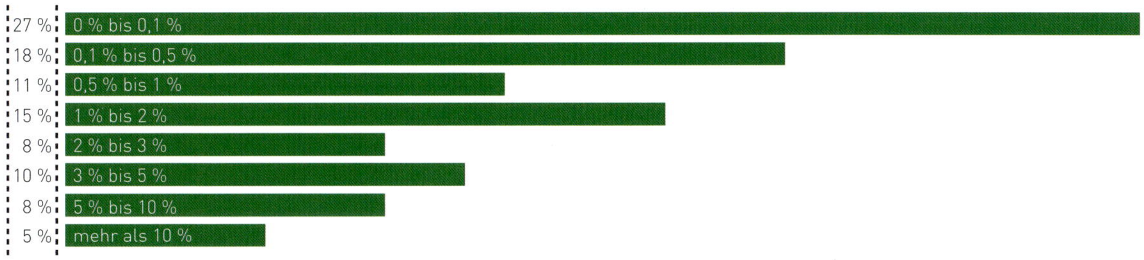

Abb. 5-4: Anteil der Zahlungsstörungen bei Zahlungen per Lastschrift
Quelle: ibi research (ECL-Umfrage 2007)

dies nicht der Fall, bucht die Bank des Kunden die Zahlung zuzüglich Rückgabegebühren (3 Euro) innerhalb von zwei bis drei Bankarbeitstagen wieder zurück. Zu den Rückgabegebühren kommen die Kosten hinzu, die Ihre eigene Bank für die Lastschriftrückgabe berechnet.

Berechtigte Reklamation der Abbuchung

Auch wenn das Konto des Kunden die erforderliche Deckung aufweist, können Lastschriften in der Regel innerhalb von sechs Wochen nach Abbuchung vom Kunden zurückgegeben werden. In einigen Fällen kann der Widerspruch durchaus berechtigt sein, z. B., wenn Umsätze versehentlich doppelt abgebucht oder wenn keine bzw. falsche Waren geliefert wurden. Aufgrund der nicht unerheblichen Rückgabegebühren bei Lastschriften sollte in diesen Fällen versucht werden, Gutschriften in Form von Überweisungen an den Kunden zu erteilen.

Kunde kann Abbuchung nicht zuordnen

Ein Widerspruch des Kunden kann auch darauf zurückzuführen sein, dass die Abbuchung auf seinem Kontoauszug keinem Einkauf zugeordnet werden kann. Bei der Nutzung von Payment Service Providern (vgl. Abschnitt 4.2) wird beispielsweise häufig dieser als Zahlungsempfänger auf dem Kontoauszug aufgeführt und nicht der Name des Shops, den der Kunde besucht hat.

Unberechtigte Rückgabe

Auch ohne berechtigte Gründe können Lastschriften in der Regel innerhalb von sechs Wochen nach Abbuchung ohne weitere Begründung des Kunden zurückgegeben werden. Die Bank des Kunden ist nicht verpflichtet, den Grund für die Lastschriftrückgabe zu prüfen. Der Händler kann sich gegen eine Rückbuchung daher auch dann nicht zur Wehr setzen, wenn er gegenüber dem Kunden im Recht ist, sondern muss die Forderung anschließend auf anderem Wege geltend machen.

Betrug

Schließlich haben Betrüger auch die Möglichkeit, mit den Kontodaten von Dritten im Internet einzukaufen. Die unberechtigte Abbuchung wird von den Kontoinhabern unter Umständen erst nach mehreren Wochen bemerkt und zurückgegeben.

Rücklastschriften mangels Deckung sind die häufigste Form von Zahlungsstörungen bei Lastschriftzahlungen.

Welches sind die drei häufigsten Gründe, warum Lastschriftzahlungen nicht belastet werden können oder nachträglich zurückgebucht werden?

Abb. 5-5: Gründe für Zahlungsstörungen bei Zahlungen per Lastschrift
Quelle: ibi research (ECL-Umfrage 2007)

Kann eine Lastschrift nicht eingelöst werden, muss die Forderung gegebenenfalls auf anderem Wege geltend gemacht werden. Damit dies gelingen kann, müssen die gleichen Voraussetzungen wie bei der Zahlung per Rechnung (z. B. richtige Anschrift, Eindeutigkeit des Leistungsempfängers, beweiskräftige Dokumentation der Leistungserbringung) erfüllt sein.

Kreditkarte – was heißt hier „Chargeback"?

Kreditkartenzahlungen sind für den Händler in der Regel mit höheren Gebühren verbunden als Zahlungen per Lastschrift (vgl. Kapitel 4). Demgegenüber hat der Händler jedoch erweiterte Möglichkeiten der Vorabprüfung (Autorisierung) von Zahlungen, sodass Zahlungsstörungen früher erkannt werden können (vgl. Infobox 5-1). Zudem kann der Kunde Abbuchungen nicht ohne Angabe von Gründen zurückgeben. Der Händler hat dadurch im Vergleich zur Lastschrift bessere Möglichkeiten, sich gegen unberechtigte Rückgaben zur Wehr zu setzen.

Autorisierung von Kreditkartenzahlungen

Als Autorisierung bezeichnet man den Vorgang der Genehmigung einer bestimmten Kreditkartenzahlung durch die Bank des Karteninhabers. Im Rahmen der Autorisierung wird unter anderem geprüft, ob es sich um eine gültige Karte handelt, und ob das Kreditkartenlimit für die beabsichtigte Transaktion noch ausreicht. Bei erfolgreicher Autorisierung hat der Händler die Gewissheit, dass das Kreditkartenkonto des Kunden mit dem autorisierten Betrag belastet werden kann. Die Autorisierung erfolgt in der Regel online über die Systeme des Acquirers (vgl. Abschnitt 4.2).

Infobox 5-1: Autorisierung von Kreditkartenzahlungen
Quelle: ibi research (E-Commerce-Leitfaden 2009)

Fast die Hälfte der Unternehmen hat bei Kreditkartenzahlungen nahezu keine Probleme mit Zahlungsstörungen.

Welcher Anteil der Zahlungen mit Kreditkarte kann nicht autorisiert bzw. belastet werden oder wird nachträglich zurückgebucht (Chargeback)?

Abb. 5-6: Anteil der Zahlungsstörungen bei Zahlungen per Kreditkarte
Quelle: ibi research (ECL-Umfrage 2007)

Wie Abbildung 5-6 zeigt, hat fast die Hälfte der Unternehmen, die Kreditkarten akzeptieren, daher auch nahezu keine Probleme mit Zahlungsstörungen. Bei den Unternehmen, die Zahlungen per Lastschrift akzeptieren, ist dagegen nur gut ein Viertel der Unternehmen nicht von Zahlungsstörungen betroffen (vgl. Abbildung 5-4).

Auf die möglichen Probleme, die dennoch bei Kreditkartenzahlungen auftreten können, wird im Folgenden näher eingegangen:

Falsche Kreditkartendaten

Ebenso wie bei der Lastschrift birgt die Erhebung der Kreditkartennummer über ein Online-Formular das Risiko, dass sich der Kunde vertippt, oder dass bewusst frei erfundene Kreditkartennummern angegeben werden. Im Gegensatz zur Lastschriftzahlung wird dies jedoch spätestens bei der Autorisierung der Kreditkartenzahlung erkannt, da die Transaktion vom Kreditkartenherausgeber abgelehnt wird.

Betrag kann nicht abgebucht werden

Bei der Autorisierung der Zahlung wird ebenfalls geprüft, ob die Karte noch gültig ist, ob Kartensperren vorliegen und ob der Verfügungsrahmen der Karte für die Zahlung noch ausreicht. Ist dies nicht der Fall, wird die Transaktion ebenfalls abgelehnt.

Berechtigte Reklamation der Abbuchung

Ebenso wie bei der Lastschrift kann der Kunde die Abbuchung zurückgeben. Man spricht in diesem Fall bei Kreditkartenzahlungen von einem Chargeback. Der Karteninhaber muss bei Chargebacks einen der in Infobox 5-8 aufgeführten Chargeback-Gründe angeben. Für den Händler bedeuten Chargebacks nicht nur zusätzliche Kosten, die von der Händlerbank für den Bearbeitungsaufwand verrechnet werden. Überschreitet der Anteil der Chargebacks an allen Transaktionen eine Obergrenze von ca. 2 %, droht zusätzlich der Verlust des Kreditkartenakzeptanzvertrags. Auf berechtigte Reklamationen sollte daher möglichst schnell mit einer Gutschrift auf das Kreditkartenkonto des Kunden (so genannter Refund) reagiert werden, solange noch kein Chargeback oder eine Beleganforderung (vgl. Abschnitt 5.2) durch den Kunden vorliegt.

Kunde kann Abbuchung nicht zuordnen

Analog zur Lastschrift kann das Problem auftreten, dass der Name des Shops nicht auf der Kreditkartenabrechnung genannt wird. Kann der Kunde die Zahlung keinem Einkauf zuordnen, hat er die Möglichkeit, die Zahlung zurückzugeben oder ergänzende Informationen anzufordern (vgl. Abschnitt 5.2).

Betrug

Grundsätzlich haben Betrüger auch bei der Zahlung per Kreditkarte die Möglichkeit, die Kreditkartendaten von Dritten für den Einkauf im Internet zu verwenden. In der Regel ist der Einkauf mit gestohlenen Kreditkartendaten sogar einfacher als im stationären Handel, da im Internet keine Prüfung der Unterschrift möglich ist. Die erfolgreiche Autorisierung einer Kreditkartenzahlung bedeutet daher nicht, dass der Besteller auch der berechtigte Karteninhaber ist. Stellt der richtige Karteninhaber anhand der Kreditkartenabrechnung fest, dass seine Kreditkartendaten von Betrügern missbraucht wurden, kann er die Abbuchung in der Regel zurückgeben, und Sie als Händler müssen versuchen, die Forderungen anderweitig geltend zu machen. Mit MasterCard SecureCode und Verified by Visa wurden jedoch Verfahren entwickelt, mit denen sich Händler gegen Chargebacks aufgrund missbräuchlich verwendeter Kreditkartendaten schützen können (vgl. hierzu das Interview mit Nicole Mantow, ConCardis, in Abschnitt 5.2).

Die häufigsten Probleme bei Kreditkartenzahlungen werden bei der Autorisierung erkannt.

Welches sind die drei häufigsten Gründe, warum Kreditkartenzahlungen nicht autorisiert bzw. belastet werden können oder nachträglich zurückgebucht werden?

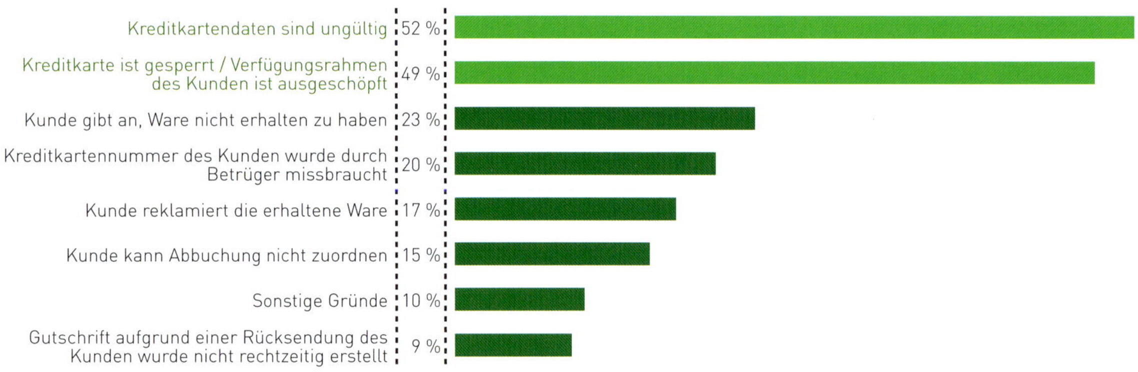

Abb. 5-7: Gründe für Zahlungsstörungen bei Zahlungen per Kreditkarte
Quelle: ibi research (ECL-Umfrage 2007)

Die Autorisierung der Zahlung und der Einsatz von MasterCard SecureCode bzw. Verified by Visa bieten die Möglichkeit, Ursachen für Zahlungsstörungen bei Kreditkartenzahlungen bereits unmittelbar nach Eingabe zu erkennen und dem Kunden die Möglichkeit zur Korrektur seiner Angaben bzw. zur Auswahl anderer Zahlungsverfahren zu geben. Auf diese erweiterten Möglichkeiten bei Kreditkartenzahlungen wird in Abschnitt 5.2 näher eingegangen.

5.2 Vorbeugen ist besser als Heilen – Risikomanagement im E-Commerce

Wie im vorhergehenden Abschnitt deutlich wurde, lassen sich unterschiedliche Ursachen für Zahlungsstörungen feststellen. Einerseits können Zahlungsstörungen auf unbeabsichtigte Fehler oder berechtigte Reklamationen des Kunden zurückzuführen sein. Andererseits kann es sich aber auch um zahlungsunwillige oder zahlungsunfähige Kunden bzw. sogar um Betrüger handeln. In diesen Fällen ist ein Ausfall der Forderung häufig nicht mehr zu vermeiden, d. h. die Forderung gegen den Kunden muss abgeschrieben werden. Wie hoch die Anteile der Zahlungsausfälle bei den Zahlungsverfahren Rechnung, Lastschrift und Kreditkarte bei den befragten Unternehmen in etwa sind, zeigt Abbildung 5-8.

Aufgrund der hohen Kosten, die Zahlungsstörungen und Zahlungsausfälle nach sich ziehen, sollten diese im Idealfall von vornherein ausgeschlossen werden. Welche Möglichkeiten im elektronischen Handel dafür zur Verfügung stehen, wird in den folgenden Abschnitten behandelt. Zunächst wird darauf eingegangen, wie das Auftreten von Fehlern und Reklamationen des Kunden auf das geringstmögliche Maß reduziert werden kann. Daraufhin werden sowohl allgemeine Vorsichtsmaßnahmen, um sich gegen zahlungsunwillige bzw. zahlungsunfähige Kunden und gegen Betrüger zu schützen, als auch Möglichkeiten zur Prüfung der Identität und Bonität der Kunden vorgestellt. Diese Maßnahmen werden zusammenfassend als „Risikomanagement" bezeichnet. Abschließend werden Dienstleistungen von externen Anbietern beschrieben, die Sie bei der Reduzierung von Zahlungsstörungen im elektronischen Handel unterstützen können.

Auf Anhieb zur Zahlung – vermeiden Sie Fehler und Reklamationen

Auch bei eigentlich zahlungswilligen Kunden kann es aufgrund von unbeabsichtigten Fehlern oder von Missverständnissen zu Zahlungsstörungen kommen. Um dies zu vermeiden, sollten Händler die auf den folgenden Seiten aufgeführten Maßnahmen ergreifen.

Bei Zahlungen per Lastschrift und per Rechnung kommt es besonders häufig zu Zahlungsausfällen.

Anteil der Unternehmen, bei denen Zahlungsausfälle in Höhe von mindestens 3 % des Umsatzes auftreten (nur Unternehmen, die das jeweilige Zahlungsverfahren anbieten).

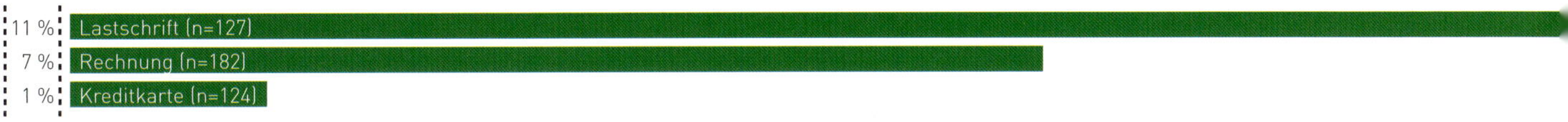

Abb. 5-8: Anteil der Zahlungsausfälle bei unterschiedlichen Zahlungsverfahren
Quelle: ibi research (ECL-Umfrage 2007)

5

Risiken der Zahlungsabwicklung im Internet – Bedeutung, Gegenmaßnahmen und zukünftige Herausforderungen

Die Vermeidung von Zahlungsausfällen wurde in der Basisstudie „Zahlungsabwicklung im Internet" (vgl. Infobox 4-1) von drei Viertel der befragten Unternehmen zu den größten zukünftigen Herausforderungen gezählt. Um sich im Internet vor Zahlungsstörungen und Zahlungsausfällen zu schützen, steht Händlern eine Vielzahl von Möglichkeiten (z. B. die Prüfung von Kundendaten, die Prüfung kundenbezogener Negativmerkmale oder die Durchführung von Risiko-Scorings) zur Verfügung. In welchem Umfang solche Möglichkeiten von den Unternehmen derzeit genutzt werden und welche Erfahrungen die Unternehmen mit Risikoprüfungen gemacht haben, wurde in der Studie „Risiken der Zahlungsabwicklung im Internet", die im Auftrag der Wirecard AG erstellt wurde, genauer betrachtet.

Weitere Informationen zur Studie sowie eine Zusammenfassung der wichtigsten Ergebnisse finden Sie auf der Web-Seite des Leitfadens (www.ecommerce-leitfaden.de).

Ernst Stahl, Markus Breitschaft, Thomas Krabichler, Georg Wittmann:
Risiken der Zahlungsabwicklung im Internet –
Bedeutung, Gegenmaßnahmen und zukünftige Herausforderungen
Oktober 2007
209 Seiten, über 90 Abbildungen
ISBN 978-3-937195-15-5

Infobox 5-2: Hinweis Studie „Risiken der Zahlungsabwicklung im Internet"

Achten Sie auf vollständige und eindeutige Beschreibungen im Web-Shop

Im elektronischen Handel fällt der Kunde seine Kaufentscheidung in der Regel ausschließlich anhand der Informationen, die im Web-Shop dargestellt sind. Achten Sie daher darauf, dass Ihre Produkte und Dienstleistungen möglichst eindeutig und unmissverständlich beschrieben sind, um Reklamationen und Retouren zu vermeiden. Hierzu gehört auch die Anzeige der Währung bei Preisangaben sowie die Beschreibung der Lieferpolitik (in welche geografischen Regionen zu welchen Kosten bzw. überhaupt nicht geliefert wird) und der Rücknahmebedingungen von Waren.

Protokollieren Sie Zeitpunkt und Herkunft der Bestellung

Sowohl für die Vermeidung von Fehlern als auch für die Klärung von Missverständnissen und Reklamationen empfiehlt es sich, Datum, Zeitpunkt und IP-Adresse des Bestellers zu protokollieren. Gehen beispielsweise von einer IP-Adresse innerhalb weniger Sekunden zwei identische Bestellungen ein, liegt möglicherweise ein Versehen des Kunden vor, was sich durch eine kurze Rückfrage leicht klären lässt. Anhand der IP-Adresse kann eventuell herausgefunden werden, von welchem PC die Bestellung initiiert wurde. Allerdings ist die eindeutige Identifizierung von Rechnern bzw. der Nutzer des Rechners nicht immer möglich. Achten Sie bei der Protokollierung von Daten auch darauf, nicht gegen datenschutzrechtliche Bestimmungen zu verstoßen (vgl. das Interview mit Stefan Schicker in Abschnitt 2.3).

Prüfen Sie die angegebene Kreditkarten- oder Kontonummer auf Plausibilität

Um unnötige kostenpflichtige Autorisierungen von Kreditkartenzahlungen zu vermeiden, sollte zunächst anhand des Ablaufdatums der Karte geprüft werden, ob die Karte noch gültig ist. Bei Kreditkarten kann zudem geprüft werden, ob die erste Ziffer der Kreditkartennummer zur angegebenen Kreditkartenorganisation (z. B. MasterCard oder Visa) passt. Schließlich enthalten Kreditkartennummern und Kontonummern auch eine Kontrollziffer, die sich aus den übrigen Ziffern errechnet. Mithilfe automatisierter Prüfroutinen, die direkt in

Plausibilitätsprüfung von Kreditkartendaten

Bevor Sie eine kostenpflichtige Autorisierung durchführen, können Sie die Plausibilität der angegebenen Kreditkartendaten anhand der folgenden drei Fragen selbst prüfen:

- Liegt das „Gültig bis"– Datum bereits in der Vergangenheit?
- Passt die erste Ziffer der Kreditkartennummer zum angegebenen Kreditkartenunternehmen?

Erste Ziffer	Kreditkartenunternehmen
5	MasterCard
4	Visa
3	American Express oder Diners Club

- Kann die Kontrollziffer richtig errechnet werden?

Infobox 5-3: Plausibilitätsprüfung von Kreditkartendaten
Quelle: ibi research (E-Commerce-Leitfaden 2009)

den Web-Shop eingebunden oder durch externe Dienstleister ausgeführt werden, lässt sich feststellen, ob die Kontrollziffer zu den übrigen Ziffern der Kreditkarten- oder Kontonummer passt. Eine richtige Kontrollziffer bedeutet allerdings nicht, dass die Kreditkarte tatsächlich herausgegeben wurde oder das Konto tatsächlich existiert.

Prüfen Sie die Vollständigkeit und Plausibilität von Adressdaten

Auch bei der Eingabe von Adressdaten können Fehler auftreten. Wurde beispielsweise vergessen, die Postleitzahl anzugeben? Oder hat der Kunde im Straße-Feld seine Telefonnummer eingetragen? Diese Fälle sollten soweit wie möglich durch automatisierte Prüfungen und aussagekräftige Fehlermeldungen ausgeschlossen werden. Der Kunde kann dann seine Angaben korrigieren, solange er sich noch im Web-Shop befindet. Mithilfe von Zusatzsoftware oder externen Dienstleistern lässt sich sogar automatisiert feststellen, ob der Straßenname richtig geschrieben ist oder die angegebene Postleitzahl zu Wohnort und Straße und die gewählte Anrede (Herr / Frau) zum angegebenen Vornamen passt. Auch eine Prüfung, ob der Name an der angegebenen Adresse postalisch bekannt ist, ist mit Hilfe externer Dienstleister möglich (vgl. hierzu Checkliste 5-2).

Versenden Sie Statusinformationen an den Kunden

Nicht nur Sie als Händler, auch die Kunden verspüren beim Einkauf im Internet oft ein Gefühl der Unsicherheit und geben daher aus ihrer Sicht möglicherweise unberechtigte Abbuchungen eventuell vorschnell zurück. Durch den Versand von Statusinformationen, beispielsweise Auftrags- und Versandbestätigungen oder Hinweise auf bevorstehende Abbuchungen bei Mitgliedschaften oder Abonnements, erleichtern Sie Ihren Kunden die Zuordnung der Abbuchung. Die Zusendung von Auftragsbestätigungen ermöglicht es zudem, fehlerhaft erfasste Daten bereits vor Zusendung einer Rechnung oder Abbuchung vom Kundenkonto zu erkennen. Achten Sie jedoch darauf, dass Sie durch Statusinformationen keine neuen Angriffsmöglichkeiten für Betrüger schaffen (vgl. den Abschnitt „Glaube(n) allein genügt nicht"). So dürfen nie alle Stellen von Konto- und Kreditkartennummern übermittelt werden, um das Abfangen der vollständigen Daten durch Dritte zu verhindern.

5

Reichen Sie Kreditkartenumsätze und Lastschriften nach Leistungserbringung zeitnah ein

Bei Kreditkartenzahlungen riskiert der Händler ein Chargeback, wenn der Umsatz später als nach 30 Tagen beim kartenherausgebenden Institut vorgelegt wird (vgl. Reason Codes Nr. 42 bzw. 74 in Infobox 5-8). Um Chargebacks zu vermeiden, sollte der Umsatz daher immer taggleich online autorisiert und verbucht werden, sofern die bestellte Ware verfügbar ist. Aber auch bei Lastschriften steigt bei einer zu späten Einreichung das Risiko einer Rücklastschrift, da sich der Kunde eventuell nicht mehr an den Kauf erinnern kann. Wird der Umsatz andererseits bereits beim Kunden abgebucht, ohne dass die Ware geliefert oder eine anderweitige Leistung erbracht wurde, kann dies ebenfalls zu einer Irritation des Kunden und in Folge zu einer Rückbelastung führen.

Übermitteln Sie aussagekräftige Angaben für die Kreditkartenabrechnung / den Kontoauszug

Prüfen Sie, welche Daten auf der Kreditkartenabrechnung bzw. dem Kontoauszug der Kunden stehen, wenn diese per Kreditkarte oder Lastschrift in Ihrem Shop eingekauft haben. Können die Kunden die Abbuchung Ihrem Shop zuordnen, z. B., indem die Domain Ihres Shops auf der Kreditkartenabrechnung oder dem Kontoauszug aufgeführt wird? Ist dies bei Kreditkartenzahlungen nicht der Fall, sprechen Sie Ihre Händlerbank bzw. Ihren Payment Service Provider darauf an.

Seien Sie auf Rückfragen vorbereitet

Stellen Sie sicher, dass Sie bei Rückfragen des Kunden oder bei einer Beleganforderung (Retrieval Request bzw. Copy Request) zu jeder Abbuchung genau angeben können, wofür diese erfolgt ist. Mit einer Beleganforderung können Kreditkarteninhaber ergänzende Informationen oder Belege (z. B. Leistungsbelege, Bestellunterlagen) zu einer Belastung ihrer Kreditkarte anfordern. Um Rückbelastungen (Chargebacks) zu vermeiden, müssen auf einen solchen Retrieval Request hin die folgenden Daten innerhalb kurzer Zeit zur Verfügung gestellt werden können: Datum des Einkaufs und gegebenenfalls des Versands der Ware, Versandnachweis, Beschreibung der gelieferten Waren oder erbrachten Dienstleistungen, Betrag, Autorisierungscode, sonstige Antwortcodes (z. B. auf die Abfrage der Kartenprüfnummer, die Adressprüfung oder des 3-D-Secure-Kennworts; vgl. hierzu das Interview mit Nicole Mantow, ConCardis), Kreditkartennummer des Kunden, Ablaufdatum der Karte, Name des Karteninhabers, Rechnungs- und Lieferadresse sowie gegebenenfalls zusätzlich vorhandener Schriftverkehr. In Einzelfällen kann auch das so genannte MPI.log (Merchant PlugIn.log) angefordert werden, das Ihnen von Ihrem Payment Service Provider zur Verfügung gestellt wird.

Achten Sie auf richtige Rechnungsstellung

Will Ihr Kunde die an Sie gezahlte Umsatzsteuer als Vorsteuer abziehen, so muss die Rechnung zwingend bestimmte Angaben enthalten (vgl. Checkliste 5-1). Fehlen diese Angaben, kann die Rechnung zurückgewiesen werden.

Wickeln Sie Rücksendungen, Reklamationen oder Kündigungen schnell und transparent ab

Achten Sie darauf, dass Abbuchungen im Fall von Rücksendungen, Reklamationen oder Kündigungen des Kunden rechtzeitig gestoppt werden. Ist dies nicht möglich, weisen Sie Ihre Kunden ausdrücklich darauf hin, dass kurzfristig eine Gutschrift erfolgen wird. Halten Sie dieses Versprechen auch ein, um Rücklastschriften oder Chargebacks durch verärgerte Kunden möglichst zu vermeiden.

Bieten Sie eine Hotline für Rückfragen an

Durch ein persönliches Gespräch mit dem Kunden können Missverständnisse häufig leicht geklärt und teure Rücksendungen von Waren oder Rückbelastungen von Lastschrift- und Kreditkartenzahlungen damit vermieden werden. Besonders wirkungsvoll ist diese Maßnahme, wenn die Hotline-Nummer auch mit den Umsatzdaten auf dem Kontoauszug bzw. der Kreditkartenabrechnung aufgedruckt wird, sodass sich der Kunde bei Unklarheiten in Bezug auf eine Abbuchung an Sie wenden kann.

Glaube(n) allein genügt nicht – führen Sie Risikoprüfungen durch

Die im vorhergehenden Abschnitt erläuterten Maßnahmen können dazu beitragen, dass der Anteil der Zahlungsstörungen bei gutwilligen Kunden deutlich zurückgeht. Sie bieten allein jedoch noch keinen ausreichenden Schutz vor zahlungsunwilligen oder zahlungsunfähigen bzw. betrügerischen Kunden.

Zahlungsunwillige Kunden wollen sich durch das Hinauszögern von Zahlungen auf Ihre Kosten Liquiditätsspielräume verschaffen oder hoffen sogar darauf, dass die Forderung nicht konsequent genug eingefordert wird und eines Tages verjährt (vgl. Abschnitt 5.3).

Häufig ist die Zahlungsunwilligkeit auf bereits stark eingeschränkte Liquiditätsspielräume zurückzuführen, sodass nicht selten auf absehbare Zeit die Zahlungsunfähigkeit (Insolvenz) eintritt. Die Insolvenz führt häufig dazu, dass Ihre Forderung fast vollständig abgeschrieben werden muss. Geht der Kunde trotz Zahlungsunfähigkeit finanzielle Verpflichtungen ein (z. B. durch eine Bestellung), so handelt es sich um Betrug (vgl. Abschnitt 5.3). Der Kunde kann dann zwar strafrechtlich verurteilt werden, dies bedeutet aber noch nicht, dass Ihre Forderung anschließend beglichen wird.

Eine andere Form des Betrugs liegt vor, wenn durch Vorspiegelung einer falschen Identität versucht wird, Geld oder Waren zu unterschlagen. Zwei Beispiele dafür, mit welchen Methoden professionelle Betrüger bei Internet-Bestellungen arbeiten, sind in Infobox 5-4 dargestellt.

Checkliste: Erforderliche Angaben in Rechnungen

Eine Rechnung muss mindestens die folgenden Angaben enthalten:

- Den vollständigen Namen und die vollständige Anschrift Ihres Unternehmens
- Die von Ihrem Finanzamt erteilte Steuernummer oder die vom Bundesamt für Finanzen erteilte Umsatzsteuer-Identifikationsnummer Ihres Unternehmens
- Den vollständigen Namen und die vollständige Anschrift des Rechnungsempfängers
- Das Ausstellungsdatum der Rechnung
- Eine fortlaufende Rechnungsnummer
- Die Menge und Bezeichnung der gelieferten Waren bzw. den Umfang und die Art der erbrachten Leistungen
- Den Zeitpunkt der Lieferung bzw. Leistungserbringung
- Den Zeitpunkt der Vereinnahmung des Entgelts (sofern dieser bereits feststeht und nicht dem Ausstellungsdatum der Rechnung entspricht)
- Das Entgelt für die Lieferung oder Leistung, gegebenenfalls aufgeschlüsselt nach den unterschiedlich anzuwendenden Steuersätzen bzw. Steuerbefreiungen
- Die jeweils anzuwendenden Steuersätze und die sich daraus ergebenden Steuerbeträge in Euro
- Im Voraus vereinbarte Minderungen des Entgelts (z. B. durch Skonto, Rabatt, Bonussysteme), sofern sie nicht bereits im Entgelt berücksichtigt sind

Bei Rechnungen bis zu einem Gesamtbetrag von 150 Euro gelten geringere Anforderungen, die in § 33 der Umsatzsteuer-Durchführungsverordnung geregelt sind.

Bei Geschäften mit Verbrauchern ist ein Hinweis auf der Rechnung sinnvoll, dass 30 Tage nach Rechnungszugang automatisch der Verzug eintritt (vgl. Abschnitt 5.2).

Checkliste 5-1: Erforderliche Angaben in Rechnungen
Quelle: § 14 Absatz 4 des Umsatzsteuergesetzes

Beispiele für Betrügermethoden im Internet

Methode 1: Abfangen von Waren

Die Betrüger bestellen per Lastschrift (oder alternativ per Kreditkarte oder Rechnung) Waren im Shop des Händlers. Nach Abschluss der Bestellung übermitteln viele Händler ihren Kunden die Tracking-ID des Paketdienstes, damit diese jederzeit den Zustellstatus verfolgen können. Ist dies nicht der Fall, melden sich die Betrüger per E-Mail oder telefonisch und bitten unter unterschiedlichen Vorwänden um die Tracking-ID (z. B., weil der Paketdienst häufig die Hausnummer nicht findet oder um sicherzustellen, dass jemand zu Hause ist).

Als Lieferanschrift wählen die Betrüger eine Wohnung, die vorübergehend leer steht oder deren Bewohner in Urlaub sind. Mithilfe der Tracking-ID können die Betrüger feststellen, zu welcher Zeit die Lieferung der Ware erfolgen wird. Sie warten dann vor dem Haus auf den Paketdienst. Bei dessen Ankunft tun sie so, als würden sie zufällig gerade nach Hause kommen, und nehmen das Paket entgegen.

Einige Tage nach dem Einzug der Lastschrift wird diese zurückgegeben. Es stellt sich heraus, dass die Betrüger z. B. die Kontodaten eines Vereins verwendet haben, die dieser auf seiner Web-Seite im Internet veröffentlicht hatte.

Methode 2: Die Gutschriftenfalle

Die Betrüger buchen Hotelzimmer oder kaufen z. B. Konzertkarten oder andere Leistungen, die im Voraus mit einer Kreditkarte bezahlt werden können.

Einige Zeit später wird die Buchung bzw. der Kauf wieder storniert. Mit der Begründung, die Karte sei verloren gegangen oder man habe die Bank gewechselt, bitten die Betrüger darum, die bereits geleistete Vorauszahlung abzüglich der Stornogebühren einer anderen (zweiten) Kreditkarte gutzuschreiben.

Nach Erteilung der Gutschrift erhält der Händler eine Rückbelastung (Chargeback) des von der ersten Kreditkarte abgebuchten Betrags. Die Betrüger hatten die Kreditkartendaten von Dritten missbraucht, die sie in einem Internet-Forum käuflich erwerben konnten.

In einer Variante dieses Betrugsfalls bitten die Betrüger Hoteliers zusätzlich darum, Gastgeschenke von Versandhäusern per Nachnahme entgegenzunehmen und die dafür anfallenden Kosten ebenfalls der Kreditkarte zu belasten. Nach der Stornierung der Buchung werden diese Waren von Taxifahrern oder Kurierdiensten abgeholt.

Infobox 5-4: Betrügermethoden im Internet (Beispiele)
Quelle: ibi research (E-Commerce-Leitfaden 2009)

Insbesondere, wenn es zu Zahlungsausfällen kommt, entstehen für Sie als Händler hohe Kosten. Es lohnt sich daher, Bestellungen genau zu prüfen und im Zweifelsfall lieber auf eine Zahlung per Vorkasse zu bestehen. Eine Rückbelastung sowie der gegebenenfalls zusätzliche Verlust der Ware können Sie härter treffen als der möglicherweise entgehende Gewinn. Welche Möglichkeiten Ihnen zur Verfügung stehen, um sich gegen bonitätsschwache Kunden oder Betrüger zu schützen, wird im Folgenden vorgestellt.

Erheben Sie vollständige Kundendaten

Die Qualität der Kundendaten wird häufig erst dann zum Thema, wenn bereits Zahlungsstörungen aufgetreten sind. So etwa, wenn Mahnungen mit dem Vermerk „Unbekannt verzogen" zurückkommen oder im Streitfall nicht mehr feststellbar ist, um welchen der beiden Herbert Meier, die unter der gleichen Anschrift wohnen, es sich bei dem Kunden gehandelt hat. In diesen Fällen zahlt es sich aus, wenn der Kunde über sein Geburtsdatum oder zusätzliche Kontaktdaten (z. B. Festnetz- / Mobiltelefonnummer, E-Mail-Adresse) identifiziert bzw. sogar kontaktiert werden kann. Auch frühere Wohn- bzw. Firmensitze können helfen, einen unbekannt verzogenen Kunden zu ermitteln und sollten daher bei Adressänderungen nicht gelöscht werden. Erklären Sie Ihren Kunden, welche Daten für welchen Zweck erfasst und gespeichert werden und bieten Sie gegebenenfalls zusätzliche Anreize zur Angabe der Daten (z. B. einen Newsletter mit Informationen über Sonderangebote oder die Zusendung eines Gutscheincodes als Geburtstagsgeschenk).

Verifizieren Sie die angegebenen Kundendaten

Auch die umfangreichsten Angaben der Kunden nützen nichts, wenn sie falsch sind. Gerade zahlungsunwillige Kunden oder Betrüger werden jedoch versuchen, falsche Daten anzugeben, um ihre wahre Identität zu verschleiern. Die vorgestellten Plausibilitätsprüfungen sind in diesem Fall wenig hilfreich, da es sich nicht um offensichtlich falsche Angaben handelt und die angegebene Adresse bzw. die angegebene Kreditkarten- oder Kontonummer unter Umständen sogar tatsächlich existiert. Um festzustellen, ob die angegebenen Daten tatsächlich zum Auftraggeber der Bestellung gehören, können Sie entweder selbst versuchen, die Daten zu verifizieren, oder auf Angebote externer Dienstleister zurückgreifen (vgl. Checkliste 5-2).

5

Checkliste: Möglichkeiten zur Verifizierung von Kundendaten

Die folgende Übersicht zeigt Ihnen, welche Daten Sie wie überprüfen können. Beispielsweise kann eine Anschrift einerseits durch Sie selbst oder durch den Versand einer Auftragsbestätigung mit einem Verifizierungscode geprüft werden, andererseits kann die Anschrift jedoch auch mit bestehenden Daten von Zustelldiensten abgeglichen werden.

		Möglichkeiten zur Verifizierung durch Sie selbst	Möglichkeiten zur Verifizierung mithilfe externer Dienstleister
Kontaktdaten	Anschrift	- Versand einer Auftragsbestätigung per Brief - Versand eines Verifizierungscodes per Brief - Anforderung einer Ausweiskopie	- Abgleich mit Daten von Zustelldiensten - Abgleich mit Daten von Auskunfteien - Abgleich mit Daten von Anbietern von Wirtschaftsinformationen - Address Verification Service (bei Kreditkartenzahlungen) - Postident-Verfahren
Kontaktdaten	Festnetznummer	- Anruf - Abgleich mit Telefonbuchdaten	- Abgleich mit Telefonbuchdaten - Abgleich mit Daten von Auskunfteien - Abgleich mit Daten von Anbietern von Wirtschaftsinformationen
Kontaktdaten	Handy-Nummer	- Versand einer Auftragsbestätigung per SMS - Versand eines Verifizierungscodes per SMS - Anruf	–
Kontaktdaten	E-Mail-Adresse	- Versand einer Auftragsbestätigung per E-Mail - Versand eines Verifizierungscodes per E-Mail	–
Zahlungsdaten	Kontonummer	- Mikro-Belastung - Mikro-Gutschrift	- Abgleich mit Daten von Auskunfteien - Abgleich mit Daten von Anbietern von Wirtschaftsinformationen
Zahlungsdaten	Kreditkartennummer	- Mikro-Belastung - Mikro-Gutschrift	- MasterCard SecureCode - Verified by Visa

5

Erläuterungen:

Versand einer Auftragsbestätigung:

Durch den Versand einer Auftragsbestätigung per Brief, E-Mail oder SMS können Sie prüfen, ob der Kunde tatsächlich unter den angegebenen Kontaktdaten erreichbar ist. Existieren die angegebenen Kontaktdaten nicht oder wurden die Kontaktdaten Dritter von Betrügern missbraucht, so ist zu erwarten, dass die Auftragsbestätigung entweder nicht zugestellt werden kann oder der Empfänger der Auftragsbestätigung sich mit Ihnen in Verbindung setzt.

Versand eines Verifizierungscodes:

Um ganz sicher zu gehen, können Sie in die Auftragsbestätigung einen Verifizierungscode aufnehmen. Diesen muss der Empfänger auf Ihrer Web-Seite eingeben, um zu bestätigen, dass er den Brief, die E-Mail oder die SMS erhalten hat.

Anforderung einer Ausweiskopie:

Die Anforderung einer Ausweiskopie ist beispielsweise zu empfehlen, wenn bei Bestellungseingang bereits Hinweise auf einen Betrugsfall vorliegen (sofern nicht ganz auf eine Leistung verzichtet wird; vgl. Checkliste 5-3).

Abgleich mit Daten von Zustelldiensten, Telefonbuchdaten,
Daten von Auskunfteien / Anbietern von Wirtschaftsinformationen:

Durch einen Abgleich der angegebenen Anschrift, Telefonnummer und / oder Kontonummer mit Daten externer Dienstleister können Sie prüfen, ob diese Daten bereits bekannt sind.

Address Verification Service:

Abgleich mit der Anschrift, die beim kreditkartenherausgebenden Institut hinterlegt ist (vgl. das Interview mit Nicole Mantow, ConCardis).

Postident-Verfahren:

Beim Postident-Verfahren werden Ihre Kunden durch Mitarbeiter der Deutschen Post AG durch Vorlage des Personalausweises oder Reisepasses persönlich identifiziert. Dieses relativ aufwendige Verfahren wird vor allem von Banken genutzt, um die Auflagen des Geldwäschegesetzes zu erfüllen.

Mikro-Belastung / Mikro-Gutschrift:

Durch eine Belastung oder eine Gutschrift eines kleinen Cent-Betrags können Sie feststellen, ob das Konto oder die Karte tatsächlich existiert und gegebenenfalls der angegebene Name zu dem Konto bzw. der Karte gehört. Wenn Sie gleichzeitig einen Verifizierungscode übermitteln (siehe oben), können Sie zudem feststellen, ob Ihr Kunde tatsächlich Zugriff auf das angegebene Bank- oder Kreditkartenkonto hat.

MasterCard SecureCode / Verified by Visa:

Abfrage eines geheimen Kennworts, das der Kreditkarteninhaber mit dem kartenherausgebenden Institut vereinbart hat (vgl. das Interview mit Nicole Mantow, ConCardis).

Checkliste 5-2: Möglichkeiten zur Verifizierung von Kundendaten
Quelle: ibi research (E-Commerce-Leitfaden 2009)

Kreditkartenbetrüger im Internet – so können Sie sich schützen!

Im Gespräch mit Nicole Mantow, ConCardis GmbH, www.concardis.com

5

Nicole Mantow ist Head of International Expansion and Sales SME bei der ConCardis GmbH, die als Gemeinschaftsunternehmen der deutschen Kreditwirtschaft Serviceleistungen rund um den kartengestützten Zahlungsverkehr erbringt. Zu den Kunden von ConCardis zählen rund 400.000 Handels- und Dienstleistungsunternehmen, in deren Geschäftsstellen bargeldlos gezahlt werden kann bzw. deren Leistungen bargeldlos in Anspruch genommen werden können.

INTERVIEW

Wie kommen Betrüger an Kreditkartendaten?

Betrüger bedienen sich verschiedener Methoden, um an Kreditkartendaten zu gelangen. Im einfachsten Fall wird einfach die Karte gestohlen, was vom Karteninhaber aber in der Regel schnell bemerkt wird und zur Sperrung der Kreditkarte führt. Da viele Händler bei Kreditkartenzahlungen im Internet nur die Angabe der Kreditkartennummer und des Gültigkeitsdatums der Karte fordern, reicht es jedoch auch aus, wenn die Betrüger in den Besitz von Kreditkartenabrechnungen oder Zahlungsbelegen kommen, auf denen diese Daten aufgedruckt sind. Um diese Art der Beschaffung von Kreditkartendaten für Betrüger zu erschweren oder gar unmöglich zu machen, haben die Kartenorganisationen beschlossen, nur noch eine verschlüsselte Darstellung der 16-stelligen Kartennummer zuzulassen und dadurch Missbrauch durch unberechtigte Dritte zu verhindern.

Um im großen Stil an Kreditkartendaten zu gelangen, werden manche Betrüger selbst als Händler aktiv und bieten Waren im stationären Handel oder im Internet an. Die dabei gesammelten Kreditkartendaten der Kunden werden anschließend verwendet, um selbst im Internet einzukaufen, oder in Internet-Foren an andere Betrüger verkauft. Auch Hacker-Angriffe auf Kundendateien von großen Handelsunternehmen, in denen Kreditkartendaten von Kunden gespeichert sind, gewinnen an Bedeutung. So wurden bei einer anglo-amerikanischen Kaufhauskette im Laufe von 2 Jahren über 45 Millionen Kreditkartendatensätze gestohlen. Durch die Einführung des Payment Card Industry Data Security Standards (PCI-Standard, vgl. Abschnitt 4.2) sollen solche Fälle zukünftig vermieden werden.

Wie kann ich mich als Händler vor Betrügern schützen?

Prüfen Sie Bestellungen aufmerksam auf Auffälligkeiten (vgl. Checkliste 5-3). Kontaktieren Sie bei Verdachtsfällen Ihre Händlerbank bzw. die Hotline Ihres Genehmigungs-Services und teilen Sie den Betrugsverdacht mit. Kontaktieren Sie den Kunden und fordern Sie ihn auf, Ihnen eine Ausweiskopie oder eine Kopie der letzten Kreditkartenabrechnung zuzusenden.

Um Sie als Händler besser vor Betrügern zu schützen, wurden zudem von den Kreditkartenunternehmen mit der Kartenprüfnummer, dem Address Verification Service und MasterCard SecureCode bzw. Verified by Visa zusätzliche Sicherheitsmechanismen für den Online-Handel entwickelt. Sollten Sie diese Verfahren bisher noch nicht einsetzen, sprechen Sie Ihren Payment Service Provider oder Ihren Acquirer darauf an.

5

„Um Sie als Händler besser vor Betrügern zu schützen, wurden von den Kreditkartenunternehmen zusätzliche Sicherheitsmechanismen für den Online-Handel entwickelt."

Nicole Mantow, ConCardis

Die drei- bis vierstellige Kartenprüfnummer – auch als Card Verification Code 2 (CVC2), Card Verification Value 2 (CVV2) oder Card Identification Number (CID) bezeichnet – ist bei MasterCard und Visa auf der Rückseite (dreistellig) und bei American Express auf der Vorderseite der Karte (vierstellig) aufgedruckt. Für Betrüger ist es weitaus schwieriger, in den Besitz der Kartenprüfnummer einer Kreditkarte zu gelangen. Im Gegensatz zur Kreditkartennummer und dem Gültigkeitsdatum ist diese nicht im Magnetstreifen der Karte gespeichert oder auf Kreditkartenabrechnungen oder Zahlungsbelegen enthalten. Die vom Kunden angegebene Kartenprüfnummer wird mit den übrigen Kreditkartendaten an den Kartenherausgeber übermittelt, der die Richtigkeit der Nummer prüft und das Ergebnis mit der Autorisierungsantwort an den Händler zurückmeldet.

Mithilfe des Address Verification Service lässt sich prüfen, ob die angegebene Lieferanschrift mit der Anschrift des Kreditkarteninhabers übereinstimmt. Der Kartenherausgeber vergleicht dazu die ihm vom Händler übermittelte Lieferanschrift mit der Anschrift, an die die Kreditkartenabrechnung versandt wird. Bei MasterCard und Visa ist dieser Service nur für Kreditkarten verfügbar, die z. B. in den USA herausgegeben wurden, American Express bietet den Address Verification Service für alle Karten an.

MasterCard SecureCode und Verified by Visa nutzen beide das so genannte 3-D-Secure-Protokoll. Setzt ein Händler diese Verfahren ein, so wird nach Angabe der Kreditkartendaten durch den Kunden zunächst geprüft, ob der Kunde von seiner Bank ein geheimes Kennwort zu seiner Kreditkarte erhalten hat. Ist dies der Fall, wird der Kunde zur Eingabe seines Kennworts aufgefordert, das anschließend durch den Kartenherausgeber verifiziert wird. Bei positivem Ergebnis ist der Händler vor Chargebacks mit der Begründung geschützt, die Kreditkartendaten seien von Betrügern missbraucht worden (vgl. die Chargeback Reason Codes 37 und 63 bei MasterCard sowie 83 bei Visa in Infobox 5-8). Hat der Kunde kein Kennwort von seiner Bank erhalten, wird er nicht zur Kennworteingabe aufgefordert. Der Händler kann Chargebacks mit den Reason Codes 37 und 63 bzw. 83 aber in der Regel dennoch zurückweisen, wenn er die Verfahren einsetzt. Von dieser Regel existieren nur einige wenige Ausnahmen, die bestimmte vorausbezahlte Kreditkarten (Prepaid-Kreditkarten) und bestimmte Transaktionen mit Firmenkreditkarten betreffen. Aufgrund des verbesserten Schutzes vor Chargebacks empfehlen wir grundsätzlich allen Händlern, die Verfahren im Internet einzusetzen.

5

Autorisieren Sie Kreditkartenzahlungen vor Lieferung

Bei Kreditkartenzahlungen im Internet muss gemäß Vorgaben der Kreditkartenorganisationen immer eine Autorisierung durchgeführt werden. Bei Teillieferungen ist für jede Lieferung eine eigene Autorisierung in Höhe des jeweiligen Warenwerts erforderlich.

Vereinbaren Sie einen verlängerten Eigentumsvorbehalt in den AGB

Bei physischen Waren geht das Eigentum in aller Regel bereits mit der Übergabe der Ware auf den Kunden über. Dies bedeutet für Sie als Händler, dass im Falle einer Zahlungsstörung (z. B. bei Insolvenz des Kunden) kein Anspruch auf Herausgabe der Ware besteht. Um dies zu vermeiden, wird in die AGB häufig ein verlängerter Eigentumsvorbehalt aufgenommen, wodurch die Ware bis zur vollständigen Zahlung des Kaufpreises Eigentum des Händlers bleibt. Kommt der Kunde seiner Zahlungsverpflichtung nicht nach, kann der Händler vom Kaufvertrag zurücktreten und die Herausgabe der Ware sowie gegebenenfalls Ersatz für den entstandenen Schaden verlangen.

Sichern Sie sich gegen Versandrisiken ab

Bei Verkäufen an Privatkunden tragen Sie das Risiko, dass Waren auf dem Weg zum Kunden beschädigt werden oder gar verloren gehen. Behauptet der Kunde daher, dass er die Ware nicht erhalten hat, kann er die Zahlung verweigern. In diesem Fall sollten Sie einen Nachforschungsantrag bei Ihrem Zustelldienst stellen. Entweder kann dieser nachweisen, dass die Ware zugestellt wurde, oder Sie erhalten bei versichertem Versand eine Ersatzleistung. Achten Sie daher bei der Auswahl der Versandart darauf, bis zu welcher Höhe die Sendung gegen Beschädigungen und Verlust versichert ist, und bewahren Sie Versandnachweise sorgfältig auf.

Prüfen Sie regelmäßig Ihre AGB

Prüfen Sie regelmäßig, ob Ihre AGB noch den aktuellen gesetzlichen Bestimmungen entsprechen, bzw. lassen Sie dies durch einen Juristen prüfen. So können nicht nur Abmahnungen vermieden werden (vgl. Abschnitt 2.3), auch Ihre Forderungen lassen sich auf diese Weise rechtlich absichern.

Legen Sie eigene interne Negativlisten an

Auf internen Negativlisten werden Namen und Anschriften bzw. Kreditkarten- oder Kontonummern von Kunden verzeichnet, mit denen Sie selbst bereits negative Zahlungserfahrungen gesammelt haben. Durch einen Abgleich eingehender Bestellungen mit den Daten der Negativlisten können Sie feststellen, bei welchen Bestellungen mit hoher Wahrscheinlichkeit wieder Zahlungsstörungen zu erwarten sind. Voraussetzung ist jedoch, dass Sie über vollständige und verifizierte Daten verfügen, um den Kunden eindeutig identifizieren zu können. Schon kleinere Variationen in der Schreibweise des Namens können nämlich dazu führen, dass ein bereits negativ aufgefallener Kunde nicht mehr erkannt und dennoch beliefert wird.

Nutzen Sie Bonitätsinformationen externer Dienstleister

Liegen keine ausreichenden eigenen Zahlungserfahrungen mit dem Kunden vor (z. B. bei Neukunden), können Bonitätsinformationen externer Dienstleister zu einer wesentlich besseren Einschätzung des Zahlungsausfallrisikos beitragen. Als Anbieter von Bonitätsinformationen sind in erster Linie die Auskunfteien zu nennen, die auf Anfrage mitteilen, ob gegen einen bestimmten Kunden derzeit ein außergerichtliches

5

Inkasso-Verfahren läuft („weiches" Negativmerkmal), ein gerichtliches Mahn- oder Klageverfahren („mittleres" Negativmerkmal) oder ein Insolvenz-Verfahren eröffnet worden ist („hartes" Negativmerkmal). Liegt kein Negativmerkmal vor, was beim Großteil der Kunden der Fall sein wird, kann die Zahlungsausfallwahrscheinlichkeit mithilfe eines mathematisch-statistischen Verfahrens ermittelt werden (so genanntes „Scoring", vgl. hierzu den Abschnitt „Geschickt gestrickt – die Abfrage- und Entscheidungslogik").

Fragen Sie Kontensperrlisten ab

Für Lastschriftzahlungen stellen Zahlungsdienstleister und Inkasso-Unternehmen relativ preisgünstige Informationen über aktuell anhängige Rücklastschriften zur Verfügung. Die zentrale deutsche Sperrdatei KUNO, die auf eine Initiative der Polizei und des Einzelhandels zurückgeht (www.kuno-sperrdienst.de), enthält zudem die Konto- bzw. Kartennummern von Bankkundenkarten, die bei der Polizei als verloren oder gestohlen gemeldet sind.

Ermitteln Sie die Herkunft Ihrer Besucher

Mithilfe von GeoIP-Analysen können Sie anhand der IP-Adresse des Besuchers feststellen, aus welchem Land die IP-Adressen Ihrer Besucher stammen. Stimmt das Herkunftsland der IP-Adresse nicht mit dem Lieferland überein oder stammt die IP-Adresse aus einem Risikoland (vgl. hierzu Checkliste 5-3), so könnte es sich um einen Betrugsversuch handeln.

Negativlisten und Sperrlisten

Die folgende Tabelle zeigt, welche Negativmerkmale mithilfe welcher Negativlisten und Sperrlisten ermittelt werden können:

Art der Kundendaten / Art der Negativmerkmale	Name und Anschrift von natürlichen und juristischen Personen	Kreditkartennummern	Kontonummern
Negative Zahlungserfahrungen des eigenen Unternehmens	Interne Personennegativliste	Interne Kreditkartennegativliste (PCI-konform)	Interne Kontennegativliste
Negative Zahlungserfahrungen von anderen Unternehmen	Daten von Inkasso-Unternehmen und Auskunfteien	–	Sperrlisten von Handelskonzernen und Zahlungsdienstleistern
Konten- oder Kartensperren	–	Sperrliste des Kreditkartenherausgebers (wird bei der Autorisierung geprüft)	KUNO-Sperrdatei von polizeilich verloren oder gestohlen gemeldeten Karten
Eidesstattliche Versicherung, Insolvenz	Schuldnerverzeichnisse, Insolvenzbekanntmachungen	–	–

Infobox 5-5: Negativlisten und Sperrlisten
Quelle: ibi research (E-Commerce-Leitfaden 2009)

ibi

Achten Sie auf Auffälligkeiten, die auf Betrug hinweisen (Betrugsmuster)

Die Maschen professioneller Betrüger zu durchschauen ist nicht immer einfach. In vielen Fällen hätten Betrugsfälle jedoch vielleicht verhindert werden können, wenn Auffälligkeiten der Bestellung rechtzeitig erkannt worden wären. Die Voraussetzung dafür ist eine entsprechende Sensibilität bei der Bearbeitung von Bestellungen bzw. die Durchführung automatisierter Prüfungen. Eine beispielhafte, jedoch keinesfalls vollständige Auflistung möglicher Hinweise auf Betrugsfälle finden Sie in Checkliste 5-3.

5

Checkliste: Mögliche Hinweise auf Betrug

Bestellungen von Betrügern weisen häufig eines oder mehrere der folgenden Merkmale auf:

- Der Wert des Warenkorbs ist deutlich höher als bei einer durchschnittlichen Bestellung.
- Die Produkte werden scheinbar wahllos ausgewählt und / oder es werden mehrere Produkte einer Kategorie gekauft.
- Von einer IP-Adresse aus einem Risikoland (siehe unten) werden PCs mit deutschem Tastatur-Layout bestellt. Bezahlt wird mit einer Kreditkarte, die von einer amerikanischen oder britischen Bank herausgegeben wurde.
- Es handelt sich um einen Neukunden bzw. es werden nach mehreren kleineren Bestellungen Waren einer deutlich höheren Risikokategorie (z. B. hochpreisige Elektronikartikel) geordert.
- Kreditkartenzahlungen können erst nach mehreren Versuchen mit ähnlichen Kreditkartennummern autorisiert werden („Durchprobieren" unterschiedlicher Nummern)
- Es werden mehrere unterschiedliche Kreditkartennummern angegeben (damit der Händler bei Problemen mit der Autorisierung einfach die nächste Nummer nehmen kann). Gegebenenfalls wird der Händler von Anfang an aufgefordert, die Beträge zu splitten.
- Der Kunde bittet zwingend um die Tracking-ID.
- Schnelle Zustellung ist wichtig, Versandkosten spielen keine Rolle.
- Die Waren sollen in ein Risikoland (siehe unten) geliefert werden.
- Der Kunde ist nur per Handy erreichbar.
- Als E-Mail-Adresse wird eine Adresse angegeben, die kostenlos ohne Prüfung der Identität registriert werden kann.
- Innerhalb eines kurzen Zeitraums werden mehrere Bestellungen getätigt, die mit den gleichen Konto- bzw. Kreditkartendaten bezahlt und / oder an die gleiche Adresse geliefert werden sollen.
- Das Herkunftsland der IP- oder E-Mail-Adresse des Bestellers weicht vom Herkunftsland der Karte und / oder vom Lieferland der Waren ab.

Zu beachten ist jedoch, dass jeder Händler selbst am besten beurteilen kann, wie sich seine Kunden üblicherweise verhalten und in welchen Fällen Auffälligkeiten vorliegen. Die vorliegende Checkliste kann daher nur beispielhafte Hinweise liefern und sollte von jedem Händler individuell angepasst und erweitert werden.

Risikoländer:

Eine laufend aktualisierte Aufstellung von Ländern, die für den Warenversand als risikoreich eingestuft werden, finden Sie z. B. auf den Web-Seiten von ConCardis (www.concardis.com).

Checkliste 5-3: Mögliche Hinweise auf Betrug
Quelle: ibi research (E-Commerce-Leitfaden 2009)

5

Geschickt gestrickt – die Abfrage- und Entscheidungslogik

Eine der größten Herausforderungen im Risikomanagement ist die Entwicklung einer effizienten Abfrage- und Entscheidungslogik für die Risikosteuerung. Die Abfragelogik legt fest, welche internen und externen Daten in welcher Reihenfolge in die Risikoprüfung einbezogen werden sollen. Mithilfe der Entscheidungslogik werden die Ergebnisse der einzelnen Abfragen zu einer Entscheidung darüber verknüpft, welche Form der Zahlungsabwicklung bei dieser Bestellung akzeptiert wird (vgl. Abbildung 5-9). Welche Möglichkeiten der Zahlungsabwicklung dem Kunden angeboten werden entscheidet wiederum wesentlich über die Kaufabbruchquote in einem Web-Shop (vgl. hierzu die Studie „Erfolgsfaktor Payment" in Infobox 4-6). Was bei der Gestaltung der Abfrage- und Entscheidungslogik zu beachten ist und wie die Abfrage- und Entscheidungslogik in den Bestellprozess eingebunden werden kann, wird im Folgenden erläutert.

Bestandteile des Risikomanagements

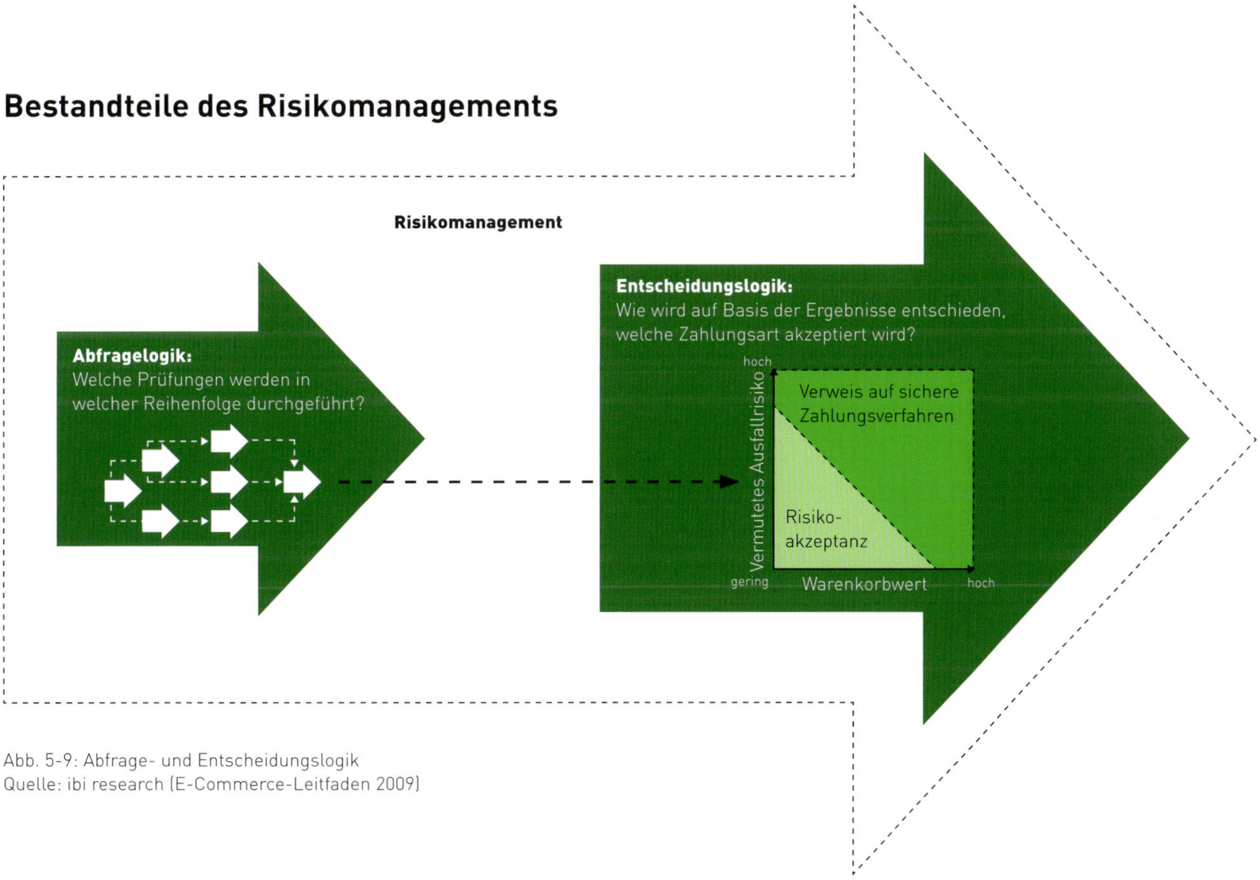

Abb. 5-9: Abfrage- und Entscheidungslogik
Quelle: ibi research (E-Commerce-Leitfaden 2009)

Herausforderungen bei der Gestaltung der Abfragelogik

Bei der Gestaltung der Abfragelogik ist zunächst abzuwägen, wie viele externe Bonitätsinformationen im Rahmen der Risikoprüfung abgefragt werden sollen. Grundsätzlich werden umso mehr zahlungsunfähige bzw. -unwillige Kunden erkannt, je mehr externe Datenquellen abgefragt werden. Der Grund hierfür ist, dass nicht alle Auskunfteien über alle Negativmerkmale bzw. vergangenen Zahlungsstörungen eines Kunden Bescheid wissen (vgl. hierzu auch das Interview mit Oliver Benesch, creditPass).

Die Herausforderung bei der Gestaltung der Abfragelogik liegt daher darin, weder zu viele noch zu wenige Daten abzufragen (vgl. Abbildung 5-10). Die Nutzung zu vieler Daten bedeutet, dass hohe Kosten anfallen, die die Marge stark reduzieren oder sogar aufzehren können. Werden zu wenige externe Daten zugekauft, werden Informationen über Zahlungsstörungen, die nicht allen Auskunfteien bekannt sind, dagegen eventuell übersehen.

5

Optimierung der Abfragelogik

Die Abbildung zeigt an einem konkreten Beispiel, wie sich die Gesamtkosten für Risikoprüfungen und Zahlungsausfälle in Abhängigkeit von der Anzahl der Risikoprüfungen entwickeln. Hierfür wird angenommen, dass 7 von 100 Bestellungen mit einem Wert von jeweils 100 Euro nicht bezahlt würden. Durch Zukäufe externer Daten können zunehmend mehr zahlungsunwillige und -unfähige Kunden erkannt werden, allerdings steigen dadurch auch die Kosten für externe Prüfungen an. Das Kostenminimum liegt dort, wo die Summe aus den Kosten für Zahlungsausfälle und den Kosten für Risikoprüfungen am niedrigsten ist.

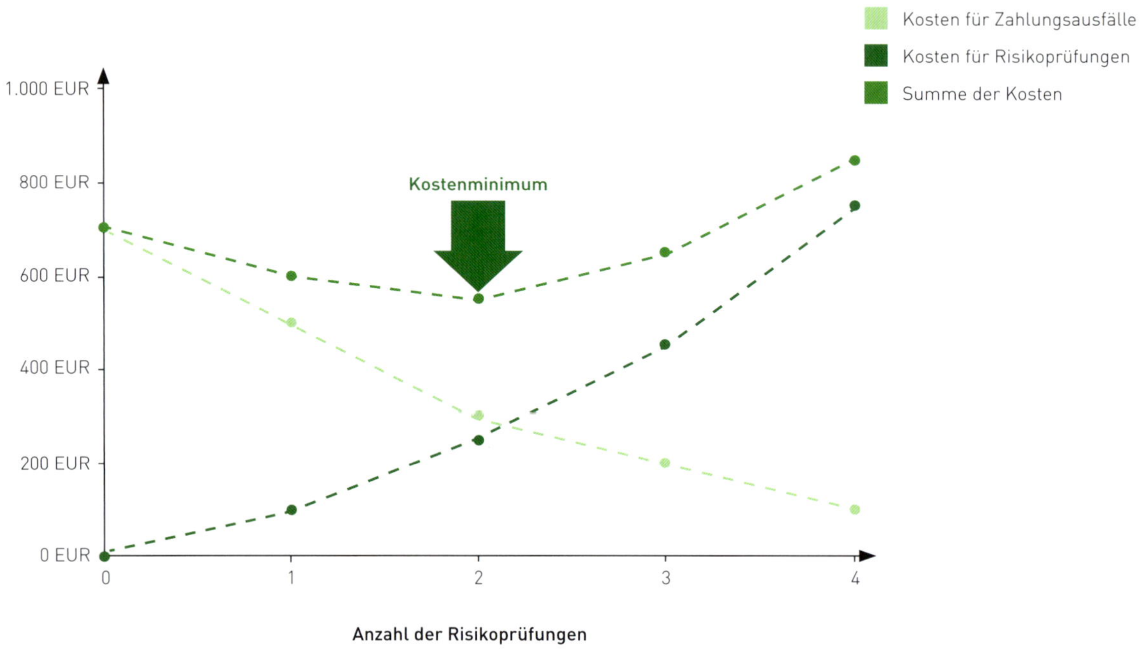

Abb. 5-10: Optimierung der Abfragelogik
Quelle: ibi research (E-Commerce-Leitfaden 2009)

Grundsätzlich ist die Abfrage weiterer Bonitätsinformationen nur dann erforderlich, wenn sich aus den zuerst abgefragten Datenquellen keine Anhaltspunkte für eine schlechte Bonität des Kunden ergeben. Ist der Kunde bereits auf einer internen Negativliste vermerkt, ist eine zusätzliche Abfrage externer Datenquellen nicht sinnvoll. Die Abfragelogik lässt sich daher durch eine Orientierung an den goldenen Regeln der Abfragelogik weiter optimieren (vgl. Infobox 5-6).

Die vier goldenen Regeln der Abfragelogik:

Um die Abfragelogik möglichst effizient zu gestalten, empfiehlt sich die Orientierung an den folgenden Regeln:

1. Nutzen Sie interne Daten immer zuerst (Negativlisten, Bestellhistorien der Wiederholungskäufer).
2. Kaufen Sie externe Daten nur in dem Maße, wie es angesichts des Risikos der Transaktion (je nach Forderungsbetrag, gewünschter Zahlungsart, Kundengruppe oder Produktart) notwendig ist.
3. Fragen Sie kostengünstige Datenquellen immer zuerst ab.
4. Passen Sie die Abfragelogik bei Änderungen des eigenen Angebots, der Marktgegebenheiten oder der Qualität externer Datenbestände an.

Infobox 5-6: Goldene Regeln der Abfragelogik
Quelle: ibi research (E-Commerce-Leitfaden 2009)

Auch im Risikomanagement gilt: Die Kette ist nur so stark wie ihr schwächstes Glied. Die Entscheidungslogik kann daher maximal so gut sein, wie es die Abfragelogik zulässt. Denn mit einer schlechten Datenbasis als Grundlage kann selbst die ausgeklügeltste Entscheidungslogik zu keinem zufrieden stellenden Ergebnis kommen.

Herausforderungen bei der Gestaltung der Entscheidungslogik

Die Entscheidungslogik legt auf Basis der Abfrageergebnisse fest, wie das Zahlungsausfallrisiko bei einer bestimmten Bestellung eingeschätzt und welches Zahlungsverfahren aufgrund dieser Risikoeinschätzung akzeptiert wird. Liegen harte oder mittlere Negativmerkmale (z. B. Insolvenz oder Zwangsvollstreckung) vor, sollte in jedem Fall nur Zahlung per Vorkasse akzeptiert werden. Wird von einer Auskunftei dagegen nur ein weiches Negativmerkmal oder ein schlechtes Ergebnis aus einem mathematisch-statistischen Scoring zurückgemeldet, ist die Entscheidung nicht ganz so einfach.

Scorings basieren nicht ausschließlich auf tatsächlichen Zahlungserfahrungen, sondern im Wesentlichen auf vermuteten Zusammenhängen zwischen bestimmten Merkmalen der Kunden (z. B. Alter, Geschlecht, Wohnort bei Privatkunden bzw. Rechtsform, Branche, Umsatzhöhe bei Firmenkunden) und der Wahrscheinlichkeit eines Zahlungsausfalls. Dem Kunden wird auf Basis seiner Merkmale ein Zahlungsausfallrisiko zugeordnet, das den durchschnittlichen Zahlungsausfällen bei Personen bzw. Unternehmen mit ähnlichen Merkmalen entspricht. Ein schlechtes Ergebnis eines Scorings bedeutet jedoch nicht zwingend, dass der Kunde tatsächlich nicht bezahlen kann oder will.

5

Die Stolperfalle bei der Gestaltung der Entscheidungslogik liegt in diesem Zusammenhang in den so genannten False-Positive- bzw. False-Negative-Effekten (vgl. Abbildung 5-11). Der False-Positive-Effekt beschreibt das Problem, dass eigentlich zahlungsfähige und -willige Kunden aufgrund des Resultats der Risikoprüfungen nicht mit „unsicheren" Zahlungsverfahren (vor allem Lastschrift, Rechnung) bezahlen dürfen, obwohl die Zahlung ordnungsgemäß erfolgt wäre. Ein Teil dieser Kunden bricht in der Folge den Kauf ab und sucht nach einem anderen Anbieter, was zu Umsatzeinbußen führt (vgl. hierzu die Studie „Erfolgsfaktor Payment" in Infobox 4-6 und das Fallbeispiel am Ende dieses Kapitels). Der False-Negative-Effekt tritt umgekehrt dann auf, wenn ein zahlungsunfähiger Kunde aufgrund einer falschen Risikoeinschätzung akzeptiert wird.

False-Positive- und False-Negative-Effekt

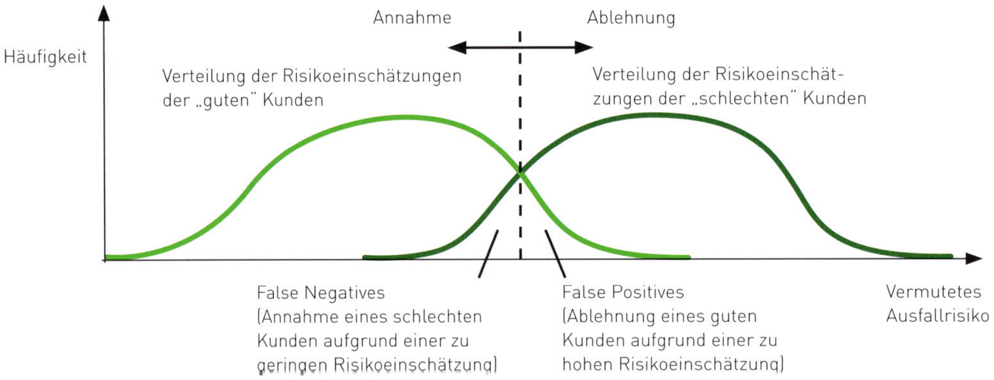

Abb. 5-11: False-Positive- und False-Negative-Effekt
Quelle: ibi research (E-Commerce-Leitfaden 2009)

Stellschrauben für die Optimierung des Risikomanagements

Um die optimale Abfrage- und Entscheidungslogik zu finden, müssen daher sowohl die Zahlungsverzögerungen und Zahlungsausfälle als auch die Kaufabbruchquoten und die Kosten für die Nutzung externer Daten im Auge behalten werden. Ansatzpunkte zur Optimierung finden sich sowohl in der Abfrage- als auch in der Entscheidungslogik. Steigen beispielsweise die Zahlungsstörungen bei gleichem Umsatz plötzlich an, gibt es zwei Möglichkeiten:

- Zum einen kann versucht werden, eine verbesserte Trennschärfe in der Unterscheidung zwischen guten und schlechten Kunden zu erzielen (vgl. Alternative 1 in Abbildung 5-12). Dies kann z. B. dadurch erreicht werden, dass zusätzliche bzw. andere Datenquellen für die Risikoprüfungen herangezogen werden (Änderung der Abfragelogik). Hierdurch werden jedoch gegebenenfalls höhere Kosten für die Nutzung dieser Daten verursacht.

- Zum anderen können Kunden mit einer höheren Risikoeinstufung, die bisher noch per Rechnung oder Lastschrift bezahlen konnten, zukünftig nur noch per Vorkasse oder Nachnahme beliefert werden (Verschiebung der Annahmegrenze nach links, vgl. Alternative 2 in Abbildung 5-12). Der Nachteil dieser Maßnahme liegt jedoch darin, dass bei einer solchen „härteren" Einstellung der Entscheidungslogik die Anzahl der False Positives und in der Folge die Kaufabbruchquote ansteigt.

Durch laufende Überprüfung und Justierung der Abfrage- und Entscheidungslogik nähert man sich dem Optimum an, das je nach Produktart, Zielgruppe etc. jeweils woanders liegen kann. Wird beispielsweise bei einer bestimmten Zielgruppe eine überdurchschnittlich hohe Kaufabbruchquote festgestellt, kann die Entscheidungsregel bei dieser Zielgruppe versuchsweise etwas „weicher" eingestellt werden (d. h. die Annahmegrenze wird in Alternative 2 in Abbildung 5-12 nach rechts verschoben).

Möglichkeiten zur Verringerung von Zahlungsstörungen

Alternative 1: Änderung der Abfragelogik (Verbesserung der Trennschärfe durch den Zukauf zusätzlicher externer Daten)

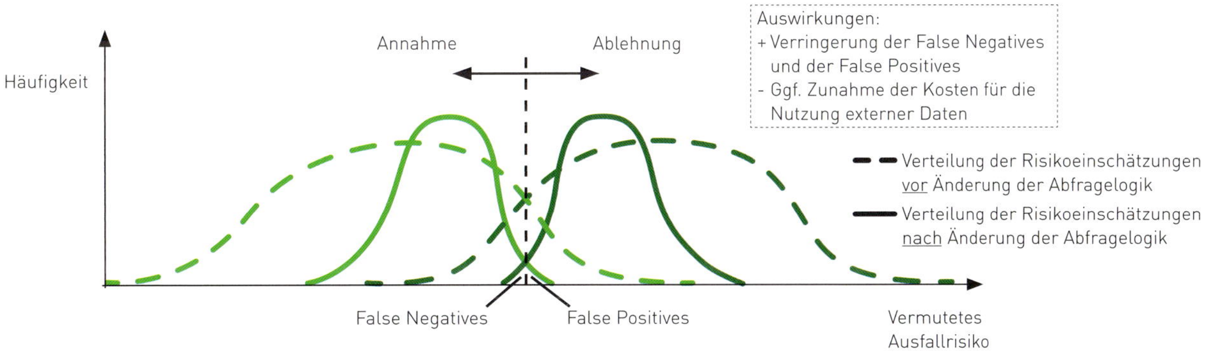

Alternative 2: Änderung der Entscheidungslogik (geringere Risikoakzeptanz)

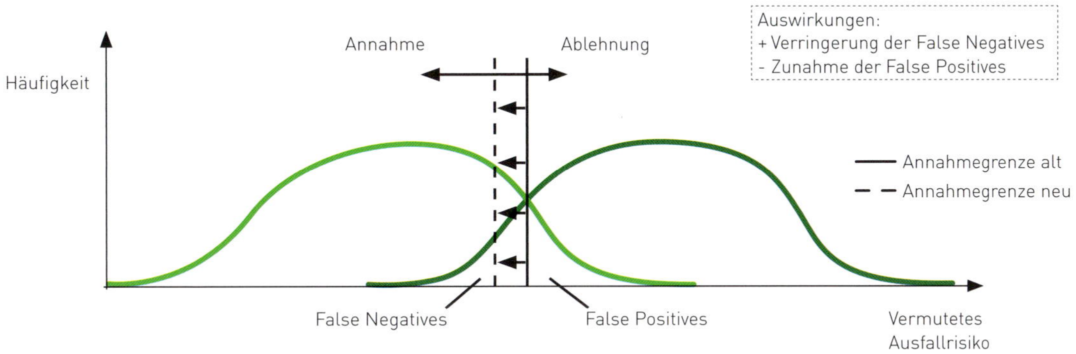

Abb. 5-12: Möglichkeiten zur Verringerung von Zahlungsstörungen
Quelle: ibi research (E-Commerce-Leitfaden 2009)

Einbindung der Abfrage- und Entscheidungslogik in den Bestellprozess

Die Abfrage- und Entscheidungslogik kann grundsätzlich auf zwei Arten in den Bestellprozess eingebunden werden.

5

1. Durchführung von Risikoprüfungen in Abhängigkeit vom Zahlungsverfahren

Bestimmte Risikoprüfungen werden nur dann durchgeführt, wenn die vom Kunden gewählte Zahlungsart mit Risiken für Sie als Händler verbunden ist (vgl. Abbildung 5-13). Dies hat den Vorteil, dass keine Kosten für Risikoprüfungen anfallen, wenn der Kunde ein „sicheres" Zahlungsverfahren wie die Vorkasse wählt. Nachteilig ist jedoch, dass die nachträgliche Verweigerung der gewählten Zahlungsart aufgrund zu hohen Risikos zur Verärgerung des Kunden und damit zu einem Kaufabbruch führen kann. Verbunden mit Anreizen für die Wahl „sicherer" Zahlungsarten (z. B. einem Preisnachlass) kann diese Form der Risikoprüfung jedoch insgesamt sehr sinnvoll sein (vgl. hierzu auch Abbildung 5-14).

Alternative 1: Durchführung von Risikoprüfungen in Abhängigkeit des vom Kunden gewählten Zahlungsverfahrens

Beispiel: Kauf einer Digitalkamera, mittleres Negativmerkmal liegt vor.

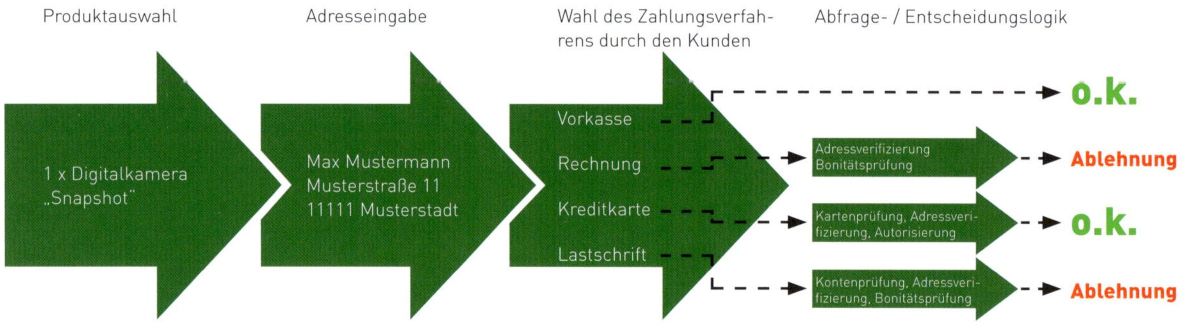

Abb. 5-13: Durchführung von Risikoprüfungen in Abhängigkeit des vom Kunden gewählten Zahlungsverfahrens
Quelle: ibi research (E-Commerce-Leitfaden 2009)

Bereits ein Rabatt von 3 % steigert den Anteil der Vorkasse-Zahlungen deutlich.

Häufigkeit, mit der folgende Zahlungsverfahren genutzt werden, wenn auf Vorkasse-Zahlungen ein Rabatt von 3 % gewährt wird.

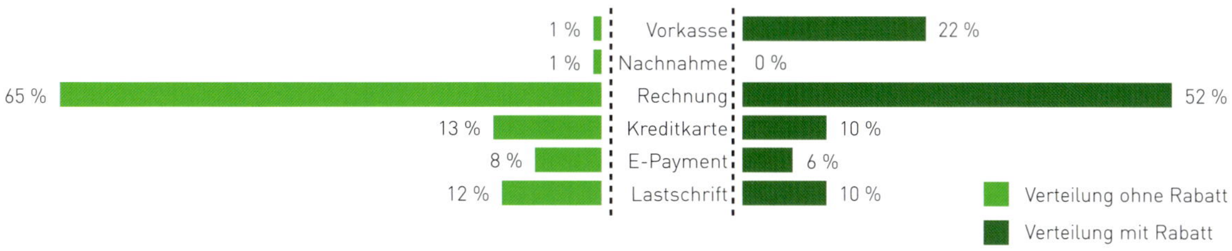

Abb. 5-14: Wirkung eines Rabatts von 3 % auf die Zahlungsverfahrenswahl
Quelle: ibi research (Erfolgsfaktor Payment 2008)

2. Angebot an Zahlungsverfahren in Abhängigkeit vom ermittelten Ausfallrisiko

Jeder Kunde wird nach Angabe seiner Anschrift zunächst einer Adressverifizierung und Bonitätsprüfung unterzogen (vgl. Abbildung 5-15). Nach Ermittlung des Ausfallrisikos wird festgelegt, zwischen welchen Zahlungsverfahren der Kunde wählen kann. Wird beispielsweise im Rahmen der Bonitätsprüfung ein mittleres Negativmerkmal zurückgemeldet, wird diesem Kunden die Zahlung mit „unsicheren" Zahlungsverfahren wie der Lastschrift oder der Rechnung überhaupt nicht angeboten. Hierfür ist es noch wichtiger als bei Alternative 1, dass die Abfragen und Entscheidungen faktisch „in Echtzeit" ablaufen, wenn der Kunde auf den „Weiter"-Button im Bestellprozess klickt und auf den Aufruf der nächsten Maske wartet.

Alternative 2: Angebot an Zahlungsverfahren in Abhängigkeit vom ermittelten Ausfallrisiko

Beispiel: Kauf einer Digitalkamera, mittleres Negativmerkmal liegt vor.

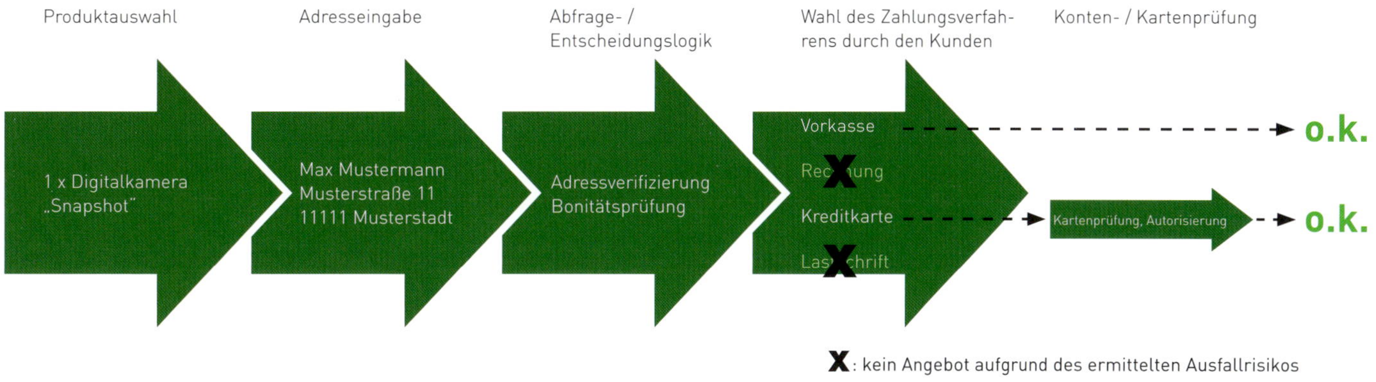

Abb. 5-15: Angebot an Zahlungsverfahren in Abhängigkeit vom ermittelten Ausfallrisiko
Quelle: ibi research (E-Commerce-Leitfaden 2009)

Viel hilft viel – soll aber nicht viel kosten!

Im Gespräch mit Oliver Benesch, creditPass, www.creditpass.de

5

Oliver Benesch, Dipl.-Kfm., ist als Produktmanager für die Online-Risikomanagement-Plattform creditPass verantwortlich. Über creditPass können Online-Händler alle relevanten Risikomanagement-Tools wie Kontosperrlisten, ComplianceChecks, Altersprüfung, GeoIP, Adress- und Bonitätsauskünfte aller renommierten Auskunfteien und Anbieter aus einer Hand beziehen. Als Konzentrator stellt creditPass des Weiteren über Schnittstellen zu verschiedenen Inkasso-Unternehmen ergänzende Leistungen wie Rücklastschrift-Bearbeitung, die komplette Übernahme des Zahlungsausfallrisikos und Inkasso-Verfahren zur Verfügung.

INTERVIEW

Herr Benesch, welche Entwicklungen sind im Risikomanagement derzeit feststellbar?

Die großen Online-Händler, die zu unseren Kunden zählen, haben im Risikomanagement bereits eine steile Lernkurve hinter sich. Sie wissen mittlerweile recht genau, welche Abfrage- und Entscheidungslogiken je nach Kundengruppe, Warenkorbwert, Produktgruppe und Zahlungsart das beste Kosten-Nutzen-Verhältnis liefern. Dadurch ist aber auch die Komplexität des Risikomanagements erheblich angestiegen, weil je nach Art der vorliegenden Bestellung unterschiedliche Arten von Risikoprüfungen durchgeführt und unterschiedliche Auskunfteien angefragt werden müssen.

Reicht die Einholung von Bonitätsinformationen bei einer Auskunftei denn nicht aus?

Zwar greifen die verschiedenen Anbieter oftmals auf dieselben Quellen wie beispielsweise öffentliche Schuldnerregister zurück, jedoch hat jede Auskunftei auch exklusive Informationen. Diese stammen aus den angeschlossenen Inkasso-Unternehmen, aber auch aus direkten Einmeldungen der jeweiligen Kunden. Der Anteil exklusiver Informationen liegt dabei teilweise weit über zehn Prozent.

Gerade im Bereich der mittleren und weichen Negativmerkmale unterscheiden sich die Datenbestände stark. Und genau diese Merkmale sind für den E-Commerce entscheidend, da bei aufkommenden Zahlungsschwierigkeiten erfahrungsgemäß zunächst Rechnungen aus Versandhandelsbestellungen nicht bezahlt werden. Miete und Bankkredite werden dagegen zunächst weiter bedient. Somit ist es gerade bei höheren Bestellwerten sinnvoll, auf mehr als nur eine Auskunftei zurückzugreifen. Denn häufig hat eine Auskunftei bereits Negativmerkmale gespeichert, während eine andere den Kunden noch als zahlungsfähig einstuft.

Ist die Abfrage von mehreren Auskunfteien nicht zu teuer?

Natürlich müssen dabei die Kosten im Auge behalten werden, da der Zukauf zu vieler Informationen von Auskunfteien unwirtschaftlich ist. Gerade bei kleineren Beträgen lohnt es sich oft nicht, umfangreiche externe Bonitätsinformationen einzukaufen. Bei größeren Beträgen sollten je nach individueller Situation des Händlers bzw. des konkreten Geschäfts die Auskunfteien ausgewählt werden, die für diese Situation die besten Ergebnisse liefern. Wir haben beispielsweise herausgefunden, dass manche Auskunftei bestimmte Kunden- und Warengruppen besser trifft als eine andere. Manche kennen mehr technikaffine Jugendliche, andere mehr weibliche Kunden auf dem Land.

„Häufig hat eine Auskunftei bereits Negativmerkmale gespeichert, während eine andere den Kunden noch als zahlungsfähig einstuft."

Oliver Benesch, creditPass

Welche Rolle kommt Ihrer Plattform in diesem Umfeld zu?

Über creditPass ist eine Vielzahl von Anbietern von Risikoprüfungen aus einer Hand verfügbar. Darüber hinaus bieten wir selbst kleinen Händlern komplett individuell einstellbare Abfrage- und Entscheidungslogiken. Diese können jederzeit flexibel geändert werden, ohne dass sich die angeschlossenen Händler um die Entwicklung und Pflege von Schnittstellen kümmern müssen. Mittlerweile übernehmen wir auch das automatische Auslesen von Rücklastschriften, überführen diese in eine händlereigene Sperrliste und leiten offene Forderungen an Inkasso-Unternehmen weiter. Somit kann sich der Händler voll auf seine Kernkompetenz konzentrieren: Verkaufen!

Worin sehen Sie die größten zukünftigen Herausforderungen für Online-Händler?

Die Händler müssen sich darauf einstellen, dass sie zunehmend in einem globalen Umfeld agieren. Das bedeutet zum einen, dass der Eintritt in ausländische Märkte (insbesondere innerhalb Europas) eine immer wichtiger werdende strategische Option darstellt, um langfristig wachsen zu können. Das Risikomanagement muss einer solchen strategischen Neuausrichtung folgen und geeignete Dienstleister anbinden, die Bonitätsinformationen auch über ausländische Kunden beisteuern können. Auch die Prüfung von Sanktionslisten zum Beispiel der EU-Kommission (auch als ComplianceChecks bezeichnet, vgl. Abschnitt 7.2) wird in diesem Zusammenhang immer wichtiger.

Zum anderen ist zu beobachten, dass auch die Betrugsversuche aus dem Ausland immer mehr zunehmen. Damit Händler solche Betrugsversuche leichter erkennen können, prüfen wir im Händlerauftrag die Herkunft der IP-Adresse (so genannte GeoIP-Analyse) und bei Kreditkartenzahlungen die Herkunft des kartenherausgebenden Instituts. Stammt die IP-Adresse aus einem Risikoland oder aus einem anderen Land als das kartenherausgebende Institut, könnte es sich um einen Betrugsversuch handeln (vgl. hierzu auch Checkliste 5-3).

Wie diese Ausführungen zeigen, können mithilfe von Risikoprüfungen mögliche Ursachen für Zahlungsstörungen rechtzeitig erkannt und aufwendige Beitreibungen offener Forderungen sowie Zahlungsausfälle vermieden werden. Allerdings verursacht die Durchführung von Risikoprüfungen auch Kosten. Zum einen fallen interne Aufwände sowie zusätzliche Gebühren an, die an externe Dienstleister zu zahlen sind. Zum anderen werden eventuell auch einige „gute" Kunden, die eigentlich bezahlt hätten, zu Unrecht von einer Zahlung per Rechnung oder Lastschrift ausgeschlossen und brechen den Kauf daraufhin ab. Wie sich diese Effekte auf den Gewinn des Händlers „Risikooptimal" auswirken, wird in der Fortsetzung des Fallbeispiels aus Kapitel 4 erläutert.

Fallbeispiel Händler „Risikooptimal": Sicher ist sicher, und deshalb nur die Vorkasse anbieten – oder doch lieber (etwas) Risiko akzeptieren?

Teil 2 von 3

Wie in Teil 1 des Fallbeispiels geschildert, verkauft der fiktive Händler „Risikooptimal" Sport- und Freizeitartikel zunächst ausschließlich per Vorkasse über das Internet (Situation 1). Die Zahlung per Vorkasse wird jedoch nicht von allen Kunden akzeptiert, weshalb es häufig zu Kaufabbrüchen kommt. Um den Kunden entgegenzukommen, erweitert er das Angebot an Zahlungsverfahren daher um die Zahlung per Rechnung, Nachnahme, Kreditkarte und Lastschrift, wodurch er sich jedoch Zahlungsstörungen (z. B. Rücklastschriften oder nicht termingerecht gezahlte Rechnungen) einhandelt (Situation 2). Einen Teil der offenen Forderungen kann der Händler nachträglich beitreiben, der Rest muss jedoch abgeschrieben werden. Unter dem Strich erzielt der Händler trotz eines deutlich gestiegenen Umsatzes einen geringeren Gewinn als bei einem ausschließlichen Vorkasse-Angebot.

Der Händler steht nun vor der Entscheidung, die neu eingeführten Zahlungsverfahren wieder abzuschaffen oder aber zusätzliche Risikoprüfungen durchzuführen, um so die Anzahl der Zahlungsstörungen und Zahlungsausfälle zu reduzieren. Ob sich die Durchführung von Risikoprüfungen für den Händler lohnen kann, wird in der folgenden Situation 3 näher untersucht.

5

Situation 3: Keine Panik – Vorsicht walten lassen!

Steckbrief: Händler „Risikooptimal“

Angebotene Waren:	Sport- und Freizeitartikel
Angebotene Zahlungsverfahren:	Vorkasse, Rechnung, Kreditkarte, Lastschrift, Nachnahme
Anzahl angefragter Bestellungen je Kalendertag:	50
Durchführung von Risikoprüfungen:	**ja**
Anzahl angenommener Bestellungen je Kalendertag (nach Kaufabbrüchen aufgrund des Ausschlusses von der Zahlung per Rechnung oder Lastschrift):	**45**
Anteil der abgelehnten Bestellungen, bei denen tatsächlich Zahlungsstörungen aufgetreten wären (Effektivitätsquote):	**75 %**
Durchführung Mahnverfahren / Inkasso:	ja, durch Unternehmen selbst
Durchschnittlicher Warenkorbwert je Bestellung:	120 EUR
Jahresumsatz (Summe aller Zahlungsansprüche):	**1.971.000 EUR**
Selbstkosten je Bestellung, ohne Kosten der Zahlungsabwicklung:	100 EUR
Durchschnittliche Kosten der Zahlungsabwicklung je Bestellung, ohne Kosten für Risikoprüfungen, Zahlungsstörungen / Beitreibung und Zahlungsausfälle:	4 EUR
Durchschnittliche Kosten für Risikoprüfungen je Bestellung:	**0,60 EUR**
Durchschnittliche Kosten für Zahlungsstörungen / Beitreibung und Zahlungsausfälle:	**0,58 EUR**
Durchschnittliche Selbstkosten je Bestellung, inkl. aller Kosten:	**105,18 EUR**
Gewinnmarge bzgl. Warenkorbwert:	**12,4 %**
Durchschnittliche Kosten der Beitreibung je Zahlungsstörung (Vorleistung des Unternehmens):	75 EUR

Veränderungen gegenüber Situation 2 (vgl. Fallbeispiel, Teil 1) sind hervorgehoben.

5

Situation 3: Keine Panik – Vorsicht walten lassen!

Der Händler „Risikooptimal" führt nun gegenüber der vorhergehenden Situation ein Risikomanagement-System ein. Mit diesem System prüft der Händler eingehende Bestellungen in Echtzeit, bevor dem Kunden Zahlungsverfahren angeboten werden. Dabei wird beispielsweise geprüft, ob die Zusammensetzung des Warenkorbs und die Adressdaten plausibel erscheinen, ob der Kunde auf einer Sperrliste steht oder welchen Score-Wert der Kunde erzielt. Je nach Prüfungsergebnis werden dem Kunden entweder alle Zahlungsverfahren oder nur die Vorkasse, Nachnahme und Kreditkarte zur Auswahl angeboten. Je nachdem, welches Zahlungsverfahren der Kunde wählt, schließen sich weitere zahlungsverfahrensspezifische Prüfungen an (z. B. Prüfziffernkontrollen von Lastschrift- oder Kreditkartendaten). Gegebenenfalls muss in Einzelfällen auch noch ein Mitarbeiter bestimmte Bestellungen persönlich in Augenschein nehmen und über den weiteren Verlauf entscheiden (z. B. bei einer negativen Adressprüfung bei Nachnahmezahlungen). Im Beispiel wird davon ausgegangen, dass für die Prüfung einer Bestellung durchschnittliche Kosten in Höhe von 0,60 Euro anfallen.

Da nun nicht mehr alle Kunden ihr bevorzugtes Zahlungsverfahren angeboten bekommen, bricht der eine oder andere den Kaufvorgang ab. In der Folge wickelt unser Händler nicht mehr 50, sondern nur noch 45 Bestellungen je Kalendertag ab.

Auch mithilfe des Risikomanagement-Systems kann der Händler Zahlungsstörungen jedoch nicht vollständig vermeiden, da er eine bestimmte Unschärfe in seinem System in Kauf nehmen muss. Dies drückt sich in Form einer Effektivitätsquote aus, die hier annahmegemäß bei 75 % liegt. Drei von vier Bestellungen, die als risikoreich eingestuft werden, wären also auch tatsächlich ausgefallen. Im Beispiel führt dies zu einer Reduktion der Zahlungsstörungen um etwa 90 %. Eine von vier als risikoreich eingestuften Bestellungen wäre hingegen nicht riskant, wird aber gegebenenfalls vom Kunden abgebrochen, da er nicht per Rechnung oder Lastschrift bezahlen kann (entgangener Gewinn des Händlers).

Die Kunst besteht bei einem solchen System darin, die optimalen händlerspezifischen Einstellungen zu finden. Einerseits soll es zu möglichst wenig Kaufabbrüchen kommen, andererseits sollen jedoch auch nicht zu viele riskante Bestellungen unerkannt bleiben, die zu hohen Kosten für die Beitreibung und zu Zahlungsausfällen führen.

Durch die Reduktion der Zahlungsstörungen um 90 % sinkt nun der Anteil der Bestellungen, die beigetrieben werden müssen, auf 0,38 %. Setzen wir für unseren Händler im Beitreibungsprozess vergleichbare Rahmenbedingungen wie in der vorhergehenden Situation 2 voraus, so kann er 60 % der Zahlungsstörungen nicht beitreiben. Für alle Beitreibungsversuche muss er, wie in Situation 2, mit 75 Euro in Vorleistung (Personalkosten, Kosten für Mahngebühren etc.) gehen, im Erfolgsfall könnte er jedoch einen Anteil von 25 Euro auf den Kunden abwälzen. Im Misserfolgsfall hingegen muss er die gesamte Vorleistung in Höhe von 75 Euro und zusätzlich die Selbstkosten inklusive der Kosten für die Zahlungsabwicklung und Risikoprüfung in Höhe von 105,18 Euro für die gelieferte und nicht bezahlte Ware tragen. Unterm Strich kommt er aufgrund der nicht erfolgreichen Beitreibungsversuche auf eine Zahlungsausfallquote von etwa 0,23 %.

Insgesamt fallen bei unserem Händler damit Kosten für Zahlungsstörungen (Beitreibung) und Zahlungsausfälle in Höhe von 9.501 Euro an. Diese verteilen sich auf Kosten für Beitreibungen in Höhe von 4.508 Euro und auf Kosten für Zahlungsausfälle in Höhe von 4.993 Euro. Errechnet man nun zusätzlich einen durchschnittlichen Kostensatz für alle Zahlungsstörungen und Zahlungsausfälle, bezogen auf die Anzahl der nach Risikoprüfungen angenommenen Bestellungen, so liegt dieser bei 0,58 Euro und ist damit um 4,63 Euro geringer als in Situation 2, in der keine Risikoprüfungen durchgeführt werden. Dies wiederum bedeutet, dass der Händler seine Gewinnmarge, bezogen auf den Warenkorbwert, um 3,9 % steigern kann.

Der wesentliche Grund für diese Verbesserung liegt darin, dass im Vergleich zu Situation 2 deutlich weniger Kosten für Zahlungsstörungen und Zahlungsausfälle anfallen. Die Kosten für die Risikoprüfungen und der entgangene Gewinn werden im Ergebnis durch die Reduktion der Kosten für Zahlungsstörungen und Zahlungsausfälle mehr als kompensiert. Betrachtet man die durchschnittlichen vollen Selbstkosten je Bestellung, so zeigt sich, dass diese trotz der Einführung von Risikoprüfungen auf 105,18 Euro gesenkt werden konnten und die Gewinnmarge damit auf 12,4 % gesteigert werden konnte. Der Händler „Risikooptimal" erzielt also durch den Einsatz eines Risikomanagement-Systems unter dem Strich folgendes Ergebnis:

Jahresumsatz (Summe aller Zahlungsansprüche):	1.971.000 EUR
Selbstkosten, ohne Kosten der Zahlungsabwicklung, pro Jahr:	1.642.500 EUR
Kosten der Zahlungsabwicklung pro Jahr:	65.700 EUR
Kosten für Risikoprüfungen pro Jahr:	9.855 EUR
Kosten für Zahlungsstörungen (Beitreibung) und Zahlungsausfälle pro Jahr:	9.501 EUR
Erwarteter Gewinn pro Jahr:	**243.444 EUR**

Er erreicht zwar nicht mehr den Umsatz aus Situation 2, da riskante Bestellungen bereits im Vorfeld ausgefiltert werden. Es fallen dadurch aber auch geringere Selbstkosten in Höhe von etwa 1,642 Mio. Euro an, ebenso sinken die Kosten der Zahlungsabwicklung auf 65.700 Euro. Risikoprüfungen verursachen zwar 9.855 Euro an Kosten, jedoch lassen sich dadurch die Kosten für Zahlungsstörungen / Beitreibung (es müssen deutlich weniger offene Forderungen beigetrieben werden) und für Zahlungsausfälle deutlich reduzieren. Insgesamt gesehen ist diese Situation gegenüber einer Situation ohne Risikoprüfungen merklich besser, da am Ende 243.444 Euro übrig bleiben.

Am Ende zählt, was in der Kasse ist!

Vergleicht man nun die drei Situationen direkt, so ergibt sich Folgendes:

	Situation 1 (Sicher ist sicher, lieber nur Vorkasse anbieten!)	**Situation 2** (Umsatz ohne Grenzen – aber wie siehts mit dem Gewinn aus?)	**Situation 3** (Keine Panik – Vorsicht walten lassen!)
Jahresumsatz (Summe aller Zahlungsansprüche):	1.752.000 EUR	2.190.000 EUR	1.971.000 EUR
Selbstkosten, ohne Kosten der Zahlungsabwicklung, pro Jahr:	1.460.000 EUR	1.825.000 EUR	1.642.500 EUR
Kosten der Zahlungsabwicklung pro Jahr:	62.780 EUR	73.000 EUR	65.700 EUR
Kosten für Risikoprüfungen pro Jahr:	keine	keine	9.855 EUR
Kosten für Zahlungsstörungen / Beitreibung und Zahlungsausfälle pro Jahr:	keine	95.010 EUR	9.501 EUR
Erwarteter Gewinn pro Jahr:	**229.220 EUR**	**196.990 EUR**	**243.444 EUR**

Gewinnrückgang: 32.230 EUR
Zusätzliche Zahlungsverfahren ohne Risikomanagement

Gewinnsteigerung: 46.454 EUR
Zusätzliche Zahlungsverfahren mit Risikomanagement

In Situation 3 erzielt der Händler „Risikooptimal" einen Gewinn von 243.444 Euro. Dies entspricht gegenüber dem reinen Vorkasseangebot (Situation 1) einer Gewinnsteigerung um etwa 6 % und gegenüber Situation 2, in der keine Bestellungen geprüft werden, einer Steigerung um 24 %.

Trotz der Kosten für die Risikoprüfungen und den entgangenen Bestellungen hat sich die Einführung eines Risikomanagement-Systems für den Händler „Risikooptimal" damit gelohnt.

Gehts nicht noch besser?

Der Händler „Risikooptimal" unternimmt nun schon sehr viel, um das optimale Ergebnis zu erzielen. Jedoch ist das immer noch nicht das Ende des Machbaren. Denn wie das fortgesetzte Fallbeispiel, Teil 3, in Abschnitt 5.3 zeigen wird, kann er seinen Gewinn bei der gleichen Anzahl an Bestellungen und vergleichbarem Risikomanagement immer noch steigern.

Rundum sorglos – Dienstleistungen externer Anbieter

Die vorhergehend vorgestellten Maßnahmen können dazu beitragen, das Risiko bei Lieferungen per Nachnahme, Rechnung, Kreditkarte oder Lastschrift deutlich zu reduzieren. Allerdings sind der Aufbau und die Pflege der erforderlichen Prüfungen zur Identifizierung von Betrügern oder bonitätsschwachen Kunden mit teils erheblichem Aufwand verbunden, der sich für kleinere Händler nicht rechnet. In diesem Fall bietet es sich an, Dienstleistungen externer Anbieter in Anspruch zu nehmen, die diese Aufgaben übernehmen.

Für die Durchführung von Risikoprüfungen erscheint es sinnvoll, Spezialanbieter zu nutzen, die eine möglichst große Anzahl an Abfragen inklusive individueller Risikomanagement-Logiken aus einer Hand anbieten. Hierzu zählen unter anderem die Plausibilitätsprüfung von Adress-, Konto- oder Kreditkartendaten, die Abfrage von Negativlisten, die Einholung von Bonitätsauskünften oder die Durchführung von Betrugsprüfungen. Ein guter Dienstleister sollte zudem auch kleineren Händlern die Möglichkeit geben, Abfrage- und Entscheidungslogiken bei Bedarf schnell und einfach zu ändern (vgl. hierzu auch das Interview mit Oliver Benesch, creditPass). Einige Shop-Systeme und Payment Service Provider haben solche Angebote auch bereits als Modul integriert. Fragen Sie Ihren Anbieter einfach nach einer derartigen Lösung. Eine andere Möglichkeit stellt die Nutzung einer Verkaufsplattform dar (vgl. Abschnitt 2.1). In der Regel übernimmt der Plattformbetreiber auch die Abwicklung der Zahlung und die Durchführung von Risikoprüfungen. Alle angeschlossenen Händler profitieren so von geringeren Ausfallquoten, während jeder Händler nur einen Teil der Kosten für den Aufbau und die Pflege der Risikoprüfungen zu tragen hat.

Häufig bieten Anbieter von Risikoprüfungen auch weitere Dienstleistungen wie z. B. das Inkasso offener Forderungen (vgl. Abschnitt 5.3) an. Der Vorteil dabei ist, dass die angeschlossenen Inkasso-Unternehmen über dieselbe Schnittstelle erreicht werden können.

Eine Alternative zur Auslagerung des Inkassos offener Forderungen stellt der Forderungsverkauf (so genanntes Factoring) dar. Der Verkauf von Forderungen bietet für Sie als Händler die Vorteile, dass das Risiko von Zahlungsstörungen und Zahlungsausfällen im Falle eines echten Factoring vollständig auf den Käufer der Forderung übergeht und der Gegenwert der Forderung abzüglich eines Abschlags unmittelbar an Sie ausgezahlt wird. Die Höhe des Abschlags wird individuell nach der Risikostruktur Ihrer Forderung bestimmt. Auch wenn Sie Ihre Forderungen an externe Dienstleister verkaufen, sollten Sie daher darauf achten, dass Sie ausreichende Maßnahmen zum Schutz vor zahlungsunwilligen, zahlungsunfähigen und betrügerischen Kunden ergriffen haben.

Wenn Sie Ihren Kunden die Möglichkeit der Ratenzahlung bieten wollen, empfiehlt sich die Zusammenarbeit mit einer Online-Kreditbank. Wünscht Ihr Kunde eine Finanzierung, übermittelt er aus Ihrem Web-Shop die erforderlichen Daten für die Bonitätsbeurteilung an die Bank und erhält auf dieser Basis eine erste grundsätzliche Aussage, ob eine Finanzierung möglich ist. Anschließend druckt er den Kreditantrag aus und sendet diesen unterschrieben und gegebenenfalls ergänzt um weitere Anlagen (z. B. Verdienstnachweis) an die Kreditbank. Nach positiver Prüfung der Unterlagen wird eine Kreditbestätigung sowohl an Sie als auch an den Kunden verschickt und Sie können die Ware versenden.

Das Internet als Fenster zur Welt – wie man ohne Risiko neue Kunden gewinnt

Im Gespräch mit Martin Schindler, Fenster-Handel.de, www.fenster-handel.de

5

Bereits seit über 25 Jahren betreibt Familie Schindler einen Fenster-Fachhandel im Bayerischen Wald. Im April 2007 verwirklichte Martin Schindler seine Idee, die von vielen mit Skepsis betrachtet worden war: Er verkauft Fenster über das Internet. Bezahlt werden kann per Vorkasse oder per Rechnung. Der Erfolg des Angebots zeigt, dass sich mit sorgfältiger Planung auch scheinbar ungewöhnliche Ideen im Internet verwirklichen lassen.

INTERVIEW

Herr Schindler, was war Ihrer Meinung nach die wichtigste Voraussetzung dafür, dass Ihre Idee funktionieren konnte?

Diese Frage ist nicht leicht zu beantworten, da letztendlich das gesamte Konzept stimmig sein muss. Es nützt daher nichts, auf eine Komponente (z. B. die AGB oder den Bestellablauf) besonders viel Wert zu legen und andere darüber zu vernachlässigen. Insofern ist alles gleich wichtig. Wenn ich mich aber auf eine Voraussetzung festlegen müsste, dann darauf, dass man sich über alle Abläufe und möglichen Probleme im Vorhinein gründlich Gedanken macht.

Dies gilt z. B. für den Prozess der Zusammenstellung des Auftrags durch den Kunden. Im Internet ist die Situation völlig anders als in einem persönlichen Verkaufsgespräch, da nicht spontan auf Einwände und Fragen des Kunden reagiert werden kann. Findet sich der Kunde im Shop nicht zurecht oder macht der Shop einen schlechten Eindruck, wird der Kauf mit hoher Wahrscheinlichkeit abgebrochen. Zusammen mit unserer Internet-Agentur haben wir daher über ein Jahr am Design und der Benutzerfreundlichkeit des Shops gefeilt. Unter anderem haben wir einen Fensterkonfigurator entwickelt, mit dem sich der Kunde sein Wunschfenster zusammenstellen kann.

Ein weiteres Beispiel sind die Abläufe bei der Auftragsbearbeitung und Zahlung. Lange, bevor der Shop an den Start ging, wurde genau festgelegt, welche Arbeitsschritte ein Auftrag durchläuft und wie in bestimmten Fällen reagiert wird. Auf diese Weise können mögliche Probleme frühzeitig erkannt und deren Ursachen so weit wie möglich bereits im Vorhinein beseitigt werden.

Bei jeder noch so sorgfältigen Planung darf aber auch nicht vergessen werden, dass man es letzten Endes mit Menschen zu tun hat, die ganz unterschiedliche Bedürfnisse und Anforderungen haben. Wir bieten unseren Kunden im Shop daher auch eine Telefonnummer an, unter der sie bei uns anrufen können. Das schafft Vertrauen bei den Kunden, reduziert die Zahl der Kaufabbrüche und gibt uns zudem die Möglichkeit, aus den Fragen der Kunden zu lernen und unseren Shop weiter zu verbessern.

Welche Zahlungsverfahren bieten Sie Ihren Kunden an?

Wir bieten unseren Kunden zwei Möglichkeiten, um ihre Bestellung zu bezahlen: entweder per Rechnung nach Erhalt der Ware oder per Vorkasse. Die bisherige Erfahrung zeigt, dass weit mehr Kunden per Vorkasse als per Rechnung bezahlen. Damit hätten wir selbst anfangs nicht gerechnet.

Worauf führen Sie die gute Akzeptanz der Zahlung per Vorkasse zurück?

Zum einen gewähren wir Kunden, die per Vorkasse bezahlen, 3 % Skonto. Auf diese Weise geben wir den Vorteil, der uns aus einer unmittelbaren und sicheren Zahlung entsteht, an unsere Kunden weiter. Zum anderen haben wir uns zertifizieren lassen und

„In unserer Branche ist der Kauf auf Rechnung üblich, daher wollten wir dieses Verfahren auch im Internet anbieten."

Martin Schindler, Fenster-Handel.de

5

dürfen daher ein Gütesiegel führen. Hierfür wurde unser Shop umfangreichen Tests unterzogen, bei denen mehr als 100 Einzelkriterien in den Bereichen Bonität, Sicherheit, Preistransparenz, Informationspflichten, Kundenservice und Datenschutz geprüft wurden. Das gibt unseren Kunden nicht nur ein besseres Gefühl, mit einer Geld-zurück-Garantie sind sie zusätzlich bis zu einer Höhe von 2.500 Euro gegen eine Nichtlieferung abgesichert.

Ist der Verkauf auf Rechnung nicht zu risikoreich?

In unserer Branche ist der Kauf auf Rechnung üblich, daher wollten wir dieses Verfahren auch im Internet anbieten. Uns war aber klar, dass das Risiko eines Zahlungsausfalls im anonymen Internet-Handel sehr viel höher ist als in unserem klassischen Geschäft, in dem wir mit jedem Kunden persönlich sprechen. Auf der Suche nach geeigneten Möglichkeiten zur Absicherung des Risikos sind wir auf das Factoring gestoßen.

Factoring bietet die Vorteile, dass der Forderungsbetrag unmittelbar an uns ausgezahlt wird, dass der Aufwand für das Mahnwesen entfällt und das Factoring-Institut das Risiko eines Zahlungsausfalls trägt. Insbesondere der letzte Aspekt war für uns wichtig. Es war jedoch gar nicht so leicht, ein Factoring-Institut zu finden, das zum Aufkauf von Forderungen aus einem noch relativ jungen und modernen Vertriebsweg mit sehr unterschiedlichen Forderungsbeträgen bereit war. In einem persönlichen Gespräch konnten wir jedoch schließlich eine Bank von unserem Konzept überzeugen.

Bei jedem Auftrag fragen wir nun zunächst beim Factoring-Institut an, ob das Zahlungsausfallrisiko übernommen wird. Weist der Kunde nicht die erforderliche Bonität auf, lehnt das Factoring-Institut den Kunden ab und wir informieren den Kunden, dass er nur per Vorkasse bezahlen kann. Akzeptiert die Bank das Risiko, so überweist der Kunde den Rechnungsbetrag nach Lieferung auf unser Konto bei dem Factoring-Institut. Geht die Zahlung nicht rechtzeitig ein, leitet das Factoring-Institut den Mahnprozess ein.

Um das Risiko von betrügerischen oder so genannten Scherzbestellungen zu senken, führen wir zusätzlich eine Identitätsprüfung durch. Hierzu versenden wir per Post eine Auftragsbestätigung an die angegebene Rechnungsadresse, die einen Verifizierungscode enthält. Diesen muss der Kunde auf unserer Web-Seite eingeben. So stellen wir sicher, dass der angegebene Rechnungsempfänger auch tatsächlich derjenige ist, der die Bestellung in Auftrag gegeben hat.

5.3 Was passiert, wenns kracht – so kommen Sie zu Ihrem Recht

5

Nach wie vor wird jedes Jahr eine erhebliche Anzahl von Unternehmen und Verbrauchern in Deutschland insolvent. Meldet Ihr Kunde Insolvenz an, muss Ihre Forderung gegen den Kunden inklusive aller zusätzlich angefallenen Kosten für die Bearbeitung der Zahlungsstörung und den Versand von Mahnungen in der Regel fast vollständig abgeschrieben werden. Umso wichtiger ist es, dass im Falle einer Zahlungsstörung schnell und konsequent vorgegangen wird: Je länger Ihr Kunde die Zahlung hinauszögert, umso größer das Risiko, dass der Kunde vor Begleichung der Forderung insolvent wird.

Hinzu kommt, dass auch die Banken ihr Augenmerk bei der Kreditvergabe aufgrund neuer Vorschriften (Stichwort: Basel II) verstärkt auf die durchschnittliche Forderungslaufzeit eines Unternehmens richten. Dies führt dazu, dass mit zunehmender Höhe der ausstehenden Forderungen nicht nur der Finanzierungsbedarf Ihres Unternehmens zunimmt, sondern gleichzeitig neue Kredite nicht mehr bzw. nur gegen höhere Zinssätze gewährt werden.

Schließlich ist zu beachten, dass Forderungen drei Jahre nach Ablauf des Jahres, in dem sie entstanden sind, verjähren. Liegt bis zu diesem Zeitpunkt kein Vollstreckungstitel oder Schuldanerkenntnis des Kunden vor, kann dieser die Zahlung mit Recht verweigern. Die Klageerhebung oder Beantragung eines Mahnbescheids führt seit dem Jahr 2002 nicht mehr zu einem Neubeginn, sondern nur noch zu einer Unterbrechung (Hemmung) der Verjährungsfrist.

Aufgrund dieser Entwicklungen wird ein effektives Forderungsmanagement immer wichtiger. Durch welches Vorgehen dabei der größte Erfolg erzielt werden kann, lässt sich nicht pauschal beurteilen. Vielmehr hängt das Vorgehen beispielsweise von der Forderungshöhe, der Art der verkauften Waren oder Dienstleistungen, der Dauer der Kundenbeziehung und der Bonität des Kunden ab. So empfiehlt es sich, bei langjährigen Kunden mit einwandfreier Bonität mindestens eine freundliche Zahlungserinnerung zu versenden. Bei Neukunden mit zweifelhafter Bonität steht dagegen tendenziell eher die schnelle Erwirkung eines vollstreckbaren Titels (z. B. eines vollstreckbaren Urteils oder eines Vollstreckungsbescheids) im Vordergrund, um die Ansprüche gegen den Kunden auf dem Weg der Zwangsvollstreckung durchsetzen zu können.

Die grundsätzlich möglichen Maßnahmen im Forderungsmanagement sind in Abbildung 5-17 dargestellt und werden in den folgenden Abschnitten näher erläutert. So befasst sich der folgende Abschnitt mit der Frage, wie mit Chargebacks und Rücklastschriften umzugehen ist. Anschließend wird zunächst auf die Voraussetzungen und Möglichkeiten des außergerichtlichen Mahnverfahrens eingegangen, bevor abschließend die Möglichkeiten der Einbeziehung von Rechtsanwälten oder Inkasso-Unternehmen sowie das gerichtliche Mahn- bzw. Klageverfahren erläutert werden.

Die Zahl der Insolvenzen ist weiter auf hohem Niveau.

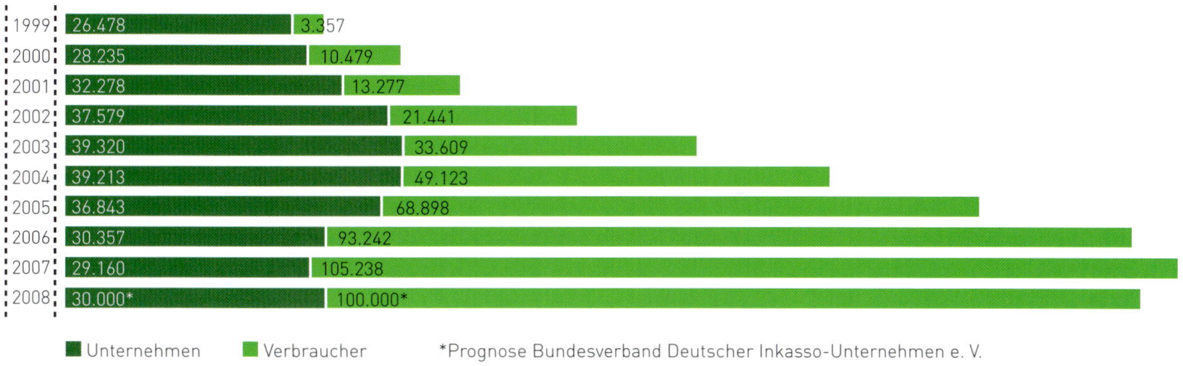

Abb. 5-16: Insolvenzen pro Jahr in Deutschland
Quelle: Bundesverband Deutscher Inkasso-Unternehmen 2008

Der Forderungsmanagement-Prozess umfasst mehrere Stufen.

Abb. 5-17: Mögliche Abläufe eines Mahnverfahrens
Quelle: ibi research (E-Commerce-Leitfaden 2009)

5

Chargeback oder Rücklastschrift – was nun?

Rückgaben von Kreditkartenzahlungen (Chargebacks) oder Lastschriften können auf eine Vielzahl von Gründen zurückzuführen sein, z. B. fehlerhafte Lieferung, Betrug, Beschädigung oder Verlust der Ware durch den Logistikdienstleister oder Fehler aufseiten der beteiligten Banken. Welcher dieser Gründe vorliegt, ist bei der Lastschrift nicht unmittelbar erkennbar, da aus Händlersicht lediglich sechs relevante Rückgabegründe unterschieden werden (vgl. Infobox 5-7). Bei Chargebacks können mehr Rückgabegründe (Reason Codes) angegeben werden, auch diese sind jedoch nicht immer eindeutig oder werden mitunter auch falsch gewählt (vgl. Infobox 5-8). Ermitteln Sie daher zunächst, aus welchem Grund die Lastschrift oder Kreditkartenzahlung tatsächlich zurückgebucht wurde, gegebenenfalls, indem Sie sich mit Ihrem Kunden in Verbindung setzen oder anderweitige Nachforschungen anstellen.

Rückgabegründe für Lastschriften

Im Lastschriftabkommen zwischen den Banken wurden die im Folgenden aufgeführten Rückgabegründe für Lastschriften festgelegt. Der Rückgabegrund ist in der letzten Ziffer des Textschlüssels codiert. Bei einer Rücklastschrift mit dem Textschlüssel 09050 handelt es sich beispielsweise um eine Rückgabe mangels Deckung.

Textschlüsselendung	Rückgabegrund
0	Das Konto weist nicht die erforderliche Deckung auf.
1	Das angegebene Konto wurde aufgelöst.
2	Die Kontonummer existiert nicht, es handelt sich um ein Sparkonto, oder der angegebene Name des Kunden stimmt nicht mit dem des Kontoinhabers überein.
3	Der Kunde gibt an, für diese Abbuchung keine Einzugsermächtigung erteilt zu haben.
4	Die Lastschrift wurde durch den Händler selbst zurückgerufen.
5	Der Kunde hat zwar eine Einzugsermächtigung erteilt, gibt die Abbuchung aber aus anderen Gründen zurück.

Infobox 5-7: Rücklastschriftgründe
Quelle: Anlage 1 des Abkommens über den Lastschriftverkehr

Kommen Sie zu dem Schluss, dass das Chargeback einer Kreditkartenzahlung unberechtigt erfolgt ist, können Sie dieses innerhalb einer angegebenen Frist zurückweisen. Sie müssen jedoch gegebenenfalls über ausreichende Nachweise verfügen. Beim Chargeback Reason Code „Ware nicht erhalten" kann dies beispielsweise eine vom Kunden unterschriebene Zustellbestätigung sein, beim Reason Code „Gutschrift nicht erteilt" ein entsprechender Nachweis, dass die Gutschrift erteilt wurde (z. B. Kontoauszug). Die endgültige Entscheidung darüber, ob ein Chargeback zurückgewiesen werden kann, trifft jedoch die kartenherausgebende Bank. Wird die Zurückweisung des Chargebacks nicht anerkannt, müssen Sie sich direkt mit dem Kunden auseinandersetzen.

Häufige Chargeback-Gründe bei Kreditkartenzahlungen im Internet

Kreditkartenzahlungen können ebenso wie Lastschriftzahlungen zurückgegeben werden. Bei Kreditkartenabbuchungen spricht man hier von einem Chargeback. Bei jedem Chargeback muss vom Kreditkarteninhaber ein Grund für die Rückbelastung angegeben werden, der Chargeback Reason genannt und in Form einer Zahl codiert wird. Die nachfolgende Übersicht zeigt häufige Gründe für Rückbelastungen samt ihrer Codes und deren Beschreibung.

Reason Code Nr.			
MasterCard	Visa	Bezeichnung	Beschreibung
37	83	No cardholder authorization bzw. Fraudulent transaction – card absent environment	Der Karteninhaber streitet ab, die Zahlung getätigt zu haben.
41	41	Cancelled recurring transaction	Abbuchung trotz vorhergehender Kündigung einer Mitgliedschaft oder eines Abonnements.
42	74	Late presentment	Der Kreditkartenumsatz wurde vom Händler nicht innerhalb der vertraglich vereinbarten Zeit eingereicht.
53	53	Cardholder dispute-defective / not as described bzw. Not as described or defective	Ware ist defekt oder entspricht nicht der Beschreibung im Web-Shop des Händlers.
55	30	Non-receipt of merchandise bzw. Services / merchandise not received	Der Karteninhaber hat die Ware nicht erhalten.
59	30	Services not rendered bzw. Services / merchandise not received	Der Karteninhaber hat eine ihm zustehende Leistung nicht erhalten.
60	85	Credit not processed	Der Karteninhaber hat eine ihm zustehende Gutschrift nicht erhalten.
63	75	Cardholder does not recognize – potential fraud bzw. Transaction not recognized	Der Kunde kann eine Abbuchung auf seiner Kreditkartenabrechnung nicht zuordnen.

Infobox 5-8: Chargeback Reason Codes
Quellen: MasterCard 2007, Visa 2007

5

Wurden die Daten von MasterCard- oder Visa-Kreditkarten von Betrügern missbraucht, so kann das Chargeback in den meisten Fällen zurückgewiesen werden, wenn der Händler die Authentifizierungsverfahren MasterCard SecureCode bzw. Verified by Visa nutzt. Dies gilt auch dann, wenn der Kunde über kein entsprechendes Passwort verfügt, da in diesem Fall die kartenherausgebende Bank für den entstandenen Schaden aufzukommen hat. In allen anderen Fällen trägt der Händler das Risiko des Kreditkartenmissbrauchs durch Betrüger. Da es sich hierbei um eine Straftat handelt, empfiehlt es sich, durch eine Strafanzeige ein polizeiliches Ermittlungsverfahren einzuleiten (vgl. den Abschnitt „Wenn alles nichts hilft – knallhart ins Gericht").

Bei unberechtigten Rücklastschriften haben Sie nur die Möglichkeit, sich direkt mit dem Kunden auseinanderzusetzen und gegebenenfalls das Mahnverfahren (vgl. die folgenden Abschnitte) bzw. ein polizeiliches Ermittlungsverfahren einzuleiten.

Richtig mahnen – (k)ein Buch mit sieben Siegeln

Wurde eine Lastschrift oder Kreditkartenzahlung nicht eingelöst bzw. unberechtigt zurückgegeben, befindet sich der Kunde in Verzug und ist daher zum Ersatz des Verzugsschadens verpflichtet. Hierzu zählen neben den Chargeback-Entgelten bzw. Rücklastschriftgebühren, den Kosten für die Erstellung und den Versand von Mahnungen oder die Beauftragung eines Inkasso-Büros auch die Verzugszinsen. Diese betragen bei Verbrauchern 5 % und bei Unternehmen 8 % pro Jahr, zuzüglich des aktuellen Basiszinssatzes (vgl. das Rechenbeispiel in Infobox 5-9).

Berechnung von Verzugszinsen

Beispiel: Forderung gegen einen Verbraucher

Forderungshöhe	1.000 EUR
Rechnungszugang am	08.09.2007
Ablauf der 30-Tage-Frist (alternativ: Tag des Zugangs der Mahnung)	09.10.2007
Begleichung der Forderung am (Wertstellung)	30.10.2007
Anzahl der Verzugstage	21
Verzugszinsen pro Jahr (5 % + 3,19 %*)	8,19 %
Anteiliger Zinssatz (21 x 8,19 %) / 365)	0,47 %
Verzugszinsen	4,71 EUR

* Für den relevanten Zeitraum beträgt der Basiszinssatz 3,19 %. Der Basiszinssatz wird jeweils zum 1. Januar und 1. Juli eines Jahres neu festgelegt und ist unter www.bundesbank.de abrufbar.

Infobox 5-9: Berechnung von Verzugszinsen
Quelle: ibi research (E-Commerce-Leitfaden 2009)

ibi

Bei unbezahlten Rechnungen kommt der Kunde spätestens 30 Tage nach Zugang der Rechnung in Verzug. Gegenüber Verbrauchern gilt diese Regelung jedoch nur, wenn auf der Rechnung auf den Eintritt des Verzugs nach Ablauf der 30-Tage-Frist hingewiesen wurde. Wird bereits vor Ablauf der 30-Tage-Frist eine Mahnung an den Kunden versandt, befindet sich der Kunde ab dem Zeitpunkt des Zugangs der Mahnung in Verzug (§ 286 BGB).

Eine schriftliche Mahnung ist daher nicht unbedingt erforderlich, um den Kunden in Verzug zu setzen. Auch ohne eine schriftliche Mahnung kann ein gerichtliches Mahn- oder Klageverfahren eingeleitet werden. Aufgrund der relativ hohen Kosten ist dies bei unbezahlten Rechnungen in der Regel jedoch nicht sinnvoll. Schließlich ist ein großer Anteil der unbezahlten Rechnungen schlicht auf Vergesslichkeit der Kunden zurückzuführen (vgl. Abbildung 5-3).

Als ersten Schritt empfiehlt es sich daher, selbst oder über ein beauftragtes Inkasso-Unternehmen (vgl. den Abschnitt „Professionelle Partner") eine höfliche Zahlungserinnerung an den Kunden zu senden. Eine beispielhafte Formulierung können Sie Infobox 5-10 entnehmen. Bitten Sie Ihren Kunden, die ausstehende Forderung innerhalb von 7 bis 14 Tagen zu begleichen bzw. sich bei Problemen mit Ihnen in Verbindung zu setzen.

Reagiert der Kunde nicht innerhalb der angegebenen Frist, sollte zeitnah eine weitere Zahlungsaufforderung versendet werden, die deutlich als Mahnung gekennzeichnet ist. Der Kunde wird in diesem Schreiben nachdrücklicher aufgefordert, die Zahlung innerhalb von weiteren 7 bis 14 Tagen zu leisten (vgl. Infobox 5-11).

Als Alternative zur Zahlungserinnerung oder zur Mahnung bietet sich auch ein Anruf beim Kunden an. Im persönlichen Gespräch kann zunächst auf die Zufriedenheit des Kunden mit der Leistung eingegangen werden, um mögliche Reklamationen auszuschließen. Anschließend wird der Kunde auf die noch offene Rechnung angesprochen.

Gibt der Kunde zu, dass er momentan aufgrund von Liquiditätsproblemen nicht zahlen kann, können Sie gegebenenfalls eine Ratenzahlung, einen Zahlungsaufschub oder einen Vergleich (d. h. einen Verzicht auf einen Teil der Forderung) anbieten. Treffen Sie im Falle einer Ratenzahlung oder eines Zahlungsaufschubs eine schriftliche Vereinbarung mit dem Kunden, aus der ein Schuldanerkenntnis des Kunden hervorgeht, so können Sie einen Neubeginn der Verjährungsfrist erreichen.

Erfolgt keine Reaktion des Kunden auf die erste Mahnung, können Sie je nach Einschätzung der Situation entweder noch weitere Mahnungen versenden oder einen Rechtsanwalt mit der gegebenenfalls gerichtlichen Beitreibung der Forderung beauftragen. Nehmen Sie den Kunden in eine interne Negativliste auf (vgl. Abschnitt 5.2), damit sich die ausstehenden Forderungen durch die Annahme zusätzlicher Bestellungen nicht noch weiter erhöhen.

5

Zahlungserinnerung Datum: 21.09.2007
Rechnung Nr. 08/15 vom 15.08.2007

Sehr geehrter Herr Kunde,
unsere Buchhaltung macht uns darauf aufmerksam, dass die oben genannte Rechnung mit einem Gesamtbetrag von 1.000 Euro noch nicht ausgeglichen ist. Wir erlauben uns daher höflich, an die Bezahlung der Rechnung zu erinnern. Sollten Sie an unserer Lieferung irgendetwas zu beanstanden haben, so lassen Sie es uns bitte wissen. Wir werden uns in diesem Fall schnellstmöglich darum kümmern.

Mit freundlichen Grüßen

Infobox 5-10: Zahlungserinnerung (beispielhafte Formulierung)
Quelle: ibi research (E-Commerce-Leitfaden 2009)

Erste Mahnung Datum: 02.10.2007
Rechnung Nr. 08/15 vom 15.08.2007

Sehr geehrter Herr Kunde,
wir haben wegen der im Betreff genannten Rechnung, die – soweit wir aus unseren Unterlagen erkennen können – nicht bezahlt ist, kürzlich bereits eine Zahlungserinnerung an Sie versandt. Leider haben wir keine Reaktion von Ihnen darauf erhalten. Wir bitten Sie höflich, den Sachverhalt zu überprüfen.

Bitte überweisen Sie den Rechnungsbetrag in Höhe von 1.000 Euro zuzüglich 9,50 Euro Mahnkosten bis spätestens 16.10.2007.

Mit freundlichen Grüßen

Infobox 5-11: Erste Mahnung (beispielhafte Formulierung)
Quelle: ibi research (E-Commerce-Leitfaden 2009)

Zweite Mahnung Datum: 19.10.2007
Rechnung Nr. 08/15 vom 15.08.2007

Sehr geehrter Herr Kunde,
wir müssen die Bezahlung der im Betreff genannten Rechnung nun schon zum zweiten Mal anmahnen. Dennoch konnten wir leider keinerlei Reaktion feststellen. Sie werden Verständnis dafür haben, dass wir bei dieser Sachlage unsere Forderung gerichtlich geltend machen müssen, wenn wir nicht bis spätestens 02.11.2007 eine Nachricht von Ihnen erhalten. Für unsere bisherigen Bemühungen stellen wir Ihnen Mahnkosten in Höhe von 19 Euro in Rechnung.

Mit freundlichen Grüßen

Infobox 5-12: Zweite Mahnung (beispielhafte Formulierung)
Quelle: ibi research (E-Commerce-Leitfaden 2009)

5

Professionelle Partner – Rechtsanwälte und Inkasso-Unternehmen

Für viele Händler kann es sinnvoll sein, einen Rechtsanwalt oder ein Inkasso-Unternehmen mit dem Einzug der offenen Forderung zu beauftragen. Der Einzug offener Forderungen nimmt viel Zeit in Anspruch und erfordert spezifisches Know-how, das nichts mit dem Kerngeschäft eines Händlers zu tun hat. Weitere mögliche Gründe für die Einschaltung externer Dienstleister können sein, dass Streitigkeiten bei Einschaltung eines neutralen Dritten häufig weniger emotional geführt werden und dass die vom Kunden zu begleichenden Kosten des Forderungseinzugs (auch als Beitreibung bezeichnet) im Erfolgsfall leichter ermittelt werden können als bei einer internen Bearbeitung.

Inkasso durch externe Dienstleister.

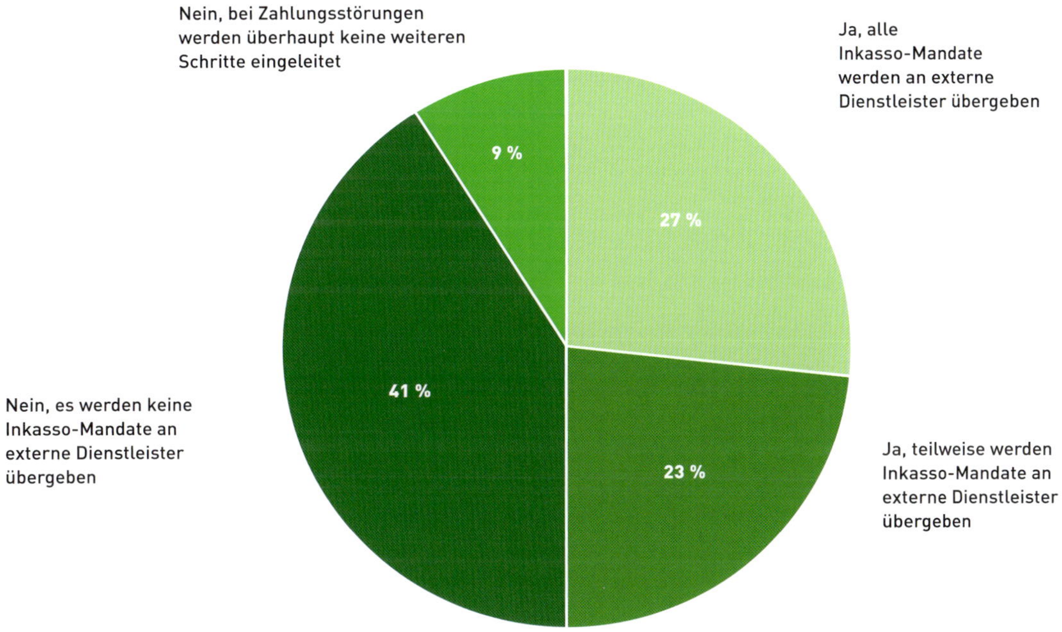

Übergeben Sie im Falle einer Zahlungsstörung bei Internet-Verkäufen (Rechnung wird nicht recht-zeitig bezahlt, Lastschriftrückgabe, Chargeback) Inkasso-Mandate an externe Dienstleister?

Abb. 5-18: Inanspruchnahme externer Dienstleister beim Inkasso
Quelle: ibi research (ECL-Umfrage 2007)

Wie Abbildung 5-18 zeigt, beauftragt etwa die Hälfte der Unternehmen einen externen Dienstleister mit dem Einzug offener Forderungen. Welche Vorteile die Zusammenarbeit mit einem externen Dienstleister dem Händler „Risikooptimal" aus dem Fallbeispiel in Abschnitt 5.2 bietet, wird nachfolgend in dessen Fortsetzung beschrieben.

5

Fallbeispiel Händler „Risikooptimal": Sicher ist sicher und deshalb nur die Vorkasse anbieten – oder doch lieber (etwas) Risiko akzeptieren!?

Teil 3 von 3

Wie in den Teilen 1 und 2 des Fallbeispiels geschildert, verkauft der fiktive Händler „Risikooptimal" Sport- und Freizeitartikel zunächst ausschließlich per Vorkasse über das Internet (Situation 1). Die Zahlung per Vorkasse wird jedoch nicht von allen Kunden akzeptiert, weshalb es häufig zu Kaufabbrüchen kommt. Um den Kunden entgegenzukommen, erweitert er das Angebot an Zahlungsverfahren daher um die Zahlung per Rechnung, Nachnahme, Kreditkarte und Lastschrift, wodurch er sich jedoch Zahlungsstörungen (z. B. Rücklastschriften oder nicht termingerecht gezahlte Rechnungen) einhandelt (Situation 2). Unter dem Strich erzielt der Händler trotz eines deutlich gestiegenen Umsatzes aufgrund von Zahlungsstörungen und Zahlungsausfällen einen geringeren Gewinn als bei einem ausschließlichen Vorkasse-Angebot. Um Zahlungsstörungen bereits vor der Annahme von Bestellungen erkennen und vermeiden zu können, führt er vor der Annahme von Bestellungen Prüfungen der Bestell- und Kundendaten (Warenkorbzusammensetzung, Adressdaten, Kundenbonität) durch und steuert das Angebot an Zahlungsverfahren in Abhängigkeit vom Prüfungsergebnis (Situation 3, vgl. Abschnitt 5.2).

Nun denkt er darüber nach, die Beitreibung der offenen Forderungen zusätzlich an einen spezialisierten Dienstleister auszulagern (Situation 4), um hier verbesserte Erfolge erzielen und sich auf sein Tagesgeschäft konzentrieren zu können. Ob Situation 4 für den Händler „Risikooptimal" zusätzliche Gewinne verspricht, wird in der folgenden Fortsetzung des Fallbeispiels näher betrachtet werden. Gegenstand des Fallbeispiels ist ein Vergleich der Situationen 3 und 4 sowie ein Resümee über alle vier Situationen.

5

Situation 4: Profis könnens besser, oder?

Steckbrief: Händler „Risikooptimal"

Angebotene Waren:	Sport- und Freizeitartikel
Angebotene Zahlungsverfahren:	Vorkasse, Rechnung, Kreditkarte, Lastschrift, Nachnahme
Anzahl angenommener Bestellungen je Kalendertag (nach Kaufabbrüchen aufgrund des Ausschlusses von der Zahlung per Rechnung oder Lastschrift):	50
Durchführung von Risikoprüfungen:	ja
Anzahl der nach Risikoprüfung angenommenen Bestellungen je Kalendertag:	45
Anteil der abgelehnten Bestellungen, bei denen tatsächlich Zahlungsstörungen aufgetreten wären (Effektivitätsquote):	75 %
Durchführung Mahnverfahren / Inkasso:	ja, extern
Durchschnittlicher Warenkorbwert je Bestellung:	120 EUR
Jahresumsatz (Summe aller Zahlungsansprüche):	1.971.000 EUR
Selbstkosten je Bestellung, ohne Kosten der Zahlungsabwicklung:	100 EUR
Durchschnittliche Kosten der Zahlungsabwicklung je Bestellung, ohne Kosten für Risikoprüfungen, Zahlungsstörungen / Beitreibung und Zahlungsausfälle:	4 EUR
Durchschnittliche Kosten für Risikoprüfungen je Bestellung:	0,60 EUR
Durchschnittliche Kosten für Zahlungsstörungen / Beitreibung und Zahlungsausfälle:	0,16 EUR
Durchschnittliche Selbstkosten je Bestellung, inkl. aller Kosten:	104,76 EUR
Gewinnmarge bzgl. Warenkorbwert:	12,7 %
Durchschnittliche Kosten der Beitreibung je Zahlungsstörung (Vorleistung des Unternehmens):	30 EUR

Veränderungen gegenüber Situation 3 (vgl. Fallbeispiel, Teil 2) sind hervorgehoben.

5

Situation 4: Profis könnens besser, oder?

Gegenüber der vorhergehenden Situation 3 übergibt der Händler nun alle Bestellungen zur Bearbeitung an einen externen Inkasso-Dienstleister. Der Händler befindet sich ansonsten in der gleichen Ausgangssituation wie in Situation 3, mit einem Anteil an Zahlungsstörungen von 0,38 %.

Im vorliegenden Beispiel wird davon ausgegangen, dass der externe Dienstleister einerseits aufgrund seines höheren rechtlichen und psychologischen Know-hows eine höhere Beitreibungsquote erzielt (75 % im Vergleich zu 40 % beim internen Mahnwesen) und andererseits für die Beitreibung aufgrund einer besseren IT-Unterstützung des Mahnwesens geringere Kosten für die Beitreibung anfallen (30 Euro im Vergleich zu 75 Euro beim internen Mahnwesen). Zusätzlich kann auch ein höherer Anteil (im vorliegenden Beispiel alle Kosten in Höhe von 30 Euro) an Beitreibungskosten auf den säumigen Kunden abgewälzt werden. Im Misserfolgsfall hingegen müssen, wie bisher, sowohl die Kosten für das Inkasso in Höhe von 30 Euro als auch die Selbstkosten inklusive der Kosten für die Zahlungsabwicklung und Risikoprüfung in Höhe von 104,76 Euro abgeschrieben werden.

Für Zahlungsstörungen / Beitreibung und Zahlungsausfälle entstehen dadurch insgesamt Kosten in Höhe von 2.601 Euro, die sich auf Kosten für Zahlungsstörungen (Beitreibung) in Höhe von 520 Euro und Kosten für Zahlungsausfälle in Höhe von 2.081 Euro verteilen. Insgesamt kann der Händler „Risikooptimal" seine Kosten durch die Auslagerung des Mahn- / Inkasso-Verfahrens um 6.900 Euro senken. Dieser Betrag kann unmittelbar als zusätzlicher Gewinn verbucht werden. Im Ergebnis lassen sich somit auch die durchschnittlichen vollen Selbstkosten über alle angenommenen Bestellungen auf 104,76 Euro senken, wodurch sich die Gewinnmarge auf 12,7 % erhöht.

Insgesamt erreicht der Händler durch die Beauftragung eines Inkasso-Dienstleisters folgendes Ergebnis:

■ Jahresumsatz (Summe aller Zahlungsansprüche):	1.971.000 EUR
■ Selbstkosten, ohne Kosten der Zahlungsabwicklung, pro Jahr:	1.642.500 EUR
■ Kosten der Zahlungsabwicklung pro Jahr:	65.700 EUR
■ Kosten für Risikoprüfungen pro Jahr:	9.855 EUR
■ Kosten für Zahlungsstörungen / Beitreibung und Zahlungsausfälle pro Jahr:	2.601 EUR
■ **Erwarteter Gewinn pro Jahr:**	**250.344 EUR**

Eine Auslagerung des Mahn- / Inkasso-Verfahrens lohnt sich also in dem geschilderten Beispiel, da der Händler „Risikooptimal" gegenüber Situation 3 („Keine Panik – Vorsicht walten lassen!") einen zusätzlichen Gewinn erzielt. Nach Abzug aller Kosten verbleibt ein Gewinn von 250.344 Euro in der Tasche des Händlers.

Am Ende zählt, was in der Kasse ist!

Vergleicht man nun alle Situationen miteinander, so zeigt sich letztendlich folgendes Ergebnis:

	Situation 1 (Sicher ist sicher, lieber nur Vorkasse anbieten!)	**Situation 2 (Umsatz ohne Grenzen – aber wie siehts mit dem Gewinn aus?)**	**Situation 3 (Keine Panik – Vorsicht walten lassen!)**	**Situation 4 (Profis könnens besser, oder?)**
Jahresumsatz (Summe aller Zahlungsansprüche):	1.752.000 EUR	2.190.000 EUR	1.971.000 EUR	1.971.000 EUR
Selbstkosten ohne Kosten der Zahlungsabwicklung pro Jahr:	1.460.000 EUR	1.825.000 EUR	1.642.500 EUR	1.642.500 EUR
Kosten der Zahlungsabwicklung pro Jahr:	62.780 EUR	73.000 EUR	65.700 EUR	65.700 EUR
Kosten für Risikoprüfungen pro Jahr:	keine	keine	9.855 EUR	9.855 EUR
Kosten für Zahlungsstörungen / Beitreibung und Zahlungsausfälle pro Jahr:	keine	95.010 EUR	9.501 EUR	2.601 EUR
Erwarteter Gewinn pro Jahr:	**229.220 EUR**	**196.990 EUR**	**243.444 EUR**	**250.344 EUR**

A Gewinnrückgang: 32.230 EUR
Zusätzliche Zahlungsverfahren ohne Risikomanagement

B Gewinnsteigerung: 46.454 EUR
Zusätzliche Zahlungsverfahren mit Risikomanagement

C Gewinnsteigerung: 6.900 EUR
Zusätzliche Zahlungsverfahren mit Risikomanagement und externe Durchführung von Mahnverfahren / Inkasso

In Situation 4 wird insgesamt der höchste Gewinn erzielt. Gegenüber Situation 3 steigt dieser um knapp 3 %, gegenüber Situation 2 ist er um 27 % höher und gegenüber der reinen Vorkasse um etwa 9 %.

5

Vergleicht man weitere Kennzahlen miteinander, so ergibt sich folgendes Bild:

	Situation 1 (Sicher ist sicher, lieber nur Vorkasse anbieten!)	**Situation 2 (Umsatz ohne Grenzen – aber wie siehts mit dem Gewinn aus?)**	**Situation 3 (Keine Panik – Vorsicht walten lassen!)**	**Situation 4 (Profis könnens besser, oder?)**
Erwarteter Gewinn pro Jahr:	229.220 EUR	196.990 EUR	243.444 EUR	250.344 EUR
Gewinnveränderung bzgl. vorhergehender Situation:	-	-14,1 %	24 %	3 %
Umsatzrendite:	13,1 %	9,0 %	12,4 %	12,7 %
Durchschnittliche Selbstkosten je Bestellung inkl. aller Kosten:	104,30 EUR	109,21 EUR	105,18 EUR	104,76 EUR
Zahlungsausfallquote bezogen auf gesamten Jahresumsatz:	0,00 %	2,28 %	0,23 %	0,09 %

Obwohl der Gewinn in Situation 4 am höchsten ist, wird nicht mehr die ursprüngliche Umsatzrendite von 13,1 % erreicht. Dies ist darauf zurückzuführen, dass in Situation 4 ein geringer Anteil des Gewinns durch Zahlungsstörungen und Zahlungsausfälle aufgezehrt wird, was in Situation 1 nicht der Fall ist. Allerdings wird aufgrund des Angebots mehrerer Zahlungsverfahren ein höherer Umsatz erzielt, sodass der Gewinn absolut gesehen dennoch steigt.

Fazit: Am Ende zählt, was in der Tasche ist – und das kann nur im Einzelfall entschieden werden

Als Fazit aus dem Fallbeispiel kann festgehalten werden, dass bei einer Abwägung zwischen mehreren Alternativen stets eine genaue Analyse erforderlich ist, wie sich unterschiedliche Maßnahmen auf Ihren Gewinn auswirken. Die vorgestellten Situationen stellen dabei nur eine Auswahl des Möglichen dar. In der Kalkulation sollten möglichst alle auftretenden Effekte berücksichtigt werden.

Häufig ist die auf den ersten Blick einfachste Lösung nicht immer die beste und es lohnt sich gegebenenfalls, durchaus auch etwas Risiko einzugehen. Achten Sie jedoch stets darauf, wie viel Risiko Sie sich in Ihrer spezifischen Situation leisten können, und lassen Sie sich von Spezialisten unterstützen.

Inanspruchnahme von Inkasso-Unternehmen.

An welche Dienstleister übergeben Sie die Inkasso-Mandate?

Abb. 5-19: Inanspruchnahme von Inkasso-Unternehmen
Quelle: ibi research (ECL-Umfrage 2007)

Wenn Sie sich für die Beauftragung eines externen Dienstleisters mit dem Inkasso offener Forderungen entschieden haben, bleibt die Frage, an wen Sie das Inkasso-Mandat übergeben wollen. Grundsätzlich können Sie zwischen der Beauftragung eines Rechtsanwalts und eines Inkasso-Unternehmens wählen. Welche Vorteile die Beauftragung eines Rechtsanwalts bzw. Inkasso-Unternehmens jeweils haben, wird im Folgenden erläutert.

Die Beauftragung eines Rechtsanwalts empfiehlt sich insbesondere dann, wenn Sie Ihre Forderung gerichtlich geltend machen wollen (vgl. den Abschnitt „Wenn alles nichts hilft – knallhart ins Gericht") oder Einwände des Kunden die Hinzuziehung eines Rechtsexperten erforderlich machen. Oft reicht aber auch schon ein Schreiben des Anwalts an den Kunden aus, in dem diesem die Übernahme des Mandats angezeigt wird, um dem Kunden den Ernst der Lage bewusst zu machen und ihn zur Zahlung zu veranlassen. Gegebenenfalls kann dem Schreiben auch ein Gerichtsurteil in einem ähnlich gelagerten Fall oder eine Kopie einer bereits vorbereiteten Klageschrift beigefügt werden.

Wie Abbildung 5-19 entnommen werden kann, entscheidet sich der Großteil der befragten Unternehmen derzeit für die Beauftragung eines Inkasso-Unternehmens. Inkasso-Unternehmen zielen in erster Linie auf die außergerichtliche Beitreibung der Forderung ab. Je nach Anbieter kommen hierfür unterschiedliche Möglichkeiten der Schuldneransprache zum Einsatz, z. B. per Brief, Telefon, SMS und E-Mail, bis hin zu persönlichen Schuldnerbesuchen. Welche Maßnahmen genau durchgeführt werden, lässt sich im Idealfall individuell festlegen. Darüber hinaus übernehmen viele Inkasso-Unternehmen auch die Anschriftenermittlung bei unbekannt verzogenen Kunden oder die Ermittlung aktueller Telefonnummern.

Für die gerichtliche Geltendmachung arbeiten die meisten Inkasso-Unternehmen mit Vertragsanwälten zusammen. Nach Erhalt des vollstreckbaren Titels bieten viele Inkasso-Unternehmen auch an, sich um den Einzug der Forderungen zu kümmern.

Ein Schuldner ist ein Kunde mit Zahlungsstörung!

Im Gespräch mit Oliver Burgis, atriga GmbH, www.atriga.de

Dipl.-Kfm. Oliver Burgis M.B.A. ist Geschäftsführer und Leiter der unternehmenseigenen IT-Entwicklung der atriga GmbH in Langen. Die atriga GmbH unterstützt das Forderungsmanagement ihrer Kunden durch Bankverbindungsprüfungen, Bonitätsauskünfte, Anschriftenermittlungen und Inkasso-Dienstleistungen. Als Partner zahlreicher Payment-Anbieter verfügt die atriga GmbH über besondere Erfahrungen im Bereich des elektronischen Handels.

INTERVIEW

Herr Burgis, aus welchen Gründen beauftragen Ihre Kunden einen externen Dienstleister mit dem Einzug offener Forderungen?

Viele unserer Kunden sehen sich einem stark steigenden Aufwand für den Einzug offener Forderungen gegenüber, der angesichts der oft recht niedrigen Beitreibungsquoten bei eigenen Mahnaktivitäten oder der teilweise sehr niedrigen Forderungsbeträge von teilweise unter einem Euro häufig nicht mehr gerechtfertigt erscheint. Vor allem bei Geschäften mit Verbrauchern ist zu beobachten, dass der Aufwand für die Bearbeitung von Zahlungsstörungen stark ansteigt. Aufgrund der vielfältigen Möglichkeiten, „auf Pump" zu kaufen, haben sich viele Verbraucher stark verschuldet, sodass der Forderungseinzug oft nur durch aufwendige Ratenzahlungen möglich ist.

Hinzu kommt, dass sich Schuldner zunehmend auch über das Internet darüber informieren, mit welchen Taktiken man die Begleichung einer offenen Forderung umgehen kann. Um auf die Tricks einiger Schuldner richtig reagieren zu können, braucht es fundiertes juristisches und psychologisches Know-how, das insbesondere von kleineren Unternehmen häufig nicht vorgehalten werden kann. Wenn ein spezialisierter Dienstleister mit dem Einzug offener Forderungen beauftragt wird, steigt die Beitreibungsquote daher oft deutlich an. Ein weiterer, mit steigender Anzahl von Inkasso-Aufträgen immer wichtiger werdender Grund ist die flexible und vollautomatisierte Abwicklung. Bei mehreren hundert, tausend oder mehr Fällen macht es betriebswirtschaftlich aus vielen Gründen Sinn, einen externen Dienstleister mit entsprechender Spezialisierung zu beauftragen.

Worauf ist bei der Auswahl eines Inkasso-Unternehmens zu achten?

Vordergründig geht es beim Inkasso zwar um die Beitreibung offener Forderungen, allerdings dürfen auch die Auswirkungen auf die Kundenbeziehung nicht außer Acht gelassen werden. Die Gründe, warum Forderungen nicht beglichen werden, sind vielfältig und reichen von vorübergehenden Liquiditätsengpässen bis hin zum vorsätzlichen Betrug. Das Inkasso-Unternehmen sollte daher Möglichkeiten bieten, individuelle Verfahrensprofile festzulegen, die auf die Kundenstruktur des Unternehmens und die persönliche Situation des einzelnen Schuldners zugeschnitten sind. Wir sprechen hier von einem „ereignisbasierten Inkasso-Prozess", der es ermöglicht, völlig individuell auf die Situation des Schuldners und seine vielfältigen Reaktionsmöglichkeiten einzugehen. Nur so lässt sich ein maximaler Inkasso-Erfolg hinsichtlich Beitreibungsquote und Wiederkaufrate von Kunden mit Zahlungsstörungen realisieren. Letztlich soll die Zahlungsstörung, nicht aber die Kundenbeziehung durch das beauftragte Inkasso-Unternehmen beseitigt werden.

In diesem Zusammenhang ist auch ausdrücklich vor unseriösen Anbietern zu warnen, die sich bei der Beitreibung von Forderungen in den Bereich der Nötigung begeben. Werden die Dienste eines solchen Unternehmens in Anspruch genommen, kann der Auftraggeber wegen Anstiftung zu einer Straftat sogar strafrechtlich belangt werden.

Eine weitere wichtige Frage ist aus meiner Sicht, wie gut die ausgelagerten Inkasso-Prozesse in die Verfahrensabläufe des Unternehmens integriert werden können. So müssen alle im Inkasso-Prozess hinzugewonnenen Informationen (z. B. Verschlechterungen der Bonitätssituation, Zahlungseingänge) unmit-

„Letztlich soll die Zahlungsstörung, nicht aber die Kundenbeziehung durch das beauftragte Inkasso-Unternehmen beseitigt werden.“ Oliver Burgis, atriga

5

telbar an den Auftraggeber weitergegeben werden, damit dieser z. B. durch die Verhängung oder Aufhebung von Lieferstopps optimal auf die veränderte Situation des Kunden reagieren kann.

Welche Voraussetzungen müssen bei Ihren Kunden erfüllt sein, damit die Zusammenarbeit möglichst reibungslos funktioniert?

Jedes Unternehmen verfügt innerhalb seines Schuldnerportfolios über unterschiedliche Schuldnergruppen. Zur Optimierung des Inkasso-Erfolges müssen diese Gruppen zunächst erkannt werden, um sie anschließend innerhalb der einzelnen Inkasso-Verfahren personalisiert ansprechen zu können. Wir unterstützen unsere Kunden daher dabei, die wesentlichen Parameter (z. B. Höhe der Hauptforderung, Art der unbezahlten Waren oder Dienstleistungen) für die Festlegung der Verfahrensprofile zu identifizieren und fortlaufend zu optimieren.

Des Weiteren müssen die erforderlichen Voraussetzungen für den Informationsaustausch mit unseren Kunden geschaffen werden. Die Kommunikation per Fax oder E-Mail ist in der Regel zu aufwendig und zudem fehleranfällig. Wir bieten unseren Kunden daher unterschiedliche Möglichkeiten zum Datenaustausch – von manuell bis vollautomatisch –, die je nach Kundensituation bedarfsorientiert und flexibel genutzt werden können. Im Ergebnis könnte man sagen: Wir holen den Kunden dort ab, wo er sich zurzeit technisch befindet. Bei unserem Kunden selbst entsteht somit erst einmal kein Änderungsbedarf, wir bieten ihm aber zu jeder Zeit die Möglichkeit, je nach Entwicklung seines Geschäfts flexibel alle Prozesse den Erfordernissen entsprechend anzupassen.

Je mehr Daten unsere Kunden über ihre Schuldner besitzen, desto einfacher ist es für uns, den Schuldner ausfindig zu machen und über unterschiedliche Kanäle (z. B. Brief, Anruf, SMS, E-Mail) zu kontaktieren. Zudem empfehlen wir allen unseren Kunden, bereits beim Eingang der Bestellung Prüfungen der Kundendaten, z. B. Plausibilitätsprüfungen oder Prüfungen von Negativlisten, durchzuführen. Stellt sich nach Übernahme eines Inkasso-Mandats heraus, dass die angegebenen Kundendaten falsch sind oder der Kunde bereits seit Längerem insolvent ist, schlägt sich dies entsprechend auf die Erfolgsquote der Inkasso-Verfahren nieder. Aus diesem Grund unterstützen wir unsere Kunden auch durch die Vermittlung von Adressprüfungen, Bonitätsauskünften oder Bankverbindungsprüfungen und haben den acdc-Pool (acdc = account check direct control) entwickelt, den derzeit einzigen Pool, der bundesweit mit den Datenschutzbehörden der Länder abgestimmt ist und der unseren Kunden hilft, sich kostenfrei vor Rücklastschriften zu schützen.

Zusätzlich prüfen wir die Bonität jedes Schuldners zu Beginn eines Inkasso-Verfahrens über mehrere Quellen – Konsumenten z. B. über die SCHUFA, deren Vertragspartner wir sind, sowie über unseren eigenen umfangreichen Datenpool – und können hierdurch sicher stellen, dass der Verlauf jedes einzelnen Inkasso-Verfahrens optimal an die aktuelle Vermögenssituation des Schuldners angepasst ist.

Natürlich verursacht die Erhebung und Prüfung der Kundendaten beträchtlichen Aufwand. Da dieser Aufwand für unsere Kunden in keinem Fall mit Kosten verbunden ist und wenn man sich überlegt, dass unseren Kunden viel Geld mit jedem Forderungsausfall verloren geht, dann macht sich dieser zusätzliche Aufwand schnell bezahlt.

5

Wenn alles nichts hilft – knallhart ins Gericht

Kann die Forderung nicht außergerichtlich beigetrieben werden, bleibt als letzte Möglichkeit der Gang zum Gericht. Je nach der individuellen Forderung ist zu entscheiden, welche rechtlichen Möglichkeiten (Strafanzeige, gerichtliches Mahnverfahren oder Klageverfahren) ausgeschöpft werden können bzw. sollten.

Eine Strafanzeige ist immer dann möglich, wenn Betrug vorliegt. Hierzu zählen die bereits in diesem Abschnitt genannten Fälle, in denen Konto- oder Kreditkartendaten von Dritten missbraucht wurden. Aber auch bei einer Rücklastschrift mangels Deckung oder einer nicht bezahlten Rechnung kann es sich um Betrug handeln, wenn der Kunde bereits zum Zeitpunkt der Bestellung wissen musste, dass er nicht zahlen kann. Dies ist beispielsweise dann der Fall, wenn der Kunde bereits eine eidesstattliche Versicherung abgegeben hat. Eine strafrechtliche Verurteilung des Kunden führt zwar nicht zu einem vollstreckbaren Titel, in manchen Fällen wird dem Kunden jedoch angeboten, das Verfahren bei Begleichung der offenen Forderung einzustellen.

Ziel des gerichtlichen Mahnverfahrens ist es, ohne aufwendiges gerichtliches Klageverfahren einen Vollstreckungsbescheid gegen den Kunden zu erwirken. Hierzu ist lediglich ein Mahnantrag zu stellen, der unter www.optimahn.de auch elektronisch erstellt und eingereicht werden kann. Der Mahnbescheid wird dem Kunden vom Gericht zugestellt. Legt der Kunde nicht innerhalb von zwei Wochen schriftlich Widerspruch gegen den Mahnbescheid ein, so erlässt das zuständige Amtsgericht auf Antrag einen Vollstreckungsbescheid.

Bei einem Widerspruch des Kunden gegen den Mahnbescheid geht das Mahnverfahren in ein gerichtliches Klageverfahren über. Wenn Widersprüche des Kunden zu erwarten sind, kann es daher sinnvoll sein, ohne vorhergehendes Mahnverfahren sofort Klage einzureichen, um zusätzliche Aufwände durch das vorhergehende Mahnverfahren zu vermeiden. Allerdings ist die direkte Klage nur bei einer Forderungshöhe ab 600 Euro möglich.

Für das Klageverfahren werden Sie bzw. der von Ihnen beauftragte Anwalt zunächst aufgefordert, den Anspruch gegen Ihren Kunden näher zu begründen. Diese Klagebegründung wird dem Kunden zugestellt mit der Aufforderung, dem Gericht anzuzeigen, ob er sich gegen die Klage verteidigen will. Ist dies der Fall, kommt es zu einem Gerichtsverfahren, aus dessen Urteil bei positivem Ausgang letztendlich vollstreckt werden kann.

Insbesondere das Klageverfahren, aber auch das gerichtliche Mahnverfahren sind mit erheblichen Laufzeiten und Kosten verbunden, die von Ihnen im Voraus zu zahlen sind. Ob ein solches Verfahren sinnvoll ist, hängt im Wesentlichen von der Forderungshöhe und den Erfolgsaussichten des Verfahrens (z. B. aufgrund der Bonität des Kunden) ab. Allerdings sollte auch bei geringen Forderungshöhen zumindest gelegentlich ein gerichtliches Verfahren eingeleitet werden. Sonst könnte es sich in einschlägigen Internet-Foren schnell herumsprechen, dass man in Ihrem Shop ungeschoren davonkommt.

Gerichtliche Geltendmachung von Forderungen.

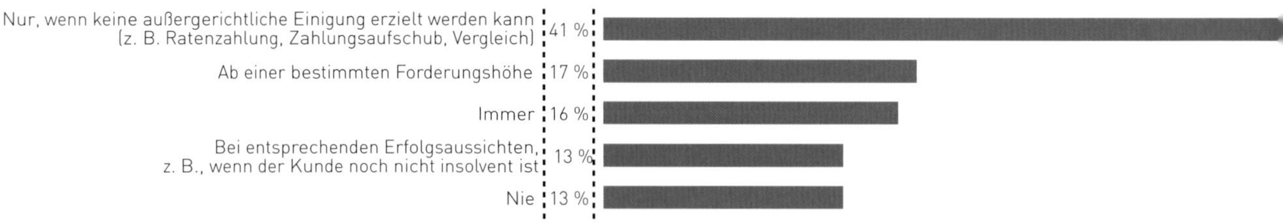

In welchen Fällen machen Sie oder die von Ihnen beauftragten Dienstleister Forderungen gegen den Kunden gerichtlich geltend?

Abb. 5-20: Gerichtliche Geltendmachung von Forderungen
Quelle: ibi research (ECL-Umfrage 2007)

Unbekannt verzogen – was nun?

Die außergerichtliche oder gerichtliche Beitreibung einer offenen Forderung kann natürlich nur dann zum Erfolg führen, wenn Ihnen die aktuelle Adresse des Kunden bekannt ist. Was aber, wenn eine Zahlungserinnerung oder ein Mahnschreiben mit dem Vermerk zurückkommt: „Unbekannt verzogen"?

Dass ein Mahnschreiben an die beim Kauf angegebene Anschrift nicht mehr zustellbar ist, kommt leider recht häufig vor: Etwa 10 % der Deutschen ziehen Schätzungen zufolge durchschnittlich jedes Jahr um, Kunden mit geringer Bonität sogar dreimal so oft wie zahlungskräftige Kunden. Und gerade diese Kunden „vergessen" häufig, Ihnen ihre aktuelle Anschrift mitzuteilen bzw. einen Nachsendeantrag bei den Postdienstleistern zu stellen. Erfahrungen von Inkasso-Unternehmen zeigen, dass etwa 15 Prozent der privaten Schuldner versuchen, den Forderungen ihrer Gläubiger durch einen Umzug zu entgehen.

Was können Sie also tun, wenn eine Mahnung nicht zustellbar ist? Zunächst sollten Sie versuchen, telefonisch oder per E-Mail mit dem Kunden Kontakt aufzunehmen (vgl. hierzu die Empfehlung „Erheben Sie vollständige Kundendaten" in Abschnitt 5.2, um den benötigten Zeitaufwand hierfür möglichst gering zu halten). Vielleicht haben Sie Glück, und die bisherige Festnetznummer wurde an die neue Anschrift mitgenommen. Die Handy-Nummer und die E-Mail-Adresse bleiben bei einem Umzug teilweise unverändert. So können Sie schnell klären, ob es sich tatsächlich um ein Versehen des Kunden gehandelt hat.

Führen aber diese Möglichkeiten nicht zum Erfolg, lohnt sich häufig eine kostenpflichtige Anfrage an eine Auskunftei unter der Ihnen bekannten Anschrift Ihres Kunden. Liegt der Auskunftei die neue Anschrift bereits vor, bekommen Sie diese bei berechtigtem Interesse mitgeteilt.

Nur gut ein Drittel der Händler ermittelt unbekannt verzogene Schuldner über das Einwohnermeldeamt.

Wie gehen Sie vor, wenn ein Schuldner unter der Ihnen bekannten Anschrift nicht mehr ermittelbar ist?

Abb. 5-21: In Anspruch genommene Möglichkeiten der Anschriftenermittlung
Quelle: ibi research (E-Commerce in Deutschland 2008)

Seit Kurzem ist es bei einigen Auskunfteien auch möglich, die aktuelle Anschrift des Kunden anhand der Kontonummer zu ermitteln. Dies ist aber in der Regel deutlich teurer als die Abfrage der Anschrift. Eine Anfrage bei der kontoführenden Bank selbst bleibt dagegen in der Regel ergebnislos, da im E-Commerce (anders als beim Lastschriftverfahren im stationären Einzelhandel) in der Regel keine explizite schriftliche Zustimmung des Kunden zur Herausgabe seiner Anschrift vorliegt und die Bank somit die Kundendaten nicht herausgeben darf.

Erhalten Sie auch auf diese Weise keine Informationen über die aktuelle Anschrift des Kunden, bleibt noch die Anfrage beim Einwohnermeldeamt (bzw. bei Unternehmenskunden beim Gewerberegister oder bei der zuständigen Kammer) an der letzten bekannten Anschrift oder die Ermittlung vor Ort. Wie dabei vorzugehen ist, erläutert Ralf Niederhäuser, EURO-PRO, im nachfolgenden Interview.

Damit die nachträgliche Anschriftenermittlung zum Erfolg führt, sollten Sie bereits bei der Bestellannahme einige Vorsichtsmaßnahmen beachten, dann haben Sie es später einfacher. Selbstverständlich sollte bei „unsicheren" Zahlarten immer die angegebene Anschrift des Kunden geprüft werden (vgl. Abschnitt 5.2). Denn wenn der Kunde Sie bereits bei der Bestellung täuscht, haben Sie keine Anschrift, auf die Sie Ihre Ermittlungen stützen können. Auch wenn Ihnen außer einer Postfach-Adresse des Kunden keine weiteren Adressdaten vorliegen, ist z. B. bei Auflösung des Postfachs keine Ermittlung des Kunden möglich, da über die Inhaber von Postfächern keine Auskünfte erteilt werden. Schließlich ist es von Vorteil, wenn Sie nicht nur über eine Anschrift, sondern auch über die E-Mail-Adresse und die Festnetz- und / oder Handy-Nummer verfügen, um den Kunden bei Postrückläufern kontaktieren zu können.

5

Dem Schuldner auf der Spur – so arbeiten die Profis

Im Gespräch mit Ralf Niederhäuser, EURO-PRO Gesellschaft für Data Processing mbH, www.europro.de

Ralf Niederhäuser ist geschäftsführender Gesellschafter der EURO-PRO Gesellschaft für Data Processing mbH. EURO-PRO ermittelt jährlich über 3 Millionen Adressen für Versandhändler, Anwälte, Banken, Versicherungen, Inkasso-Unternehmen, Energieversorger oder die Leasingbranche und durchforstet dafür verschiedene Datenbanken sowie Melde- und Gewerberegister.

INTERVIEW

Herr Niederhäuser, unter welchen Voraussetzungen kommt man als Online-Händler an Daten von Meldeämtern?

Da es in Deutschland rund 5.500 Einwohnermeldeämter gibt, die teilweise unterschiedliche Anforderungen stellen, ist diese Frage nicht ganz eindeutig zu beantworten. Grundsätzlich ist hierfür eine so genannte einfache Anfrage an das Meldeamt zu stellen. Bei fast allen Einwohnermeldeämtern müssen dafür der Vor- und Nachname, das Geburtsdatum und / oder die letzte bekannte Anschrift der gesuchten Person angegeben werden.

Auch die Kosten für eine solche Anfrage unterscheiden sich je nach Einwohnermeldeamt. Sie belaufen sich auf etwa 2 bis 12 Euro und müssen bei fast allen Ämtern im Voraus, z. B. durch Überweisung, Beilegung eines Verrechnungsschecks oder per Lastschrifteinzug bezahlt werden.

Die Anfrage kann schriftlich oder bei ca. 50 % der Meldeämter auch bereits elektronisch über ein Online-Portal bzw. kommunale Rechenzentren gestellt werden. Der Nachweis eines berechtigten Interesses ist hierfür in der Regel noch nicht erforderlich.

Um frühere Wohnanschriften, Familienstand, Geburtstag und Geburtsort oder die Staatsangehörigkeit der gesuchten Person zu erfahren, ist eine erweiterte Meldeauskunft notwendig. Hierfür muss ein berechtigtes Interesse nachgewiesen werden, z. B. durch einen Ausdruck der Bestellung des Kunden und eine Kopie der Rechnung. Dies gilt auch bei Vorliegen einer amtlichen Auskunftssperre.

Lohnt sich der hohe Aufwand für eine Einwohnermeldeamtsanfrage überhaupt?

Nach unseren Erfahrungen führen 20 bis 50 % der Anfragen nicht zum gewünschten Ergebnis. Ein Grund hierfür kann sein, dass die gesuchte Person ihrer gesetzlichen Meldepflicht nicht nachgekommen ist. Schätzungen zufolge sind zwischen 5 % und 8 % aller Deutschen derzeit überhaupt nicht gemeldet. In besonderen Fällen wird der gesuchten Person auch eine Auskunftssperre vom Meldeamt gewährt, z. B. wenn Gefahr für Leib und Leben dieser Person besteht. Vor Durchführung einer Einwohnermeldeamtsanfrage empfiehlt es sich daher, die Umzugsbestände bei einer zugelassenen Wirtschaftsauskunftei abzufragen.

Sofern der erfolgsorientierte Abgleich über Umzugsbestände und / oder eine Einwohnermeldeamtsanfrage nicht zum Erfolg führen, kann sich in diesen Fällen eine erfolgsorientierte Langzeitüberwachung lohnen. Wir fragen dafür wöchentlich bei verschiedenen Auskunfteien an, ob sich schon neue Informationen über die aktuelle Anschrift der gesuchten Person ergeben haben.

Bei elektronischen Einwohnermeldeamtsanfragen machen viele Händler auch den Fehler, nur eine mögliche Schreibweise des Namens anzufragen. Wenn aber ein „Hans-Juergen" angefragt wird, obwohl ein „Hans Jürgen" gemeldet ist, führt die Anfrage unter Umständen zu keinem Treffer. Wir bereiten den Datensatz für die Anfrage daher spezifisch nach den

„Auch einfache Recherchen im Internet oder in Telefonverzeichnissen bringen die neue Anschrift teilweise ans Licht."

Ralf Niederhäuser, EURO-PRO

Normierungs- und Abgleichmethoden der jeweiligen kommunalen Rechenzentren auf, damit maximale Trefferquoten (neue Anschriften) erreicht werden können.

Bis zu 15 % der mitgeteilten Anschriften von Einwohnermeldeämtern sind zudem bereits zum Zeitpunkt der Auftragserteilung nicht mehr aktuell. Wir prüfen daher immer zunächst selbst die Zustellbarkeit der ermittelten Anschriften, bevor wir sie an unsere Kunden weitergeben.

Die Meldeämter selbst übernehmen keine Gewähr für ihre Auskünfte. Im Klartext: Auch wenn die gesuchte Person beim angefragten Meldeamt nicht gemeldet ist, wenn keine Informationen über die neue Anschrift vorliegen oder wenn die neue Anschrift nicht mehr aktuell ist, werden die Kosten für die Anfrage erhoben.

Welche weiteren Möglichkeiten zur Adressrecherche gibt es?

Vor einer Meldeamtsanfrage empfiehlt es sich in jedem Fall, zunächst bei einer Auskunftei anzufragen, ob der neue Wohnort des Kunden dort bekannt ist. Aber auch einfache Recherchen im Internet oder in Telefonverzeichnissen bringen die neue Anschrift teilweise ans Licht.

In diesem Zusammenhang möchte ich aber vor den diversen Adress-CD-ROMs warnen, die von den unterschiedlichsten Seiten angeboten werden. Woher diese Daten stammen, ist häufig nicht nachvollziehbar. Hat der Anbieter der Daten gegen geltendes Datenschutzrecht verstoßen, so macht sich auch der Händler als Erwerber dieser Daten strafbar.

Führen weder diese Möglichkeiten noch die Meldeamtsanfrage zum Erfolg, hilft bei höheren Forderungsbeträgen nur die Ermittlung vor Ort. Bei kleineren Forderungsbeträgen bleibt dagegen häufig nur, die Forderung abzuschreiben.

Gibt es auch für die Anschriftenermittlungen im europäischen Ausland staatliche Stellen, an die man sich wenden kann?

In Österreich, Schweden, Irland, Estland, Litauen, der Schweiz oder Ungarn ist die Anschriftenermittlung sogar einfacher als in Deutschland. Dort existieren bereits zentrale Register, in denen die Einwohnermeldedaten verwaltet werden, so dass nicht jedes regionale Einwohnermeldeamt einzeln angefragt werden muss. Wir haben diese Register über Schnittstellen angebunden und können somit jederzeit auf die aktuelle Anschrift unbekannt verzogener Kunden und Schuldner zugreifen. In weiteren europäischen Ländern ist der Aufbau zentraler Melderegister in Vorbereitung. Auch wenn keine elektronische Anfrage möglich ist, können wir Schuldner im europäischen Ausland ermitteln. Es dauert dann allerdings länger, bis eine Antwort eintrifft.

www.ecommerce-leitfaden.de

Vertiefende Informationen zu den Inhalten dieser Abschnitte sowie Links zu ausgewählten Lösungsanbietern finden Sie auf der sich ständig weiterentwickelnden Projekt-Web-Seite www.ecommerce-leitfaden.de. Dort finden Sie auch weitere kostenlose Angebote wie z. B. den E-Commerce-Newsletter, Online-Tools oder die vollständigen Ergebnisse verschiedener Studien.

eCommerce Leitfaden

NAVIGATOR

eCommerce Leitfaden

6

6. » VERSAND – VOM SHOP ZUM KUNDEN

Das richtige Sortiment auszuwählen, die Produkte in einen Shop einzustellen, für diesen Werbung zu betreiben und die Bezahlung effizient und sicher abzuwickeln reicht nicht aus, um im E-Commerce erfolgreich zu sein. Auch die im Hintergrund ablaufenden Prozesse müssen funktionieren und auf die Anforderungen der Kunden abgestimmt werden. Der Versandabwicklung bzw. der eigentlichen Übergabe der Lieferung an den Kunden kommt hierbei, als letzter Schritt des Online-Einkaufs, eine besondere Bedeutung zu.

6.1 Verkauft ist noch nicht geliefert

Der Versand stellt einen der Erfolgsfaktoren im Online-Handel dar. Aus Händlersicht sind die Kosten, die durch das Zusammenstellen der Bestellung (Kommissionierung), das Verpacken, das Frankieren und die eigentliche Versendung sowie die Kosten, die durch Retouren entstehen können, möglichst gering zu halten. Aus der Sicht des Kunden sollte der Versand kostengünstig sein, die bestellte Ware schnell und sicher geliefert werden und bei Nichtgefallen auch problemlos und mit wenig Aufwand zurückgeschickt werden können.

Die Forderung nach einer möglichst schnellen, kostengünstigen und zugleich zuverlässigen und kundenfreundlichen Abwicklung zeigt bereits, dass unter den Begriff Versand nicht nur die Übergabe von Briefen, Päckchen oder Paketen an einen Versanddienstleister fällt, sondern eine Vielzahl an Prozessschritten bedacht und wichtige Entscheidungen getroffen werden müssen. Viele Produkte werden im E-Commerce als Brief versandt, obwohl diese in der Regel nicht versichert sind und deren Status oftmals nicht verfolgt werden kann. Das Gros des Sendungsaufkommens besteht jedoch aus Päckchen oder Paketen. Deshalb fokussieren sich die folgenden Ausführungen auf diese Versandarten.

Rund um den eigentlichen Versand gibt es zahlreiche Möglichkeiten, die eigenen Prozesse zu optimieren und vor allem die Kundenzufriedenheit zu verbessern. Welche dies sind, soll im Rahmen dieses Kapitels näher beleuchtet werden. Auch das Praxisinterview mit Torsten Schick von Patrona-Westfalia gibt hierzu wertvolle Hinweise.

Damit die Tinte nicht ausgeht

Im Gespräch mit Torsten Schick, Patrona-Westfalia, www.patrona-westfalia.de

6

Seit 2003 verkauft Torsten Schick über seinen Online-Shop „Patrona-Westfalia" Papier, Druckerpatronen, Tonerkartuschen und CD-/DVD-Rohlinge. Neben dem eigenen Shop nutzt er außerdem die Internet-Auktionsplattform eBay, um seine Produkte zu vertreiben.

INTERVIEW

Herr Schick, weshalb ist eine effiziente Versandabwicklung im E-Commerce so wichtig?

Der Versand ist der Schritt, der einem Händler viel Geld und Zeit kosten oder aber auch sparen kann. Denkt man nur an die Zeit, die man für das Zusammenstellen der einzelnen Sendungen, das Ausdrucken der Dokumente, das Verpacken, das Frankieren, das Aufgeben und das Überwachen der Sendungen benötigt, kommt schon einiges zusammen. Hierbei sind beispielsweise aber die Kosten für das Verpackungsmaterial oder das Porto sowie mögliche Aufwendungen für Retouren noch gar nicht berücksichtigt. Also durchaus ein Aufgabenfeld, das durchdacht werden muss.

Wie wickeln Sie Ihren Versand ab?

Wir versenden derzeit durchschnittlich etwa 30 Pakete pro Tag. Für fast alle Sendungen nutzen wir Hermes. Früher haben wir die Pakete immer selbst im PaketShop abgegeben. Als Nutzer des ProfiPaket-Service werden die Pakete jetzt aber in einem von uns bestimmten Zeitfenster abgeholt. Dadurch gewinnen wir Zeit. Zudem haben wir einen individuellen Paketpreis und profitieren von verschiedenen Zusatzleistungen. Durch die Nutzung des Online-Portals können wir fast alle Prozesse, wie z. B. das Erstellen eines Lieferscheins, komfortabel durchführen.

Welche weiteren Vorteile bietet Ihnen das Online-System Ihres Paketdienstleisters?

Wir verkaufen Produkte über unseren Shop und über eBay. Für beides nutzen wir die Marktplattform Afterbuy. Diese Plattform bietet sowohl einen einfach zu konfigurierenden Online-Shop mit vorinstallierten Bezahlsystemen als auch eine Unterstützung der Verkaufsabwicklung. Zudem können wir direkt aus Afterbuy unsere Bestelldaten in das Online-Portal von Hermes übertragen. In diesem System verwalten wir die einzelnen Aufträge, bereiten den Versand vor und beauftragen direkt online die Abholung. Dabei ermöglicht uns der ProfiPaketService das Erstellen und Ausdrucken der Paketscheine genauso, wie das Online-Portal uns auch auf falsche Adressen hinweist, die wir dann überprüfen können.

„Der Versand ist der Schritt, der einem Händler viel Geld und Zeit kosten oder aber auch sparen kann.“ Torsten Schick, Patrona-Westfalia

Was sind für Sie die wichtigsten Kriterien für die Wahl eines Paketdienstleisters?

Die entscheidenden Kriterien sind natürlich die Versandkosten sowie die Dauer, die ein Logistikdienstleister im Schnitt benötigt, um ein Paket zum Kunden zu liefern. Aus Sicht unserer Kunden sind dies die beiden entscheidenden Argumente. Daneben zählt aber auch das Image des Unternehmens beim Kunden. Überdies ist bei der Auswahl sehr wichtig, welche technischen Schnittstellen vom Logistikdienstleister angeboten werden. Hier kann ein Händler viel Zeit, Geld und Nerven sparen.

Nicht zu vernachlässigen sind natürlich auch die Zusatzservices, die ein Dienstleister anbietet. Dabei sind aus meiner Sicht insbesondere eine unproblematische Retourenabwicklung sowie eine standardmäßige Haftung für unsere Pakete wichtig. Hermes beispielsweise haftet im Falle eines Schadens oder Verlusts für jedes Paket mit bis zu 500 Euro. Egal ob es eine Sendung innerhalb Deutschlands oder ins Ausland ist.

Herr Schick, was würden Sie rückblickend beim Thema Versandabwicklung anders machen?

Ich würde dem Thema schon von Anfang an mehr Aufmerksamkeit schenken und früh überlegen, wie externe Dienstleister bei der Abwicklung helfen können. In den meisten Fällen kann man sich dadurch viel Zeit und Geld sparen.

6.2 Der Versandprozess – das ganze Paket im Überblick

Idealerweise sollte die Versandabwicklung möglichst durchgängig und ohne große manuelle Eingriffe und Verzögerungen ablaufen. Medienbrüche sind immer potenzielle Fehlerquellen. Die Auftragsannahme, die Versandabwicklung, die eigentliche Auslieferung sowie das Retourenmanagement sind dabei die wesentlichen Schritte.

In der Praxis laufen diese Schritte häufig nicht klar getrennt ab und werden ganz unterschiedlich umgesetzt. Kleine Händler oder Neueinsteiger beispielsweise wickeln viele Prozesse manuell ab. Bei großen Firmen sind die Prozessschritte dagegen häufig hoch automatisiert. Was Händler in den einzelnen Versandschritten tun können, damit die Logistik nicht zur Stolperfalle wird, zeigen die nächsten vier Abschnitte.

Der Versandprozess

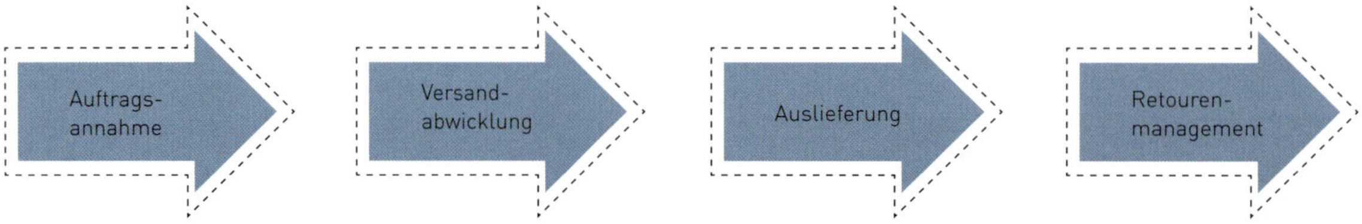

Abb. 6-1: Schritte der Versandabwicklung
Quelle: ibi research (E-Commerce-Leitfaden 2009)

Auftragsannahme – vielen Dank für die Bestellung

Hat sich ein Kunde für eines Ihrer Produkte entschieden und bestellt, sind Sie an der Reihe. Neben der Erfassung der Bestelldaten (z. B. Anzahl, Farbe und Größe der Produkte oder sonstige Informationen, wie optionales Geschenkpapier usw.), sollte vorab die Verfügbarkeit der Artikel überprüft werden, damit Kunden von Beginn an wissen, wie lange sie auf ihre Bestellung warten müssen. Gängige Shop-Lösungen besitzen dafür meist eine Schnittstelle zum Warenwirtschaftssystem bzw. verwalten den Warenbestand selbst und zeigen die Verfügbarkeit der Artikel oder die Lieferzeit bereits bei der Produktbeschreibung an. Auch bieten einige Shop-Lösungen die Möglichkeit, durch Anbindung an einen entsprechenden Dienstleister, in dieser Phase bereits eine erste Adressprüfung durchzuführen, um spätere Fehler bzw. Rücksendungen zu vermeiden.

Bevor es an die eigentliche Zusammenstellung und Verpackung der Lieferung geht, sollte dem Kunden eine Bestätigungsmail über seine Bestellung zugesandt werden. Aus Gesichtspunkten der Kundenzufriedenheit sowie zu Ihrer Absicherung (z. B. versehentliche Doppelbestellung) ist es sinnvoll, dem Kunden sowohl die Bestellangaben (z. B. Produktmenge, -größe, -farbe) als auch die Liefer- bzw. Rechnungsadresse in der Mail nochmals vorzulegen. Mit der Bestätigungsmail kann der Kunde seine Bestellung überprüfen und gegebenenfalls auf falsche Eingaben reagieren. Häufig werden solche Mails von den Shop-Systemen automatisch erzeugt und den Käufern zugesandt. Sie sollten aus Sicherheitsgründen darauf achten, dass Sie in der Bestätigungsmail sensible Daten, wie z. B. Kreditkartendaten oder den Shop-Login bzw. das Zugangspasswort des Kunden, nicht im Klartext übertragen.

6

Versandabwicklung – so „verzetteln" Sie sich nicht

Nach der Bestellerfassung und der Benachrichtigung des Kunden beginnt die eigentliche Versandabwicklung. Der erste Schritt ist in der Regel die Erstellung der Packliste (Kommissionierliste), die von den gängigen Shop-Systemen automatisch erzeugt wird. Auf der Packliste wird alles vermerkt, was in die Lieferung gehört. Falls vorab keine Verfügbarkeitsprüfung durchgeführt wurde und ein Produkt vergriffen ist, sollten entsprechende Merker im System gesetzt werden und in den Lieferdokumenten für den Kunden ein entsprechender Vermerk aufgenommen werden, wann dieser mit einer Nachlieferung rechnen kann. Daneben müssen in der Regel noch der Lieferschein sowie die Rechnung, der Adress- und Retourenaufkleber und gegebenenfalls sonstige Rücksendeunterlagen (vgl. Abschnitt zum Retourenmanagement) gedruckt werden.

Die angesprochenen Dokumente werden heute von den meisten Warenwirtschaftssystemen und / oder den Shop-Systemen automatisch erzeugt. Viele Systeme bieten mittlerweile auch Schnittstellen zu gängigen Paketdienstleistern. Dadurch wird eine medienbruchfreie Weitergabe der Daten möglich. Somit werden Fehler bei der manuellen Eingabe vermieden und Zeiteinsparungen realisiert.

Kommissionierung – packen wir es ein

Bei der Kommissionierung kommt wieder die oben angesprochene Packliste ins Spiel. Diese enthält in der Regel den Lagerplatz, die Artikelnummer und die Bestellmenge. Der Online-Händler entnimmt anschließend die bestellten Produkte aus dem Lager. Hier ist es oftmals hilfreich, das eigene Lager so aufzubauen bzw. die Waren so anzuordnen, dass häufig bestellte Artikel schnell zugängig sind. So lässt sich viel Zeit bei der Zusammenstellung der einzelnen Bestellungen sparen und die Waren können zügig auf den Weg zum Kunden gebracht werden.

Der Lagerbestand sollte möglichst in Echtzeit mit dem Shop-Angebot abgeglichen werden. Sind Stücke im Lager nicht mehr vorhanden oder wird ein kritischer Schwellenwert unterschritten, sollte die Lieferzeit bzw. die Verfügbarkeit in der Produktanzeige im Web-Shop entsprechend angepasst werden. Dadurch ersparen Sie sich enttäuschte Kunden.

Verpackung – manchmal kommt es eben doch auf das Äußere an!

Hat der Online-Händler die bestellten Artikel zusammengetragen, geht es ans Verpacken. Hier kommt es darauf an, die richtige Verpackung zum Schutz der Ware zu wählen, dabei aber auch die Kosten im Auge zu behalten. Immerhin sind Beschädigungen oder Defekte an den Produkten der zweithäufigste Grund für Rücksendungen (vgl. Abbildung 6-4), weshalb der Schutz der Ware entsprechende Aufmerksamkeit verlangt. Geeignete Kartonagen können Sie sowohl von spezialisierten Anbietern als auch von einigen Logistikdienstleistern direkt beziehen. Besteht das Sortiment aus zerbrechlichen Produkten (z. B. Weinflaschen, Porzellan), Flüssigkeiten, Gefahrstoffen oder ähnlichem, muss überprüft werden, ob Ihr Versanddienstleister bestimmte Verpackungen oder Kennzeichnungen für den Versand benötigt.

Zusätzlich sollten Sie auch die Wirkung der Verpackung auf den Kunden nicht außer Acht lassen. Im Grunde ist der Erhalt des Pakets mit dem Auspacken von Geschenken vergleichbar. Das Erste, was der Kunde zu sehen bekommt, ist die Verpackung. Deshalb sollte diese einen professionellen Eindruck machen.

Jede Lieferung kann zudem auch zur Pflege der Kundenbeziehung bzw. für Zusatzverkäufe genutzt werden. Beispielsweise kann man den Paketen Werbung für weitere Produkte beilegen, um so den Kunden auch auf Ihre anderen Angebote hinzuweisen. Daneben eignen sich auch kleine Zugaben, wie z. B. Süßigkeiten oder Produktproben, um den Kunden nochmals für den Einkauf zu danken und so seine Verbundenheit zum Online-Händler zu steigern. Eventuell bestellt der Kunde bei einer seiner nächsten Bestellungen das Produkt, das er durch die Produktprobe kennen gelernt hat.

6

Verpackungsmaterial

Egal was Sie verschicken wollen, für fast alles gibt es passendes Verpackungs- und Füllmaterial, z. B. Kuverts für kleine Produkte, Luftpolstertaschen für Zerbrechliches, Kartons für Flaschen und Bücher oder antistatische Verpackungen für Elektronikartikel. Die meisten Versanddienstleister bieten selbst entsprechende Materialien an. Diese sind optimal auf die Transportanforderungen abgestimmt und bieten bei richtigem Einsatz den größtmöglichen Schutz vor Beschädigungen.

Ebenso wie es verschiedene Verpackungsmaterialien gibt, existieren auch zahlreiche Varianten von Füll- und Polstermaterialien. Beispielsweise gibt es spezielles Verpackungspapier, Wellpappe, Verpackungschips, Kunststoffschutznetze oder auch Luftkissen.

Verpackungs- und Füllmaterial kann man von spezialisierten Dienstleistern oder teilweise auch von den Paketdienstleistern beziehen.

Infobox 6-1: Verpackungsmaterial
Quelle: ibi research (E-Commerce-Leitfaden 2009)

Verpackungsverordnung

Verpackungen, die bei privaten Endverbrauchern anfallen, müssen grundsätzlich durch haushaltsnahe Entsorgungssysteme gesammelt und entsorgt werden. Die Verpackungsverordnung (VerpackV) verpflichtet Internet-Händler, sich an ein flächendeckendes haushaltsnahes Rücknahmesystem anzuschließen (§ 6 Abs. 1 Verpackungsverordnung), soweit sie nicht ausschließlich Verpackungen verwenden, deren Hersteller an ein Entsorgungssystem angeschlossen sind.

Infobox 6-2: Verpackungsverordnung
Quelle: ibi research (E-Commerce-Leitfaden 2009)

Versandvorbereitung – einfacher gehts online

Viele kleinere Händler bringen ihre Sendungen zur Annahmestelle ihres Dienstleisters und füllen dort den Paketschein per Hand aus. Auch schon bei geringen Stückzahlen können durch die Nutzung eines Online-Versandsystems jedoch Kosten und Zeit gespart werden. Mithilfe solcher Systeme der Versanddienstleister können die Sendungen professionell etikettiert und frankiert werden. In den Online-Systemen werden die Versanddaten eines jeden Auftrags erfasst und können direkt vom Versanddienstleister weiterverarbeitet werden. Bei den meisten Systemen lassen sich die Adressdaten der Kunden aus den gängigen Shop-Systemen, Office-Anwendungen oder auch von Marktplätzen wie eBay oder Amazon.de sowie aus Verkäufer-Tools wie Afterbuy oder ChannelAdvisor automatisch einlesen bzw. importieren. Mehr zu Verkäufer-Tools finden Sie in Infobox 6-3. Die Online-Systeme ermöglichen Ihnen, Versandetiketten für die einzelnen Aufträge direkt aus dem System heraus zu drucken bzw. erlauben auch die Erteilung eines Abholungsauftrags an den Dienstleister. Zudem können Sie durch verschiedene Tracking-Tools bzw. -Ansichten einen aktuellen Überblick über den Sendungsstatus erhalten.

Verkäufer-Tools

Viele Händler greifen beim Verkauf im Internet auch auf Marktplätze wie eBay oder Amazon.de zurück. Für regelmäßige Verkäufer, so genannte Powerseller bzw. Power-Anbieter, gibt es Anwendungen und Programme, die die Verwaltung und die Abwicklung von Bestellungen erleichtern. Viele dieser Verkäufer-Tools bieten auch Schnittstellen zu gängigen Online-Shops.

Beispiele für solche Anwendungen sind die Systeme Afterbuy oder ChannelAdvisor. Diese Online-Tools unterstützen die Händler beim Verwalten und Abwickeln von Bestellungen und Auktionen auf diversen Plattformen. Dabei können durch diese Online-Tools sowohl Produkte auf den Auktionsplattformen und den Marktplätzen verwaltet werden als auch die beim Verkauf anfallenden Tätigkeiten durchgeführt werden. Die Funktionen reichen dabei von der E-Mail-Benachrichtigung der Kunden beim Kauf, über die Zahlungsabwicklung und den Rechnungsdruck bis zur Übergabe der Daten an einen Versanddienstleister.

Infobox 6-3: Verkäufer-Tools
Quelle: ibi research (E-Commerce-Leitfaden 2009)

Das einfache Drucken der notwendigen Etiketten und Dokumente über ein Versand-Tool ermöglicht es Ihnen, die Pakete vollständig versandfertig zu machen. Zudem bieten manche Dienstleister bei der Nutzung der Online-Systeme günstigere Konditionen und verschiedenste Zusatzdienstleistungen. Beispielsweise können Sie bei diversen Online-Lösungen direkt im Portal den Abholrhythmus individuell festlegen. Die meisten Dienstleister ermöglichen eine Abholung von Montag bis Samstag und bieten ausgewählte Abholzeitfenster an. Für spezielle Sendungen können Sonderleistungen, wie z. B. Versand per Nachnahme oder Versand ins Ausland auch über das Portal beauftragt werden.

Fast alle Paketdienstleister haben für jeden Online-Händler, egal wie viele Pakete er im Jahr verschickt, eine passende Lösung. Sei es die Nutzung von Filialen bzw. PaketShops, ein entsprechendes Online-Versandportal oder eine komplette Verheiratung der IT-Systeme des Händlers mit den Systemen des Versanddienstleisters, für alle Versandmengen gibt es die entsprechende Lösung. Auf jeden Fall ist es lohnenswert, sich über solche Angebote detailliert zu informieren.

Versand ins Ausland – Bon Voyage

Der einheitliche europäische Wirtschaftsraum hat in den letzten Jahren zu einem verstärkten Verkauf ins europäische Ausland geführt. Durch den Wegfall von Zoll- und Ausfuhrbeschränkungen erschließen sich Händlern neue Märkte in der Regel ohne große bürokratische Hürden. Bis auf wenige Ausnahmen, wie z. B. Alkohol oder Zigaretten, ist es durch die international agierenden Paketdienste möglich, Waren kostengünstig europaweit zu versenden. Wenn die Sendungen an Kunden außerhalb Europas gehen sollen oder es sich um Waren handelt, die bestimmten Vorschriften unterliegen, müssen jedoch entsprechende Dokumente (Begleitpapiere) für die Sendungen erstellt werden.

Welche Waren ohne große Beschränkungen europa- bzw. weltweit versendet werden dürfen und mit welchen zusätzlichen Kosten und Auflagen möglicherweise zu rechnen ist, sollte daher vorab geklärt werden, um keine unliebsamen Überraschungen zu erleben. Auch ist es ratsam, bei regelmäßigen Bestellungen aus dem außereuropäischen Ausland die notwendigen Angaben für die Begleitpapiere in Ihrer Produktverwaltung (Produktstammdaten) zu hinterlegen, so dass Sie diese nicht immer wieder aufs Neue beim Ausfüllen der Zollpapiere recherchieren müssen. Unter www.zoll.de finden Sie die relevanten Informationen bzw. in der Regel auch auf Anfrage bei Ihrem Logistikdienstleister.

Beim Versand ins Ausland sollten Sie sich zudem über das Qualitätsniveau der ausländischen Paketdienstleister informieren, denn im Ausland ist der Standard häufig nicht so hoch wie in Deutschland. Längere Laufzeiten und ein höherer Anteil beschädigter oder verlorener Sendungen sind nicht unüblich. Viele Experten raten deshalb dazu, Auslandssendungen generell zu versichern.

Zudem sind Sie als Händler beim Versand ins Ausland verpflichtet, genauso wie beim innerdeutschen Versand, die Versandkosten explizit auszuweisen. Deshalb sollte eine Versandkostentabelle vorhanden sein, in der Besteller aus dem Ausland die anfallenden Versandkosten ersehen bzw. abschätzen können.

Auslieferung – vom Hochregal ins Wohnzimmer

Wenn Sie Ihre Sendungen fertig verpackt haben, gilt es im nächsten Schritt, diese dem Versanddienstleister zu übergeben. Doch Versanddienstleister ist nicht gleich Versanddienstleister. So existieren neben den Paketdiensten z. B. auch Kurier- und Expressdienste. Zwar werden die meisten Bestellungen im E-Commerce wohl über Paketdienstleister abgewickelt, aber für manche Lieferungen eignet sich womöglich auch der Einsatz von Kurieren oder Boten. Im Vergleich zu einem Paketdienst, der mit hoch standardisierten Prozessen arbeitet, befördern Kuriere in der Regel die Sendungen persönlich und direkt vom Absender zum Empfänger. Häufig ist diese Dienstleistung jedoch auch deutlich teurer als der Versand durch einen Paketdienstleister.

Für welchen Dienstleister Sie sich letztendlich entscheiden, ist gut zu überlegen. Dies zeigt sich auch darin, dass mehr als die Hälfte aller Online-Händler mehrere Paketdienstleister nutzen, um ihre Lieferungen zum Kunden zu bringen. Mit der wichtigste Grund hierfür ist aus Sicht der meisten Händler die Optimierung der Versandkosten. Dies hängt im Wesentlichen mit den unterschiedlichen Preisen der Dienstleister für die verschiedenen Paketgrößen, Gewichtsklassen und Bestimmungsländer zusammen sowie damit, dass nicht alle Paketdienstleister in alle Länder liefern (vgl. Abbildung 6-2). Daneben können z. B. auch angebotene Zusatzdienstleistungen, wie beispielsweise der Haftungsbetrag pro Paket oder die notwendige personalisierte Zustellung beim Kunden eine wichtige Rolle spielen (vgl. auch Infobox 6-6: „Zusatzdienstleistungen von Paketdienstleistern“). Die am häufigsten angebotenen Zusatzdienstleistungen der Händler sind die Zustellung gegen Barzahlung bzw. Nachnahme und die Paketverfolgung (vgl. Abbildung 6-3). Zudem bieten immer mehr Händler ihren Kunden an, die Bestellung an eine Alternativadresse zu versenden oder sie auch zusätzlich zu versichern.

Bei der Wahl des Versanddienstleisters wird am häufigsten nach Größe / Gewicht und Lieferort differenziert.

Warum setzen Sie mehrere Versanddienstleister ein?
(nur Unternehmen, die physische Waren über einen eigenen Online-Shop verkaufen und mehr als einen Paketdienstleister einsetzen; maximal drei Antwortmöglichkeiten)

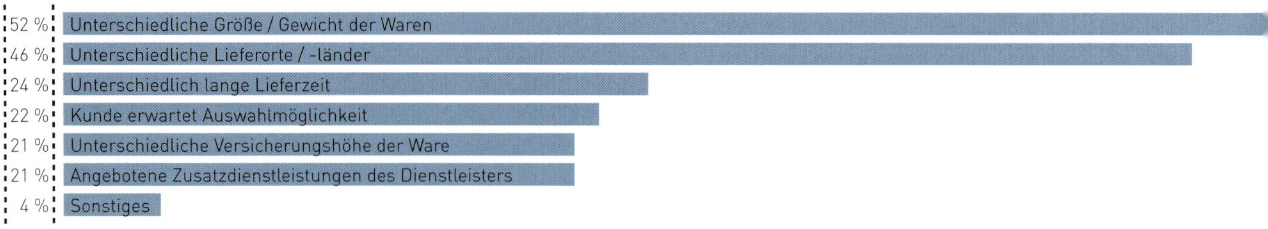

Abb. 6-2: Gründe für den Einsatz mehrerer Versanddienstleister
Quelle: ibi research (E-Commerce in Deutschland 2008)

Viele Händler bieten bereits Paketverfolgung und Lieferung zu Wunschterminen an.

Welche optionalen Leistungen bieten Sie Ihren Kunden beim Versand an bzw. wollen Sie künftig anbieten?
(nur Unternehmen, die physische Waren über einen eigenen Online-Shop verkaufen)

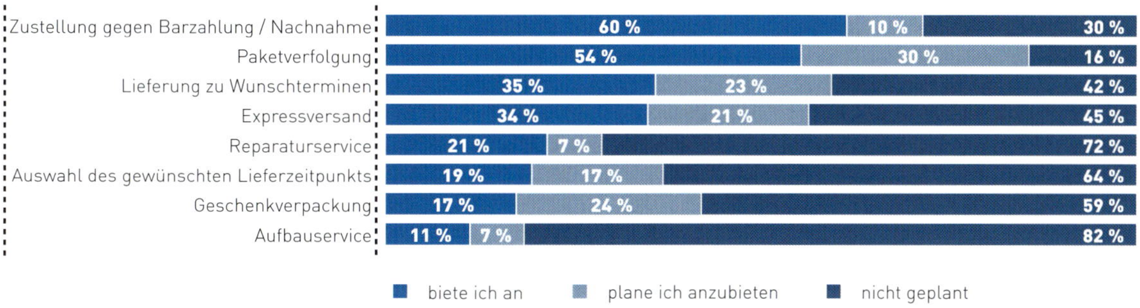

Abb. 6-3: Von Online-Händlern angebotene Zusatzdienstleistungen beim Versand
Quelle: ibi research (E-Commerce in Deutschland 2008)

Entscheidend für die Wahl eines Paketdienstleisters kann neben dem Preis-Leistungs-Verhältnis die Lieferzeit sein. Auch ist zu klären, welche Größen und welches Gewicht ein Paket maximal haben darf, damit ein Dienstleister dieses noch transportiert (vgl. Infobox 6-4: „So kommt das Sofa ins Wohnzimmer"). Auch bei den Abrechnungsmodalitäten unterscheiden sich die Dienstleister. Hier gilt es, neben der generellen Preisgestaltung für verschiedene Paketgrößen und Gewichtsklassen auch die Abrechnungsrhythmen (z. B. wöchentlich oder 14-tägig) zu berücksichtigen.

6

So kommt das Sofa ins Wohnzimmer – der richtige Logistikdienstleister machts möglich

Der kostengünstige Versand von schweren bzw. sperrigen Waren war bisher ein großes Problem für Online-Händler. Die Paketdienstleister transportierten die sperrigen und über den zulässigen Maßen liegenden Produkte nicht und oftmals musste auf eine teure Spedition zurückgegriffen werden. Die hohen Transportkosten führten häufig dazu, dass Kunden auf einen Online-Kauf verzichteten.

Seit geraumer Zeit existieren hierfür jedoch komfortable Lösungen und zahlreiche Logistikdienstleister bieten genau diesen Service nun mit an. Die Ware wird in der Regel vom jeweiligen Dienstleister abgeholt. Je nach Beauftragung endet die Zustellung nicht an der Wohnungstür des Kunden, sondern umfasst beispielsweise auch das Aufstellen und Anschließen des gelieferten LCD-Bildschirms. Auf Wunsch wird die Ware ausgepackt und Verpackung sowie Altgeräte werden wieder mitgenommen und fachgerecht entsorgt.

Transportiert werden können in der Regel Waren, die eine vorgegebene Gewichts- und Abmaßgrenze nicht überschreiten und von zwei Personen befördert werden können. Oftmals bietet der Logistikdienstleister auch den Transport von rollbaren Gegenständen, z. B. Motorroller oder Mopeds an. Müssen diese bei der Abholung bzw. der Zustellung nicht angehoben werden, gelten die normalen Gewichtsbegrenzungen nicht.

Die Buchung solcher Dienstleistungen erfolgt in der Regel auch online über die Versandsysteme der Logistikdienstleister.

Infobox 6-4: So kommt das Sofa ins Wohnzimmer - der richtige Logistikdienstleister machts möglich
Quelle: ibi research (E-Commerce-Leitfaden 2009)

Um ihre Kunden immer auf dem aktuellen Stand zu halten, versenden zahlreiche Händler bei der Übergabe der Sendung an den Logistikdienstleister eine Versandbestätigung an den Besteller. In der Regel wird hier auch die so genannte Tracking-ID an den Kunden übergeben. Diese Nummer wird von dem Versandsystem des Logistikdienstleisters automatisch erstellt und ermöglicht dem Kunden, den aktuellen Standort und Status seiner Sendungen zu überprüfen. Die Sendungen werden in der Regel an jedem der Umschlagspunkte erfasst. So ersparen Sie sich Rückfragen und ermöglichen Ihren Kunden ein Maximum an Transparenz. Einen Überblick über die verschiedenen Zusatzdienstleistungen bieten die Infoboxen 6-5 und 6-6. Infobox 6-5 betrachtet die Leistungen einiger ausgewählter Versanddienstleister und Infobox 6-6 zeigt, welche Zusatzleistungen es im Allgemeinen gibt.

6

Übersicht über gängige Versanddienstleister

Die folgende Übersicht zeigt gängige Versanddienstleister (alphabetische Reihenfolge). Neben den hier aufgeführten Services für nationale Sendungen gibt es eine Vielzahl an Zusatzleistungen z. B. einen Express-Service oder einen Ident-Service, die Sie den Web-Seiten der einzelnen Anbieter im Detail entnehmen können. Änderungen bei Maßen, Gewicht und sonstigen Eigenschaften finden Sie ebenfalls bei den anbieterspezifischen Internet-Angeboten.

Neben den hier betrachteten Paketsendungen existieren auch noch spezielle Angebote für den Versand von Bücher- und Warensendungen oder Großstücken.

	Deutsche Post / DHL	DPD	GLS	Hermes	UPS
Web-Seite des Anbieters	www.dhl.de	www.dpd.de	www.gls-group.eu	www.hlg.de	www.ups.de
Anzahl an Annahmestellen	ca. 12.600	ca. 3.000	ca. 5.000	ca. 14.000	nicht bekannt
Beauftragung der Abholung per Internet	ja	ja	ja	ja	ja
Ausdrucken des Paketscheins über ein Online-System möglich	ja	ja	ja	ja	ja
Abholung der Pakete möglich	ja	ja	ja	ja	ja
Maximales Paketgewicht bei Abholung*	31,5	31,5	40	31,5	70
Bezahlarten des Endkunden bei Nachnahme	Barzahlung, girocard, Kreditkarte	Barzahlung und Scheck	Barzahlung	Barzahlung	Barzahlung und Scheck
Standardhaftung (Paket)	500 EUR	520 EUR	750 EUR	500 EUR	-
Zustellversuche	1	3	2	4	3
Lagerung nicht zugestellter Sendungen in Filiale oder im PaketShop	7 Werktage	7 Werktage	10 Werktage	10 Werktage	5 Werktage

* Die Angaben können bei Aufgabe in PaketShops bzw. Filialen sowie bei Sendungen ins Ausland von den angegebenen Werten abweichen.

Infobox 6-5: Übersicht über gängige Versanddienstleister
Quellen: Web-Seiten, Prospekte und AGB der Anbieter (Stand: 4. Quartal 2008)

6

Zusatzdienstleistungen von Paketdienstleistern

Neben der eigentlichen Zustellung der Lieferung bieten Paketdienstleister sowohl den Händlern als auch den Kunden zahlreiche Zusatzdienstleistungen an. Viele der Leistungen für den Händler sind über das Online-System des Dienstleisters separat buchbar bzw. sind in den Rahmenverträgen enthalten.

Serviceleistungen für Online-Händler

- Online-Portal zur Versandabwicklung
  Fast alle Paketdienstleister bieten die Möglichkeit, mittels eines Online-Portals die komplette Versandabwicklung effizient und einfach zu erledigen, angefangen vom Import Ihrer Kundenadressdaten mit einem Klick über den Massendruck von Paketscheinen, die Verwaltung der Sendungen nach verschiedenen Abwicklungsstufen bis hin zur aktuellen Übersicht über den Sendungsstatus.

- Flexible Abhol- und Zustellrhythmen
  Über das Online-Portal Ihres Dienstleisters können Sie festlegen, wann Ihre Pakete abgeholt werden sollen. Sie können regelmäßige Termine genauso definieren, wie auch kurzfristige Termine für eilige Lieferungen. Die Abholung findet in der Regel in einem vorgegebenen Zeitfenster statt, meist auch am Samstag. Bei Paketdienstleistern ist üblicherweise ein Werktag Vorlaufzeit einzukalkulieren, bei Express- und Kurierdiensten erfolgt die Abholung möglichst taggleich. Natürlich können Sie Ihre Sendungen auch in den Filialen und in den PaketShops der verschiedenen Dienstleister abgeben.

- Internationaler Versand
  Neben dem nationalen Versand bieten Ihnen die meisten Paketdienstleister auch den Versand ins Ausland an.

- Nachnahmeservice
  Auch die Bezahlung per Nachnahme bieten die meisten Dienstleister an (vgl. auch Abschnitt 3.1). Dabei erheben die Versanddienstleister unterschiedliche Nachnahmegebühren.

- Identifizierung des Kunden / Altersverifikation
  Haben Sie Waren, die z. B. einer Altersbeschränkung unterliegen (z. B. Arzneimittel, DVDs oder Software), bieten Ihnen einige Dienstleister den Service, bei Zustellung die Identität sowie das Alter des Kunden zu überprüfen.

- Paketversicherung
  Der Versanddienstleister haftet standardmäßig bis zu einem bestimmten Betrag pro Paket. Teilweise können Sie Ihre Pakete jedoch gegen eine Zusatzgebühr höher versichern.

- Mehrere Zustellversuche
  Ist Ihr Kunde einmal nicht zu Hause, versuchen viele Dienstleister, das Paket erneut zuzustellen. Bei einigen Dienstleistern kann der Kunde sich das Paket auch an eine Filiale, Packstation oder einen PaketShop liefern lassen und es dann dort abholen. Auch die Abgabe beim Nachbarn ist möglich. Ihr Kunde wird in allen Fällen über den Verbleib seines Pakets informiert.

- Retourenservice
  Gefällt die gelieferte Ware dem Kunden einmal nicht, bieten in der Regel die Zustelldienste auch die Abwicklung der Retouren an. Der Kunde kann das Paket entweder bei einem der Servicepunkte (z. B. Filiale oder PaketShop) des Zustellers abgeben oder bei einer weiteren Lieferung das Paket dem Zusteller mitgeben.

- Bereitstellung der Versandetiketten
  Über die Online-Systeme können teilweise auch Versandetiketten bestellt werden, zum Teil sogar kostenlos.

- Fulfillment
  Neben dem reinen Versand bieten einige Dienstleister Händlern eine Vielzahl von weiteren Dienstleistungen an, die im Rahmen der Vertragserfüllung (= Fulfillment) nötig sind. Denkbar sind u. a. Lagerhaltung, Kommissionierung, Verpackung, Debitorenmanagement sowie weitere Aufgaben.

Serviceleistungen für Ihre Kunden

- Ersatzadresse
  Kunden können bei den meisten Dienstleistern auch eine alternative Zustelladresse, z. B. die Arbeitsstelle, Nachbarn oder Servicepunkte (z. B. Filiale oder PaketShop) des Dienstleisters angeben.

- Sendungsverfolgung und Sendungshistorie
  Durch die Tracking-ID ermöglichen es Dienstleister dem Kunden, den aktuellen Standort und Status seiner Sendungen zu überprüfen. Diese Kennungen werden aus dem Versandsystem des Versanddienstleisters automatisch erstellt und können dem Kunden in einer Versandbestätigung mitgeteilt werden.

- Urlaubslagerung
  Bei einigen Versanddienstleistern kann auch eine Aufbewahrung bis nach dem Urlaub beauftragt werden.

- Express-Zustellung
  Fast alle Dienstleister bieten gegen Aufpreis eine Express-Lieferung an.

- Sonderversand von Möbeln und Sperrgut
  Einige Dienstleister bieten auch den Transport sperriger und schwerer Güter, wie Sofas oder LCD-Bildschirme, an. Häufig kann zusätzlich auch ein Aufstell- oder Installationsservice gebucht werden (vgl. auch Infobox 6-4).

Infobox 6-6: Zusatzdienstleistungen von Paketdienstleistern
Quelle: ibi research (E-Commerce-Leitfaden 2009)

Retourenmanagement – das Beste daraus machen

6

Retouren sind sowohl für den Händler als auch für den Kunden eine mühsame Angelegenheit. Jedoch gehören sie genauso zum Alltag eines Online-Händlers wie zum Online-Shopping-Verhalten der Kunden. Häufig wird erst aufgrund der Möglichkeit, Waren zu bestellen und sie bei Nichtgefallen wieder zurückzusenden, ein Kaufabschluss ermöglicht. Zudem gestehen die Bestimmungen zu Fernabsatzverträgen, die in den §§ 312b ff. BGB zu finden sind, dem Privatkunden eine entsprechende Retourenmöglichkeit explizit zu. Diese Regelungen wiederum geben vielen Kunden erst die nötige Ermunterung zur Nutzung des Internet als Einkaufsmöglichkeit. Insgesamt kosten jedoch Retouren sowohl den Händler als auch den Kunden Zeit, Geld und oftmals auch Nerven. Ein Beispiel soll die Relevanz von Retouren verdeutlichen.

Angenommen ein Kunde bestellt in Ihrem Web-Shop die gleiche Jacke für je 60 Euro in zwei unterschiedlichen Größen. Pro Jacke würden Sie 20 Euro verdienen. Der Kunde sendet nun eine Jacke wieder zurück und gemäß § 357 Abs. 2 BGB müssen Sie die Kosten dafür tragen. Allein das Porto hierfür kann schnell mehr als fünf Euro betragen. Hinzu kommen weitere Aufwände wie die Bearbeitung der Retoure (z. B. Warenkontrolle) oder die Rückbuchung. So kann schnell der Gewinn von 20 Euro, der bei der gekauften Jacke verdient wurde, aufgezehrt werden und das Geschäft wird unprofitabel.

Es ergibt also Sinn, Retouren möglichst zu vermeiden. Dafür müssen jedoch zuerst die Gründe für die Retouren analysiert werden. Sieht man sich die Rücksendungsgründe genauer an, fällt auf, dass diese sehr vielseitig sind.

Der Hauptgrund für Retouren ist, dass der Kunde die Ware erst nach Lieferung ausprobieren kann.

Welche sind die drei häufigsten Gründe für Retouren?
(nur Unternehmen, die physische Waren über einen eigenen Online-Shop verkaufen; maximal drei Antwortmöglichkeiten)

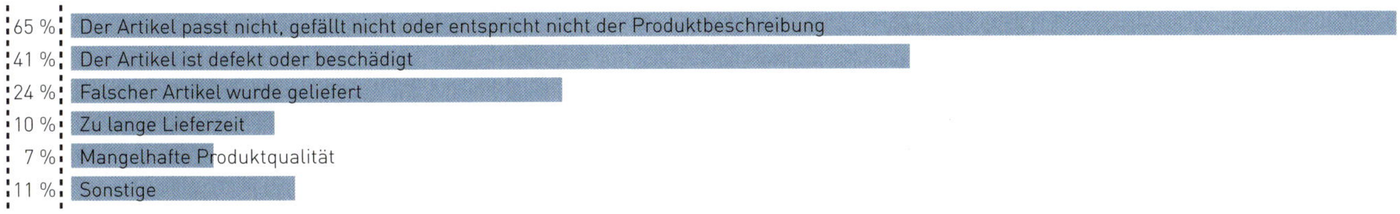

Abb. 6-4: Die häufigsten Retourengründe
Quelle: ibi research (E-Commerce in Deutschland 2008)

Der häufigste Grund für eine Rücksendung ist, dass der gelieferte Artikel nicht passt, gefällt oder nicht der Produktbeschreibung entspricht (vgl. Abbildung 6-4). In vielen Fällen ist jedoch das Produkt auch defekt, beschädigt oder manchmal wurde einfach der falsche Artikel geliefert. In seltenen Fällen ist die Lieferzeit zu lang bzw. entspricht das gelieferte Produkt nicht der erwarteten Qualität bzw. Beschreibung.

So wie es verschiedenste Gründe für Retouren gibt, so gibt es auch unterschiedlichste Arten, mit ihnen umzugehen. Zuerst muss überprüft werden, weshalb der Kunde die Ware zurückgesandt hat und ob die Rücksendung gerechtfertigt ist. Ist beispielsweise die Sendung bei der Lieferung beschädigt worden, so sollte der Händler, oder bei einem sichtbaren Schaden des Pakets bereits der Kunde, den Versanddienstleister darüber informieren. Ist die Ware defekt, liegt vielleicht ein Garantiefall vor, so dass gegebenenfalls der Hersteller angesprochen werden muss. Zudem gilt es, die zurückgesendete Ware auf Wiederverwendbarkeit hin zu überprüfen. Ist die Ware beschädigt oder verschmutzt, muss Sie aussortiert werden. Ist die Originalverpackung beschädigt, sollte diese ersetzt werden.

Falls der Rücksendegrund eine falsche Adresse ist (Empfänger unbekannt oder unbekannt verzogen), sollte geklärt werden, wie die korrekte Adresse ermittelt werden kann bzw. wie solche Vorfälle zukünftig verhindert werden können (vgl. Abschnitt 5.3).

Rücksendungen und die damit verbundenen Aufwände beim Online-Händler waren schon häufig ein Grund, der ein E-Commerce-Geschäft zum Scheitern brachte. Wie eine Untersuchung im Rahmen des E-Commerce-Leitfadens zeigt, liegt die durchschnittliche Retourenquote im Online-Handel bei 4 Prozent. In einigen Branchen, z. B. in der Bekleidungsbranche, liegt die Retourenquote jedoch um ein Vielfaches darüber. Wie die Erfahrungen von Versanddienstleistern zeigen, ist eine Retourenquote von 40-50 Prozent in der Textilbranche nichts Ungewöhnliches. Bei Elektronikartikeln bzw. Computerzubehör sind es durchschnittlich 10-15 Prozent.

Oftmals kann die Retourenquote schon durch einfache Maßnahmen deutlich reduziert werden. Die Checkliste 6-1 „Hausmittel gegen Retouren" gibt einen Überblick.

Checkliste: Hausmittel gegen Retouren

- **Eine gute Produktpräsentation**
  Damit die Kunden keine bösen Überraschungen erleben, sollten die Bilder und Beschreibungen im Web-Shop so genau wie möglich sein. Größe, Farbe und auch notwendiges Zubehör (z. B. Batterien bei Elektrogeräten) sowie gegebenenfalls Systemvoraussetzungen und Kompatibilität sollten auf jeden Fall angegeben werden. Gibt es verschiedene Produktausführungen, sollte immer ein Hinweis auf die verschiedenen Varianten und Voraussetzungen vorhanden sein. Unterstützend zu einer detaillierten Produktbeschreibung können auch Kundenmeinungen und -erfahrungen zu dem Produkt veröffentlicht werden.

- **Schneller Versand**
  Kurze Lieferzeiten sind häufig ein entscheidender Grund für einen Produktkauf. Oftmals werden auch Produkte im Internet aus einem Impuls heraus bzw. spontan gekauft. Die Lieferung des Produktes sollte deshalb schnell erfolgen, bevor die „Kaufeuphorie" möglicherweise abnimmt. Kommt das Produkt erst viele Tage später, ist die Vorfreude meist verflogen und der Zweck des Produktkaufs wird immer mehr hinterfragt und gegebenenfalls die Ware retourniert.

- **Gut verpackt ist halb behalten**
  Eine geeignete Verpackung ist wichtig, damit die Ware unversehrt beim Kunden ankommt. Zudem ist zu empfehlen, dass die Verpackung möglichst professionell wirken sollte, denn eine professionelle Verpackung (z. B. feste, fabrikneue Kartonagen, ordentlich angebrachtes Klebeband) gehört zum positiven Einkaufserlebnis. Dabei sollte die Verpackung auch in ihrer Wertigkeit und Optik zum Produkt passen: das Auge packt schließlich mit aus.

- **Schwachstellen eliminieren**
  Um die Retourenquote verbessern zu können, müssen Sie den Grund für die Rücksendung kennen. Deswegen empfiehlt es sich, den Sendungen einen Fragebogen beizulegen, auf dem Ihre Kunden angeben können, weshalb Sie die Lieferung zurücksenden. Eine systematische Auswertung sollte verwendet werden, um das Angebot und die Abläufe kontinuierlich zu verbessern. Bei einer erhöhten Retourenquote bei einem bestimmten Produkt ist beispielsweise zu prüfen, ob die Produktbeschreibung präzisiert oder das Produkt aus Ihrem Angebot genommen werden sollte.

- **Hilfe anbieten**
  Weisen Sie Ihren Kunden auf die Möglichkeit hin, bei Problemen mit dem Produkt Kontakt zu Ihnen aufzunehmen. Beispielsweise kann bei leicht beschädigten Artikeln ein Nachlass ausgehandelt oder bei Elektronikartikeln die Inbetriebnahme erklärt werden. Auch wenn Sie nicht alle Rücksendungen vermeiden können, trägt ein guter Kundenservice dazu bei, dass der Kunde zufriedener ist und er gerne wieder bei Ihnen einkauft.

Checkliste 6-1: Hausmittel gegen Retouren
Quelle: ibi research (E-Commerce-Leitfaden 2009)

Um Irritationen beim Kunden möglichst zu vermeiden und für beide Seiten den Aufwand und den Ärger so gering wie möglich zu halten, sollte dem Kunden der Retourenprozess verständlich erklärt werden. Dafür eignet sich beispielsweise die Beilage einer kleinen „Retourenanleitung" zur Lieferung. Auch eine Beschreibung auf der Web-Seite des Online-Shops ist sinnvoll. Hierbei sollten Sie nicht vergessen, auf die Anforderungen bzw. Services Ihres Paketdienstleisters hinzuweisen. So fungiert etwa der Paketschein bei einigen Dienstleistern gleichzeitig als Retourenschein. Er sollte daher nicht beschädigt oder zerstört werden. Weiß der Kunde das, lässt sich viel Aufwand und Zeit sparen. Mit dem Original-Paketschein kann der Kunde die Rücksendung beispielsweise im PaketShop, an einer Packstation bzw. in einer Filiale des Versanddienstleisters aufgeben oder sie in der Regel bei der nächsten Lieferung auch dem Paketboten direkt mitgeben. Ist der Retourenschein zerstört, muss unter Umständen erst ein neuer erstellt werden, ehe das Paket zurückgesandt werden kann.

Ein kundenfreundliches Retourenmanagement kann mittelfristig zu Umsatzsteigerungen führen. Machen Sie es Ihren Kunden nicht unnötig schwer, Ware zurückzusenden. Helfen Sie lieber, den Prozess für beide Seiten möglichst angenehm und mit minimalem Aufwand zu erledigen.

Bringen Sie Ihren Kunden zum Lächeln!

Im Gespräch mit Frank Iden, Hermes Logistik Gruppe, www.hlg.de

6

Frank Iden ist Geschäftsführer für Vertrieb und Marketing bei der Hermes Logistik Gruppe, dem größten postunabhängigen Consumer-Logistiker (Zustellung an Privatpersonen, sowohl B2C als auch C2C) Deutschlands.

INTERVIEW

Herr Iden, welche Rolle spielt der E-Commerce für einen Versanddienstleister wie Hermes?

Der E-Commerce wird für unser Geschäft immer wichtiger. Früher wurde der Online-Handel immer als eine das katalogbasierte Versandgeschäft lediglich ergänzende Sparte betrachtet. Mittlerweile hat sich das online-basierte Geschäft aber deutlich weiterentwickelt. Das Wachstum innerhalb des Distanzhandels erfolgt fast ausschließlich durch E-Commerce-Angebote. Große Marken wie H&M, Esprit oder C&A – um nur einige zu nennen – verkaufen heute immer mehr Produkte direkt im Netz. Und wir profitieren vom Transport dieser Waren. Ich gehe davon aus, dass der Marktanteil des Internet-Handels in den nächsten fünf Jahren von heute 35 Prozent auf 55 Prozent ansteigen und damit das klassische Versandgeschäft überholen wird.

Ein wesentlicher Treiber dieser Entwicklung im Distanzhandel sind insbesondere auch die vielen kleinen Händler, die mittlerweile Angebote unterbreiten. Die Eintrittsbarrieren sowie die Investitionskosten sind dank des Internet und der technologischen Weiterentwicklung einfach sehr gering und man kann sich vielen potenziellen Kunden präsentieren. Und genau für diese Klientel der kleinen und mittleren Händler haben wir spezielle Services wie den ProfiPaketService in unser Programm aufgenommen, um sie im Online-Handel zu unterstützen.

Denn was den kleineren Anbietern nach wie vor oft fehlt, sind das Know-how und die Ressourcen für die professionelle Versandabwicklung. Aber gerade in diesem Bereich ist es wichtig, Kundenorientierung zu leben. Ist die Bestellung im Shop für den Kunden nutzerfreundlich gestaltet und hat er auch sein gewünschtes Produkt zu einem günstigen Preis erhalten, darf die Auslieferung nicht zum kritischen Punkt werden. Verspätete Lieferungen oder nur ein Zustellversuch hinterlassen einen schlechten Eindruck. Ziel muss es also sein, den Verkaufsprozess mit der Auslieferung der Ware positiv abzuschließen.

Was sollten Händler aus Ihrer Sicht bei der Wahl eines Versanddienstleisters beachten?

Entscheidend ist, dass ein Händler die Anforderungen an seinen Versanddienstleister auf Basis seiner eigenen Bedürfnisse und Ziele definiert. Dabei ist ein ganz wichtiger Aspekt, dass der Transporteur den direkten Kundenkontakt herstellt. Zuverlässigkeit, Freundlichkeit, Erreichbarkeit und hohe Qualitäts- und Service-Level sind deshalb unerlässlich, denn negative Erfahrungen des Kunden in diesen Bereichen werden eins zu eins dem Händler angerechnet. Trotzdem erleben wir immer wieder, dass der Versand als bedeutender Bestandteil des Kauf- und Auslieferungsprozesses unterschätzt wird. Dabei ist die Gefahr groß, dass dieser zu einem Kostentreiber und einer echten Belastung in der Beziehung zum Kunden wird. Beispielsweise führen häufig viele manuelle Prozessschritte zu längeren Lieferzeiten. Daraus resultiert eine höhere Retourenquote, die sich negativ auf die Kundenzufriedenheit auswirkt. Entsprechend sollte bei der Auswahl eines Versand-

„Ziel muss es sein, den Verkaufsprozess mit der Auslieferung der Ware positiv abzuschließen." Frank Iden, Hermes

6

dienstleisters nicht nur der Preis ausschlaggebend sein, sondern auch die verfügbaren Serviceleistungen und die Qualität berücksichtigt werden.

Das gilt umso mehr, da für Online-Käufer der Preis zwar nach wie vor ein wichtiges Kriterium beim Erwerb eines neuen Produkts ist. Allerdings spielt auch dessen „schnelle Lieferung" eine nicht zu unterschätzende Rolle. Für über 50 Prozent der Online-Shopper ist es sehr wichtig, die bestellte Ware möglichst schnell ausgehändigt zu bekommen. Genau hier kommt die Qualität der logistischen Dienstleistung ins Spiel – und das gleich mehrfach. Denn was nützt es dem Online-Käufer, wenn er seine Ware zwar sehr schnell, aber leider in nicht mehr einwandfreiem Zustand erhält? Das Gesamtpaket muss also stimmen.

Welche Trends sehen Sie im Bereich Versandabwicklung und Logistik für die Zukunft?

Im Wesentlichen gibt es hier zwei. Die zunehmende Internationalisierung zur Erschließung neuer Märkte und die intensivere Unterstützung der gesamten Abwicklung durch die Informationstechnik.

Wie Untersuchungen zeigen, sind Österreich und die Schweiz sowie die weiteren europäischen Nachbarländer für deutsche Händler die wichtigsten Auslandsmärkte. Unser Ziel muss es deshalb sein, in den europäischen Kernmärkten – sprich Deutschland, England, Frankreich, Italien und Österreich – präsent zu sein, um überall hoch qualifizierte und standardisierte Services gewährleisten zu können. Jedoch wollen sich viele unserer Kunden perspektivisch auch in weiteren Ländern etablieren, wie z. B. Spanien oder Russland. Auch hier müssen die Händlerbestrebungen entsprechend unterstützt werden, was natürlich neue Möglichkeiten für uns eröffnet.

Der zweite wesentliche Trend ist die zunehmende Unterstützung der Prozesse durch die Informationstechnik, insbesondere durch das Internet. Aus Kosten- und Kundenzufriedenheitsgründen ist es z. B. unerlässlich, dass die Systeme des Versandabwicklers mit denen des Händlers verbunden werden. Die dadurch mögliche schnelle und automatisierte Bestellabwicklung wird vom Kunden schlichtweg erwartet. Weiter unterstützen wir unsere Händler beispielsweise durch ein spezielles Versandportal, das Schnittstellen zu den gängigen Shop-Lösungen, aber auch zu Verkaufsplattformen wie eBay offeriert. Daten werden dort automatisch erfasst und Aufträge können direkt im Portal erteilt werden. Das manuelle und folglich zeitraubende Erfassen von Aufträgen gehört damit der Vergangenheit an. Versender können direkt im Portal ihre Aufträge verwalten und den Endkunden verschiedene Services wie z. B. Tracking-IDs zur Verfügung stellen.

Im Ergebnis führen diese Services zu geringeren Kosten, schnelleren Lieferzeiten und letztlich zu einer erhöhten Kundenzufriedenheit – und die ist immer noch die beste Voraussetzung, um auch künftig Waren gut verkaufen zu können.

www.ecommerce-leitfaden.de

Vertiefende Informationen zu den Inhalten dieser Abschnitte sowie Links zu ausgewählten Lösungsanbietern finden Sie auf der sich ständig weiterentwickelnden Projekt-Web-Seite www.ecommerce-leitfaden.de. Dort finden Sie auch weitere kostenlose Angebote wie z. B. den E-Commerce-Newsletter, Online-Tools oder die vollständigen Ergebnisse verschiedener Studien.

eCommerce Leitfaden

NAVIGATOR

eCommerce Leitfaden

7. ›› GESCHÄFTE OHNE GRENZEN – IM AUSLAND VERKAUFEN

Der Verkauf Ihrer Waren und Dienstleistungen über die Grenzen Deutschlands hinaus erhöht die Anzahl Ihrer potenziellen Kunden deutlich. Allein durch die Ausdehnung auf andere europäische Länder erreichen Sie 250 Millionen mögliche Kunden (EU-Kommission 2008). Welche Gründe sonst noch für den Eintritt in ausländische Märkte sprechen und worauf dabei zu achten ist, wird in den folgenden Abschnitten erläutert.

7.1 Neue Umsätze durch Internationalisierung – über das Internet!

Etwa 80 % der befragten Unternehmen verkaufen bereits Waren und Dienstleistungen an ausländische Kunden, wenn auch zum Teil noch in geringem Umfang. Bei immerhin 17 % der Unternehmen machen Geschäfte mit ausländischen Kunden jedoch bereits 10 % und mehr der gesamten Umsätze aus (vgl. Abbildung 7-1).

Solche Umsatzanteile sind nicht zu vernachlässigen: Könnte der Händler „Risikooptimal" aus Kapitel 5 des Leitfadens beispielsweise einen zusätzlichen Umsatzanteil von 10 % seiner gesamten Umsätze mit ausländischen Kunden erzielen, würden die Gewinne um weitere 11 % auf 278.000 Euro steigen.

Die deutschsprachigen Länder Österreich und Schweiz stellen für die befragten Unternehmen die wichtigsten ausländischen Zielmärkte dar. Aber auch in den Benelux-Ländern sowie Frankreich und Großbritannien bemüht sich immerhin etwa ein Fünftel der Unternehmen aktiv darum, Kunden für den eigenen Shop zu gewinnen. Allein die europäischen Länder bergen ein Potenzial von 250 Millionen regelmäßigen Internet-Nutzern (EU-Kommission 2008), das bis zum Jahr 2010 auf 383 Millionen steigen soll (BITKOM 2007b). 93 % der europäischen Internet-Nutzer haben bereits einmal im Internet eingekauft (AC Nielsen 2008).

Diese Zahlen weisen darauf hin, dass gerade jetzt der richtige Zeitpunkt ist, um sich über die Internationalisierung über das Internet Gedanken zu machen. Denn mit einer zunehmenden Anzahl potenzieller Kunden, die auch im Internet Geschäfte abschließen wollen, wird sich auch der Wettbewerb dort noch stärker auf die internationale Ebene verlagern. Viele ausländische Anbieter sind gerade dabei, ihre Internet-Auftritte zu internationalisieren und werden zukünftig auch in Deutschland und in anderen europäischen Märkten aktiv werden.

80 % der Unternehmen bedienen auch Kunden aus dem Ausland, wenn auch nur in geringem Umfang.

Welcher Anteil Ihrer Internet-Umsätze stammt von ausländischen Kunden?

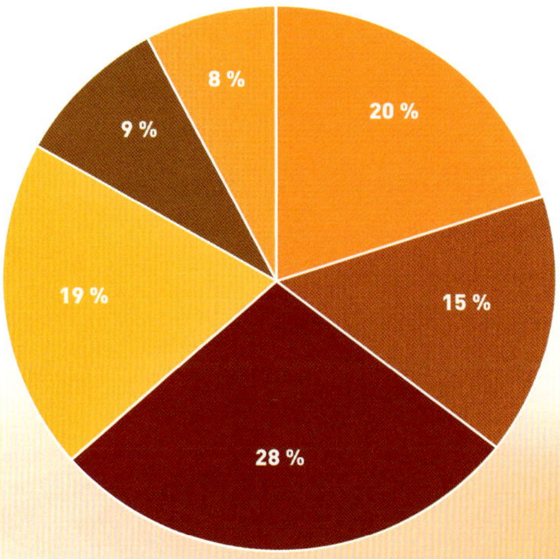

Abb. 7-1: Umsatzanteile mit ausländischen Kunden
Quelle: ibi research (ECL-Umfrage 2007)

Europaweit nimmt die Internet-Nutzung zu:

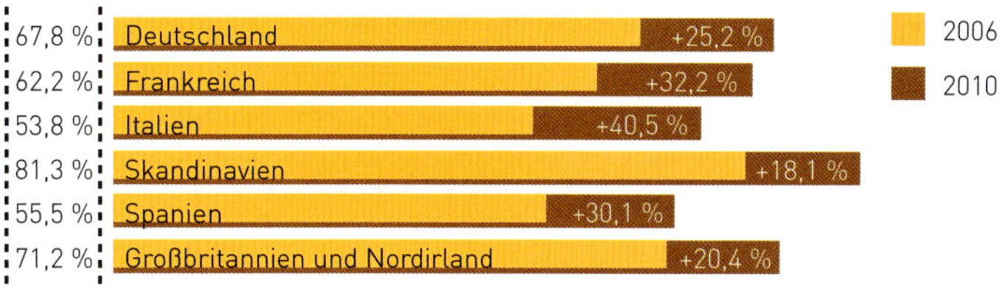

Abb. 7-2: Internet-Nutzer in Prozent der Bevölkerung
Quelle: EITO 2007

Die Chancen der Globalisierung nutzen – über das Internet!

Im Gespräch mit Werner Dandl, aplido / dw2000.de, www.aplido.de

Werner Dandl ist Inhaber der Internet-Marketing-Agentur dw2000.de und Geschäftsführer von aplido, die sich auf die Entwicklung von professionellen Online-Shops mit grenzüberschreitendem Internet-Marketing spezialisiert haben. Zusammen mit seinem Team unterstützt er deutsche Unternehmen, die in Tschechien, Polen, der Slowakei oder in Ungarn sowie weiteren osteuropäischen Ländern aktiv werden wollen, indem er sich um die Registrierung der ausländischen Internet-Adressen, die Web-Seiten-Gestaltung und das Online-Marketing für diese Länder kümmert. Umgekehrt hilft das Team auch Unternehmen aus osteuropäischen Ländern beim Internet-Marketing in Deutschland.

INTERVIEW

Herr Dandl, was hat Sie veranlasst, sich mit Ihrer Agentur auch an ausländische Kunden zu wenden?

Als ich mich 1998 mit meiner Firma selbstständig gemacht habe, schossen die Internet-Agenturen wie Pilze aus dem Boden. In diesem hart umkämpften Markt waren wir auf der Suche nach neuen Dienstleistungen und Märkten. Die EU-Osterweiterung haben wir dabei frühzeitig als Chance begriffen: Uns war von Anfang an klar, dass das Internet bei der EU-Osterweiterung eine wichtige Rolle spielen wird. Also haben wir damit begonnen, mehrsprachige Internet-Auftritte für grenznahe Unternehmen zu konzipieren.

Durch Geschäfte mit Kunden in Osteuropa konnten wir wichtige Erfahrungen sammeln, die mittlerweile von vielen deutschlandweit namhaften Kunden und Kooperationspartnern wiederum sehr geschätzt werden. Durch unsere klare strategische Positionierung als Dienstleister für grenzüberschreitendes Internet-Marketing konnten wir der „Internet-Krise“ trotzen und die Erfolgsposition unserer Firma stetig ausbauen. Über 80 % unserer Umsätze stammen mittlerweile aus unseren Dienstleistungen im grenzüberschreitenden Kompetenzbereich.

Warum wird der Verkauf ins Ausland für Internet-Händler zunehmend interessant?

Viele Artikel sind im Ausland nicht oder nur zu deutlich höheren Preisen als in Deutschland erhältlich. Daher werden diese Artikel gerne über das Internet in deutschen Shops bestellt, auch wenn für die Lieferung ins Ausland höhere Versandkosten zu bezahlen sind.

Dadurch wächst mit der zunehmenden Anzahl der Internet-Anschlüsse im Ausland natürlich auch die Anzahl der potenziellen Kunden. In Tschechien war in den letzten Jahren insbesondere eine starke Zunahme der Breitbandanschlüsse zu verzeichnen, aber auch Länder wie Indien oder China legen in dieser Hinsicht stark zu.

Gerade für kleine und mittlere Unternehmen ist es auch von Vorteil, dass sich diese neuen Märkte über das Internet ohne hohe Investitionen und damit ohne große finanzielle Risiken erschließen lassen. Man benötigt weder eine Niederlassung noch eine Vertriebsmannschaft vor Ort. Auch die Logistik stellt in der Regel kein großes Problem dar, da die großen Paketdienstleister mittlerweile in fast alle Länder liefern.

„Am Anfang muss ein solides und professionell durchdachtes Geschäftskonzept stehen." Werner Dandl, dw2000.de

Letzten Endes sind auch die rechtlichen Anforderungen in der Regel geringer als in Deutschland. Man kann also auch einfach mal ausprobieren, wie das Angebot bei ausländischen Kunden ankommt, ohne gleich eine Abmahnung befürchten zu müssen.

Was müssen Händler tun, die mit ihrem Shop ins Ausland verkaufen wollen?

Egal, ob man im Inland oder im Ausland verkaufen will, am Anfang muss ein solides und professionell durchdachtes Geschäftskonzept stehen. Hierzu gehört zum Beispiel, dass man sich über die Angebote der wichtigsten Wettbewerber informiert und sich Klarheit darüber verschafft, welche Margen sich in den einzelnen Märkten erzielen lassen. Ein daraufhin gemeinsam mit einer Internet-Agentur erarbeitetes Pflichtenheft erleichtert die Umsetzung – sowohl in technischer als auch in finanzieller Hinsicht.

Als Nächstes folgt die Internationalisierung des Shops. Da weniger als 6 % der weltweiten Internet-Nutzer die deutsche Sprache verstehen, muss der Shop zumindest auch auf Englisch zur Verfügung gestellt werden. Insbesondere für Osteuropa empfehlen wir, den Shop zusätzlich auch in der Landessprache der jeweiligen Zielländer anzubieten, da die Kunden Informationen in ihrer Muttersprache bevorzugen und der Shop so einen besseren Eindruck macht. Um den Übersetzungsaufwand zu reduzieren, kann man für einige Shop-Systeme bereits vorgefertigte Sprachmodule hinzukaufen.

Ein Shop allein hilft jedoch nichts, wenn er von den Kunden nicht gefunden wird. Da die Suchmaschine „Google" gerade in Osteuropa derzeit noch nicht über den Marktanteil verfügt wie beispielsweise bei uns in Deutschland, sorgen wir im Auftrag unserer Kunden auch dafür, dass deren Shops in osteuropäischen Suchdiensten gelistet und möglichst weit oben in der Trefferliste angezeigt werden. Voraussetzung ist häufig eine Domain, die auf das jeweilige Landeskürzel (z. B. .cz für Tschechien oder .pl für Polen) endet.

Schließlich ist auch dafür zu sorgen, dass die Abwicklung der eingehenden Bestellungen reibungslos klappt. Hierfür sind beispielsweise die Fragen zu klären, wie die Lieferung ins Ausland erfolgen soll und welche zollrechtlichen Bestimmungen zu beachten sind. Bisweilen gibt es bei unseren Kunden auch Probleme, wenn der Kunde eine E-Mail in einer Sprache an den Händler schickt, die dieser nicht versteht. In diesen Fällen unterstützen wir unsere Kunden durch Übersetzer bzw. stellen Kontakte zu geeigneten Übersetzungsbüros bzw. Partnern her.

7

7.2 Alles anders, oder wie? Was bei der Expansion ins Ausland zu beachten ist

Das Internet bietet gerade kleinen und mittleren Unternehmen gute Möglichkeiten zum Einstieg in den internationalen Handel. Über das Internet finden auch sehr spezialisierte Produkte im Ausland ihre Abnehmer, ohne immense Kosten für das Unternehmen zu verursachen. Auch Dienstleistungen, z. B. E-Learning, Touristikangebote sowie Informations-, Beratungs- und Finanzdienstleistungen, lassen sich über das Internet länderübergreifend vermarkten. Worauf beim E-Commerce mit ausländischen Kunden zu achten ist, wird in den nachfolgenden Abschnitten erläutert.

Da der Verkauf über das Internet für kleine und mittlere Unternehmen häufig die erste Form des Eintritts in ausländische Märkte darstellt, gilt es, ein Engagement auf diesen Märkten sorgfältig vorzubereiten. Den ersten Schritt dazu bildet die Formulierung einer Internationalisierungsstrategie, d. h. die Festlegung, in welchen ausländischen Märkten man mit welchen Leistungsangeboten auftreten will.

Darauf folgt die Internationalisierung des Shops, d. h. die Anpassung des Shops an die Anforderungen der ausländischen Kunden. Ein wichtiger Aspekt, der sowohl den Shop als auch die nachgelagerten Prozesse betrifft, ist die Abstimmung der angebotenen Zahlungsverfahren auf die Zahlungsgewohnheiten in den einzelnen Ländern. Hierdurch soll vermieden werden, dass ausländische Kunden, die in Ihrem Shop einkaufen wollen, den Kauf aufgrund unpassender Zahlungsverfahren abbrechen.

Wie Sie ausländische Kunden auf Ihren Shop aufmerksam machen und längerfristig binden können und worauf Sie bei der Lieferung physischer Waren ins Ausland achten sollten, wird am Ende des Abschnitts erläutert.

Internationalisierungsstrategie – (k)ein Unwort

Im Zuge der Entwicklung einer Internationalisierungsstrategie gilt es, die Chancen und Risiken, die ein Markteintritt in ausländische Länder beinhaltet, abzuwägen und den individuellen Ressourcen und Fähigkeiten des eigenen Unternehmens gegenüberzustellen. Die Abwägung der Chancen und Risiken muss für jedes Land einzeln erfolgen, da sich die Rahmenbedingungen für Geschäfte mit Kunden in diesen Ländern von Land zu Land unterscheiden. Im Ergebnis kann die Abwägung der Chancen und Risiken dazu führen, dass drei Klassen von Ländern definiert werden:

- Länder, in denen explizit versucht wird, Kunden für den eigenen Shop zu gewinnen.
- Länder, in denen keine gezielte Kundenakquise erfolgt, in die aber auf Anfrage geliefert wird.
- Länder, die von der Belieferung ausgeschlossen werden, da die Risiken aus Sicht des eigenen Unternehmens zu hoch sind oder Exportverbote bestehen.

Auf die Kriterien zur Abgrenzung dieser drei Länderklassen wird im Folgenden näher eingegangen. Wie Abbildung 7-3 zeigt, zählen zur ersten Länderklasse für die meisten Shop-Betreiber insbesondere Österreich und die Schweiz sowie die weiteren europäischen Länder. Nur wenige Unternehmen richten sich dagegen an ausländische Kunden außerhalb Europas.

Die Beurteilung der Marktchancen erfolgt im Wesentlichen anhand der Gesamtgröße des ausländischen Marktes, des Preisniveaus für die von Ihnen angebotenen Waren oder Dienstleistungen sowie der Kosten, die für den Export in ausländische Länder anfallen.

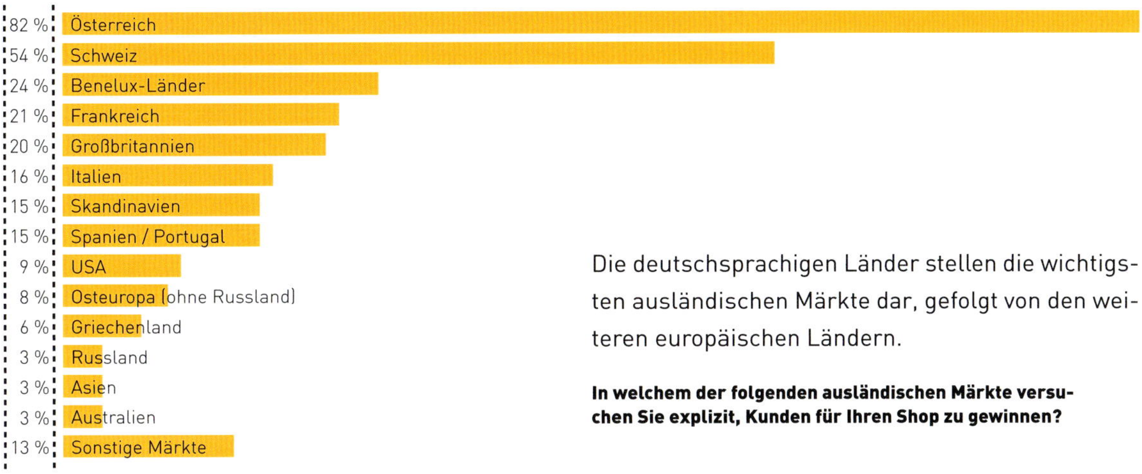

Die deutschsprachigen Länder stellen die wichtigsten ausländischen Märkte dar, gefolgt von den weiteren europäischen Ländern.

In welchem der folgenden ausländischen Märkte versuchen Sie explizit, Kunden für Ihren Shop zu gewinnen?

Abb. 7-3: Ausländische Zielmärkte
Quelle: ibi research (E-Commerce in Deutschland 2008)

Ein wesentlicher Indikator für die Marktgröße ist beim Internet-Vertrieb generell die Anzahl der Internet-Nutzer in einem Land (zu der Anzahl der Internet-Nutzer in den europäischen Ländern vgl. die Länderprofile am Ende dieses Abschnitts). Je nach Art der verkauften Waren oder Dienstleistungen können jedoch auch weitere Indikatoren eine Rolle spielen, beispielsweise die Gesamthöhe der Ausgaben für die von Ihnen angebotenen Waren oder Dienstleistungen in diesem Land.

Das gegenwärtige Preisniveau ist ausschlaggebend dafür, welchen Marktanteil Sie in einem Land erreichen können und welche Gewinne nach Abzug der Kosten bei Geschäften mit ausländischen Kunden verbleiben. Anhand des Preisniveaus lässt sich bereits eine erste Einschätzung treffen, in welchen Ländern sich ein stärkeres Engagement lohnen könnte.

Die Kosten der Erschließung ausländischer Märkte setzen sich aus einmaligen und transaktionsabhängigen Kosten zusammen. Zu den einmaligen Kosten zählen beispielsweise Kosten für Anpassungen der Produkte (vgl. Infobox 7-1), für Änderungen am Shop, für die Einbindung zusätzlicher Zahlungsverfahren oder für die Neukundengewinnung. Transaktionsabhängige Kosten fallen beispielsweise für die Verpackung und Lieferung, für Steuern und Zölle, für die Risikoabsicherung und Zahlungsabwicklung oder für die Bearbeitung von Rückfragen und Reklamationen an. Auf diese Aspekte wird in den folgenden Abschnitten näher eingegangen.

Die Beurteilung der Marktchancen kann für verschiedene Waren oder Dienstleistungen Ihres Sortiments durchaus unterschiedlich ausfallen. Gegebenenfalls ist es daher sinnvoll, nur Teile des eigenen Produktsortiments im Ausland anzubieten.

Bei der Beurteilung der Risiken müssen neben den auch im Inland auftretenden Ausfall-, Transport- und rechtlichen Risiken bei Auslandsgeschäften auch Länder- und Währungsrisiken berücksichtigt werden.

Als Länderrisiken werden die Risiken bezeichnet, die sich aus dem wirtschaftlichen, sozialen und politischen Umfeld eines bestimmten Landes ergeben. Viele Banken und Finanzdienstleister geben Länderindizes heraus, in denen das Risiko für unterschiedliche Länder in Form eines Indexwerts dargestellt wird. In den Länderprofilen am Ende dieses Abschnitts sind beispielhaft die Indexwerte des Kreditversicherers Coface für die europäischen Länder dargestellt. Welche möglichen Länder-Ratings der Kreditversicherer verwendet, zeigt Infobox 7-2. Speziell für die Kreditkartenakzeptanz im elektronischen Handel gibt das Kreditkarten-Serviceunternehmen ConCardis Empfehlungen heraus, in welche Länder aufgrund zu hohen Betrugsrisikos nicht geliefert werden sollte (www.concardis.com).

7

Beispiele für Produktanforderungen, die beim Export zu berücksichtigen sind

Wenn Sie bestimmte Produkte ins Ausland liefern wollen, so sollten Sie berücksichtigen, dass hierdurch gegebenenfalls Produktanpassungen (z. B. technischer Art) notwendig werden, wodurch zusätzliche Kosten anfallen können. Die nachfolgende Übersicht soll Ihnen einen Eindruck davon vermitteln, was bei einer Ausfuhr bestimmter Produktarten zu berücksichtigen ist.

Auszuführende Produkte:	Zu berücksichtigen:
Elektrogeräte	Stecker Spannung Sicherheitsvorschriften
Kleidung	Klima Konfektionsgrößen Geschmack Symbolgehalt von Farben
Nahrungsmittel	Zusammensetzung Geschmack Haltbarkeit Verpackung Etikettierung Religiöse Einflüsse und Verbote
Maschinen	Ausbildungsniveau des Bedienungspersonals Verfügbarkeit von Energie Servicemöglichkeiten (After Sales Service, Wartung, Reparatur) Normen
Fahrzeuge	Kaufkraft Wertbeständigkeit Straßenverhältnisse
Pharmazeutische Produkte	Arzneimittelgesetze Absatzwege

Infobox 7-1: Beispiele für zu berücksichtigende Produktanforderungen beim Export
Quelle: IHK München 2008

Währungsrisiken können sich aus Schwankungen der Wechselkurse ergeben, wenn die Forderung gegen den Kunden auf eine andere Währung als den Euro lautet. Wird mit dem Kunden beispielsweise ein Preis vereinbart, der auf US-Dollar lautet, so trägt der Händler das Risiko, dass der US-Dollar gegenüber dem Euro abgewertet wird und somit die Forderung an Wert verliert. Bei Bestellungen aus den Euro-Ländern besteht für Sie als Händler somit kein Währungsrisiko. In den Nicht-Euro-Ländern der EU ist z. T. das Währungsrisiko durch eine vereinbarte Schwankungsbreite des Wechselkurses der einheimischen Währung gegenüber dem Euro begrenzt. Weitere Informationen zu den Währungsrisiken bei Lieferungen in die europäischen Länder können Sie den Länderprofilen am Ende dieses Abschnitts entnehmen.

Schließlich ist zu beachten, dass Lieferungen bestimmter Waren ins Ausland oder Lieferungen in bestimmte Länder oder an bestimmte Personen bzw. Organisationen aufgrund gesetzlicher Regelungen genehmigungspflichtig oder sogar ganz verboten sein können. Weitere Informationen zu Genehmigungspflichten, Exportverboten sowie Sanktionslisten finden Sie in Infobox 7-4 und z. B. auf der Web-Seite des Bundesamts für Wirtschaft und Ausfuhrkontrolle (www.ausfuhrkontrolle.info).

Bedeutung der Länder-Ratings

Um das Risiko, das sich aus den wirtschaftlichen, sozialen und politischen Rahmenbedingungen eines Landes ergibt, einschätzen zu können, geben unter anderem auch Finanzdienstleister so genannte Länderindizes bzw. Länder-Ratings heraus. Bei diesen wird jedem Land eine bestimmte Risikoklasse zugeordnet. Was eine Einstufung in eine bestimmte Risikoklasse beim Kreditversicherer Coface bedeutet, zeigt Ihnen die nachfolgende Übersicht.

A1: Die politische und wirtschaftliche Situation ist sehr gut. Das exzellente Geschäftsumfeld wirkt sich positiv auf das Zahlungsverhalten von Unternehmen aus. Sehr geringe Ausfallwahrscheinlichkeit von Zahlungen.

A2: Die politische und wirtschaftliche Situation ist weiterhin gut. Das grundsätzlich stabile und effiziente Geschäftsumfeld lässt allerdings Raum für Verbesserungen. Die Wahrscheinlichkeit für Zahlungsausfälle bei Unternehmen bleibt indessen generell gering.

A3: Schwankungen bei den im Allgemeinen guten, jedoch etwas unbeständigen politischen und wirtschaftlichen Umständen können das Zahlungsverhalten der Unternehmen beeinträchtigen. Ein im Grunde sicheres Geschäftsumfeld kann Unternehmen dennoch gelegentlich Schwierigkeiten bereiten. Die Wahrscheinlichkeit eines Zahlungsausfalls ist noch immer gering.

A4: Etwas schwächere politische und wirtschaftliche Aussichten und ein relativ unzuverlässiges Geschäftsumfeld können das Zahlungsverhalten der Unternehmen beeinträchtigen. Dennoch liegt die Wahrscheinlichkeit eines Zahlungsausfalls weiterhin im akzeptablen Bereich.

B: Politische und wirtschaftliche Unsicherheiten und ein gelegentlich schwieriges Geschäftsumfeld können das Zahlungsverhalten der Unternehmen beeinträchtigen. Die Wahrscheinlichkeit von Zahlungsausfällen nimmt spürbar zu.

C: Die sehr unbeständigen politischen und wirtschaftlichen Aussichten und ein Geschäftsumfeld mit vielen besorgniserregenden Schwächen können sich deutlich auf das Zahlungsverhalten der Unternehmen niederschlagen. Die Wahrscheinlichkeit von Zahlungsausfällen ist hoch.

D: Das hohe Risikoprofil der wirtschaftlichen und politischen Umstände und ein häufig sehr schwieriges Geschäftsumfeld können das Zahlungsverhalten der Unternehmen vehement verschlechtern. Die Wahrscheinlichkeit von Zahlungsausfällen ist ausgesprochen hoch.

Infobox 7-2: Bedeutung der Länder-Ratings
Quelle: Coface 2009

Nicht nur die Sprache ändert sich – Internationalisierung des Shops

Sind die Länder festgelegt, auf die man sich bei der Internationalisierung konzentrieren will, folgt als Nächstes die Internationalisierung des Shops. Wie Abbildung 7-4 zeigt, werden insbesondere die Sprache, die Zahlungsverfahren, die AGB, die Preisangaben, das Impressum und die Produktbeschreibungen häufig auf die Gegebenheiten in ausländischen Märkten abgestimmt.

Sprachliche Anpassungen sind notwendig, da nur ein Bruchteil der weltweiten Internet-Nutzer deutsch spricht. Der Shop muss daher zumindest in englischer Sprache bereitgestellt werden. Noch bequemer ist der Bestellvorgang für Kunden jedoch, wenn sie ihre Produkte in der entsprechenden Landessprache präsentiert bekommen. Die meisten Shop-Lösungen bieten für viele Länder entsprechende Sprachmodule, mit denen sich Standardtexte im Shop ohne großen Aufwand in ausländischen Sprachen bereitstellen lassen. Für die Übersetzung von Produktbeschreibungen bietet es sich an, mit einem professionellen Übersetzungsbüro zusammenzuarbeiten.

In den AGB ist insbesondere festzulegen, welche Rechtsordnung bei Verträgen mit ausländischen Kunden zugrunde gelegt werden soll. Wenn Sie sich explizit an ausländische Kunden richten und keine Rechtswahl treffen, gilt bei Geschäften mit Verbrauchern das Recht des Landes, in dem diese ihren Wohnsitz haben. Auch durch eine Festlegung auf deutsches Recht können Sie jedoch gegebenenfalls höhere Verbraucherschutzstandards in dem Land, in dem der Verbraucher seinen Wohnsitz hat, nicht ausschließen. Umgekehrt kann es aber durchaus auch sinnvoll sein, ausländisches Recht anzuwenden, da das Schutzniveau für Verbraucher im elektronischen Handel im deutschen Recht höher ist als in den meisten anderen Ländern. Sie sollten sich daher von einem Fachmann über die rechtlichen Risiken beim Versand ins Ausland beraten lassen und eventuell das Liefergebiet auf bestimmte Länder begrenzen.

Die Preise sollten gegebenenfalls in der Währung des Kunden angegeben werden und dabei Zölle, Steuern und sonstige Abgaben berücksichtigen. Es hängt jedoch auch von den Gepflogenheiten in den einzelnen Ländern ab, ob Preise brutto oder netto angegeben werden müssen.

Im Impressum sind die bereits vorhandenen Informationen um die Landesvorwahl bei der Telefonnummer sowie die Erreichbarkeit des Kundenservice in den jeweiligen lokalen Zeitzonen zu ergänzen.

Bei den Produktbeschreibungen ist zu beachten, dass im Ausland häufig andere Maß- und Gewichtseinheiten üblich sind. Wenn Sie länderspezifische Maß- und Gewichtseinheiten (z. B. inch oder pound) verwenden, erleichtern Sie ausländischen Kunden die Orientierung und können dadurch Ihren Verkaufserfolg steigern.

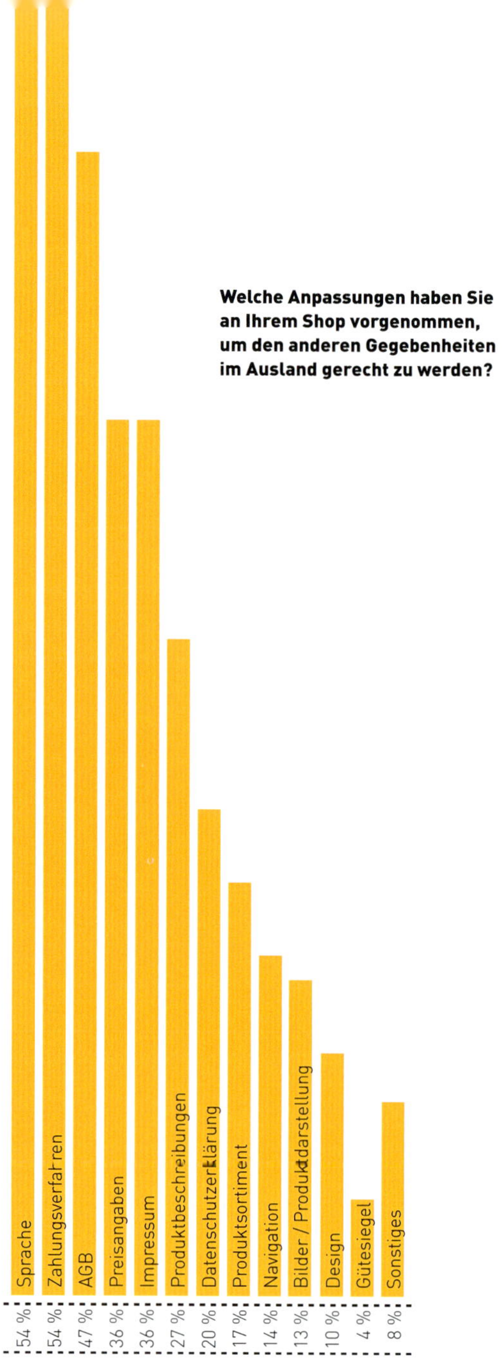

Mehr als die Hälfte der Unternehmen bietet im Ausland andere Zahlungsverfahren an als im Inland.

Abb. 7-4: Durchgeführte Anpassungen beim Online-Verkauf im Ausland
Quelle: ibi research (ECL-Umfrage 2007)

Haben Sie's passend? Zahlungsverfahren für ausländische Kunden

Um Kaufabbrüche von Kunden zu vermeiden, weil sie nicht das richtige Zahlungsverfahren vorfinden, sollten Sie sich überlegen, welche Verfahren den Kunden im Zielland angeboten werden sollten. Dabei ist insbesondere zu berücksichtigen, dass einige Verfahren, wie etwa die Kreditkarte oder PayPal, durchaus international verbreitet sind, andere hingegen, wie beispielsweise die deutsche Lastschrift, aber nur in einzelnen Ländern genutzt werden können (vgl. hierzu auch Kapitel 4 dieses Leitfadens).

Wie Abbildung 7-5 zeigt, variiert die Nutzung von Zahlungsverfahren zwischen den einzelnen Ländern zum Teil erheblich. Während in Deutschland häufig per Lastschrift, Rechnung oder Vorkasse bezahlt wird, haben sich im Ausland andere Verfahren herausgebildet. Ein Beispiel dafür sind die in Japan gebräuchlichen Konbini. Dabei handelt es sich um spezielle Geschäfte, an die sich Kunden ihre im Internet bestellten Waren liefern lassen und dort bezahlen können. Weitere Beispiele für länderspezifische Zahlungsverfahren in den für deutsche Online-Händler wichtigsten europäischen Ländern (vgl. Abbildung 7-3) sind in Infobox 7-3 aufgeführt.

Länderspezifische Zahlungsverfahren im europäischen Ausland

Neben den international einsetzbaren Zahlungsverfahren wie Kreditkarten, PayPal und ClickandBuy existieren in den meisten Ländern auch länderspezifische nationale Zahlungsverfahren (in Deutschland beispielsweise giropay, vgl. Kapitel 4 dieses Leitfadens). Beispiele für länderspezifische Zahlungsverfahren in anderen europäischen Ländern sind in der folgenden Übersicht dargestellt:

Land	Produkt	Anbieter	Web-Seite
Österreich	bill-it-easy eps Online-Überweisung paybox paysafecard Quick	DIMOCO STUZZA paybox austria paysafecard.com PayLife Bank	www.billiteasy.com www.eps.or.at www.paybox.at www.paysafecard.at www.quick.at
Schweiz	myOne PostFinance Card PostFinance E-Finance	Accarda PostFinance PostFinance	www.myone.ch www.postfinance.ch/epayment www.postfinance.ch/epayment
Benelux-Länder	iDEAL	iDEAL	www.ideal.nl
Frankreich	e-Carte Bleue Moneo Neosurf w-HA	SAS Carte Bleue BMS Exploitation Neosurf Cards w-HA	www.carte-bleue.com www.moneo.net www.neosurf.info www.w-ha.com
Großbritannien	Moneybookers MPP eWallet	Moneybookers MPP Global Solutions	www.moneybookers.com www.mppglobal.com
Italien	X-Pay	CartaSi	www.cartasi.it
Skandinavien	Buypass Digiraha Luup MobilHandel PayEx	Buypass OP-Pohjola Group Luup International Telenor PayEx	www.buypass.no www.digiraha.net www.luup.com www.telenormobil.no/mobilhandel www.payex.com
Spanien / Portugal	CaixaMovil Mobipay ServiRed	La Caixa Mobipay ServiRed	www.lacaixa.es www.mobipay.es www.servired.es

Infobox 7-3: Länderspezifische Zahlungsverfahren im europäischen Ausland (Auswahl)
Quelle: ibi research (E-Commerce-Leitfaden 2009)

Bei Zahlungen per Rechnung sind zudem die unterschiedlichen Zahlungsgewohnheiten in den einzelnen Ländern zu berücksichtigen: Liegt das Zahlungsziel in Deutschland im Durchschnitt bei 30 Tagen, so sind es in Frankreich 60 und in Italien manchmal sogar 90 Tage.

In Bezug auf Lastschriftzahlungen könnten sich durch die Schaffung der Single Euro Payments Area (SEPA) zukünftig einige Veränderungen ergeben. Mittelfristig ist geplant, das heute gebräuchliche deutsche Lastschriftverfahren durch eine gesamteuropäische Variante zu ersetzen. Zudem führt die Single Euro Payments Area zu einer Vereinheitlichung der aufsichtsrechtlichen Anforderungen an die Abwicklung von Zahlungen innerhalb Europas. Welche Konsequenzen SEPA im Einzelnen für Anbieter von Waren und Dienstleistungen im Internet haben wird, zeigt Abschnitt 7.3.

Viele der in Deutschland tätigen Zahlungsdienstleister wickeln auch Transaktionen aus dem Ausland ab. Lediglich 15 % der im Ausland aktiven Online-Händler setzen hierfür auf einen lokalen Dienstleister.

Sanktionslisten – Terroristen müssen draußen bleiben

Seit den Anschlägen vom 11. September 2001 werden Sanktionen von der Europäischen Union nicht mehr nur gegen einzelne Länder, sondern auch gegen bestimmte Terroristen und terroristische Organisationen ausgesprochen. Verstöße gegen diese Sanktionen können mit Geld- oder Freiheitsstrafen geahndet werden.

Online-Händler sind daher gut beraten, jede Rechnungs- und Lieferadresse mit den Namenslisten der Europäischen Union abzugleichen. Zusätzlich wird von Experten ein Abgleich mit den Namenslisten weiterer Länder (z. B. Kanada und der USA) empfohlen, um nicht aufgrund von Geschäften mit gesperrten Personen oder Organisationen selbst als verdächtig eingestuft und daraufhin vom Handel mit Unternehmen in diesen Ländern ausgeschlossen zu werden. Mithilfe spezieller Software oder externer Dienstleister ist der Abgleich auch automatisiert möglich.

Weitere Informationen zu den Sanktionslisten der EU finden Sie unter www.ausfuhrkontrolle.info.

Infobox 7-4: Sanktionslisten
Quelle: ibi research (E-Commerce-Leitfaden 2009)

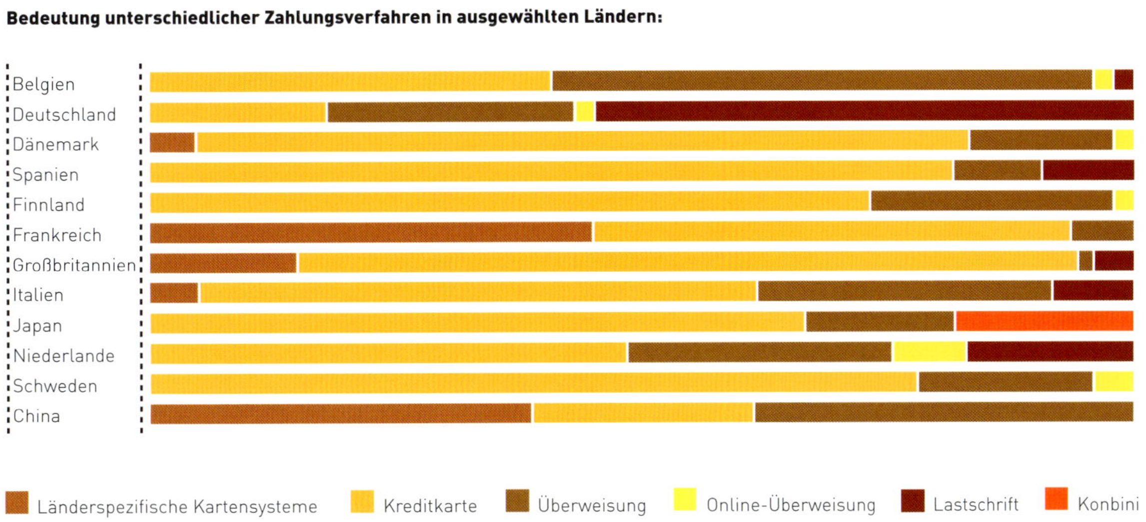

Abb. 7-5: Im internationalen E-Commerce eingesetzte Zahlungsverfahren
Quelle: GlobalCollect 2006

Gefunden werden ist kein Zufall – Werbung und Marketing im Ausland

Wie im Inland, so ist auch im Ausland die Bekanntmachung Ihrer Angebote keine leichte Aufgabe. Jedes fünfte Unternehmen setzt hierbei auf spezialisierte Partner vor Ort, denn nicht in jedem Land erreichen Sie beispielsweise mit derselben Suchmaschine die meisten Internet-Nutzer. Häufig dominieren landesspezifische Suchmaschinen den Markt, wie in Tschechien, Russland oder auch China. Überprüfen Sie auch, welche Marktplätze und Plattformen für Sie im Zielland relevant sind. Zudem sollten Sie berücksichtigen, ob es landesübliche Regeln für E-Mail-Marketing bzw. Bannerwerbung gibt. Die Zusammenarbeit mit ortsansässigen bzw. spezialisierten Agenturen ist hierbei häufig sehr hilfreich. Abbildung 7-6 zeigt, welche Maßnahmen Online-Händler einsetzen, um ihr Angebot im Ausland bekannt zu machen.

Zudem dürfen Ihre Marketing-Überlegungen nicht nur von der Kundengewinnung bis zum Verkauf gehen. Nach dem Kauf sind das Marketing und die Kundenbetreuung ebenso von Bedeutung, um aus den „Einmal-Kunden" zufriedene Stammkunden zu machen. Hierfür ist es beispielsweise erforderlich, dass Regelungen für die Bearbeitung von Kunden-E-Mails getroffen werden, die in der Landessprache des Kunden verfasst sind. Eventuell ist es notwendig, in solchen Fällen ein Übersetzungsbüro einzuschalten, das bei der Bearbeitung der Anfrage hilft. Noch besser ist es häufig, wenn der Kunde auch am Telefon einen Ansprechpartner erreicht, der ihm in seiner Landessprache weiterhilft. Auch hierfür bietet sich die Zusammenarbeit mit spezialisierten Partnern, wie beispielsweise Call-Center-Betreibern vor Ort, an.

Von Castrop-Rauxel nach Shanghai – Lieferungen ins Ausland

Hat der ausländische Kunde im Shop eingekauft, dann stellt sich bei physischen Waren abschließend das Problem, wie sie an den Kunden geliefert werden sollen. Primär stehen dabei Fragen der Verpackung und des Versands im Vordergrund. Aber auch umsatzsteuer- und zollrechtliche Vorschriften sind in diesem Zusammenhang zu beachten. Auf solche Aspekte wird in diesem Abschnitt näher eingegangen.

Der Warenversand an ausländische Kunden stellt mittlerweile kein allzu großes Problem mehr dar. Die meisten Paketdienstleister bieten heute den Versand in europäische und außereuropäische Länder an und stellen häufig auch ergänzende Informationen und Serviceleistungen bereit. Von Ihrer Seite aus ist lediglich darauf zu achten, dass die Waren

Welche der folgenden Möglichkeiten nutzen Sie, um ausländische Kunden auf Ihren Shop aufmerksam zu machen und sie dauerhaft zu binden?

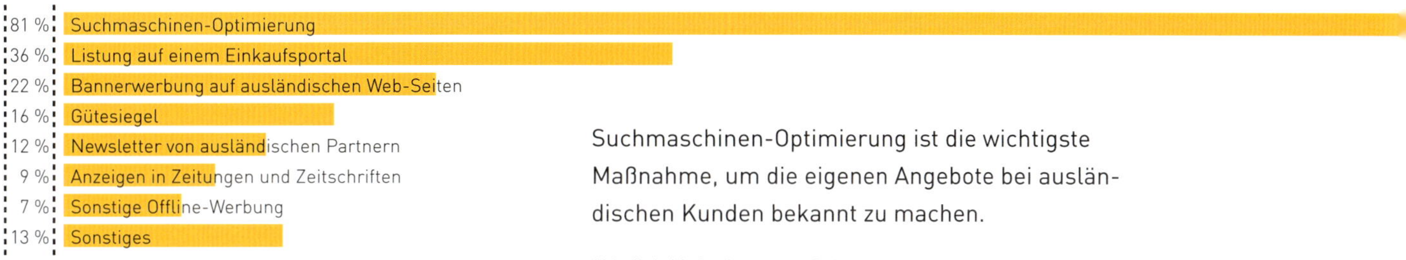

Suchmaschinen-Optimierung ist die wichtigste Maßnahme, um die eigenen Angebote bei ausländischen Kunden bekannt zu machen.

Abb. 7-6: Maßnahmen zur Bekanntmachung eigener Angebote bei ausländischen Kunden
Quelle: ibi research (ECL-Umfrage 2007)

ausreichend vor Beschädigungen beim Transport geschützt sind (z. B. durch eine zusätzliche Polsterung zwischen der Originalverpackung und der Versandverpackung) und dass die Sendung richtig adressiert ist. So ist beispielsweise bei Sendungen nach Russland oder in asiatische Staaten zu berücksichtigen, dass der Fahrer des Paketdienstes vor Ort in der Regel nicht mit den in Deutschland gebräuchlichen lateinischen Schriftzeichen vertraut ist.

Bezüglich der Umsatzsteuer gilt grundsätzlich, dass Privatpersonen und nicht umsatzsteuerpflichtigen Unternehmen im Ausland die deutsche Umsatzsteuer in Rechnung gestellt werden kann, solange der Gesamtwert Ihrer pro Jahr in dieses Land gelieferten Waren eine bestimmte Schwelle nicht übersteigt. Diese Lieferschwellen unterscheiden sich je nach Zielland der Lieferung. Für die europäischen Staaten sind die Lieferschwellen in den Länderprofilen am Ende dieses Abschnitts aufgeführt. Wird die Lieferschwelle überschritten, dann müssen Sie sich in dem betreffenden Land registrieren lassen und die Umsatzsteuer dorthin abführen. Weitere Informationen zu den umsatzsteuerlichen Regelungen beim Verkauf ins Ausland erhalten Sie bei Ihrer IHK oder Ihrem Steuerberater.

Neben der Umsatzsteuer existieren auch einige spezielle Verbrauchssteuern, die beim Verkauf über das Internet berücksichtigt werden müssen. Für Lieferungen innerhalb der EU fallen solche Verbrauchssteuern insbesondere für Kaffee, Alkohol,

Parfüm und Zigaretten an. Bei Lieferungen solcher Waren ins Ausland empfiehlt es sich, vorab beim Paketdienstleister bzw. bei der ausländischen Zollbehörde nachzufragen, ob und in welcher Höhe bei der Einfuhr Steuern abzuführen sind.

Ansonsten werden bei Lieferungen innerhalb der Europäischen Union bis auf wenige Ausnahmegebiete keine Zölle erhoben, und es sind auch keine Zolldokumente erforderlich. Die Ausnahmegebiete können Sie unter www.zoll.de abrufen. Über die Regelungen für Nicht-EU-Länder und EU-Ausnahmegebiete können Sie sich bei den oben genannten Behörden bzw. Ihrem Paketdienstleister erkundigen.

Länderprofile im Überblick

Land	**Einwohnerzahl in Mio. (2007)** Quelle: Eurostat	**BIP nominal in Mrd. EUR (2007)** Quelle: Eurostat	**Währung (2009)**	**Währungsrisiko (2008)** (Eigene Berechnung der Wechselkursschwankung (Standardabweichung) innerhalb der letzten 12 Monate) Quelle: EZB	**Länder-Rating (2008)** Quelle: Coface	**MwSt.-Satz (2008)** (Normalsatz) Quelle: Europäische Kommission
Belgien	10,6	317	Euro (EUR)	kein Risiko	A1	21 %
Bulgarien	7,7	25	Lew (BGN)	kein Risiko	A4	20 %
Dänemark	5,4	220	Krone (DKK)	0,1 %*	A1	25 %
Deutschland	82,3	2.322	Euro (EUR)	kein Risiko	A1	19 %
Estland	1,3	13	Krone (EEK)	kein Risiko	A3	18 %
Finnland	5,3	167	Euro (EUR)	kein Risiko	A1	22 %
Frankreich	63,4	1.792	Euro (EUR)	kein Risiko	A1	19,6 %
Griechenland	11,2	214	Euro (EUR)	kein Risiko	A2	19 %
Irland	4,3	175	Euro (EUR)	kein Risiko	A2	21 %
Island	0,3	13	Krone (ISK)	27,2 %	A3	25 %
Italien	59,1	1.475	Euro (EUR)	kein Risiko	A2	20 %
Lettland	2,3	16	Lats (LVL)	0,6 %*	A4	18 %
Liechtenstein	0,03	3 (aus 2004)	Franken (CHF)	n. v.	n. v.	7,6 %
Litauen	3,4	24	Litas (LTL)	kein Risiko	A3	18 %

* Teilnahme am Wechselkursmechanismus II

Im Folgenden finden Sie für den Export relevante Kennzahlen der Länder der Europäischen Union sowie der European Free Trade Association (EFTA). Die Kennzahlen wurden unter Verwendung der folgenden Quellen recherchiert:

- Bundesministerium der Finanzen (www.bundesfinanzministerium.de)
- Coface (www.trading-safely.com)
- Europäische Kommission (www.ec.europa.eu)
- Europäische Zentralbank (EZB, www.ecb.int)
- Statistisches Bundesamt (Destatis, www.destatis.de)
- Statistisches Amt der Europäischen Gemeinschaften (Eurostat, www.ec.europa.eu/eurostat)
- Internationaler Währungsfonds (IWF, www.imf.org)

7

Lieferschwelle (Umsatzsteuer) in EUR (2008) Quelle: Bundesministerium der Finanzen	**Anteil der Haushalte mit Internet-Zugang (2007)** Quelle: Eurostat	**Anteil der Haushalte mit Breitbandzugang (2007)** Quelle: Eurostat	**Anteil der Unternehmen mit Breitbandzugang (2007)** Quelle: Eurostat	**Anteil der Unternehmen, die über das Internet verkaufen (2007)** Quelle: Eurostat	**Anteil der Einzelpersonen, die in den letzten drei Monaten Waren oder Dienstleistungen über das Internet gekauft haben (2007)** Quelle: Eurostat	**Land**
35.000	60 %	56 %	86 %	18 %	15 %	BE
36.036	19 %	15 %	61 %	1 %	2 %	BG
37.528	78 %	70 %	80 %	33 %	43 %	DK
100.000	71 %	50 %	80 %	24 %	41 %	DE
35.151	53 %	48 %	78 %	7 %	6 %	EE
35.000	69 %	63 %	91 %	15 %	33 %	FI
100.000	49 %	43 %	89 %	18 % (2006)	26 %	FR
35.000	25 %	7 %	72 %	6 %	5 %	GR
35.000	57 %	31 %	68 %	27 %	26 %	IE
n. v.	84 %	76 %	95 % (2006)	22 % (2006)	32 %	IS
27.889	43 %	25 %	76 %	2 %	7 %	IT
36.952	51 %	32 %	57 %	2 %	6 %	LV
n. v.	n. v.	n. v.	n. v.	n. v.	n. v.	LI
36.207	44 %	34 %	53 %	14 %	4 %	LT

7

Land	Einwohnerzahl in Mio. (2007) Quelle: Eurostat	BIP nominal in Mrd. EUR (2007) Quelle: IWF	Währung (2009)	Währungsrisiko (2008) (Eigene Berechnung der Wechselkursschwankung (Standardabweichung) innerhalb der letzten 12 Monate) Quelle: EZB	Länder-Rating (2008) Quelle: Coface	MwSt.-Satz (2008) (Normalsatz) Quelle: Europäische Kommission
Luxemburg	0,5	34	Euro (EUR)	kein Risiko	A1	15 %
Malta	0,4	5	Euro (EUR)	kein Risiko	A2	18 %
Niederlande	16,4	534	Euro (EUR)	kein Risiko	A1	19 %
Norwegen	4,7	268	Krone (NOK)	4,3 %	A1	25 %
Österreich	8,3	258	Euro (EUR)	kein Risiko	A1	20 %
Polen	38,1	272	Zloty (PLN)	5,3 %	A3	22 %
Portugal	10,6	155	Euro (EUR)	kein Risiko	A2	21 %
Rumänien	21,6	97	Leu (RON)	5,2 %	A4	19 %
Schweden	9,1	306	Krone (SEK)	2,9 %	A1	25 %
Schweiz	7,5	309	Franken (CHF)	3,5 %	A1	7,6 %
Slowakei	5,4	45	Euro (EUR)	kein Risiko	A3	19 %
Slowenien	2,0	30	Euro (EUR)	kein Risiko	A1	20 %
Spanien	44,5	981	Euro (EUR)	kein Risiko	A2	16 %
Tschechien	10,3	114	Krone (CZK)	4,4 %	A2	19 %
Ungarn	10,1	90	Forint (HUF)	6,0 %	A3	20 %
Vereinigtes Königreich	60,8	1.910	Pfund (GBP)	4,4 %	A2	17,5 %
Zypern	0,8	15	Euro (EUR)	kein Risiko	A2	15 %

7

Lieferschwelle (Umsatzsteuer) in EUR (2008) Quelle: Bundesministerium der Finanzen	**Anteil der Haushalte mit Internet-Zugang (2007)** Quelle: Eurostat	**Anteil der Haushalte mit Breitbandzugang (2007)** Quelle: Eurostat	**Anteil der Unternehmen mit Breitbandzugang (2007)** Quelle: Eurostat	**Anteil der Unternehmen, die über das Internet verkaufen (2007)** Quelle: Eurostat	**Anteil der Einzelpersonen, die in den letzten drei Monaten Waren oder Dienstleistungen über das Internet gekauft haben (2007)** Quelle: Eurostat	**Land**
100.000	75 %	58 %	81 %	13 %	37 %	LU
35.000	54 %	44 %	89 %	16 %	16 %	MT
100.000	83 %	74 %	87 %	26 %	43 %	NL
n. v.	78 %	67 %	85 %	32 %	48 %	NO
100.000	60 %	46 %	72 %	18 %	26 %	AT
35.000	41 %	30 %	53 %	9 %	11 %	PL
31.424	40 %	30 %	76 %	9 %	6 %	PT
35.000	22 %	8 %	37 %	3 %	2 %	RO
35.809	79 %	67 %	87 %	27 %	39 %	SE
n. v.	n. v.	n. v.	n. v.	n. v.	n. v.	CH
35.000	46 %	27 %	76 %	5 %	10 %	SK
35.000	58 %	44 %	79 %	10 %	9 %	SI
35.000	45 %	39 %	90 %	8 %	13 %	ES
35.000	35 %	28 %	77 %	9 %	8 %	CZ
35.000	38 %	33 %	70 %	4 %	7 %	HU
88.040	67 %	57 %	78 %	29 %	44 %	UK
34.220	39 %	20 %	69 %	7 %	8 %	CY

ibi

7.3 Der einheitliche Euro-Zahlungsverkehrsraum (SEPA) – ein Ausblick

Obwohl der europäische Binnenmarkt in vielen Bereichen bereits Realität ist, verursacht der Verkauf an Kunden im europäischen Ausland vielen Händlern noch häufig Probleme. Unter den drei größten Schwierigkeiten beim Verkauf an ausländische Kunden wurden von jeweils einem Viertel der Händler die kundenfreundliche Zahlungsabwicklung und die Geltendmachung offener Forderungen genannt (vgl. Abbildung 7-7). Mithilfe von SEPA sollen nun die Voraussetzungen dafür geschaffen werden, dass die Durchführung grenzüberschreitender Euro-Zahlungen innerhalb Europas genauso einfach und zu gleichen Preisen wie auf nationaler Ebene möglich ist.

Die Zahlungsabwicklung ist ein Hindernis für den internationalen Online-Handel, wenn auch nicht das Einzige.

Was sind derzeit Ihre drei größten Schwierigkeiten beim Verkauf an ausländische Kunden?

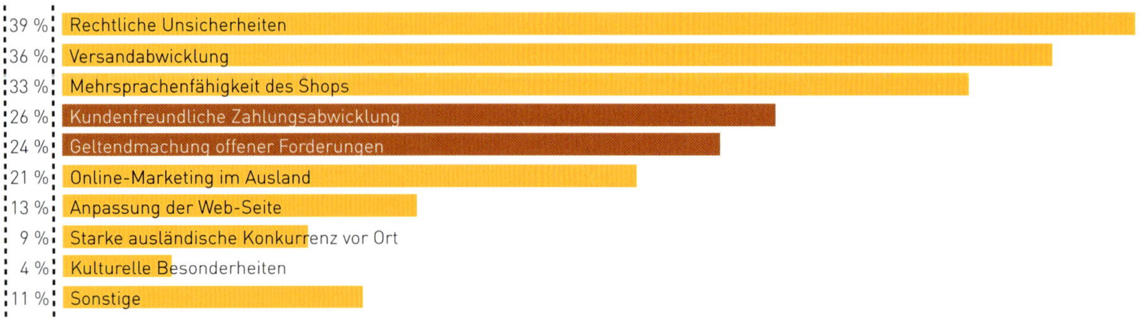

Abb. 7-7: Schwierigkeiten beim Verkauf an ausländische Kunden
Quelle: ibi research (E-Commerce in Deutschland 2008)

Auch nach der Einführung des Euro als Gemeinschaftswährung bestehen die Unterschiede zwischen den nationalen Zahlungssystemen in den einzelnen europäischen Ländern noch immer fort. So kann Ihr französischer Kunde seine Waren oder Dienstleistungen nicht einfach mit seinem gewohnten Überweisungsverfahren bezahlen, sondern muss dafür eine Auslandsüberweisung verwenden (vgl. Abbildung 7-8). Der Einzug der offenen Forderung per Lastschrift, den Sie oder viele Ihrer deutschen Kunden vielleicht gerne nutzen, ist vom Konto des Kunden bei einer französischen Bank erst gar nicht möglich.

7

Zahlungsverkehr vor und nach SEPA

Zahlungsverkehr vor SEPA-Einführung (Inland und Ausland)

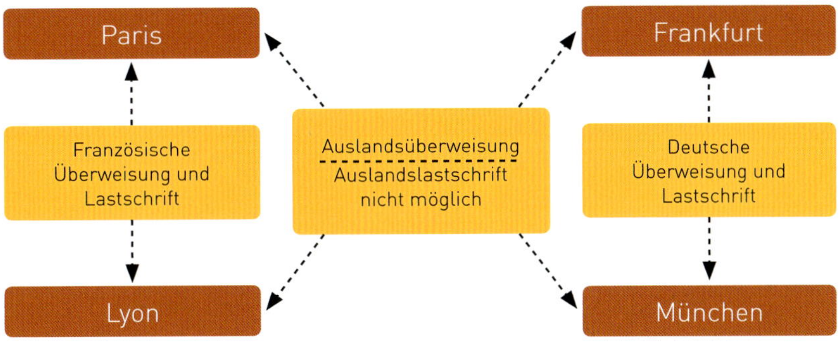

Zahlungsverkehr mit SEPA

Abb. 7-8: Zahlungsverkehr vor und nach SEPA
Quelle: Deutsche Bank / Bundesverband der Deutschen Industrie 2008

Ziel von SEPA ist es, diese Unterschiede zwischen inländischen und grenzüberschreitenden Zahlungen innerhalb Europas langfristig zu beseitigen, um die Hürden für den E-Commerce mit Kunden im europäischen Ausland zu senken und den Wettbewerb zwischen den Zahlungsdienstleistern in den europäischen Ländern zu fördern. SEPA umfasst die derzeit 27 EU-Mitgliedsländer sowie Island, Norwegen, Liechtenstein und die Schweiz.

Die Umsetzung von SEPA im Bereich der Überweisungen und Lastschriften erfolgt zunächst parallel zu den bestehenden nationalen Überweisungs- und Lastschriftverfahren. So kann bereits seit Januar 2008 die SEPA-Überweisung sowohl für nationale wie auch für grenzüberschreitende Zahlungen genutzt werden. Die Einführung der SEPA-Lastschrift ist für November 2009 geplant.

Ein wesentlicher Unterschied der SEPA-Zahlungsverfahren gegenüber den bestehenden deutschen Verfahren ist, dass statt der Kontonummer und der Bankleitzahl die IBAN (International Bank Account Number) und der BIC (Bank Identifier Code) des Zahlungsempfängers (bei der SEPA-Überweisung) bzw. des Zahlungspflichtigen (bei der SEPA-Lastschrift) angegeben werden müssen (vgl. hierzu auch Infobox 7-5). Zudem wird das bisher für Zahlungsaufträge gebräuchliche DTA-Datenformat durch ein XML-Datenformat abgelöst.

IBAN und BIC

Der Aufbau von IBAN und BIC wird im Folgenden erläutert.

IBAN

Die IBAN (International Bank Account Number) fasst die bisherige deutsche Kontonummer und Bankleitzahl in einer international standardisierten Notation zusammen. Die IBAN für ein deutsches Konto ist wie folgt aufgebaut:

DE 40 12345678 0000123456

- 0000123456 ► Kontonummer (10-stellig, Kontonummern mit weniger als 10 Stellen werden vorne mit Nullen aufgefüllt)
- 12345678 ► Bankleitzahl (8-stellig)
- 40 ► Prüfziffer
- DE ► Ländercode (hier: Deutschland)

Informationen zum Aufbau der IBAN in anderen Ländern finden Sie unter http://www.ecbs.org/iban.htm.

BIC

Der BIC (Bank Identifier Code) oder SWIFT-Code ist ein international standardisierter Code zur eindeutigen Identifizierung von Kreditinstituten. Der BIC ist wie folgt aufgebaut:

MUBA DE FF XXX

- XXX ► Optional: Filiale oder Abteilung, sonst „XXX"
- FF ► Code für den Ort (hier: Frankfurt am Main)
- DE ► Ländercode (hier: Deutschland)
- MUBA ► Bankcode (4-stellig, vom Kreditinstitut frei wählbar)

Infobox 7-5: Aufbau von IBAN und BIC
Quelle: ibi research (E-Commerce-Leitfaden 2009)

Eine Abschaffung der nationalen Überweisungs- und Lastschriftverfahren ist derzeit nicht in Sicht, auch wenn die Forderungen nach einem verbindlichen Enddatum für diese Verfahren zunehmend lauter werden, um einen langfristigen und aufwendigen Parallelbetrieb zu vermeiden. Online-Händler sind daher nicht verpflichtet, die neuen Verfahren zu nutzen. Gerade für Händler, die auch im europäischen Ausland aktiv sind oder diese Märkte zukünftig erschließen wollen, bieten die neuen SEPA-Zahlungsverfahren jedoch interessante Prozessoptimierungspotenziale in der Zahlungsabwicklung. Diese werden im Abschnitt „Einfach kassieren – Vorteile von SEPA für Online-Händler" im Einzelnen beschrieben.

Trotz der mittelfristig relativ starken Auswirkungen der SEPA-Einführung auf die Zahlungsabwicklung wissen bisher nur wenige Händler über SEPA Bescheid. Wie Abbildung 7-9 zeigt, hat die Hälfte der Händler noch nie etwas von SEPA gehört. Nur jeder fünfte Händler hat relativ genaue Vorstellungen, was SEPA für sein Unternehmen bedeutet. Die Vorteile von SEPA für Online-Händler und wichtige Aspekte, die bei der SEPA-Einführung zu beachten sind, werden daher in den folgenden Abschnitten näher erläutert.

Die Hälfte der Händler hat noch nie etwas von SEPA gehört.

Wie gut fühlen Sie sich über die Auswirkungen der „Single Euro Payments Area" (SEPA) auf Ihr Unternehmen informiert?

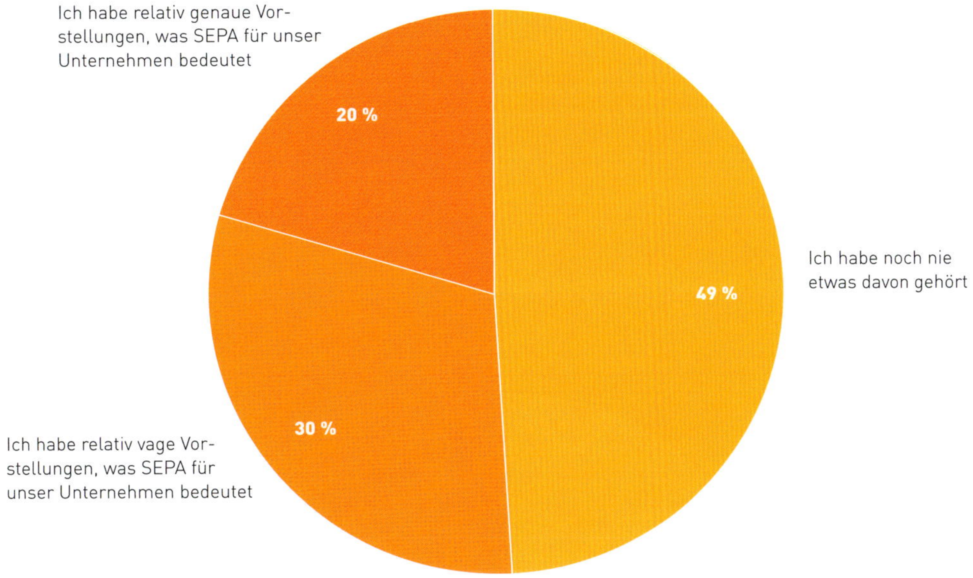

Abb. 7-9: Informationsstand von Online-Händlern zu SEPA
Quelle: ibi research (E-Commerce in Deutschland 2008)

Einfach kassieren – Vorteile von SEPA für Online-Händler

Online-Händler können sowohl direkt als auch indirekt von den neuen SEPA-Zahlungsverfahren profitieren. Direkte Vorteile ergeben sich aus der Einführung der SEPA-Überweisung und SEPA-Lastschrift, die den bisher verfügbaren Zahlungsverfahren in einigen Bereichen überlegen sind. Indirekt profitieren Sie als Händler vom intensiveren Wettbewerb im Zahlungsverkehrsmarkt und zusätzlichen Dienstleistungen (so genannten Add-on Services), die auf Basis der SEPA-Zahlungsverfahren entwickelt werden. Auf diese Vorteile wird im Folgenden näher eingegangen.

Vorteile der SEPA-Überweisung

Die SEPA-Überweisung ist der EU-Standardüberweisung sehr ähnlich. Mit Letzterer können grenzüberschreitende Überweisungen innerhalb Europas bei Angabe der IBAN und des BIC des Zahlungsempfängers bereits seit 2003 zu gleichen Preisen wie Inlandsüberweisungen getätigt werden.

Wesentliche Unterschiede der SEPA-Überweisung im Vergleich dazu sind:

- Die zulässige Höchstdauer bis zur Gutschrift auf dem Empfängerkonto wird von fünf Bankarbeitstagen zunächst auf drei Bankarbeitstage, ab November 2009 auf zwei Bankarbeitstage und ab Januar 2012 dann auf einen Bankarbeitstag verkürzt,
- für die Angabe eines Verwendungszwecks stehen 140 statt bisher 54 Stellen zur Verfügung,
- der SEPA-Raum umfasst auch Überweisungen aus der Schweiz bzw. in die Schweiz,
- das Betragslimit von 50.000 Euro entfällt,
- der Auftraggeber kann eine zusätzliche Referenznummer vergeben, um zurückgegebene Überweisungen (z. B. aufgrund falscher Kontodaten) leichter zuordnen zu können.

Vorteile der SEPA-Lastschrift

Mit der SEPA-Lastschrift ist es voraussichtlich ab November 2009 möglich, Beträge von Konten in anderen europäischen Ländern einzuziehen. Damit können auch Kunden aus dem europäischen Ausland bequem per Lastschrift einkaufen. Knapp zwei Drittel der Händler, die innerhalb Deutschlands derzeit die Lastschrift als Zahlungsverfahren anbieten, zeigen sich daran interessiert (vgl. Abbildung 7-10).

Knapp zwei Drittel der Händler interessieren sich für den Einzug von Lastschriften aus dem Ausland.

Besteht bei Ihnen Interesse, Lastschriften aus dem Ausland einzuziehen?

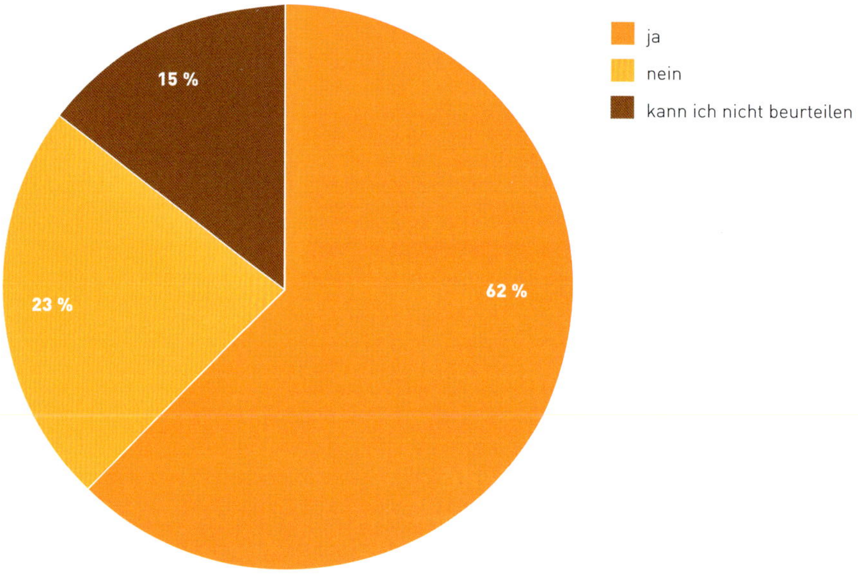

Abb. 7-10: Interesse an Lastschrifteinzügen aus dem Ausland
Quelle: ibi research (E-Commerce in Deutschland 2008)

Im Vergleich zum gewohnten deutschen Lastschriftverfahren weist die SEPA-Lastschrift einige Unterschiede auf. So ist die SEPA-Lastschrift nicht mehr automatisch fällig, sobald sie bei der Bank des Zahlungspflichtigen eingeht. Vielmehr muss der Zahlungsempfänger ein Fälligkeitsdatum der Lastschrift festlegen und dieses dem Zahlungspflichtigen explizit mitteilen. Diese Mitteilung sollte spätestens 14 Tage vor dem Fälligkeitsdatum erfolgen, allerdings kann auch eine davon abweichende Frist vereinbart werden. Bei Einmaleinzügen und bei der Erstlastschrift von wiederkehrenden Einzügen muss die Lastschrift spätestens fünf Bankarbeitstage vor dem Fälligkeitstermin bei der Bank des Kunden vorliegen, bei Folgelastschriften reicht eine Frist von zwei Bankarbeitstagen aus.

Wie deutsche Lastschriften können auch SEPA-Lastschriften zurückgegeben werden. Weist das Konto des Kunden nicht die erforderliche Deckung auf, kann die Bank des Kunden die Lastschrift innerhalb von fünf Tagen nach Fälligkeit zurückgeben. Der Kunde kann der Lastschrift innerhalb von acht Wochen nach Fälligkeit ohne Weiteres widersprechen. Bei Widersprüchen nach Ablauf der 8-Wochen-Frist wird der Zahlungsempfänger zunächst aufgefordert, das vom Kunden unterschriebene Lastschriftmandat (ersetzt zukünftig die Einzugsermächtigung) vorzulegen. Nur wenn er auf die Aufforderung nicht innerhalb der gesetzten Frist reagiert, wird die Lastschrift zurückgegeben. Widersprüche des Kunden, die später als 13 Monate nach dem Fälligkeitsdatum bei seiner Bank eingehen, werden grundsätzlich nicht mehr berücksichtigt.

Wichtige Fristen bei der SEPA-Lastschrift

In der folgenden Grafik ist dargestellt, wann bestimmte Aktionen von den Beteiligten am Lastschrifteinzug spätestens erfolgen müssen.

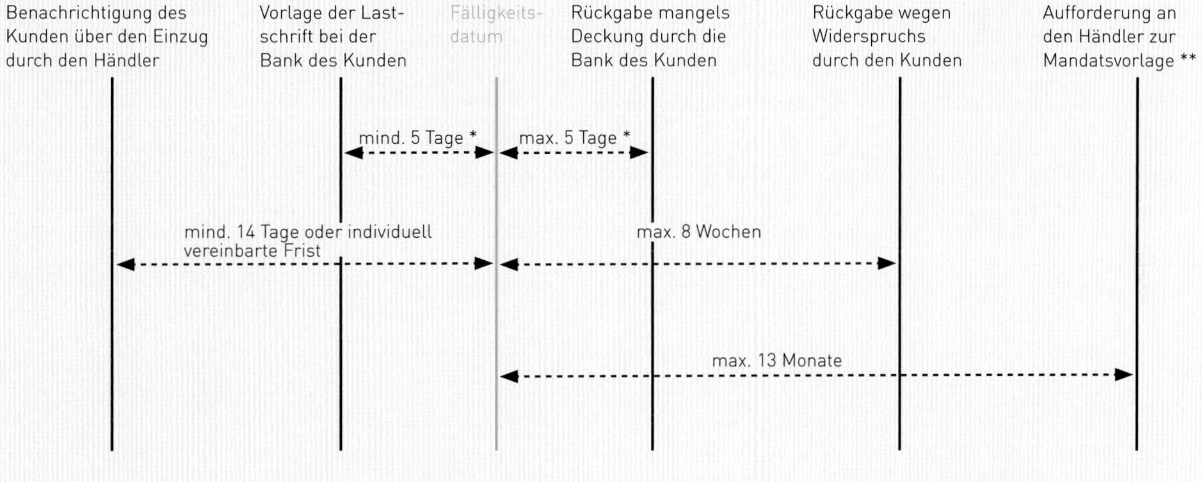

* Bei Folgelastschriften von wiederkehrenden Einzügen reicht eine Frist von zwei Bankarbeitstagen aus.

** Nach Ablauf der 8-Wochen-Frist kann der Kunde die Lastschrift nicht mehr ohne Weiteres wegen Widerspruchs zurückgeben. Vielmehr muss der Zahlungsempfänger (Händler) zunächst aufgefordert werden, das Mandat für den berechtigten Lastschrifteinzug bei seiner Bank vorzulegen. Legt der Händler ein gültiges Mandat vor, ist er vor einer Rücklastschrift geschützt. Wenn nicht, kann die Lastschrift bis spätestens 13 Monate nach dem Fälligkeitsdatum zurückgegeben werden.

Infobox 7-6: Wichtige Fristen bei der SEPA-Lastschrift
Quelle: ibi research (E-Commerce-Leitfaden 2009)

Würde somit ein Online-Händler auf die relativ aufwendige Einholung eines schriftlichen Mandats verzichten, so wie es bei der derzeitigen Lastschriftpraxis gerade im Online-Handel üblich ist, so hätte dies zur Folge, dass er erst 13 Monate nach dem Fälligkeitsdatum endgültig vor Rückbuchungen geschützt wäre. Um die Einholung von Lastschriftmandaten unter anderem im Online-Handel zu vereinfachen, wurde daher auch eine elektronische Version des Mandats spezifiziert. Eine bereits vorhandene schriftliche Einzugsermächtigung ist nach derzeitigem Stand übrigens nicht als Mandat für eine SEPA-Lastschrift gültig, sondern muss durch ein SEPA-Lastschriftmandat mit den in Checkliste 7-1 beschriebenen Inhalten ersetzt werden.

Checkliste: Mindestbestandteile eines Mandats für SEPA-Lastschriften

Das Mandat ersetzt bei SEPA-Lastschriften die Einzugsermächtigung. Es muss in der Landessprache des Zahlungspflichtigen oder in Englisch ausgestellt sein und mindestens die folgenden Inhalte umfassen:

- Die Bezeichnung „SEPA-Lastschriftmandat"
- Die eindeutige Mandatsreferenz (Nummer des Mandats)
- Die Aufklärung des Zahlungspflichtigen über die Bedeutung des SEPA-Mandats und seine Rechte im SEPA-Lastschriftverfahren
- Den Namen und die Anschrift des Zahlungspflichtigen
- Die IBAN und den BIC des Zahlungspflichtigen
- Den Namen und die Anschrift des Zahlungsempfängers
- Die Gläubiger-Identifikationsnummer des Zahlungsempfängers (vgl. Checkliste 7-2)
- Die Art der Zahlung (einmaliger oder regelmäßig wiederkehrender Einzug)
- Den Ort, das Datum und die Unterschrift des Zahlungspflichtigen

Checkliste 7-1: Mindestbestandteile eines Mandats für SEPA-Lastschriften
Quelle: EPC 2009

Weitere Vorteile von SEPA für den Online-Handel

Auf Basis der SEPA-Überweisung und der SEPA-Lastschrift werden derzeit zusätzliche Dienstleistungsangebote entwickelt, um die Zahlungsabwicklung innerhalb Europas weiter zu vereinfachen. So soll ein dem deutschen giropay-Verfahren (vgl. hierzu Kapitel 4) ähnliches Zahlungsverfahren zur Verfügung stehen, das auch Kunden aus dem europäischen Ausland nutzen können. Zudem soll die grenzüberschreitende elektronische Rechnungsstellung (E-Invoicing) durch europaweit einheitliche Regelungen wesentlich vereinfacht werden.

Darüber hinaus wird mit der Schaffung des einheitlichen Euro-Zahlungsverkehrsraums auch das Ziel verfolgt, den Wettbewerb zwischen den Dienstleistern im Zahlungsverkehrsgeschäft zu intensivieren. So haben Händler bei europaweit einheitlichen Zahlungsverkehrsdienstleistungen die Wahl, ob sie die Zahlungsabwicklung über eine Bank in Deutschland oder im EU-Ausland durchführen. Zudem ist für das Angebot von Zahlungsverkehrsdienstleistungen zukünftig keine Banklizenz, sondern nur noch eine mit geringeren Anforderungen verbundene Zahlungsdienstleisterlizenz erforderlich.

Die Mehrheit der in der Studie „E-Commerce in Deutschland" befragten Händler geht daher davon aus, dass die Bankgebühren für die Zahlungsverkehrsabwicklung aufgrund von SEPA sinken werden (vgl. Abbildung 7-11). Weitere Vorteile sehen die Händler in der leichteren Zuordnung von Zahlungen zu offenen Rechnungen und im geringeren Aufwand für die Zahlungsabwicklung, da für nationale und grenzüberschreitende Zahlungen innerhalb Europas nur noch ein einheitliches Überweisungs- bzw. Lastschriftverfahren benötigt wird.

Online-Händler versprechen sich von SEPA weniger Aufwand und niedrigere Gebühren.

Wie wird sich SEPA Ihrer Meinung nach auf Ihr Unternehmen auswirken?

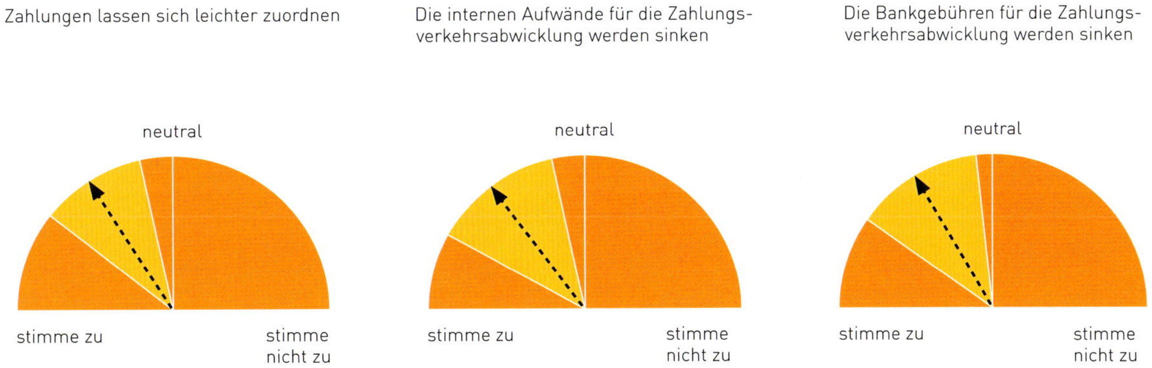

Erläuterungen zur Darstellung:
Halbkreis: Maximal mögliche Bandbreite der Einschätzungen zu einer These
Pfeilsymbol: Mittelwert der Einschätzung aller Teilnehmer bezüglich einer These
Kreissegment: Abweichung der Einschätzungen der einzelnen Teilnehmer vom Durchschnittswert

Abb. 7-11: Auswirkungen von SEPA auf Online-Händler
Quelle: ibi research (E-Commerce in Deutschland 2008)

Jetzt „SEPA-ready“ werden – woran Sie denken müssen

Wie bereits deutlich wurde, besteht derzeit keine Pflicht zur Nutzung der SEPA-Zahlungsverfahren.

Die SEPA-Einführung bietet jedoch eine spürbare Erleichterung bei der Zahlungsabwicklung mit Kunden im europäischen Ausland. Rein national tätige Händler werden spätestens dann von SEPA betroffen sein, wenn die bisherigen nationalen Überweisungs- und Lastschriftverfahren durch die SEPA-Zahlungsverfahren vollständig abgelöst werden. Auch diese sollten sich daher frühzeitig mit den aufgrund von SEPA anstehenden Änderungen vertraut machen – insbesondere dann, wenn ohnehin Investitionen in neue IT-Systeme oder Abläufe im Zahlungsverkehr anstehen.

Es wird Händlern daher empfohlen, möglichst bald die gegebenenfalls erforderlichen Anpassungen im Bereich der SEPA-Überweisung durchzuführen und erste Erfahrungen zu sammeln, bevor sie eventuell anschließend die SEPA-Lastschrift einführen. Wie Studien zur SEPA-Umsetzung zeigen, verursacht insbesondere die Zuordnung von SEPA-Zahlungen zu offenen Posten derzeit noch häufig Probleme, die es durch entsprechende Regelungen zu beheben gilt (vgl. www.jungfernflug.ibi.de).

Die Checkliste 7-2 soll dabei helfen, die Auswirkungen von SEPA auf Unternehmen zu ermitteln und die Voraussetzungen für die Nutzung der Vorteile von SEPA zu schaffen, so dass auch Ihr Unternehmen schnell „SEPA-ready“ wird.

Checkliste zur SEPA-Einführung

Die folgende Checkliste zeigt wichtige Aspekte auf, die bei der Einführung der neuen SEPA-Zahlungsverfahren zu beachten sind.

Allgemein

- Prüfen Sie, ob Ihre IT-Systeme (z. B. ERP- und Electronic-Banking-Systeme) die neuen XML-Formate verarbeiten können.
- Sprechen Sie mit Ihren Software-Lieferanten und Ihrer Bank, wie diese Sie bei der SEPA-Einführung unterstützen können.

7

Zahlungseingänge per SEPA-Überweisung

- Teilen Sie Ihren Kunden Ihre IBAN und Ihren BIC mit (zu Beginn ergänzend zur bisherigen Kontonummer und Bankleitzahl), z. B. auf Rechnungen und auf Ihrer Web-Seite.
- Passen Sie gegebenenfalls vorhandene automatisierte Verfahren für den Abgleich der offenen Posten an die Struktur von SEPA-Zahlungseingängen auf Ihrem Kontoauszug an.
- Prüfen Sie, ob Sie Ihre gegebenenfalls bestehenden Konten bei ausländischen Banken auch auf längere Sicht wirklich noch benötigen.

Zahlungseinzüge per SEPA-Lastschrift

- Beantragen Sie eine Gläubiger-Identifikationsnummer bei der Deutschen Bundesbank (http://www.bundesbank.de). Diese Nummer muss bei jeder Lastschrifteinreichung mit angegeben werden.
- Wandeln Sie die vorhandenen Kontodaten Ihrer Kunden in IBAN und BIC um bzw. erheben Sie die IBAN und BIC Ihrer Kunden und ergänzen Sie diese in Ihren Kundenstammdaten. Die deutschen Banken und Sparkassen haben unter https://www.iban-service-portal.de einen Dienst zur Umwandlung von Kontonummern und Bankleitzahlen in IBAN und BIC eingerichtet. Die Zugangsdaten erhalten Sie von Ihrer Hausbank.
- Ändern Sie gegebenenfalls die Prüfroutinen für die Syntax- und Prüfziffernkontrolle der Kontodaten, wenn Sie die IBAN und BIC direkt von Ihren Kunden erheben. Weitere Informationen hierzu finden Sie unter http://www.ecbs.org/iban.htm und http://www.iban.de.
- Legen Sie fest, nach welcher Systematik die Nummern zur eindeutigen Identifizierung der SEPA-Lastschriftmandate (Mandatsreferenzen) vergeben werden. Die Mandatsreferenz muss bei jeder Lastschrifteinreichung angegeben werden.
- Legen Sie fest, wie das Fälligkeitsdatum von Lastschriften bestimmt wird (z. B. 6 Tage nach Bestelleingang bei Bestellungen bis 16 Uhr, sonst 7 Tage nach Bestelleingang). Achten Sie dabei darauf, dass die Vorlauffristen für die Benachrichtigung des Kunden und die Vorlage der Lastschrift bei der Bank des Kunden (vgl. Infobox 7-6) eingehalten werden müssen.
- Stellen Sie sicher, dass der Kunde rechtzeitig über den Lastschrifteinzug und das Fälligkeitsdatum informiert wird.
- Prüfen Sie, ob die Verwendung einer eindeutigen Auftraggeberreferenz zur leichteren Zuordnung von Rücklastschriften sinnvoll ist. Legen Sie gegebenenfalls fest, nach welcher Systematik die Auftraggeberreferenz vergeben wird.
- Führen Sie gegebenenfalls technische Tests mit Ihrem Payment Service Provider durch.
- Legen Sie für den Fall von Rücklastschriften die Folgeprozesse in Abhängigkeit vom Rücklastschriftgrund fest.

Checkliste 7-2: SEPA-Einführung
Quelle: ibi research (E-Commerce-Leitfaden 2009)

www.ecommerce-leitfaden.de

Vertiefende Informationen zu den Inhalten dieser Abschnitte sowie Links zu ausgewählten Lösungsanbietern finden Sie auf der sich ständig weiterentwickelnden Projekt-Web-Seite www.ecommerce-leitfaden.de. Dort finden Sie auch weitere kostenlose Angebote wie z. B. den E-Commerce-Newsletter, Online-Tools oder die vollständigen Ergebnisse verschiedener Studien.

eCommerce Leitfaden

Anhang

A

Abkürzungen

A

AGB	Allgemeine Geschäftsbedingungen
Az	Aktenzeichen
BDOA	Bundesverband der Dienstleister für Online-Anbieter e. V.
BGB	Bürgerliches Gesetzbuch
BGB-InfoV	BGB-Informationspflichten-Verordnung
BGH	Bundesgerichtshof
BIC	Bank Identifier Code
BIP	Bruttoinlandsprodukt
BLZ	Bankleitzahl
BMBF	Bundesministerium für Bildung und Forschung
BMWi	Bundesministerium für Wirtschaft und Technologie
BSI	Bundesamt für Sicherheit in der Informationstechnik
BVDW	Bundesverband Digitale Wirtschaft
bvh	Bundesverband des Deutschen Versandhandels e. V.
CPA	Cost per Action
CPC	Cost per Click
CPX	Cost per Transaction
CVC	Card Verification Code
CVV	Card Verification Value
DLR	Deutsches Zentrum für Luft- und Raumfahrt
DPMA	Deutsches Patent- und Markenamt
DTA	Datenträgeraustausch
ec	electronic cash
ECL	E-Commerce-Leitfaden
EFTA	European Free Trade Association
ELV	Elektronisches Lastschriftverfahren
EMV	Europay / MasterCard / Visa
ERP	Enterprise Resource Planning
EU	Europäische Union
EuGH	Europäischer Gerichtshof
EZB	Europäische Zentralbank
IBAN	International Bank Account Number
ID	Identifikation
IHK	Industrie- und Handelskammer
IWF	Internationaler Währungsfonds

KK	Kreditkarte
KMU	Kleine und mittlere Unternehmen
KPN	Kartenprüfnummer
LV	Lastschriftverfahren
MCC	Merchant Category Code
MOTO	Mail Order / Telephone Order
MPI	Merchant Server Plug-in
PAngV	Preisangabenverordnung
PCI	Payment Card Industry
PDF	Portable Document Format
PIN	Persönliche Identifikationsnummer
POS	Point of Sale
PSP	Payment Service Provider
SEPA	Single Euro Payments Area
SET	Secure Electronic Transaction
SigG	Signaturgesetz
SLA	Service Level Agreement
SMS	Short Message Service
SSL	Secure Sockets Layer
SWIFT	Society for Worldwide Interbank Financial Telecommunication
TAN	Transaktionsnummer
TKP	Tausenderkontaktpreis
TLD	Top-Level-Domain
TMG	Telemediengesetz
USt	Umsatzsteuer
UStG	Umsatzsteuergesetz
UWG	Gesetz gegen den unlauteren Wettbewerb
VerpackV	Verpackungsverordnung
VP	Vertragspartner
VRRL-E	Richtlinie über Rechte der Verbraucher
VU	Vertragsunternehmen
xls	Excel Sheet
XML	Extensible Markup Language
ZKA	Zentraler Kreditausschuss
ZPO	Zivilprozessordnung

Literatur

A

AC Nielsen 2008
AC Nielsen: Trends in Online Shopping – a global Nielsen consumer report.
http://de.nielsen.com/pubs/documents/GlobalOnlineShoppingReportFeb08_000.pdf (2008), Abruf am 12.02.2009.

AGOF 2008
AGOF – Arbeitsgemeinschaft Online-Forschung e. V.: internet facts 2008-III.
http://www.agof.de/if-2008-iii-teil-1-online.download.a3bd99d7e495bc3e2b3cc0a38f55021d.pdf (2008), Abruf am 12.02.2009.

BITKOM 2007a
BITKOM: Der elektronische Handel boomt.
http://www.bitkom.org/de/presse/30739_43665.aspx (2007), Abruf am 12.02.2009.

BITKOM 2007b
BITKOM: Fast jeder fünfte Mensch ist online.
http://www.bitkom.org/46074_46069.aspx (2007), Abruf am 16.02.2009.

BMWi 2006a
Bundesministerium für Wirtschaft und Technologie: e-f@cts zum Thema „Rechtliche Bestimmungen im E-Commerce".
http://www.bmwi.de/Dateien/BMWi/PDF/e-facts/e-facts-nr-09-rechtsfragen-beim-e-business (2006), Abruf am 12.02.2009.

BMWi 2006b
Bundesministerium für Wirtschaft und Technologie: e-f@cts zum Thema „Online-Shop".
http://www.bmwi.de/Dateien/BMWi/PDF/e-facts/e-f_40cts-nr-19-online-shops (2006), Abruf am 12.02.2009

BSI 2005
Breitschaft, M.; Krabichler, T.; Stahl, E.; Wittmann, G.: Sichere Zahlungsverfahren für E-Government. In: Bundesamt für Sicherheit in der Informationstechnik (Hrsg.): E-Government-Handbuch. Bundesanzeiger Verlag, Köln 2005.
Auch online erhältlich unter: http://www.bsi.bund.de/fachthem/egov/download/4_Zahlv.pdf.

Bundesverband Deutscher Inkasso-Unternehmen 2008
Bundesverband Deutscher Inkasso-Unternehmen e. V.: Pressekonferenz zur Trendumfrage Herbst 2008 in Berlin am 28. Oktober 2008.
http://www.inkasso.de/Umfrage.pdf (2008), Abruf am 12.02.2009.

Coface 2009
Coface: Das Coface-Länderrating. http://www.laenderrisiken.de/cofaceratingsystem.php (2009), Abruf am 13.02.2009.

Destatis 2007
Statistisches Bundesamt: Entwicklung der Informationsgesellschaft – IKT in Deutschland – Ausgabe 2007. Wiesbaden 2007.

Deutsche Bank / Bundesverband der Deutschen Industrie 2008
Deutsche Bank; Bundesverband der Deutschen Industrie: SEPA-Leitfaden.
http://www.bdi-online.de/download/SEPA-Leitfaden.pdf (2008), Abruf am 12.02.2009.

EITO 2007
European Information Technology Observatory: European Information Technology Observatory 2007. Berlin 2007.

EPC 2009
European Payments Council: SEPA Core Direct Debit Scheme Rulebook.
http://www.europeanpaymentscouncil.eu/documents/EPC016-06%20Core%20SDD%20RB%20V3%202%20approved.pdf (2009), Abruf am 12.02.2009.

EU-Kommission 2008
EU-Kommission: IKT-Forschrittsbericht der Kommission: Mehr als 250 Millionen Europäer nutzen regelmäßig das Internet. http://europa.eu/rapid/pressReleasesAction.do?reference=IP/08/605&format=HTML&aged=0&language=DE&guiLanguage=en (2008), Abruf am 16.02.2009.

GfK 2006
GfK: Umsatz mit Onlinekäufen steigt auf über 15,3 Milliarden Euro.
http://www.gfk.com/group/press_information/press_releases/001218/index.de.html (2007), Abruf am 12.02.2009.

A

GlobalCollect 2006
GlobalCollect: World Payment Cultures.
http://www.globalcollect.nl/methods/cultures.html (2006), Abruf am 12.02.2009.

ibi research (ECL-Umfrage 2007)
Stahl, E.; Breitschaft, M.; Krabichler, T.; Wittmann, G.: Wohin geht die Reise im eCommerce? Ergebnisse einer Händlerbefragung im Rahmen des Projekts eCommerce-Leitfaden. Regensburg 2007. Auch online erhältlich unter: http://www.ecommerce-leitfaden.de/studien.

ibi research (E-Commerce in Deutschland 2008)
Stahl, E.; Krabichler, T.; Wittmann, G.; Guck, A.: E-Commerce in Deutschland – Fakten statt Mythen. Regensburg 2008. Auch online erhältlich unter: http://www.ecommerce-leitfaden.de/studien.

ibi research (Erfolgsfaktor Payment 2008)
Stahl, E.; Breitschaft, M.; Krabichler, T.; Wittmann, G.: Erfolgsfaktor Payment – Der Einfluss der Zahlungsverfahren auf Ihren Umsatz. Regensburg 2008.
Auch online erhältlich unter: http://www.ecommerce-leitfaden.de/studien.

ibi research / Wirecard 2006
Stahl, E.; Breitschaft, M.; Krabichler, T.; Wittmann, G.: Zahlungsabwicklung im Internet. Bedeutung, Status quo und zukünftige Herausforderungen. Regensburg 2006.
Weitere Informationen unter: http://www.ecommerce-leitfaden.de/studien.

ibi research / Wirecard 2007
Stahl, E.; Breitschaft, M.; Krabichler, T.; Wittmann, G.: Risiken der Zahlungsabwicklung im Internet. Bedeutung, Gegenmaßnahmen und zukünftige Herausforderungen. Regensburg 2007.
Weitere Informationen unter: http://www.ecommerce-leitfaden.de/studien.

IHK Hannover 2008
Industrie- und Handelskammer Hannover: Anbieterkennzeichnung / Impressum auf Websites.
http://www.begin.de/fileadmin/pdf/begin/anbieterkennzeichnung.pdf (2008), Abruf am 13.02.2009.

A

IHK München 2008
IHK für München und Oberbayern: Merkblatt Export Checkliste.
http://www.muenchen.ihk.de/internet/mike/ihk_geschaeftsfelder/international/Anhaenge/Export_Checkliste_IHK.pdf (2008), Abruf am 12.02.2009.

Initiative D21 2007
Initiative D21: Empfohlene Online-Gütesiegel. http://www.internet-guetesiegel.de (2007), Abruf am 12.02.2009.

KQ 2006
KarstadtQuelle AG: KarstadtQuelle-Portale erzielen bei Kunden Top-Bewertungen.
http://www.karstadt.de/redmedia/unternehmen/de/presse/86_303.htm (2006), Abruf am 12.02.2009.

MasterCard 2007
MasterCard: Chargeback Guide. http://www.mastercard.com/us/wce/PDF/TB-Entire_Manual.pdf (2007), Abruf am 12.02.2009.

Monse 2003
Monse, K.: E-Business Outlook 2003. In: European E-Commerce Academy (Hrsg.): E-Business Outlook 2003. Köln 2003.

Novomind 2007
Novomind: Internet World Business Trendscout: Branchenentwicklung E-Commerce. Hamburg 2007.

Visa 2007
Visa: Rules for Visa Merchants – Card Acceptance and Chargeback Management Guidelines.
http://usa.visa.com/download/merchants/rules_for_visa_merchants.pdf (2007), Abruf am 12.02.2009.

Zorn 2003
Zorn, N.: Die häufigsten Fehler beim eMail-Marketing.
http://www.wonderpixel.de/dokumente/fehler_beim_emailmarketing.pdf (2003), Abruf am 27.01.2007.

Abbildungen

A

A

A

Checklisten

Infoboxen

A

A

Experten der Interviews

(in alphabetischer Reihenfolge der Unternehmen)

A

aplido / dw2000.de
Werner Dandl
Willmering, www.aplido.de

atriga
Oliver Burgis, Geschäftsführer
Langen, www.atriga.com

ConCardis
Nicole Mantow, Head of International Expansion and Sales SME
Frankfurt am Main, www.concardis.com

creditPass
Oliver Benesch, Produktmanager
Taufkirchen b. München, www.creditpass.de

Dörre Rechtsanwälte
Marko Dörre, RA
Hamburg, www.doerre.com

dress-for-less
Holger Hengstler, Geschäftsführer
Flörsheim am Main, www.dress-for-less.de

etracker
Christian Bennefeld, Geschäftsführer
Hamburg, www.etracker.de

A

EURO-PRO
Ralf Niederhäuser, geschäftsführender Gesellschafter
Grävenwiesbach, www.europro.de

Hermes Logistik Gruppe
Frank Iden, Geschäftsführer
Hamburg, www.hlg.de

Home of Hardware
Martin Wild, Geschäftsführer
Frank Kreichauf, Leiter Produktmanagement / Einkauf und Entwicklung
Westendorf, www.hoh.de

Kanzlei Dr. Schubert & Kollegen
Dr. Sven Mehlhorn, RA
Gießen, www.kanzleias.de

Kanzlei Schwarz, Kelwing, Wicke, Westpfahl
Stefan C. Schicker, RA
München, www.skwlaw.de

mpass
Jochen Bornemann, Leiter Marketing Wholesale bei Vodafone
Michael Kurz, Head of Corporate Wholesale bei Telefónica O_2
Düsseldorf / München, www.mpass.de

Patrona-Westfalia
Torsten Schick
Bad Salzuflen, www.patrona-westfalia.de

A

Schindler, Fenster – Türen – Tore
Martin Schindler
Schönthal, www.fenster-handel.de

SIX Card Solutions
Johannes F. Sutter, Geschäftsführer
Norderstedt, www.saferpay.com

Teehaus Dagmar Bachfischer
Sandra Bachfischer
Regensburg, www.teehaus-bachfischer.de

Trusted Shops
Carsten Föhlisch, RA
Köln, www.trustedshops.de

xt:Commerce
Mario Zanier, Geschäftsführer
Götzens (Österreich), www.xt-commerce.com

BMBF-Forschungsprojekt KMUFinanz

A

„Stärkung der internationalen Wettbewerbsfähigkeit von KMU durch Internationalisierung von Finanzdienstleistungen"

Der Lehrstuhl für Wirtschaftsinformatik II an der Universität Regensburg forscht seit Mitte 2005 zusammen mit ibi research an der Universität Regensburg in dem vom BMBF geförderten Projekt KMU-Finanz (Förderkennzeichen: 01HQ0514) nach Möglichkeiten zur bedürfnisgerechten Versorgung kleiner und mittlerer Unternehmen (KMU) mit Finanzdienstleistungen.

Insbesondere aufgrund der Digitalisierung und Internationalisierung der Geschäftstätigkeit sind die unternehmensübergreifenden Finanzketten derzeit starken Veränderungen unterworfen. Ziel des Projekts ist es, auf Basis fundierter Analysen konkrete Handlungsempfehlungen für Finanzdienstleister zur bedarfsgerechten und effizienten Unterstützung von KMU zu geben. Im Zentrum der Forschungsaktivitäten stehen dabei Methoden zur automatisierten Erkennung der Finanzdienstleistungsbedürfnisse von KMU, Expertensysteme zur Unterstützung von KMU bei der Gestaltung sicherer Zahlungsprozesse sowie geeignete Verfahren zur Integration der Leistungen unterschiedlicher Dienstleistungspartner in die Finanzketten von KMU.

Um die Umsetzbarkeit der Ergebnisse sicherzustellen, erfolgt die Erarbeitung in Zusammenarbeit mit Technologie-Partnern, KMU und Finanzdienstleistern.

Internet: www.dl2100.de

GEFÖRDERT VOM

Bundesministerium
für Bildung
und Forschung

Förderkennzeichen: 01HQ0514

Glossar

A

3-D Secure
Verfahren zur Transaktionsabsicherung für Kreditkartenzahlungen im Internet. Der Händler erhält für so abgesicherte Transaktionen in der Regel einen gesicherten Zahlungsanspruch (für bestimmte Chargeback-Gründe). Durch Abfrage eines Kennworts bei der Kreditkartenzahlung im Internet soll sichergestellt werden, dass es sich um den rechtmäßigen Inhaber der Kreditkarte handelt.

A

Abrechnungszeitraum
Zeitraum, in dem die bei einem Handels- oder Dienstleistungsunternehmen getätigten Kartenumsätze durch den Acquirer gutgeschrieben und somit abgerechnet werden.

Acquirer
Ein Acquirer ist die kreditkartenbetreuende Stelle des Händlers. Er wickelt für den Händler die Autorisierung und Abrechnung bei Kreditkartenzahlungen ab. Des Weiteren akquiriert er Akzeptanzstellen für Kreditkartenzahlungen (z. B. aus Handel, Hotellerie, Gastronomie, Autovermietung, Fluggesellschaften). Um tätig zu werden, benötigt ein Acquirer von der entsprechenden Kartenorganisation eine Lizenz.

Address Verification Service
Mithilfe eines Address Verification Service lässt sich prüfen, ob die bei einer Bestellung angegebene Lieferanschrift mit der Anschrift des Kreditkarteninhabers übereinstimmt. Der Kartenherausgeber vergleicht dazu die ihm vom Händler übermittelte Lieferanschrift mit der Anschrift, an die die Kreditkartenabrechnung versandt wird. Bei MasterCard und Visa ist dieser Service z. B. für Kreditkarten verfügbar, die in den USA herausgegeben wurden, American Express bietet den Address Verification Service für alle Karten an.

Affiliate-Programm
Vertriebsprogramme, bei denen auf Web-Seiten Werbemittel eines kommerziellen Partners eingebunden werden, die auf dessen Web-Seite verweisen. Für jeden vermittelten Kunden bzw. Kauf wird eine Provision ausbezahlt.

Akzeptanzstelle
Handels- oder Dienstleistungsunternehmen, das Zahlungen per Karte akzeptiert.

Anzahl der eindeutigen Besucher
Anzahl der Besuche bezogen auf eine Web-Seite, wobei mehrmalige Besuche durch den gleichen Besucher nur einmal gezählt werden.

A

Auktionsplattform
Als Auktionsplattformen werden Internet-Auktionshäuser, wie beispielsweise eBay, bezeichnet, bei denen Waren unterschiedlicher Anbieter versteigert werden.

Autorisierung
Als Autorisierung bezeichnet man den Vorgang der Genehmigung einer Kartenzahlung durch die Bank des Karteninhabers. Im Rahmen der Autorisierung wird unter anderem geprüft, ob es sich um eine gültige Karte handelt und ob das Kreditlimit für die beabsichtigte Transaktion noch ausreicht. Bei erfolgreicher Autorisierung hat der Händler die Gewissheit, dass das Konto des Kunden mit dem autorisierten Betrag belastet werden kann. Die Autorisierung erfolgt in der Regel online.

B

Bank Identification Number
Die Bank Identification Number (BIN) ist ein Code, der zur Identifikation von Kredit- und Debitkarten verwendet wird. Anhand der BIN können der verwendete Kartentyp und die kartenherausgebende Bank identifiziert werden.

Bannerwerbung
Werbemittel in Form einer Grafikdatei, die üblicherweise im Kopf- oder Seitenbereich einer Web-Seite angezeigt wird.

Beitreibung
Die Beitreibung bezeichnet die versuchte Einziehung von offenen Geldforderungen. Häufig werden hierfür spezialisierte Dienstleister (Inkasso-Unternehmen) beauftragt.

Billing-Zahlungsverfahren
Zahlungsverfahren, bei dem einzelne Rechnungs- oder Zahlungsbeträge bis zu einem bestimmten Zeitpunkt oder bis zur Erreichung eines Mindestbetrags zusammengefasst oder aufgerechnet werden.

Bonitätsprüfung
Im Rahmen einer Bonitätsprüfung wird das Risiko ermittelt, dass die Forderung gegen einen Kunden ganz oder teilweise ausfällt oder aufgrund von Zahlungsunwilligkeit oder einer sich anbahnenden Zahlungsunfähigkeit des Kunden nicht termingerecht eingeht.

A

C

Chargeback

Ein Chargeback (Rückbelastung) entsteht, wenn ein Endkunde bei seiner Bank einer Kreditkartenbelastung widerspricht. Die Bank wird bei Vorliegen bestimmter Kriterien dem Endkunden den Betrag wieder gutschreiben. Dem Händler wird der Betrag durch den Acquirer wieder zurückbelastet.

Clickmap

Eine Clickmap stellt eine optische Auswertung über der eigenen Web-Seite dar, die aufzeigt, wie oft bestimmte Links auf einer Seite geklickt wurden.

Compliance-Checks

Prüfung der Kunden, Zulieferer oder Partner eines Unternehmens gegen eine Liste von Personen, Unternehmen oder Organisationen, mit denen Geldgeschäfte und Transaktionen untersagt bzw. nur unter besonderen Auflagen erlaubt sind, um Geldwäsche und Terrorismus zu verhindern.

Cookies

Daten, die von einem Web-Server auf dem Rechner des Besuchers abgespeichert werden. Mit deren Hilfe soll der Besucher bei einem späteren Besuch wieder erkannt werden.

Cross-Selling

Cross-Selling (auch Querverkauf) bezeichnet im Marketing zielgerichtete Aktivitäten eines Anbieters, um bestehenden Kunden zusätzliche Produkte oder Dienstleistungen zu verkaufen.

D

Debitkarte

Zahlungskarte (auch Bankkarte, Sparkassenkarte), die einen Verfügungsrahmen aufweist und mit der ein Karteninhaber Waren oder Dienstleistungen bargeldlos bezahlen kann. Bei Zahlung mit einer Debitkarte wird das Konto des Kunden in der Regel bereits nach einigen Werktagen direkt mit dem Zahlungsbetrag belastet.

Disagio

Umsatzabhängige Provision, die eine Akzeptanzstelle (Handels- oder Dienstleistungsunternehmen) im Kartengeschäft an den Acquirer abführt.

A

E

E-Commerce

E-Commerce (auch Electronic Commerce, elektronischer Geschäftsverkehr, elektronischer Handel) bezeichnet alle Formen von Handel und Dienstleistungen sowie die dazugehörigen Geschäftsprozesse (z. B. die Zahlungsabwicklung) im Internet.

electronic cash

System der deutschen Kreditwirtschaft, das Verbrauchern die elektronische und somit bargeldlose Bezahlung im Handel und bei Dienstleistern erlaubt. Nötig dazu sind eine PIN-Eingabe und eine Online-Autorisierung. Bei erfolgreicher Autorisierung erhält der Händler durch die kartenherausgebende Bank eine Zahlungsgarantie für den bestätigten Betrag.

Elektronisches Lastschriftverfahren

Das elektronische Lastschriftverfahren (ELV) ist ein Bezahlverfahren, bei dem die Kunden sich statt per Geheimzahl, wie beim electronic-cash-Verfahren, mit ihrer Unterschrift ausweisen und auf einem Beleg erklären, mit einer Lastschrift auf ihrem Konto einverstanden zu sein. Eine Zahlungsgarantie ist jedoch nicht gegeben.

EMV

Von den Kartenorganisationen Paylife (vormals Europay), MasterCard und Visa entwickelter und verbindlicher internationaler Sicherheitsstandard für Kreditkarten- und Maestrozahlungen, der die Migration von Magnetstreifen- auf Chipkarten vorsieht.

E-Payment-Verfahren

Neben den „klassischen" Zahlungsverfahren Vorkasse, Rechnung, Nachnahme, Lastschrift und Kreditkarte, die zum Teil auch für den Einsatz im elektronischen Handel angepasst wurden, sind speziell für den E-Commerce neue Zahlungsverfahren entwickelt worden, die als so genannte E-Payment-Verfahren bezeichnet werden.

F

Fernabsatzvertrag

Vertrag über Leistungen (Kauf- oder Dienstverträge), der zwischen den beteiligten Parteien über Fernkommunikationsmittel (z. B. per Brief, Telefonanruf, Fax, E-Mail und Internet) abgeschlossen wurde.

A

Fingerprint

Individuelles Profil eines Web-Seiten-Besuchers, das auf Basis einer Vielzahl von technischen Informationen (z. B. Provider, Bildschirmauflösung, installierte Plugins) erstellt wird. Sucht der Besucher mit dem gleichen Profil die Seite später erneut auf, kann er anhand dieser Informationen wieder erkannt werden.

Forderungsverkauf (Factoring)

Der Begriff „Factoring" bezeichnet den Kauf von Geldforderungen aus Waren- und Dienstleistungsgeschäften. Das Factoring-Institut kauft die Forderungen seines Klienten nach Einreichung der Rechnungsdurchschrift an und schreibt diesem den Rechnungsbetrag abzüglich eines Abschlags gut. Das Institut übernimmt in der Regel das Risiko des Forderungsausfalls.

Fulfillment

Fulfillment umfasst alle Aufgaben, die im Rahmen der Bestellabwicklung zu erledigen sind. Hierzu gehören beispielsweise die Kommissionierung, die Verpackung, die Versandabwicklung, das Debitorenmanagement und die Zahlungsabwicklung.

G

GeldKarte

Bei der GeldKarte handelt es sich um ein Zahlungssystem der deutschen Kreditwirtschaft. Zum Bezahlen benötigt der Kunde eine Bankkarte mit Chip, die die GeldKarte-Funktionalität unterstützt. Für Bezahlvorgänge im Internet muss der Kunde zusätzlich über ein geeignetes Kartenlesegerät am PC verfügen.

GeoIP-Analyse

Ermittlung der Herkunft des Besuchers anhand seiner IP-Adresse. Diese Information kann beispielsweise für die Anpassung von Marketing-Maßnahmen an regionale Gegebenheiten, für Web-Controlling-Auswertungen oder zum Schutz vor Betrug genutzt werden.

Gütesiegel

Ein Gütesiegel dokumentiert eine erfolgreiche Zertifizierung durch einen Gütesiegelanbieter. Im Rahmen der Prüfung wird ein Online-Shop nach definierten Kriterien geprüft. Gütesiegel anerkannter Anbieter schaffen damit für Kunden Transparenz sowie Verlässlichkeit und stärken die Glaubwürdigkeit eines Online-Anbieters.

A

H

Haftungsumkehr
In der Regel trägt derzeit im E-Commerce der Händler das Risiko bei einer Kreditkartenzahlung, wenn ein Karteninhaber seine Zahlung bestreitet. Durch den Einsatz von MasterCard SecureCode und Verified by Visa verschiebt sich jedoch das Risiko für die Zahlungen, die der Karteninhaber mit diesen Verfahren bestreitet. Diese Risikoverschiebung wird als „Haftungsumkehr" oder „Liability Shift" bezeichnet.

Heatmap
Eine Heatmap verdeutlicht grafisch durch unterschiedliche Farbtöne, worauf die Besucher einer Web-Seite wie oft geklickt haben. Allerdings werden im Unterschied zur Clickmap auch Klicks auf nicht verlinkte Texte oder Grafiken registriert. So lässt sich feststellen, wo die Besucher einen Link erwartet hätten, um diesen nachträglich zu ergänzen.

I

Inkasso-Zahlungsverfahren
Zahlungsverfahren, bei dem die Abrechungsbeträge von einem spezialisierten Dienstleister (z. B. Telekommunikationsunternehmen) eingezogen werden.

IP-Adresse
IP-Adressen dienen zur Adressierung von Geräten in Computernetzen, die auf dem Internet-Protokoll basieren.

Issuer
Ein Issuer (Herausgeber) ist ein Unternehmen, das Kreditkarten an Kunden herausgibt. In der Regel handelt es sich dabei um die Bank des Kunden, bei der er die Kreditkarte beantragt hat.

J

Jugendschutzmerkmal
Das Jugendschutz- bzw. Volljährigkeitsmerkmal stellt eine Zusatzfunktion der GeldKarte dar. Anhand dieses Merkmals kann geprüft werden, ob ein Nutzer das 18. bzw. das 16. Lebensjahr bereits vollendet hat. Das Jugendschutzmerkmal wird beispielsweise beim Kauf von Zigaretten an Automaten, aber auch für den Zugangsschutz zu Jugend gefährdenden Inhalten im Internet eingesetzt.

A

K

Karteninhaber
Person, auf deren Namen eine Karte ausgestellt ist.

Kartenprüfnummer
Die Kartenprüfnummer ist als zusätzliches Sicherheitsmerkmal auf der Kreditkarte aufgedruckt und muss häufig bei Transaktionen, bei denen der Karteninhaber nicht physisch anwesend ist (Bestellungen per Fax, Telefon oder Internet), neben der eigentlichen Kreditkartennummer angegeben werden. Somit soll sichergestellt werden, dass eine Kreditkartenzahlung nur vom tatsächlichen Besitzer der Karte initiiert werden kann.

Kennwortprüfung bei Kreditkartenzahlungen
Die Kennwortprüfung ist Bestandteil der Verfahren MasterCard SecureCode und Verified by Visa. Der Kreditkarteninhaber besitzt dafür ein Kennwort, das er für Kreditkartentransaktionen im Internet nutzen kann. Beim Bezahlvorgang muss der Karteninhaber sein Kennwort angeben, welches online durch den Kartenherausgeber verifiziert wird. Im positiven Fall ist die Zahlung für den Händler in der Regel garantiert.

Keywords
Kommen vor allem im Suchmaschinen-Marketing zum Einsatz und bezeichnen zum einen den Suchbegriff, der in eine Suchmaschine eingegeben wird, um bestimmte Inhalte zu finden, und zum anderen Schlüsselwörter, auf deren Eingabe hin eine bezahlte Suchmaschinen-Werbeanzeige eingeblendet werden soll.

Klickbetrug
Bei Pay-per-Click-Kampagnen wird die Werbeanzeige eines Unternehmens viele Male z. B. von Konkurrenten geklickt. Die Folge sind hohe Kosten für Marketing-Maßnahmen ohne einen einzigen zusätzlichen Besucher, geschweige denn Käufer.

Klickpfad / Navigationspfad
Beschreibt den Weg, den ein Besucher durch Klicks über mehrere Seiten, z. B. in einem Web-Shop von der Startseite bis zum Abschluss der Bestellung, geht.

Konversionsrate
Die Konversionsrate (Conversion Rate) bezeichnet den Anteil von Besuchern eines Web-Shops, die einen Kauf tätigen (siehe auch Makro- und Mikro-Konversionsrate).

A

Kreditkarte

Kreditkarten dienen der bargeldlosen Bezahlung von Waren und Dienstleistungen bei Vertragsunternehmen der kartenherausgebenden Organisationen. Eine Kreditkarte weist einen mit dem Kartenherausgeber vereinbarten Verfügungsrahmen auf. Im Unterschied zu einer Debitkarte erfolgt die Bezahlung für den Karteninhaber zeitlich verzögert (zu einem festgelegten Zeitpunkt) für alle zwischen zwei Abrechnungszyklen aufgelaufenen Beträge. Im Internet sind Kreditkartenzahlungen grundsätzlich allein durch Übermittlung der Kreditkartennummer möglich. Allerdings setzt sich das akzeptierende Unternehmen dabei Betrugsrisiken aus, die durch zusätzliche Maßnahmen (vgl. die Erläuterungen zur Kennwortprüfung oder zur Kartenprüfnummer) verringert werden können.

Kreditkartenakzeptanzvertrag

Der Kreditkartenakzeptanzvertrag, auch Merchant-Vertrag genannt, wird zwischen dem Händler (Merchant) und dem Acquirer geschlossen. Der Händler erhält daraufhin eine Vertragsunternehmensnummer (VU-Nummer) und ist damit berechtigt, Kreditkartenzahlungen entgegenzunehmen.

KUNO-Datenbank

Die KUNO-Datenbank enthält die Konto- bzw. Kartennummern von ec-Karten, die bei der Polizei als verloren oder gestohlen gemeldet sind. KUNO ist die Abkürzung für „Kriminalitätsbekämpfung im unbaren Zahlungsverkehr unter Nutzung nichtpolizeilicher Organisationsstrukturen".

L

Lastschrift

Die Lastschrift ist ein Instrument des bargeldlosen Zahlungsverkehrs. Bei der Ausführung einer Lastschrift erteilt der Zahlungsempfänger seiner Bank den Auftrag, vom Konto des Zahlungspflichtigen bei dessen Bank einen bestimmten Geldbetrag abzubuchen und seinem Konto gutzuschreiben.

Lead

Als Lead bezeichnet man im E-Commerce in der Regel eine erfolgreiche Kontaktanbahnung eines Online-Händlers zu einem potenziellen Interessenten. Führt ein Lead zu einem tatsächlichen Produktkauf, so spricht man von einem „Sale".

M

Maestro

Maestro ist ein internationaler Debitkartendienst, der die Infrastruktur von MasterCard International nutzt.

A

Maestro SecureCode
Verfahren zur Transaktionsabsicherung von Zahlungen mit Maestro-Karten im Internet. Das Verfahren kann derzeit nur in einigen Ländern genutzt werden.

Makro-Konversionsrate
Die Makro-Konversionsrate bezeichnet den Anteil der Besucher eines Web-Shops, die einen Kauf tätigen.

MasterCard SecureCode
Transaktionsabsicherung der Marke MasterCard für Kreditkartenzahlungen im Internet (ähnlich Verified by Visa). Der Händler erhält für MasterCard Transaktionen in der Regel einen gesicherten Zahlungsanspruch (für bestimmte Chargeback-Gründe). Durch Abfrage eines Kennworts bei der Kreditkartenzahlung im Internet soll sichergestellt werden, dass es sich um den rechtmäßigen Inhaber der Kreditkarte handelt.

Mikro-Belastung
Durch die Belastung eines angegebenen Kontos mit einem kleinen Cent-Betrag (Mikro-Belastung bzw. Micro-Debit) kann festgestellt werden, ob das angegebene Konto tatsächlich existiert und der angegebene Name zum Konto gehört. Häufig wird im Verwendungszweck der Abbuchung ein Verifizierungscode übermittelt, den der Kunde anschließend auf der Web-Seite eingeben muss. So wird sichergestellt, dass der Kunde Zugriff auf das angegebene Konto hat.

Mikro-Konversionsrate
Die Mikro-Konversionsrate bezeichnet den Anteil der Besucher eines Web-Shops, der in die nächste Stufe eines Bestellprozesses übergeht.

MOTO
MOTO (Mail Order / Telephone Order) bezeichnet einen Teilbereich des Fernabsatzes, bei dem der Vertragsabschluss über Leistungen (Kauf- oder Dienstverträge) zwischen den beteiligten Parteien über Post, Fax oder Telefon erfolgt.

M-Payment-Verfahren
Unter M-Payment-Verfahren fasst man die E-Payment-Verfahren zusammen, mit denen Bezahlvorgänge über mobile Endgeräte abgewickelt werden können.

A

N

Negativlisten
Auf Negativlisten werden Personen bzw. Kreditkarten- oder Kontonummern geführt, bei denen in der Vergangenheit bereits Zahlungsstörungen aufgetreten sind. Je nach Art der Negativmerkmale und der vorliegenden Daten lassen sich unterschiedliche Negativlisten unterscheiden.

Negativmerkmale
Als Negativmerkmale bezeichnet man Daten über nicht vertragsgemäßes Verhalten und gerichtliche Vollstreckungsmaßnahmen (z. B. Mahnbescheide, unbezahlte und nicht bestrittene Forderungen, Scheckkartenmissbrauch, Beantragung bzw. Eröffnung von Verbraucherinsolvenzverfahren, Vollstreckungsmaßnahmen, Abgabe der eidesstattlichen Versicherung oder Angaben über die Kündigung eines Girokontos wegen missbräuchlicher Nutzung). Diese werden häufig zur Einschätzung der Bonität eines Kunden herangezogen.

O

Online-Überweisung
Bei der Online-Überweisung als Zahlungsverfahren (mit Abfrage der Bank-PIN / -TAN) wird der Nutzer während des Bezahlvorgangs in das Online-Banking seiner Bank bzw. zu einer Schnittstelle eines externen Dienstleisters umgeleitet. Er führt dort eine vorausgefüllte Überweisung (Nutzung von Online-Banking-PIN und -TAN) zugunsten des Händlers aus. Die Bank bzw. der Dienstleister bestätigt dem Händler in der Regel unmittelbar die Entgegennahme der Überweisung. Nach Abschluss der Überweisung wird der Nutzer wieder zum Shop geleitet.

P

Payment Service Provider
Ein Payment Service Provider (PSP) ist ein Unternehmen, das bei Kreditkartenzahlungen die technische Anbindung des Händlers an den Acquirer realisiert und die einzelnen Transaktionen verarbeitet. Zunehmend bieten PSP auch weitere, umfangreiche Zahlungsdienstleistungen an, wie etwa die Anbindung von bestehenden Online-Shops zur elektronischen Abwicklung unterschiedlicher Zahlungstransaktionen, Authentifizierung von Verbrauchern, Konto- bzw. Bonitätsüberprüfungen oder Abrechnungen.

Pay-per-Click
Abrechnungsmodell im Online-Marketing, bei dem pro Klick auf eine Anzeige abgerechnet wird.

A

Pay-per-Sale
Abrechnungsmodell im Online-Marketing, bei dem pro erfolgreichem Verkauf abgerechnet wird.

PCI-Standard
Um Kreditkartendaten vor Missbrauch zu schützen, haben die Kreditkartenorganisationen einen gemeinsamen Standard, den Payment Card Industry (PCI) Data Security Standard, geschaffen. Dieses Regelwerk im Zahlungsverkehr besteht aus einer Liste von Anforderungen an die Rechnernetze für alle Unternehmen, die Kreditkartendaten verarbeiten, speichern oder weiterleiten (z. B. Händler, Acquirer oder sonstige Dienstleister).

PIN (persönliche Identifikationsnummer)
Eine PIN (auch Geheimzahl) ist eine Zahl, von der in der Regel nur eine Person Kenntnis hat. Mit der PIN kann sich diese Person gegenüber einer Maschine oder einem System authentifizieren.

Point of Sale
Der Ort, an dem die Kauf- bzw. Verkaufstransaktion abgewickelt wird, z. B. die Ladenkasse in einem Kaufhaus.

Postident-Verfahren
Beim Postident-Verfahren wird die angegebene Identität einer Person durch Mitarbeiter der Deutschen Post anhand eines Personalausweises oder Reisepasses persönlich überprüft.

Processing
Zahlungstechnische Abwicklung des Kartengeschäfts, vor allem die Umsatzabrechnung.

Prozessor
Ein Prozessor (Processor) ist ein Unternehmen, welches die zahlungstechnische Abwicklung des Kartengeschäfts vornimmt, z. B. die Prüfung und Genehmigung der Transaktionen und die Organisation des Zahlungsverkehrs.

Prüfziffernkontrolle
Konto- und Kreditkartennummern enthalten eine Prüfziffer, die aus anderen Ziffern der jeweiligen Nummer errechnet wird. Durch eine Prüfziffernkontrolle können falsch eingegebene oder frei erfundene Konto- bzw. Kreditkartennummern erkannt werden. Trotzdem ist nicht sichergestellt, dass das Konto oder die Kreditkarte auch tatsächlich existiert.

A

Q

Qualifizierte elektronische Signatur
Qualifizierte elektronische Signaturen sind rechtlich der handschriftlichen Unterschrift weitgehend gleichgestellt. Zur Erstellung einer qualifizierten elektronischen Signatur wird eine Chipkarte, ein Kartenlesegerät sowie ein elektronisches Zertifikat eines Trust Centers benötigt.

R

Risiko-Scoring
Ein Risiko-Scoring (auch Bonitäts-Scoring) ermittelt einen Punktewert (Score), der die Wahrscheinlichkeit eines Zahlungsausfalls eines Kunden widerspiegelt. Zur Ermittlung dieses Scores werden häufig soziodemografische Daten, wie etwa das Alter, herangezogen.

Rücklastschrift
Eine Lastschrift wird von der Bank des Zahlungspflichtigen nicht eingelöst, wenn sie nicht zugeordnet werden kann (z. B. Konto erloschen, Kontonummer / Name nicht identisch) oder wenn der Zahlungspflichtige der Abbuchung widerspricht.

S

Sanktionsliste
Seit den Anschlägen vom 11. September 2001 werden Sanktionen von der Europäischen Union nicht mehr nur gegen einzelne Länder, sondern auch gegen bestimmte Terroristen und terroristische Organisationen ausgesprochen. Verstöße gegen diese Sanktionen können mit Geld- oder Freiheitsstrafen geahndet werden.

SCHUFA
Die SCHUFA (ursprünglich als „Schutzgemeinschaft für Absatzfinanzierung" gegründet) speichert unter anderem Negativmerkmale, die von den Vertragspartnern der SCHUFA (insbesondere Banken, Versandhandels- und Telekommunikationsunternehmen) gemeldet werden. Im Gegenzug werden den Vertragspartnern auf Anfrage die gespeicherten Negativmerkmale zu bestimmten Personen mitgeteilt.

SEPA
Als Single Euro Payments Area (SEPA) wird ein einheitlicher europäischer Zahlungsverkehrsraum bezeichnet. Ziel ist es, die Voraussetzungen dafür zu schaffen, dass die Durchführung grenzüberschreitender Euro-Zahlungen innerhalb Europas genauso einfach und zu gleichen Preisen wie auf nationaler Ebene möglich ist.

A

S

Sperrliste
Sperrlisten enthalten Konto- bzw. Kreditkartennummern, die z. B. gestohlen wurden oder mit denen bereits betrügerische Transaktionen durchgeführt wurden (zu Sperrlisten siehe auch die Erläuterungen zu KUNO).

Sub-Shops
Neben Web-Shops, Auktions- und Verkaufsplattformen sind Sub-Shops eine weitere Möglichkeit, Produkte über das Internet zu verkaufen. Dabei wird die Shop-Plattform in die Web-Seite eines Dritten integriert, um so bestimmte Produkte über dessen Web-Seite anbieten und verkaufen zu können. Der Betreiber der Shop-Plattform beteiligt den Web-Seiten-Betreiber in der Regel an den Verkäufen (Provisionsmodell).

Suchmaschinen-Marketing (Search Engine Marketing, SEM)
Unter SEM werden alle Maßnahmen zusammengefasst, die dazu beitragen, mehr Besucher auf Web-Seiten über Suchmaschinen zu gewinnen. Suchmaschinen-Marketing gliedert sich in die Unterbereiche Suchmaschinen-Optimierung und Suchmaschinen-Werbung.

Suchmaschinen-Optimierung (Search Engine Optimization, SEO)
Umfasst alle Maßnahmen, die dazu beitragen, dass Web-Seiten in Suchmaschinen bei relevanten Suchanfragen möglichst auf den vorderen Plätzen angezeigt werden.

Suchmaschinen-Werbung (Search Engine Advertising, SEA)
Unternehmen haben bei Suchmaschinen-Anbietern die Möglichkeit, Anzeigen zu bestimmten Suchbegriffen zu kaufen, um Besucher für die eigene Web-Seite zu gewinnen. Diese Anzeigen werden immer dann – meist neben den natürlichen Suchergebnissen – aufgelistet, wenn nach dem vorher definierten Begriff gesucht wird.

T

Tracking-ID (Sendungsverfolgung)
Durch die Tracking-ID ermöglichen es Dienstleister dem Kunden, den aktuellen Standort und Status seiner Sendungen zu überprüfen. Diese Kennungen werden aus dem Versandsystem des Versanddienstleisters automatisch erstellt und können dem Kunden in einer Versandbestätigung mitgeteilt werden.

A

Treuhanddienst

Bei der Zahlungsabwicklung über einen Treuhanddienst überweist der Käufer in der Regel zunächst den Kaufbetrag auf ein Konto des Treuhanddienstes. Der Verkäufer wird benachrichtigt, dass das Geld eingegangen ist und sendet die Ware an den Käufer. Nachdem der Käufer die Ware erhalten und geprüft hat, bestätigt er den ordnungsgemäßen Wareneingang, und der Kaufpreis wird – in der Regel verringert um eine Gebühr – an den Verkäufer überwiesen. Der Treuhänder fungiert hierbei als eine Art Mittler und reduziert dadurch die Risiken der Transaktion sowohl für den Käufer als auch für den Verkäufer.

V

Verfahren mit Abrechnung über die Telefonrechnung

Bei Verfahren mit Abrechnung über die Telefonrechnung (Mehrwertdienst) handelt es sich um eine Abrechnungsvariante per kostenpflichtiger Mehrwertdienstnummer. Bei dieser Methode müssen Kunden beispielsweise eine 0900-Telefonnummer anrufen, um den fälligen Betrag zu bezahlen. Die Abrechnung erfolgt anschließend über die Telefonrechnung des Kunden.

Verified by Visa

Transaktionsabsicherung der Marke Visa für Kreditkartenzahlungen im Internet. Der Händler erhält für Verified-by-Visa-Transaktionen in der Regel einen gesicherten Zahlungsanspruch (für bestimmte Chargeback-Gründe). Durch Abfrage eines Kennworts bei der Kreditkartenzahlung im Internet soll sichergestellt werden, dass es sich um den rechtmäßigen Inhaber der Kreditkarte handelt. Das Verfahren wurde ursprünglich von Visa entwickelt (so genannte 3-D-Secure-Technologie) und unter dem Markennamen „Verified by Visa" auf den Markt gebracht. Unter dem Begriff „MasterCard SecureCode" bietet auch MasterCard International diesen Standard an.

Verkaufsplattform

Verkaufsplattformen bilden das Prinzip eines Einkaufszentrums oder eines Marktplatzes im Internet nach, indem die Angebote unterschiedlicher Anbieter unter einer Domain verfügbar gemacht werden. Für die Händler werden häufig zusätzliche Dienstleistungen wie die Abwicklung von Zahlungen erbracht.

Vertragsunternehmen

Ein Vertragsunternehmen ist das Unternehmen, das sich zur Akzeptanz der Kreditkarte als Zahlungsmittel verpflichtet und hierzu mit dem Acquirer einen Kreditkartenakzeptanzvertrag schließt. Der Kreditkartenakzeptanzvertrag ist die rechtliche Grundlage für Kreditkartenzahlungen und enthält Bestimmungen wie z. B. die Prüfpflichten des Händlers bei der Entgegennahme von Kreditkartendaten, den Umgang mit Kreditkartendaten und die Höhe von Entgelten.

A

Vorausbezahlte Karte
Der Begriff „vorausbezahlte Karte" (Prepaid-Karte) bezeichnet ein Kundenkonto, das beim Erwerb über ein Guthaben verfügt und / oder über Einzahlungen mit einem Guthaben versehen wird. Der Kunde kann stets nur maximal über den Betrag verfügen, den er zuvor auf die Karte geladen hat. Beim Bezahlen im Internet muss der Kunde z. B. einen auf der Wertkarte aufgedruckten Code und eventuell ein zusätzliches Kennwort im Browser eingeben. Anschließend wird das Guthaben auf dem Verrechnungskonto geprüft und bei ausreichender Deckung um den Kaufpreis reduziert.

W

Web-Controlling / Web-Analyse
Als Web-Controlling bezeichnet man alle Maßnahmen zur Erfolgskontrolle und -steuerung von Web-Auftritten durch die systematische Sammlung und Auswertung von Kunden- und Nutzungsdaten.

Web-Shop
Ein Web-Shop (Online-Shop) ist eine Internet-Vertriebsplattform, über die physische oder digitale Produkte oder Dienstleistungen online angeboten werden.

Z

Zählpixel
Kleine, für den Besucher nicht sichtbare Grafiken auf Web-Seiten oder in Newslettern. Öffnet man die Seite oder den Newsletter, wird das Herunterladen der Grafik registriert, um statistische Auswertungen durchführen zu können.

Zahlungsausfall
Ein Zahlungsausfall liegt vor, wenn ein Teilbetrag oder die gesamte Forderung abgeschrieben werden muss und somit endgültig ausfällt.

Zahlungsdienstleister
Unternehmen, die Dienstleistungen im Rahmen der Abwicklung von Zahlungen übernehmen (z. B. Payment Service Provider und Anbieter von E-Payment-Verfahren).

Zahlungsrisiko
Zahlungsrisiken gliedern sich nach der Systematik dieses Leitfadens in Zahlungsstörungen und Zahlungsausfälle.

A

Zahlungsstörung
Eine Zahlungsstörung liegt vor, wenn der vereinbarte Zahlungsbetrag nicht fristgerecht oder vollständig gutgeschrieben oder wieder zurückgebucht wurde. Im Zeitverlauf kann entweder die Störung behoben werden oder ein Zahlungsausfall eintreten.

Zahlungsverfahren
Verfahren zur Übertragung von Geldeinheiten. Zahlungsverfahren können hierbei in so genannte originäre Zahlungsverfahren und abgeleitete Zahlungsverfahren unterschieden werden. Unter originären Zahlungsverfahren werden Zahlungsverfahren verstanden, die unmittelbar Geldeinheiten (Bargeld, Buchgeld, E-Geld) übertragen. Dies sind Lastschrift, Überweisung und Geldbörsenzahlung. Unter den abgeleiteten Zahlungsverfahren werden Verfahren verstanden, die auf den originären Zahlungsverfahren aufbauen (E-Mail-basierte, Wertkarten-basierte sowie Mobiltelefon-basierte Zahlungsverfahren und Inkasso- und Billing-Verfahren). Vgl. hierzu auch BSI 2005.

Zahlungswegesteuerung
Die so genannte Zahlungswegesteuerung steuert in der Regel in Abhängigkeit von bestimmten Parametern (z. B. Länder oder Prüfungsergebnisse im Rahmen eines Risiko-Scorings von Kunden) in Echtzeit den weiteren Zahlungsabwicklungsvorgang, entsprechend den Vorgaben des Händlers. Beispielsweise könnte beim Vorliegen von negativen Prüfungsergebnissen ausschließlich die Vorkasse, bei nicht negativen Prüfungsergebnissen hingegen zusätzliche Zahlungsverfahren, wie z. B. die Lastschrift oder Rechnung, zugelassen und somit dem Kunden angeboten werden.

Partner des Leitfadens

atriga

atriga besitzt als eines der wenigen Inkasso-Unternehmen eine eigene IT-Entwicklungsabteilung, mit umfangreicher Erfahrung aus einer Vielzahl von Mandaten internationaler Mandanten – kleinere und mittlere Unternehmen ebenso, wie auch weltweit tätige Konzerne und Unternehmen aus den unterschiedlichsten Branchen (z. B. Assekuranz, Kreditinstitute, Payment, Telekommunikation, Versandhandel).

atriga ist Partner namhafter Payment-Anbieter, Vertragspartner der SCHUFA, Mitglied im Verein für Creditmanagement e. V. und im Bundesverband der Dienstleister für Online-Anbieter (BDOA) e. V.

Mithilfe der selbst entwickelten modernsten IT-Lösungen realisiert atriga für Mandanten hochtransparente und -automatisierte, völlig individuelle und maximal personalisierte Inkasso-Verfahren. Diese neuen Lösungen für personalisiertes Inkasso geben dem Mandanten die Möglichkeit, zusätzliche Erlös- und Kundenrückgewinnungspotenziale und – aufgrund maximaler Automatisierung – gleichzeitig innerbetriebliche Effizienzsteigerungen zu nutzen. Somit im Ergebnis also mehr Ertrag bei geringerem Aufwand.

- Weitere Informationen: www.atriga.de

ConCardis

Die ConCardis GmbH in Frankfurt am Main ist eines der führenden Serviceunternehmen im Bereich des bargeldlosen Zahlungsverkehrs. Als Gemeinschaftsunternehmen der deutschen Kreditwirtschaft erbringt ConCardis Serviceleistungen rund um den kartengestützten Zahlungsverkehr für ca. 400.000 Handels- und Dienstleistungsunternehmen, in deren Geschäftsstellen bargeldlos gezahlt werden kann bzw. deren Leistungen bargeldlos in Anspruch genommen werden können. Ergänzt wird dieses Angebot um eine breite Auswahl multifunktionaler, neuestem nationalen und internationalen Standard entsprechender Zahlungsterminals für den Einsatz am Point of Sale. Das Thema „Sicherheit im bargeldlosen Zahlungsverkehr" hat für ConCardis eine hohe Priorität – sowohl im Präsenzgeschäft als auch im Bereich E-Commerce. Nicht zuletzt aus diesem Grund nimmt das Unternehmen im Bereich der Sicherheitstechnologie eine Vorreiterrolle ein. Um der steigenden Nachfrage nach sicheren E-Commerce-Produkten gerecht zu werden, bietet ConCardis für interessierte Händler aus dem Bereich E-Commerce und Versandhandel eine eigene Payment Software an. Zusätzlich betreibt ConCardis zum Schutz der angeschlossenen Händler vor Missbrauch ein eigenes Missbrauchspräventions-System mit speziell ausgebildeten Mitarbeitern.

- Weitere Informationen: www.concardis.com

A

creditPass

creditPass ermöglicht über nur eine Schnittstelle den direkten Zugriff auf alle renommierten Auskunfteien und Auskunftsarten. Hierzu gehören u. a. die Leistungen der Anbieter accumio, Bürgel, CEG Creditreform, infoscore, SCHUFA, Deutsche Post, EFPP, InterCard, HIT, D&B, GeoIP. Gleichzeitig können dabei händlerindividuelle Abfrage- und Entscheidungslogiken betrieben werden. Dieses Konzept eignet sich für große wie kleine Händler, da der Händler mit entsprechenden Hinweisen selbst die Intensität der Nutzung externer Abfragen bestimmen kann. Vorteile für den Händler:

- Optimierter Mitteleinsatz durch Zugriff auf alle Anbieter
- Sofortantwort und -entscheidung
- Unabhängigkeit von nur einem Anbieter
- Manuelle Eingabemaske oder automatische Anbindung
- Betrieb individueller Abfrage- und Entscheidungsregeln
- Keine Mindestlaufzeit, keine Mindestabnahme
- Optionale Inkasso-Dienste bis hin zur kompletten Übernahme des Zahlungsausfallrisikos

■ Weitere Informationen: www.creditpass.de

etracker

Die im Jahr 2000 gegründete etracker GmbH ist mit mehr als 65.000 Kunden ein in Europa führender Anbieter von Produkten und Dienstleistungen zur Optimierung von Websites und Online-Marketing-Kampagnen. etracker bietet zwei hoch integrierte Produktlinien zur gezielten Optimierung und Steuerung von Online-Aktivitäten: etracker Web Analytics und etracker Visitor Voice. Die Premium-Web-Controlling-Lösung von etracker bietet eine quantitative Echtzeit-Analyse des Besucherverhaltens, während etracker Visitor Voice durch standardisierte, aktive Befragungen die Wünsche der Besucher ermittelt und konkrete Handlungsempfehlungen zur Website-Verbesserung liefert.

Mit einer produktübergreifenden Benchmark-Funktion eröffnet etracker zudem umfassende Vergleichsmöglichkeiten für sämtliche Branchen, durch die sich Defizite oder Verbesserungspotenziale im Marktumfeld erkennen und Wettbewerbsvorteile erzielen lassen. Als erstem Web-Controlling-Unternehmen überhaupt wurde der etracker GmbH nach einem aufwendigen Prüfverfahren durch den Hamburgischen Datenschutzbeauftragten die datenschutzrechtliche Konformität bescheinigt. Die etracker-Lösungen wurden bereits mehrfach mit Innovationspreisen sowie für ihr herausragendes Preis-Leistungs-Verhältnis ausgezeichnet.

■ Weitere Informationen: www.etracker.com

A

EURO-PRO

EURO-PRO gehört heute zu den marktführenden Unternehmen im Bereich von Ermittlungs- und Informationsdienstleistungen in Deutschland. EURO-PRO erteilt jährlich mehr als 6 Mio. Auskünfte und Anschriften für über 14.000 Unternehmen in ganz Europa. Als eines der innovativsten Unternehmen im deutschen Mittelstand gehört EURO-PRO zu den Kompetenzführern im Bereich der professionellen Anschriftenermittlung von unbekannt verzogenen Kunden und Schuldnern in Deutschland und ganz Europa. Darüber hinaus erteilen wir Bonitäts-, Wirtschafts-, Register- und Spezialauskünfte für ein effektives Forderungsmanagement und aktualisieren Kundenbestände mit tagesaktuellen Telefonnummern. Neben eigenen hochaktuellen Datenbeständen gleichen wir als Wirtschaftsauskunftei über externe Adress-, Umzugs- und Auskunfteidatenbanken ab. Die Aktualität der Auskünfte hat für uns höchste Priorität.

Sämtliche Ermittlungsaufträge, die arbeitstäglich bis 22.00 Uhr bei EURO-PRO eingehen, werden am gleichen Tag in die Bearbeitung übernommen. Unser Produktionsfenster: Montag bis Sonntag 6.30 - 24.00 Uhr.

- Weitere Informationen: www.europro-bonitaet.de, www.europro.de

Hermes Logistik Gruppe

Als Deutschlands größter postunabhängiger Consumer-Logistiker (Zustellung an Privatpersonen, sowohl B2C als auch C2C) transportiert die Hermes Logistik Gruppe alles vom Brief über das Paket bis hin zu Möbeln. Dabei fokussiert sie sich auf die Geschäftsfelder Paketservice, Möbel- und Großstückservice, Brief- und Infoservice sowie Transportlogistik. Im Bereich Brief- und Infoservice ist die Gruppe mit primeMail – einem 50:50-Joint Venture mit der Swiss Post International – und einer 29 %-Beteiligung an der TNT Post (ehem. EP Europost) bestens positioniert.

Unter dem Motto „Weil's gut ankommt!" bewegte Hermes im Geschäftsjahr 2007 über 246 Mio. Sendungen und erzielte einen Bruttoumsatz von 1,041 Milliarden Euro. Mit 14.000 Hermes PaketShops verfügt die Gruppe über ein bundesweit flächendeckendes Netz von Annahmestellen für den EU-weiten privaten Paketversand, die vom Versandhandel auch als alternative Zustelladresse genutzt werden.

Um den privaten Kunden zu erreichen, unternimmt Hermes bis zu vier Zustellversuche, fährt Ersatz- und Wunschadressen an, hinterlässt die Ware beim Nachbarn und offeriert die Abholung und Rückgabe bei den 14.000 PaketShops.

- Weitere Informationen: www.hlg.de

ibi research an der Universität Regensburg

Seit 1993 bildet ibi research an der Universität Regensburg eine Brücke zwischen Wissenschaft und Praxis. Das Institut forscht und berät zu Fragestellungen rund um das Thema „Finanzdienstleistungen in der Informationsgesellschaft". ibi research ist personell eng mit der Universität Regensburg verbunden, wird aber als selbstständige Gesellschaft geführt.

ibi research arbeitet auf den Themenfeldern E-Business, IT-Governance, Internet-Vertrieb und Geschäftsprozess-Management. Zugleich bietet ibi research in Zusammenarbeit mit Banken und Partnern umfassende Beratungsleistungen zur Umsetzung der Forschungs- und Projektergebnisse an. Der vorliegende Leitfaden ist im Competence Center E-Business entstanden.

Seit Januar 2009 ist ibi research Träger des E-Commerce-Kompetenzzentrums Ostbayern (ECKO) im Rahmen des vom Bundesministerium für Wirtschaft und Technologie (BMWi) geförderten Netzwerks Elektronischer Geschäftsverkehr (NEG).

- Weitere Informationen: www.ibi.de, www.ecommerce-ostbayern.de

mpass

mpass ist das gemeinsame mobile Internet-Bezahlsystem der deutschen Telekommunikationsunternehmen Vodafone und O_2. Seit Oktober 2008 können über 70 Millionen Mobilfunkkunden mit Bankverbindung in Deutschland von diesem komfortablen und sicheren Bezahlverfahren profitieren. Dies gilt nicht nur für Vertragskunden von Vodafone und O_2, sondern für jeden Kunden eines deutschen Mobilfunkanbieters. Mit mpass haben Vodafone und O_2 ihre innovativen Technologie- und Dienstleistungsangebote um ein mobiles Bezahlsystem für den E-Commerce erweitert. Zum kommerziellen Launch am 15. Oktober 2008 startete mpass mit einem Dutzend namhafter Internet-Händler.

Schon jetzt nutzen mehrere Tausend Mobilfunkkunden in Deutschland das komfortable und sichere Bezahlsystem. Dank der parallelen Autorisierung von Zahlungen mittels Handy (SMS-Bestätigung) und Internet (PIN-Abfrage) bietet mpass den Kunden höchstmögliche Sicherheit.

Mit mpass soll es zukünftig auch möglich sein, im stationären Handel Zahlungen vorzunehmen. mpass wird das universelle Zahlverfahren für alle Mobilfunkkunden werden, das den Kunden mit dem Handy statt der Brieftasche durch den Alltag begleitet.

- Weitere Informationen: www.mpass.de

A

Saferpay

Saferpay ist die umfassende E-Payment-Lösung, die speziell für den E-Commerce- und Phone-Mailorder-Handel entwickelt wurde. Die modulare Plattform garantiert schnellen Zahlungsverkehr im Internet – flexibel, einfach und sicher – sowohl für den Händler als auch für den Kunden.

Saferpay ist eine Entwicklung der SIX Card Solutions, dem Schweizer Marktführer auf dem Gebiet des bargeldlosen, elektronischen Zahlungsverkehrs. Auch auf dem deutschsprachigen Markt gehört die SIX Card Solutions mit E-Payment-Lösungen wie Saferpay zu den führenden Anbietern. Über das Schweizer Rechenzentrum der SIX Card Solutions werden täglich mehrere Millionen Finanztransaktionen sicher abgewickelt. Die SIX Card Solutions unterhält Kommunikationsverbindungen zu allen relevanten Händlerbanken und den weltweiten Kreditkartennetzwerken.

Mehr als 7.000 Händler haben sich bereits für Saferpay entschieden. Zu den Kunden zählen namhafte Unternehmen, wie Fleurop, dress-for-less, cyberport, Lensbest, Leonardo, Haribo, UCI Kinowelt, Ticket-Online uvm.

- Weitere Informationen: www.saferpay.com

xt:Commerce

Die xt:Commerce GmbH ist Anbieter von Support-Dienstleistungen, Software-Lösungen und Zusatzmodulen rund um die hauseigene Marke xt:Commerce Shop-Software. Das Leistungsportfolio der xt:Commerce GmbH umfasst neben der Konzeption und Gestaltung der PHP- / MySQL-Lösung xt:Commerce sowohl die Weiterentwicklung als auch die Pflege bereits veröffentlichter Systeme sowie Hilfe und Support bezüglich Installation, Handling und Pflege. Zusammen mit ausgesuchten Partnern, darunter ERP-Anbieter, Billing- und Micropayment-Unternehmen sowie Banken, entwickelt die xt:Commerce GmbH ständig neue zukunftsweisende Technologien und Anwendungserweiterungen für das bestehende Basissystem.

Die xt:Commerce GmbH arbeitet international und betreut weltweit Kunden, die von der internationalisierten Software profitieren. Es gibt im spanischen Sprachraum, in den USA und in der Volksrepublik China bereits von der Mutterfirma koordinierte Support-Plattformen und länderspezifisch angepasste Software-Varianten des Basisprogramms.

- Weitere Informationen: www.xt-commerce.com

Unterstützer

BDOA

Der Bundesverband der Dienstleister für Online-Anbieter (BDOA) mit Sitz in Köln ist ein Zusammenschluss von Unternehmen, Institutionen und Einzelpersonen aus den Bereichen Mehrwertdienste und E-Commerce. Die Mitglieder erforschen, entwickeln und produzieren virtuelle Ausstattungen für Online-Dienste und Versandhandelsplattformen.

- Weitere Informationen: www.bdoa.de

BMBF

Im Rahmen des Forschungsprojekts „Stärkung der internationalen Wettbewerbsfähigkeit von KMU durch Internationalisierung von Finanzdienstleistungen" unterstützt das Bundesministerium für Bildung und Forschung (BMBF) den E-Commerce-Leitfaden.

- Weitere Informationen: www.bmbf.de

bvh

Der Bundesverband des Deutschen Versandhandels (bvh) mit Sitz in Frankfurt am Main vertritt seit 1947 die Interessen der Branche. Derzeit sind rund 270 Unternehmen im Verband organisiert, die ihre Waren per Katalog, Internet oder TV anbieten. Darunter sind Versender mit gemeinsamem Katalog- und Internet-Angebot, reine Internet-Händler, TV-Versender, Apothekenversender und eBay-Powerseller.

- Weitere Informationen: www.versandhandel.org

IHK Regensburg

Die IHK Regensburg repräsentiert die regionale gewerbliche Wirtschaft in der Oberpfalz und dem Landkreis Kelheim. Gesetzlich übertragene Aufgaben leistet die IHK unbürokratisch und wirtschaftsnah an Stelle des Staates. Durch verschiedene Produkte und Dienstleistungen unterstützt die IHK die Unternehmen, sich selbst weiterzuentwickeln, um die Stärke und Wettbewerbsfähigkeit der Region und der deutschen Wirtschaft auszubauen.

- Weitere Informationen: www.ihk-regensburg.de

Über das Competence Center E-Business

Der vorliegende Leitfaden ist im Competence Center E-Business von ibi research entstanden.

Ziel des Competence Centers E-Business ist es, auf Basis fundierter Marktanalysen und Befragungen konkrete Fachkonzepte für Finanzdienstleister zur bedarfsgerechten und effizienten Unterstützung von KMU zu entwickeln.

Leistungsangebote des CC E-Business

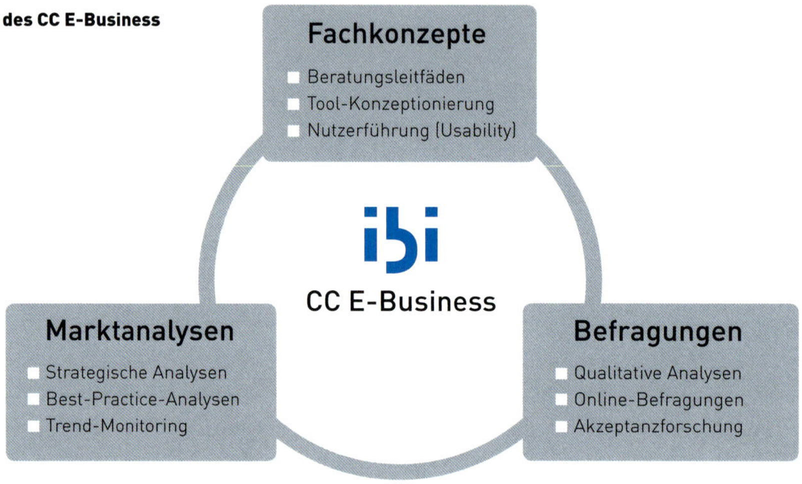

Abb. A-1: Leistungsangebote des CC E-Business
Quelle: ibi research (E-Commerce-Leitfaden 2009)

Im Zentrum der Forschungs- und Beratungsaktivitäten des Competence Centers E-Business stehen die folgenden Themenfelder:

Themenfelder des CC E-Business

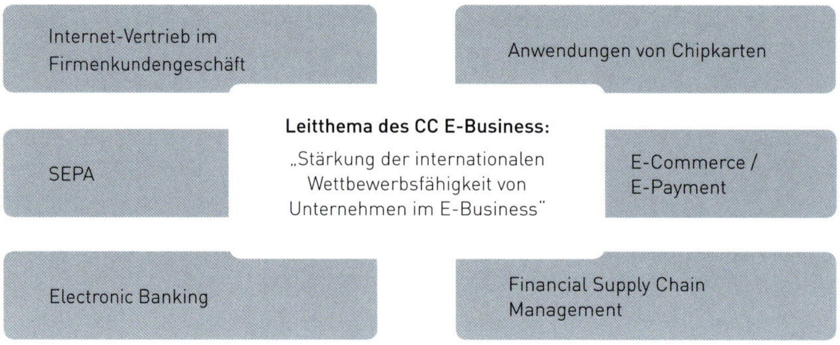

Abb. A-2: Themenfelder des CC E-Business
Quelle: ibi research (E-Commerce-Leitfaden 2009)

Weitere Informationen zu aktuellen Forschungsthemen und Referenzprojekten des CC E-Business erhalten Sie gerne auf Anfrage bei den Autoren dieses Leitfadens oder im Internet unter www.ibi.de.

A

Kontakt:
Dr. Ernst Stahl, Markus Breitschaft, Thomas Krabichler, Georg Wittmann
ibi research an der Universität Regensburg GmbH | Regerstraße 4 | 93053 Regensburg
Tel.: +49-(0)941-943-1901 | Fax: +49-(0)941-943-1888
E-Mail: info@ibi.de | team@ecommerce-leitfaden.de | team@ecommerce-ostbayern.de
Internet: www.ibi.de | www.ecommerce-leitfaden.de | www.ecommerce-ostbayern.de

Thomas Krabichler, Georg Wittmann, Dr. Ernst Stahl, Markus Breitschaft

Abb. A-3: Autoren des Leitfadens
Quelle: ibi research (E-Commerce-Leitfaden 2009)

Haftungsausschluss

A

ibi research hat sich bemüht, richtige und vollständige Informationen zur Verfügung zu stellen. Alle Angaben wurden nach bestem Wissen und mit größtmöglicher Sorgfalt erstellt und überprüft. Dennoch übernimmt ibi research keine Garantie oder Haftung für die Fehlerfreiheit, Genauigkeit, Aktualität, Richtigkeit und Vollständigkeit der bereitgestellten Informationen, Texte, Interviews, Checklisten, Übersichten, Grafiken, Links und sonstige in diesem Werk enthaltene Elemente. Durch die Rundung einiger Umfragewerte kommt es vereinzelt zu von 100 % abweichenden Gesamtsummen.

Interviews und Kommentare Dritter spiegeln deren Meinung wider und entsprechen nicht zwingend der Meinung von ibi research. Fehlerfreiheit, Genauigkeit, Aktualität, Richtigkeit, Wahrheitsgehalt und Vollständigkeit der Ansichten Dritter können seitens ibi research nicht zugesichert werden.

Das Werk wird ohne jegliche Gewähr, weder ausdrücklich noch stillschweigend, bereitgestellt. Dies gilt u. a., aber nicht ausschließlich, hinsichtlich der Gewährleistung der Marktgängigkeit und der Eignung für einen bestimmten Zweck sowie für die Gewährleistung der Nichtverletzung geltenden Rechts.

Die Informationen Dritter, auf die Sie möglicherweise über die in diesem Werk enthaltenen Internet-Links und sonstigen Quellenangaben zugreifen, unterliegen nicht dem Einfluss von ibi research. ibi research unterstützt nicht die Nutzung von Internet-Seiten Dritter und Quellen Dritter und gibt keinerlei Gewährleistungen oder Zusagen über Internet-Seiten Dritter oder Quellen Dritter ab.

Haftungsansprüche gegen ibi research, welche sich auf Schäden materieller oder ideeller Art beziehen, die durch die Nutzung oder Nichtnutzung der dargebotenen Informationen bzw. durch die Nutzung fehlerhafter und unvollständiger Informationen verursacht wurden, sind grundsätzlich ausgeschlossen. Dies gilt u. a. und uneingeschränkt für konkrete, besondere und mittelbare Schäden oder Folgeschäden, die aus der Nutzung dieser Materialien entstehen können, sofern seitens ibi research kein nachweislich vorsätzliches oder grob fahrlässiges Verschulden vorliegt.

Die in diesem Werk enthaltenen Texte zu rechtlichen und rechtsverwandten Themen dienen ausschließlich der allgemeinen, grundsätzlichen Information und Weiterbildung. Sie stellen insbesondere keine Beratung im Falle eines individuellen rechtlichen Anliegens dar. Die Autoren haben versucht, richtige und aktuelle Informationen aufzubereiten. ibi research übernimmt keine Garantie oder Haftung für die Fehlerfreiheit, Genauigkeit, Aktualität, Richtigkeit und Vollständigkeit dieser Informationen. Das Werk kann und will insbesondere keine Rechtsberatung ersetzen. ibi research empfiehlt deshalb grundsätzlich bei Fragen zu Rechts- und Steuerthemen und rechtsverwandten Aspekten, sich an einen Anwalt oder an eine andere qualifizierte Beratungsstelle zu wenden.

Die Wiedergabe von Gebrauchsnamen, Warenbezeichnungen, Handelsnamen und dergleichen in diesem Werk enthaltenen Namen berechtigt nicht zu der Annahme, dass solche Namen und Marken im Sinne der Warenzeichen- und Markenschutz-Gesetzgebung als frei zu betrachten wären und daher von jedermann genutzt werden dürften. Vielmehr handelt es sich häufig um gesetzlich geschützte, eingetragene Warenzeichen, auch wenn sie nicht als solche gekennzeichnet sind. Alle zitierten Marken-, Produkt- und Firmennamen sind das Alleineigentum der jeweiligen Besitzer.

Infoanforderung

E-Commerce-Leitfaden
ibi research an der Universität Regensburg
Regerstraße 4
93053 Regensburg

FAX AN: 0941 / 94 31 888

E-Commerce-Newsletter

☐ Bitte senden Sie mir regelmäßig den E-Commerce-Newsletter (14-tägig, kostenlos).

E-Commerce-Leitfaden als Buch

☐ Bitte senden Sie mir den E-Commerce-Leitfaden als hochwertig gedrucktes Buch zum Preis von 59,90 Euro (versandkostenfrei, Hardcover, Farbdruck, A4-Format).

Informationen über die Partner des E-Commerce-Leitfadens

Bitte senden Sie mir kostenlos und unverbindlich weitere Informationen über:

☐ atriga
☐ ConCardis
☐ creditPass
☐ etracker
☐ EURO-PRO
☐ Hermes Logistik Gruppe
☐ ibi research an der Universität Regensburg
☐ mpass
☐ Saferpay
☐ xt:Commerce

Absender:

Firma: ____________________ Abteilung: ____________________

Name: ____________________ Telefon: ____________________

Straße: ____________________ Fax: ____________________

PLZ, Ort: ____________________ Web: ____________________

E-Mail: ____

Infoanforderung E-Commerce-Leitfaden

FAX: 0941 / 94 31 888

FAX: 0941 / 94 31 888

Infoanforderung E-Commerce-Leitfaden

www.ecommerce-leitfaden.de

Vertiefende Informationen zu den Inhalten dieser Abschnitte sowie Links zu ausgewählten Lösungsanbietern finden Sie auf der sich ständig weiterentwickelnden Projekt-Web-Seite www.ecommerce-leitfaden.de. Dort finden Sie auch weitere kostenlose Angebote wie z. B. den E-Commerce-Newsletter, Online-Tools oder die vollständigen Ergebnisse verschiedener Studien.

eCommerce Leitfaden